IM GRUNDE BÖSE

COVID-19,
die neuen Machteliten und ihr Krieg
gegen die Menschlichkeit

Naomi Wolf

Bestsellerautorin von

Wie zerstört man eine Demokratie: Das 10-Punkte-Programm und *Give Me Liberty*

1. Auflage Dezember 2022

Titel der amerikanischen Originalausgabe: *The Bodies of Others*

Bibliografische Information der Deutschen Nationalbibliothek:
Die Deutsche Nationalbibliothek verzeichnet diese Publikation in der Deutschen Nationalbibliografie; detaillierte bibliografische Daten sind im Internet über *http://dnb.d-nb.de* abrufbar.

Übersetzung aus dem Amerikanischen: Ottilie Bauer
Lektorat: Lilian Stein
Umschlag (in Anlehnung an das Original), Satz und Layout: Kerstin Kampmann

Coverabbildung: © uchar / istock.com

ISBN: 978-3-86445-903-0

FSC www.fsc.org MIX Papier | Fördert gute Waldnutzung FSC® C014496

Gerne senden wir Ihnen unser Verlagsverzeichnis
Kopp Verlag
Bertha-Benz-Straße 10
72108 Rottenburg
E-Mail: info@kopp-verlag.de
Tel.: (0 74 72) 98 06-10
Fax: (0 74 72) 98 06-11

Unser Buchprogramm finden Sie auch im Internet unter:
www.kopp-verlag.de

NAOMI WOLF

IM GRUNDE BÖSE

COVID-19,
die neuen Machteliten und ihr Krieg
gegen die Menschlichkeit

KOPP VERLAG

»Und eine Art von Rührung wandelte ihn an,
eine einfache und andächtige Sympathie mit seinem Herzen,
dem schlagenden Menschenherzen,
so ganz allein hier oben im Eisig-Leeren
mit seiner Frage und seinem Rätsel.«

Thomas Mann, Der Zauberberg, 1924

Für die 2049er-Generation

Inhaltsverzeichnis

Danksagung

Mein besonderer Dank gilt den zahlreichen außergewöhnlichen Mentoren, Freunden und Freundinnen, Kollegen und Kolleginnen und anderen Personen, deren Arbeit, Orientierungshilfen und Beispiele mich animiert haben, dieses Buch zu schreiben. Jeffrey A. Tucker hat meine Recherchen durch seine Einladung unterstützt, Mitglied des American Institute for Economic Research (AIER) in Great Barrington, Massachusetts, zu werden. Er, Dr. Edward Stringham, der damalige Vorsitzende des AIER, und meine anderen Kolleginnen und Kollegen am Institut engagieren sich tagtäglich für höchste intellektuelle Leistungen, die sie in den Dienst der Freiheit in sich verdüsternden Zeiten stellen. Herr Tucker ist ein leuchtendes Vorbild für Mitarbeiterführung in der Freiheitsbewegung. Sein Beispiel, kompromisslos an der Verteidigung zivilisierter Normen

---

* *Die Health Freedom Movement (»Gesundheitsfreiheitsbewegung«) ist eine liberale Koalition, die sich der Regulierung von Gesundheitspraktiken widersetzt und sich für einen besseren Zugang zu »nicht traditioneller« Gesundheitsversorgung einsetzt. Anm. d. Ü.*

festzuhalten, ist eine Quelle der Inspiration für mich gewesen. Phillip Magness hat seine Erkenntnisse über Wirtschaft und Freiheit mit mir geteilt, was mir geholfen hat, meine eigenen Sichtweisen zu diesen Themen weiterzuentwickeln. Dr. Jay Bhattacharya und Dr. Martin Kulldorf haben mir in Interviews wertvolle Hinweise zu Fragen der öffentlichen Gesundheit gegeben, die mein Denken verändert haben, ebenso wie es Dr. Paul Alexander, Dr. Harvey Risch, Dr. Howard Tenenbaum und Dr. Peter McCullough getan haben.

Steven K. Bannon hat vorgelebt, was amerikanische Ideale für das bürgerliche Leben, ebenso wie für investigative Berichterstattung und offene Debatten sein sollten, indem er mich regelmäßig eingeladen hat, diese Argumente und Erkenntnisse auf seiner Podcast-Plattform *WarRoom* zu präsentieren. Ebenfalls bin ich dankbar für die Millionen patriotischer Zuhörer in der »*WarRoom-Posse*«, die meine aktuellen Informationen über die gegenwärtige Krise unterstützt und sich damit auseinandergesetzt haben. Andere konservative und liberale Gesprächspartner wie Erik Metaxas, mein früherer Klassenkamerad in Yale, und Scott Morefield haben meine Warnungen vor dem Verlust von Rechten vertieft. Dr. Drew Pinsky und Sharon Pinsky, Dinesh D'Souza, Jamie Glazov und das Independent Institute haben die Gespräche organisiert, die mir geholfen haben, die Themen in diesem Buch zu entwickeln und zu kommunizieren.

Meine Kollegen bei Daily Clout.io, insbesondere unser Chief Revenue Officer Craig Klein, hat dafür gesorgt, dass unsere Rechte bei unserer Lobbyarbeit geschützt wurden. Lehren aus dieser Arbeit haben sich auf meine Analyse ausgewirkt. Russ Stratton hat die Video-Interviews, die ich mit Helden unserer Zeit geführt habe, fachkundig bearbeitet; er und Johanna Baldwin haben mich mit ihrer Freundschaft und ihren guten Ratschlägen unterstützt.

Ich danke Jenin Younes für viele wichtige Unterhaltungen am AIER, als wir beide mit der schmerzlichen Tatsache konfrontiert waren, dass die gegenwärtige Linke als Institution ihre historische

Rolle als Verteidigerin von Menschenrechten und persönlichen Freiheiten aufgegeben hatte. Frau Younes ist eine leidenschaftliche Befürworterin der Freiheit, und ich habe sehr viel über die rechtlichen Aspekte von Schäden durch »Lockdowns« und medizinischer Diskriminierung dadurch gelernt, dass ich ihre Arbeit bei NCRA beobachtet habe. Lori Roman von ACRU hat mir unermüdlich dabei geholfen, E-Mails und Kontakte von Menschen zu bearbeiten, die medizinischer Diskriminierung ausgesetzt waren. Sie hat vorgelebt, dass Menschen in der Lage sind, produktive Freundschaften und intellektuelle Bündnisse über ideologische Gräben hinweg zu schließen.

Tucker Carlson lud mich in seine Show ein, um über Schäden, die der Gesundheit der Frau zugefügt wurden, und die Verletzung von persönlichen Freiheiten zu sprechen, als meine üblichen Medienkontakte und -plattformen sich weigerten, sich mit diesen Themen auseinanderzusetzen. Leslie Manookian HFDF hielt mich über ihre wegweisende juristische Arbeit auf dem Laufenden, was mir half, einen intellektuellen Rahmen für die Schäden von »Lockdowns« und gesetzeskonformen Verfügungen zu entwickeln. State Rep. Melissa Blasek (R-NH) klärte mich in Bezug auf das Notstandsgesetz auf, und State Rep. Heidi Sampson (R-ME) brachte mich ins Kapitolgebäude von Maine, damit ich eine Rede vor den anderen Abgeordneten halten konnte. Sie informierte mich über Schäden, die Kleinunternehmen durch »Lockdowns« entstanden und informierte als Erste über Geldflüsse an Schulen, mit dem Ziel, missbräuchliche politische Maßnahmen durchzusetzen.

Die Aktivistin und Produzentin Jennifer Sey hat ebenso wie Tiffany Justice von Moms4 Liberty meine Gedanken dazu beeinflusst, wie Kindern durch die politischen Maßnahmen, über die ich hier schreibe, Schaden zugefügt wird. Wendy Ractliffe ist eine herausragende Aktivistin für Health Freedom*, deren Arbeit über den Einfluss von Pharmafirmen wesentlich für mein Verständnis von der Macht der Konzerne war, die hier zum Tragen kam. Auf ihre Freundschaft, ihre strategische Beratung und ihren Zuspruch hätte ich nicht verzichten können. Steve Berger hat mir oft geholfen, vorhandene Probleme zu verstehen, indem er mir wichtige Forschungslinks geschickt, weitreichende eigene Analysen mit mir geteilt und das Manuskript gelesen hat. Charlotte Walker war ebenfalls eine geschätzte sachkundige Leserin. Stephanie Locricchio Aimee Villella, Mary Holland und Robert F. Kennedy, Jr., informierten mich laufend in ihren Rollen als mutige Fürsprecher und Kommentatoren an der Front der medizinischen Tyrannei.

Jane Dystel, Miriam Goderich und das Team bei Dystel und Goderich sind die Art von Agenten, die sich eine Schriftstellerin wünscht. Ich schätze ihre wertvolle Unterstützung. Elaine Lafferty hat durchdachte Zusammenhänge hergestellt und Reaktionen mit mir geteilt, die mir geholfen haben, das Buch an die Leser zu bringen. Ich bin sehr dankbar für die Energie, die Hingabe und das Können des Teams von All Season Press, meinem Verlag, der diese Arbeit über die Schlusslinie getragen hat.

Meine beste Leserin und verlässlichste Fürsprecherin ist wie immer meine Mutter Dr. Deborah Wolf. Ich danke auch meinen wundervollen Kindern Rosa und Joe Shipley, ebenso wie man wundervollen Stiefkindern Ayla O'Shea und Alex O'Shea für ihre Liebe, ihre Unterstützung, ihren Humor und ihre Geduld. Keine Autorin/Mutter/Stiefmutter könnte glücklicher sein, sich von vier so außergewöhnlichen jungen Menschen inspirieren zu lassen. Die Zukunft ihrer Generation ist das Thema dieses Buches.

Besonders möchte ich meinem Ehemann Brian O'Shea danken. Er hat sich täglich zusammen mit mir mit diesen Themen abgemüht; zwei Jahre lang führte er diesen Kampf in der Praxis neben mir und dabei lehrte er mich sehr viel darüber, wie man für Freiheit kämpft. Ich bin ihm dankbar als sachkundigem Leser, als gründlichem Gesprächspartner, als Verbündetem sowie als Mitstreiter.

Einführung

Als sich am 14. Februar 2022 protestierende kanadische LKW-Fahrer massenweise auf dem Parlamentsplatz in Ottawa versammelten und so allen weltweit Freude und Hoffnung gaben, die vom Totalitarismus der Pandemie die Nase voll hatten, da war es Chrystia Freeland als Stellvertreterin von Premierminister Justin Trudeau, die auf abschreckende Weise unter Beweis stellte, wie weit die globalen Eliten gehen würden, um die Bürger zur absoluten Einhaltung ihrer Diktate zu zwingen. »Von heute an kann eine Bank oder ein anderer Finanzdienstleister ein Konto ohne Gerichtsbeschluss sofort sperren oder deaktivieren,« kündigte sie an. »Dadurch werden diese vor zivilrechtlicher Haftung für Maßnahmen geschützt, die in gutem Glauben ergriffen wurden… Wenn Ihr LKW bei diesen illegalen Blockaden verwendet wird, werden Ihre Unternehmenskonten gesperrt werden. Die Versicherung für ihr Fahrzeug wird ausgesetzt werden.«[1] Die Polizei zerbrach LKW-Scheiben und nahm einhundert Demonstranten fest, unter ihnen die Initiatoren der Demonstration. Premierminister Justin Trudeau berief sich auf eine Dringlichkeitsverordnung.[2] Zeitweise war die repräsentative Regierung in der Nation Kanada suspendiert.

Es wäre eine Übertreibung zu sagen, dass Chrystia Freeland eine Freundin war, doch eine Zeitlang bewegten wir uns in demselben Kreis hart arbeitender, unterbezahlter Reporter und Redakteure, die alle nur versuchten, ihren Lebensunterhalt zu verdienen. Ich hatte sie ein paarmal bei gesellschaftlichen Anlässen in Manhattan gesehen, und eines Tages, als wir beide dabei waren, unser Make-up zu richten – sie nach einem Fernsehauftritt, ich in Vorbereitung auf ein Interview – erwähnte sie fröhlich und mit großer Zuversicht, dass sie in Kürze für das kanadische Parlament kandidieren würde. Zu der Zeit lautete ihr bescheidener Titel bei Reuters »Geschäftsführerin und Herausgeberin, Verbrauchernachrichten.« Ich erinnere mich, dass ich sie angesichts der Tatsache, dass sie davon ausging, plötzlich vieler Karrierestufen zu überspringen, voller Erstaunen ansah. Sie muss mächtige Freunde haben, dachte ich.

Es stellte sich heraus, dass das eine richtige Vermutung war.

Ms. Freeland war Teil einer kleinen Gruppe von »einflussreichen Menschen«, die mit dem Weltwirtschaftsforum verbunden waren; tatsächlich sitzt sie jetzt im WWF-Kuratorium.[3] Sie und ihre Amtskollegen waren, gemeinsam mit verbündeten Eliten in anderen Bereichen, letztlich die Drahtzieher hinter einem Verbrechen gegen die Menschlichkeit, das in unserer Zeit beispiellos war – einem Verbrechen, das den Diebstahl von Vermögenswerten und die Zerstörung von Kulturen umfasst und zu unzähligen Toten geführt hat.

In diesem Buch geht es darum, wie wir an diesem grauenvollen zivilisatorischen Scheideweg angelangt sind – im Krieg für die Freiheiten, die wir als selbstverständlich ansahen gegen gewaltige unpersönliche Kräfte mit grenzenloser Macht über unser Leben; wie diese Kräfte zwei Jahre die COVID-19-Panik auf immer neue, unheimliche Weise instrumentalisiert haben; und dass wir dennoch gegen eine solche Übermacht immer noch gewinnen können.

Andere haben diesen Krieg aus biomedizinischer Perspektive oder aus einer rein politischen betrachtet. Mein Fokus liegt darauf, dass dieser anhaltende Krieg gegen uns viel grundsätzlicher ist und auf nicht weniger abzielt als die Bedeutung der Menschheit an sich aufzulösen und das reiche kulturelle Erbe zunichte zu machen, das wir im Westen seit langem hoch schätzen und an nachfolgende Generationen weitergegeben haben.

In diesen beiden Jahren hat die COVID-19-Pandemie, die mit dem beispiellosen globalen »Lockdown« im März 2020 begann, menschliche Beziehungen, den Kapitalismus und die Kultur im Westen grundsätzlich umgestaltet. Unabhängig davon, dass wir in der Vergangenheit weitaus schwerwiegendere medizinische Krisen durchlebt hatten, ohne dass uns auch nur der Gedanke kam, sämtliche Versammlungen zu stoppen, die Produktion jeglicher Kultur einzustellen oder alle gesunden Menschen zu zwingen, ihr Gesicht zu bedecken, ihre Betriebe zu schließen und sich voneinander fern zu halten – nutzten unsere Eliten diese Krise, um westliche Normen von Freiheit, einer Welt, in der der Mensch im Mittelpunkt stand, und die Zivilisation selbst auszuschalten.

Doch wodurch sollte unsere Kultur, von der wir früher dachten, sie sei dauerhaft, ersetzt werden? Durch eine Welt, die von Maschinen verwaltet und über digitale Schnittstellen vermittelt wird; eine Welt, die auf Grausamkeit beruht, ohne menschliche Empathie als organisierendes Prinzip; eine Welt, in der nationale Grenzen, Kulturen und Sprachen ihres Sinns beraubt worden sind, in der Institutionen nur die Ziele weit entfernter meta-nationaler Oligarchen verkörpern, eine Welt, die zugunsten riesiger Pharmakonzerne, einiger weniger globaler Tech-Giganten, Technokraten und einer tyrannischen Supermacht, die unser Todfeind ist, organisiert wird. Kurz und gut: Eine Welt, die umgestaltet wurde, um die dauerhafte Dominanz dieser fernen Eliten zu sichern, sowohl in geopolitischer Hinsicht als auch über den Marktanteil.

In den Jahren 2020 bis 2022 brach eine Zeit an, in der das organisierende Prinzip menschlichen Zusammenlebens der Nachkriegszeit – der demokratische Nationalstaat – absichtlich in seiner Macht verwässert und im Interesse des Aufbaus einer Ersatz-Metastruktur nicht verantwortlicher, locker verbundener, globaler gemeinnütziger Unternehmen, großer Technologieunternehmen, des WWF und der chinesischen kommunistischen Partei (KPCh) ausgehöhlt wurden.

Ihr Ziel war es, Triebkräfte der Geschichte zu schaffen, die dafür ausgelegt waren, menschliche Kultur, Nähe und Gemeinschaft aufzulösen. Diese Kräfte, vereint in einem Zweckbündnis, sehen Menschen und den störenden individualistischen Westen mit seinem trotzigen Beharren auf Menschenrechten, auf Freude, Spontaneität, Eigenwilligkeit, Akzeptanz und Toleranz als Hindernis, das es zu managen gilt, dessen Macht und Ressourcen es zu rauben gilt und der an den Rand zu drängen ist. Ihr Ziel besteht darin, westliche kulturelle Normen zu unterlaufen, und letztlich westliche Kinder vom Einfluss ihrer Familien, von der westlichen Gesichte und Freiheiten im Allgemeinen zu entfremden. Der Krieg gegen »das Virus« ist in Wirklichkeit ein Krieg, der über Technologien und ihre Meister geführt wurde, um die menschliche Kultur aufzulösen und Menschen zu entmachten. Es ist ein Krieg gegen die Gedanken- und Redefreiheit – mit anderen Worten, ein Krieg gegen unsere grundlegendsten Überzeugungen.

Diese oligarchischen Eliten werden in dem gigantischen Projekt unterstützt, die Menschheit durch massive, undurchsichtige gemeinnützige Organisationen umzugestalten, durch die Milliarden Dollar fließen, die darauf abzielen, einen transformativen gesellschaftlichen Wandel herbeizuführen. Hinter wohlwollend klingenden »pro-menschlichen« Wahlsprüchen – wie zum Beispiel: »Wir sind eine gemeinnützige Organisation, die Armut, Krankheit und Ungleichheit weltweit bekämpft« (Bill & Melinda Gates-Stiftung), oder »Wer steht zwischen IHNEN und der nächsten Pandemie?« (EcoHealth Alliance) oder »Die Macht der Epidemiologie nutzen, um die Ausbreitung von COVID-19 zu bekämpfen,« (Staatsrat und regionale Epidemiologen) – haben diese Gruppen ihre Macht genutzt, um die bösartigsten, unmenschlichsten Ziele voranzutreiben.[4]

Die Pandemie lieferte ihnen einen Vorwand und Gelegenheiten in bisher ungekanntem Ausmaß und sie haben sie voll ausgenutzt.

Die Gesichter einiger derjenigen, die dieses Übel über uns gebracht haben, sind nur allzu bekannt – die von Macht besessenen Politiker, die machtverliebten »Experten« im Gesundheitswesen, die gekauften, namenlosen Möchte-Gern-TV-Sprecher, die Techniktitanen und die Giganten der sozialen Netzwerke, sowie der unverfrorene und tyrannische Staatsführer des kommunistisch regierten China, Xi Jinping. Wir kennen noch andere, wie zum Beispiel die Supereliten des oben erwähnten Weltwirtschaftsforums vom Hörensagen, durch ihre Erklärungen bei ihren Zusammenkünften in Davos, Schweiz, oder durch ihre Bücher. Kollektiv haben sie während der Pandemie begonnen, Macht selbst über die kleinsten Einzelheiten menschlicher Existenz auszuüben. Und das liegt daran, dass dies ein Krieg ist, der darauf abzielt, die Menschheit selbst zu zerstören.

Diese Behauptung ist schwer anzunehmen, doch wir müssen es tun.

Seit dem Ende des Mittelalters, während der Renaissance und bis in die nahe Gegenwart hinein haben wir es im Westen als selbstverständlich angesehen, dass es menschliche Perspektiven sind, die Geschichte vorantreiben.

Das ist vorbei. Maschinen haben uns in der Vergangenheit gedient, aber wir sind an dem Punkt in der Geschichte angelangt, an dem wir neu ausgerichtet werden, um Maschinen und ihren Herren zu dienen.

Trotz all ihrer öffentlichen Erklärungen, eine bessere Zukunft schaffen zu wollen, machen sich einige der mächtigsten Verantwortlichen, die uns entgegenstehen, nicht einmal die Mühe, zu verschleiern, dass dies ihr eigentliches Ziel ist. Klaus Schwab, der Gründer und geschäftsführende Vorsitzende des Weltwirtschaftsforums, hätte kaum offener in Bezug auf seine Absicht sein können, als er sich auf die Notwendigkeit berief, im Zuge der Pandemie einen weltweiten »Great Reset« herbeizuführen. Die COVID-19-Krise habe uns gezeigt, so argumentierte Schwab, dass unsere alten Systeme für das 21. Jahrhundert nicht mehr passend seien. Am 3. Juni 2020, als wir noch nicht wussten, ob die Pandemie in einer Woche vielleicht schon im Rückspiegel sein würde, erklärte Schwab: »Die Welt muss gemeinsam und schnell handeln, um alle Aspekte unserer Gesellschaft und Wirtschaft umzugestalten, angefangen bei der Bildung bis hin zu Gesellschaftsverträgen und Arbeitsbedingungen. Jedes Land, von den Vereinigten Staaten bis China, muss dabei mitmachen, und jede Industrie, von Öl und Gas bis Technologie, muss transformiert worden werden. Kurz gesagt, wir brauchen einen ‚Great Reset' des Kapitalismus.«[5]

Ich erinnere mich, dass ich dies las und dachte: »Was? Warum?«, und ich bemerkte auch den größenwahnsinnigen, diktatorischen Ton: »Wir müssen…«.

»Unsere alten Systeme« – Privatsphäre, Papier- und Metallgeld, die Möglichkeit, Auto zu fahren, ohne getrackt zu werden, der Nationalstaat, menschlicher Ausdruck, menschliche Berührung, kulturelle Aktivitäten, Kirchen, Moscheen und Synagogen, Rathäuser, Theater und Konzerthallen, demokratische Staatsführung, eine freie Presse, Schulen und Universitäten, Bücher und Bibliotheken, und das Recht, zu entscheiden, was mit dem eigenen Körper, dem Privateigentum und der Familie passiert – nichts davon passt der WWF-Führung, ihrer Tech- und Pharmaindustrie und den KPCh-Verbündeten.

»Viele von uns machen sich Gedanken darüber, wann alles wieder normal sein wird. Die kurze Antwort lautet: Nie. Die Welt, so wie sie wir sie in den ersten Monaten des Jahres 2020 kannten, existiert nicht mehr,« erklärte Schwab in seinem gespenstisch frühen

Buch *The Great Reset.*[6] Schon im Juli 2020 ging Schwab davon aus, dass wir »sehr viel Wut« erleben würden: »Wir müssen aus auf eine wütendere Welt vorbereiten … wie bereitet man sich darauf vor? Es bedeutet, die notwendigen Maßnahmen zu ergreifen.« Wieder einmal forderte er einen »Great Reset.«[7] Er verlangte eine »vollständige globale Bürgerschaft.« Er sagte mit aller Bestimmtheit Gewinner und Verlierer in wirtschaftlicher Hinsicht voraus: »Wir wissen, dass die Gesundheitsbranche und die digitale Industrie mit Sicherheit gestärkt aus dieser Krise hervorgehen werden, aber wir wissen, dass viele Industrien, die auf physischem Kontakt beruhen, Schwierigkeiten haben werden, zu überleben.«[8] Er sagte nicht, auf »physischer Arbeit« beruhend, sondern auf »physischem Kontakt.«

Im Jahr 2022, als der Widerstand gegen seine Pläne weltweit in vollem Gange war, wiederholte Schwab in Bemerkungen, die online nicht mehr leicht zu lokalisieren sind, gereizt, dass die »gute alte Welt« vor 2020 nie zurückkommen würde, und dass der Glaube daran eine Fiktion sei.

Davos 2022 zeigt deutlich die Intentionen, die diese Gruppe von Eliten für die Menschheit noch vor hat: Von der Planung endloser Pandemien und »Varianten« in der Zukunft, die zu endloser sozialer Kontrolle führen werden; zur Digitalisierung von Identitäten und Währungen; zur Intervention in freien Märkten durch einen »Stakeholder-Kapitalismus«, der Gewinner und Verlierer in der Geschäftswelt über das Feigenblatt der Ideologie auswählt; bis hin zur »globalen Kooperation«, die Nationalstaaten und nationale Grenzen aufzulösen versucht, hat der Davos-Kader mit einem Treffen, das wieder einmal vom Generalsekretär der Kommunistischen Partei Chinas, Xi Jiping, angeführt wurde, Pläne für unsere Unterwerfung, die jetzt im dritten Jahr dieser Pandemie mit Vollgas umgesetzt werden.[9]

Doch die Völker der Welt haben nicht dafür gestimmt, dass »unsere alten Systeme« aufgegeben und unsere alten Gewohnheiten zerstört werden.

Die Angriffe auf die organisierte Religion sind besonders aufschlussreich gewesen, da sie charakteristisch für die kommunistische Politik, besonders diejenige in China, sind. Von der orthodoxen jüdischen Gemeinschaft in New York bis zu den christlichen Kirchen in Kalifornien wurden gegen Religionsgemeinschaften seit 2020 häufig Strafen dafür verhängt, dass sie den »offiziellen« COVID-Regeln nicht folgten. Unserer Synagoge in Brooklyn wurde eine Untersuchung angedroht, und der damalige Gouverneur von New York sprach sich, als seine Gemeinschaft es wagte, im November 2020 eine geheime Hochzeitsfeier abzuhalten, mit feindseligen Worten dagegen aus.[10] Der Oberste Gerichtshof der USA musste ein entsprechendes Urteil gegen die Gouverneurin von Kalifornien verhängen, um es Menschen zu ermöglichen, persönlich in der Kirche zu beten.[11] Kirchen und Synagogen wurden zu Tausenden zwangsweise geschlossen. Das Hebrew Center auf Martha's Vineyard in Massachusetts funktionierte in der ersten Märzwoche 2022, zwei Jahren nach Beginn der Pandemie, immer noch »ausschließlich über Zoom«.[12]

Politische Maßnahmen, die die Bindungen zwischen Menschen und die Familie schwächen, wurden gleichzeitig eingeführt und überwacht. Beschämung und Ausgrenzung, »Kampfsitzungen«, wie sie charakteristisch für den Stil der kommunistischen Partei Chinas sind, ersetzten zivile Debatten amerikanischen Stils und Toleranz gegenüber verschiedenen Standpunkten. Übermächtige Gesundheitsbehörden schikanierten Mitglieder ehemals freier Institutionen. Diese nicht gewählten Gesundheitsfunktionäre hetzten gegen Professoren in Universitäten und forderten noch lange, nachdem jede epidemiologische Gefahr vorüber war, dass Gotteshäuser, historische Stätten und Orte für Gemeindeveranstaltungen geschlossen bleiben sollten.

Schulbehörden mit weitreichenden neuen Befugnissen und plumpe, scheinbar zentralisierte Skripts und Richtlinien waren eine Schikane für Eltern, quälten Kinder und verwandelten ehemals sichere und unterstützende Schulen in furchterregende und feindselige autoritäre Schlachtfelder. Besorgte Eltern wurden vom FBI sogar als »einheimische Terroristen« gekennzeichnet – so wie regimekritische Eltern im kommunistischen China ins Visier geraten und in der früheren Sowjetunion ins Visier geraten waren.[13]

Nichts davon ist Zufall. Noch hat es etwas mit »Wissenschaft« zu tun. Die Daten waren bald weithin verfügbar, und schon 2020 zeigten Studien, dass Lockdowns und Restriktionen die Krankheit nicht stoppten, und in vielen Fällen die gesundheitlichen Folgen sogar noch verschlimmerten.[14]

Doch die drakonischen Maßnahmen wurden nicht beendet.

Die treibenden Kräfte des destruktiven Wandels verfolgen auch psychologische Ziele. Unter dem Nebel des Kriegs wurde über die Pandemie von Anfang an erschreckend und in den grässlichsten Begriffen berichtet, was den systematisierten globalen Angriff auf traditionell menschliche physische Räume, traditionell menschliche Sprache und Kommunikation, sowie andere traditionell menschliche Normen der westlichen Zivilisation ermöglichte.

Gleichzeitig erfolgte eine systematische Attacke auf das, was man »humane Räume« und »analoge Produkte« nennen könnte – die Räume, Aktivitäten und Objekte, die menschliche Aufklärung, sozialen Zusammenhalt und kulturelle Kontinuität unterstützen und die besonders resistent gegen Überwachung und digitale Nachverfolgung sind.

In der Tat ist einer der Gründe, warum sich die gegenwärtige Krise für uns Menschen, insbesondere diejenigen aus dem Westen, so merkwürdig und verwirrend anfühlt, dass diese Krise in gewisser Hinsicht von Maschinen und Programmierern modelliert wurde und wahrscheinlich ständig durch maschinelles Lernen modifiziert wird. Wir durchleben keine organische menschliche Geschichte, so wie sie in der Vergangenheit geschrieben wurde. Seit April 2020 haben Computermodelle die Politik angetrieben, egal, ob sich ihre Annahmen als richtig oder falsch erwiesen.[15] Der andere Grund, warum diese Politik so bizarr und unheimlich wirkt, ist ihr Ziel den Übergang und die Übersetzung von westlichen Kulturen und Instinkten in die Sprache und die Instinkte einer KPCh-typischen, zivilgesellschaftlichen Unterwerfung zu schaffen.

Wenn man ein Computerprogramm bitten würde, den Menschen oder das, was die menschliche Kultur unterstützt, zu definieren, dann würde es wahrscheinlich eine Liste aller Beziehungen, Eigenschaften und Räume ausspucken, gegen die sich die politischen Maßnahmen von 2020 bis 2022 richteten. Das Maschinenprogramm könnte antworten: Lächeln, berühren, umarmen, beten und sprechen; die Fähigkeit zu lesen und über Sprache, Mimik und Berührung zu kommunizieren; die Fähigkeit zu kooperieren und Bindungen einzugehen. Würde man ein Maschinenprogramm fragen: »Was macht Menschen frei?«, dann könnte es antworten: »Ihre Fähigkeit, sich in Räumen zu versammeln, in denen sie eine repräsentative Regierung bilden.« Fragte man ein Maschinenprogramm: »Was sind die Bausteine menschlicher Kultur?«, dann könnte es ausspucken: »Tanzen, Musik hören, in Konzerte gehen und sich Theaterstücke ansehen, Feiertage und Rituale, Kinder in einer Schule unterrichten, Singen und Beten.«

Nicht umsonst haben die heimtückischen Akteure mit Absicht abgezielt auf die analoge/humane Welt der: echten Bücher, echten Buchläden; von Menschen bevölkerten Hörsälen, echten Bibliotheken, echten Währungen, echten Karten, Papier- und Metallgeld, menschlichen Mitarbeitern und Arbeitsplätzen, Konzerthallen und Theatern, Kneipen, Bars und Restaurants, Klassenzimmern mit Präsenzunterricht, Kirchen, Synagogen, Moscheen, Abendgesellschaften, Sommercamps, Pausen, Pfadfindern und Pfadfinderinnen, Spielplätzen, Mannschaftssport, nicht-elektrischen Autos, Feiertagen und Ritualen. Sie haben die repräsentative Präsenz-Demokratie,

Landeshauptstädte, Präsenzparlamente und Versammlungen des Kongresses, örtliche Rathäuser und Präsenztreffen im Rathaus, Museen und Statuen und historische Stätten ins Visier genommen, die Menschen ein Gefühl von Sinnhaftigkeit und Herkunft geben.

Wenn zwei Menschen miteinander in Kontakt stehen, dann erzeugen sie Kommunikation, Kultur und vielleicht Pläne. Das ist einfach das, was Menschen tun, die in persönlichem Kontakt miteinander stehen. Ein Faktor, der die Kommunikation und das Bündnis zwischen Menschen erleichtert, ist die Berührung.

Wie löst man die menschliche Zivilisation auf? Eine Möglichkeit, wie ein Maschinenprogramm auf Menschen abzielen könnte, ist, dass es die magische Kraft von Berührung attackiert und zerstört. Eines der seltsamsten Diktate seit Beginn der Pandemie war die Forderung danach, »Abstand zu halten« *(distancing)*, jenes unorganische, unbeholfene Verb, das in der Frühphase der Pandemie in einem neuen Kontext eingeführt und neu definiert wurde.

Die Folgen dieses Krieges gegen Berührung sind über zwei Jahre später mehr als tragisch. Physische Nähe ist für Menschen keine zusätzliche Option. Ohne sie leiden wir an psychischen Krankheiten, die von Depression bis Angstzuständen reichen, ja, wir sind sogar anfällig für Halluzinationen und andere Formen von Psychose, wie viele Studien gezeigt haben. Wie die Strafvollzugsinitiative warnte: »Die Forschungsergebnisse sind eindeutig: Einzelhaft verursacht langfristige Schäden.«[16]

Ein Grund, warum Einzelhaft von Strafvollzugsnetzwerken als Folter angesehen worden ist, ist der, dass Isolation dauerhafte Veränderungen im menschlichen Gehirn bewirken kann, die zu Wahnsinn führen. Das Leiden, das zuerst von dem Psychiater Dr. Stuart Grassian identifiziert wurde, zeigt sich in mehreren Richtungen, einschließlich »einer progressiven Unfähigkeit, gewöhnliche Dinge zu ertragen… Halluzinationen und Illusionen; schweren Panikattacken; Schwierigkeiten mit dem Denken, mit Konzentration und

Gedächtnis; obsessiven, bisweilen schädlichen Gedanken, die nicht weggehen… und Fieberphantasien.«[17] Sogar vorzeitige Todesfälle – durch Selbstmord, Mord oder Opiat-Überdosierungen – sind für diejenigen wahrscheinlicher, die aus dem Gefängnis entlassen worden sind, *wenn sie auch nur einen einzigen Tag in Einzelhaft verbracht haben.* Einsamkeit, sogar ein wenig Einsamkeit, löst bei Menschen Traumata aus.[18]

Wie diejenigen, die sich mit Süchten und psychischen Problemen auskennen, sehr wohl wissen, wollen Menschen nicht einfach nur Berührung und enge Beziehungen; wir brauchen sie. In Ermangelung positiver menschlicher Berührung und sozialer Unterstützung können wir eine Störung entwickeln, die sich Berührungsdeprivation nennt und zahlreiche zusätzliche negative psychologische und sogar physiologische Auswirkungen hat. »Berührungsdeprivation« führt zu Ängsten, Depressionen und *größerer Anfälligkeit für Infektionen.* Individuen, die über längere Zeit keine positive physische Berührung erleben, können an einer posttraumatischen Belastungsstörung leiden.[19] Von einer Umarmung bis hin zum Abklatschen können positive Momente menschlicher Berührung das Nervensystem beruhigen, die Stimmung aufhellen und Endorphine freisetzen, sowie *das Immunsystem stärken und die Heilung verbessern.*

Es ist nicht verwunderlich, dass die Forderung des Abstandhaltens, die angeblich auf den Weg gebracht wurde, um »die Ausbreitung« von COVID-19 zu verhindern, bei vielen Menschen tiefe Trauer und ein überwältigendes Gefühl von Isolation ausgelöst hat. Sie könnte auch Krankheiten verschlimmert haben. Liebe ist tatsächlich eine Droge – und zwar eine gute.

Auch das Singen in der Gruppe – das seltsamerweise von Anfang an durch Pandemierichtlinien herausgegriffen wurde – bewirkt nachweislich Wunder dabei, Schmerzen von Menschen zu lindern und ihre psychische Gesundheit aufrechtzuerhalten.[20]

Dieselben, beinahe magischen Vorteile sind typisch für »analoge/humane«, nicht-digitale Räume und Produkte, die Menschen schon lange nutzen. Auch wenn sie (von digitalen Unternehmen) als zweitrangig im Vergleich zu digitalen Alternativen beworben werden, haben diese »analogen/humanen« Produkte und Erfahrungen Effekte, denen sich digitale Konkurrenten nicht nähern können.

Menschen im menschlichen Raum erschaffen anspruchsvolle Resultate, die in vielerlei Hinsicht nicht durch Technologie zu erreichen sind. Ein Mensch in einem Hörsaal, der direkt zu fünfhundert Menschen spricht, kann alle gleichermaßen erreichen, ohne einen Algorithmus, der vermittelt oder ihn zensiert; ein Mensch, der an einem echten Bücherregal entlanggeht oder mit einem menschlichen Buchhändler spricht, kann ein wenig bekanntes Buch finden, oder eines, das vergriffen ist, oder ein umstrittenes Buch oder ein Pamphlet, das ein Amazon-Algorithmus begraben würde. Ein Mensch, der in einer Bibliothek mit physischen Bücher liest, kann nicht gehackt, überwacht oder rückverfolgt werden. Tatsächlich ist ein physisches Buch, wie die physischen Pamphlete, die zu vielen Revolutionen beigetragen haben, ein Wunder an cybersicherer Technologie. Wenn Sie ein Buch in Ihrer Tasche oder Umhängetasche mit sich herumtragen, dann kann es niemand zurückverfolgen; wenn Sie Buchstaben auf Papier lesen, kann niemand Tracking-Cookies auf dem platzieren, was Sie lesen. Ihr menschliches Gehirn bleibt privat.

Als politische Kraft haben Menschen in »analogen/humanen« Räumen unvergleichliche Kräfte. Eine Gruppe von Menschen in einem örtlichen Rathaus oder Parlamentsgebäude, im Kongress oder Parlament verfügt über Kräfte, die sie verliert, wenn sie zu digitalen Alternativen getrieben wird. Persönlich können sich Menschen zusammenschließen und Allianzen bilden. Sie können sich voller Zuversicht füreinander einsetzen. Sie können zusammen Dokumente in Papierform überprüfen. Sie können einander Dinge zeigen, die frei von Zensur und Überwachung sind.

Eine Rede ist eine radikale Technologie. Ein Lächeln ist eine radikale Technologie. Es fördert die Produktion von Endorphinen besser als einhundert Smiley-Emojis. Ein physischer Klassenraum ist eine radikale Technologie. Eine Gemeinschaft von Menschen ist eine radikale Technologie.

Der menschliche Körper und Geist, menschliche Berührung und Gesichter und verbale Kommunikation, insbesondere innerhalb einer Gruppe von Mitmenschen in einem Klassenzimmer, einer Bibliothek, einem Parlamentsgebäude oder einer Kirche sind auf wunderbare Weise ausgereifte Technologien. Die digitale Technologie kann diese Vorteile einfach nicht antasten. Und Big Tech weiß das und hasst diese Tatsache.

Diese menschlichen Vorteile gegenüber der Technologie sind genau das, was die Welt von Big Tech, die von mächtigen globalistischen Verbündeten unterstützt wird, zu vernichten sucht. Denn diese »analogen/humanen« Räume und analogen Produkte sind wesentlich ermächtigender für Menschen als die digitale alternative Welt.

Tatsächlich wollen diese Feinde des menschlichen Vorteils alles auslöschen – physische Flirts, physisches Spiel, physische Ausdrucksformen von Liebe, physisches Beten, physische Teamarbeit.

Indem uns unsere Eliten mehr als eineinhalb Jahre lang isolierten, uns in unserem Zuhause in Panik versetzten und unseren Geist mit Botschaften bombardierten, die unsere Amygdala aktivieren, in der Angst verarbeitet wird und Vernunft keinen Zugang hat – um es Menschen dann nur wieder zu erlauben, sich auf eingeschränkte, gedämpfte, verschwiegene und überwachte Weisen erneut zu verbinden – haben sie lästige kulturelle Normen im Westen unterdrückt und uns schließlich wesentlich leichter handhabbar gemacht und uns innerhalb unserer eigenen digitalen Matrizes vollständiger kontrolliert.

Es war wieder einmal dem schamlosen Klaus Schwab vom WWF überlassen, offen die Zukunft zu planen, die er mit Hilfe von

Technologie sieht. Den damaligen Executive Chairman von Googles Mutterkonzern Alphabet, Eric Schmidt zitierend, beobachtete Schwab: »Das kommende Jahrzehnt würde ein Kampf zwischen Robotern und Menschen sein, und um diesen Kampf zu gewinnen, müssten wir wissen, was uns zu Menschen macht.«[21]

Was nicht gesagt werden musste, war, dass das WWF und seine Big Tech-Verbündeten tatsächlich die Frage untersucht haben, was uns zu Menschen macht, nur um diese Analyse im Verbund mit den Maschinen *gegen* uns Menschen zu nutzen.

Und der offensichtliche erste Schritt in diesem Prozess ist die Auslöschung der Versammlungsfreiheit und der Gemeinschaft.

Als die Pandemiepanik um sich griff, ergossen sich »Restriktionen« in Wellen auf die ehemals freie Welt – Wellen, die sich wiederholten, aber ständig verlagerten oder ihren Geschmack veränderten – und eine endlose Riege desorientierter, zunehmend fragmentierter und psychisch labiler, ehemals freier Nationen angriffen. (Denken Sie daran: KI-Modelle können gleichzeitig Originaltöne und globale Ereignisse aneinander anpassen, um sie in Echtzeit, in einer Art »Fadenspiel«-Dynamik, zu verändern.) Man kann wohl ohne Übertreibung sagen, dass dieses koordinierte Vergehen, das von der Regierung im Verbund und im Gleichschritt mit Tech- und Pharmaunternehmen und den dominierenden Medien koordiniert wurde, ein Übel darstellt, das wir in der Geschichte der Menschheit noch nicht erlebt hatten.

Weltweit hörten wir, ebenso wie in einem US-Staat nach dem anderen, dieselben markigen Sprüche und dieselben Anschuldigungen gegen diejenigen, die es wagten, ihre Stimme gegen diese Pläne zu erheben; wir sahen dieselben neuartigen Methoden, die dazu dienten, Gesetze und Verordnungen zu umgehen und Gesundheitsbehörden zu ermächtigen, Rechte und Freiheiten einzuschränken. Später erlebten wir dieselben Impfziele in einer Nation nach der anderen und dieselben Beschimpfungen, mit denen die Widerspenstigen bedacht wurden. Schließlich beobachteten wir dieselben Bestrafungen, von der Verweigerung des Zugangs zu Restaurants zur Verweigerung des Rechts auf Arbeit – sogar dieselben Lockmittel in Form von kostenlosen Donuts[22] oder McDonald's-Coupons[23], um »die Zögerlichen« zu überreden, sich anzuschließen.

Das letztendliche Ziel ist etwas wesentlich Düstereres als einfach nur eine ausreichend düstere Welt, in der jeder zwangsgeimpft wird, sei er nun gefährdet oder nicht, ob er nun natürliche Immunität besitzt oder nicht – eine Welt, in der »Booster« für sieben Milliarden Menschen pro Jahr für alle Zeit garantiert sind.

Das letztendliche Ziel ist vielmehr, sicherzustellen, dass unsere Welt von vor März 2020 für immer verschwindet. Unwiederbringlich. Sie zu ersetzen durch eine Welt, in der alles menschliche Bestreben hinter einer digitalen Bezahlschranke stattfindet, eine Welt, in der wir alle die Erlaubnis von Technologie brauchen, um Zugang zur physischen Welt, zur Kultur und zu anderen Menschen zu bekommen.

Die im Jahr 2020 präsentierten Daten über die Nutzlosigkeit und die Schäden von »Lockdowns« wurden immer und immer wieder bestätigt. In der Great Barrington Declaration war im Oktober 2020 gewarnt worden, dass dies der Fall sei.[24] 2021 kam das *Wall Street Journal* erneut zu diesem Schluss, nachdem Zehntausende von Unternehmen dauerhaft geschlossen worden waren.[25] Acht Monate später kam eine Studie der Johns-Hopkins-Universität in der Serie *Studien in angewandter Wirtschaftslehre* noch einmal zu dieser Schlussfolgerung.[26] Doch erst im Februar 2022 brachten sinkende Umfragewerte, die interne Mitteilung eines Wahlberaters[27] und die Gerichtsentscheidung, 55.000 Seiten interner Pfizer-Dokumente[28] offenzulegen, US-Gouverneure und die US-Präsidialverwaltung dazu, »die Maskenpflicht«, »Maßnahmen« und »Restriktionen« zurückzuziehen.

Das eigentliche Ziel hatte nichts mit öffentlicher Gesundheit zu tun.

Das eigentliche Ziel ist, die westliche und die menschliche Kultur aufzulösen und zu zerstören und sie durch eine techno-faschistische Kultur zu ersetzen – eine Kultur, in der wir vergessen haben, was freie Menschen tun können.

Das Verbrechen, das während der Pandemiejahre 2020–22 begangen wurde, war vielleicht das größte, dass je gegen die Menschheit begangen worden ist. Und es wird immer noch begangen.

Kapitel Eins:
März 2020: Der »Lockdown«

Am 8. März 2020 saß ich hinter der Bühne des Southbank Centre in London. Aus Anlass des Internationalen Frauentags hatte man mich als Rednerin dorthin eingeladen.[29] Ich freute mich sehr darauf, gemeinsam mit zahlreichen anderen Autorinnen, Rednerinnen und Aktivistinnen an diesem Ort zu sein. Da es nicht das erste Mal war, dass ich dort eine Rede hielt, sah ich alte Freundinnen wieder, und ich erfreute mich an der Geschäftigkeit und Begeisterung der typischen Festbesucher.

Eltern und Kinder, Einzelpersonen, Babys in Kinderwagen, Besucher mit unterschiedlichstem Hintergrund – Wohlhabende, Geringverdiener und solche aus der Mittelschicht, Ströme von Menschen im Ruhestand: Diese bunte Palette friedlicher Menschen drängte sich in das Gebäude.

Das Centre war schon seit Jahrzehnten ein dynamisches und sehr beliebtes Ziel am Ufer der Themse. Es war eine reizende, herrlich bunte Mischung und etwas, worauf London stolz war: Das Southbank Centre mit seinen Theaterstücken, Veranstaltungen, Filmen, Tanztruppen, Komikern, Diskussionen, Cafés, Restaurants, seiner Bibliothek, ja sogar einem Outdoor-Gastronomiebereich mit internationaler Küche stand für die feinsten kulturellen und gesellschaftlichen Genüsse des Westens. Es brachte Menschen zusammen, die Kultur mit geringen oder ohne Kosten für sie erfahren und aufsaugen wollten. Es unterstützte Menschen in der Schaffung von Kultur. Es hielt eine friedliche, komplexe und fortschrittliche Gemeinschaft aufrecht, in der sich Menschen ganz unterschiedlicher Sichtweisen und Hintergründen frei bewegten, frei zusammenschlossen und ihre Gedanken, Geschichten und Vorstellungen frei miteinander teilten.

Dieses Juwel schmückte eine Stadt, die seit mehr als zweitausend Jahren eine großartige Stadt an einem mächtigen Fluss war, einen Ort, an dem die Mehrheit der Menschen seit Jahrhunderten einen immer umfassenderen und stärker institutionalisierten Grad an Versammlungs-, Bewegungs-, und Meinungsfreiheit angestrebt – und an kritischen Stellen auch erlangt hatte. Diese Zivilisation hatte viele der Schätze der Freiheit, unter anderem die Magna Charta[30], hervorgebracht; außerdem das Prinzip des Habeas Corpus (Haftprüfung), mit dem sichergestellt wurde, dass Menschen nicht für immer ohne Prozess im Gefängnis eingesperrt werden konnten; John Miltons Lobrede auf die freie Meinungsäußerung, die sogenannte *Aeropagitica*; parlamentarische Prozesse und Traditionen, die in der ganzen Welt bewundert wurden und Nachahmung fanden; immer humanere Innovationen im Gefängniswesen (John Howard); eine unentgeltliche Grundschulbildung für Kinder aus allen Bevölkerungsschichten; die Arbeit der Frauenrechtlerin Mary Wollstonecraft zur Zeit der Aufklärung; die Märsche der Suffragetten und die Sicherung des Wahlrechts für Frauen, sowie der Human Rights Act von 1998.

Erwartungsgemäß lag der Fokus dieser Tradition sich ständig weiterentwickelnder Gesetze und Institutionen auf den westlichen Idealen von Freiheit und Demokratie. Dies führte zu einer kulturellen Blüte, die weltweit bewundert wurde und Leser in weniger freien Nationen zu einer Vision nahezu vollständiger Freiheit inspirierte. Und, im Laufe der Jahrhunderte, sich auch zu einer relativ stabilen Demokratie und einer verantwortungsbewussten Rechtsstaatlichkeit entwickelt hatte. Großbritannien bescherte uns kulturelle Reichtümer von Shakespeare bis Milton, Jane Austen bis William Blake und den Brontë-Schwestern, von Dickens bis Auden, Thomas Paine bis John Stuart Mill, sowie Schätze in Musik, Theater, Belletristik und Philosophie, die zu umfangreich sind, um sie hier alle aufzuzählen.

Im Southbank Centre saß ich auf einer niedrigen Plattform neben einer jungen italienischen Praktikantin. Wir unterhielten uns, während wir nach dem Vortrag auf den Wein und die Häppchen warteten, die hinter der Bühne serviert wurden.

Sie war allerdings mit den Gedanken woanders und erklärte mir, sie mache sich Sorgen, weil sie ihre Mutter in Mailand nicht erreichen könne. Sie sagte, für die Region sei »ein Lockdown angeordnet worden.«[31]

Ich erinnere mich an den Schwindel, der mich erfasste, als sie das sagte. Was? Das konnte doch nicht in Italien – einer freien, modernen Nation – passieren. Meiner Auffassung nach gab es »Lockdowns«, die Festsetzung von Bürgern in einem Gebiet gegen ihren Wunsch, die Einschränkung ihrer Freiheit, sich frei zu versammeln –, nur in totalitären Systemen. Ich erinnere mich, dass eine Art Schauder durch mich hindurch ging, während ich versuchte, mir gegenüber der jungen Frau nicht anmerken zu lassen, wie sehr mich ihre Worte beunruhigt hatten.

Ich wusste nur zu gut, was das bedeutete. Der europäische Kontinent war bis ins Mark getroffen worden.

Rundherum gingen das rege Treiben und die Unterhaltungen und das Gelächter weiter. Die begeisterten Zuschauer standen für die nächsten Veranstaltungen an und unterhielten sich über die Themen des Abends; Besucher knüpften neue Freundschaften in der Warteschlange oder gaben bereits bestehenden eine neue Dimension.

Unsere eigene Veranstaltung begann und endete. Sie war erfolgreich.

Als die Massen nach draußen strömten, war zu hören, wie das Stimmengewirr menschlicher Kultur entstand: Dies hier war menschliche Politik, die sich organisch entwickelte. Man konnte die Kraft und das Potenzial der Menschenmenge fühlen, das energiegeladene Aufschäumen einer neuen Ideenwelt, die durch das Publikum ging, neue Diskussionen, die es ganz auszukosten galt. Die Menschen redeten und redeten und redeten.

Als Autorin, die schon bei vielen Veranstaltungen gesprochen hatte, hatte ich immer wieder die schwer zu beschreibende Macht dieser Erscheinung gesehen und gespürt – diese Welle neuer Energie, gleich einer Welle im Meer, die die Welt in einem Moment umfangen kann, wenn Hunderte von Menschen sich persönlich versammeln, um Ideen als Gemeinschaft anzuhören und sie frei miteinander zu besprechen. Ich hatte schon vorher gesehen, dass die Menge sich nach solchen Ereignissen sogar anders bewegt. Köpfe, die vorher gebeugt waren, werden höher gehalten. Menschen gehen selbstbewusster aufeinander zu. Fremde, ja sogar schüchterne Fremde, konnten wundervolle Kampfgenossen und -genossinnen sein, sobald sie einmal auf diese Weise zusammengekommen waren.

An jenem Abend waren wohl etwa sechshundert Frauen in der Menge. Sie strömten aus dem Theater und schienen voller Euphorie zu sein.

Das Gefühl für das, was möglich war und, ja – das Gefühl von Befähigung –, das sich unter ihnen ausgebreitet hatte, wirkte auf ihre Stimmung wie Champagner. Eine große Menschenmenge hatte einen weiten gemeinsamen Raum vorsichtig und voller Hoffnung betreten und verließ ihn mit mehr Optimismus und weniger Barrieren in ihren Köpfen.

Die Frauen strömten mit alten oder neuen Freundinnen aus dem Vortragssaal und machten sich auf den Weg, um in dieser unglaublich aufregenden und einladenden Stadt noch einen Drink zu nehmen, einen nächtlichen Spaziergang zu machen oder zusammen zur U-Bahn zu gehen.

Ich habe immer noch ein Bild von jenem letzten Tag der alten Welt.

Ungefähr zehn Aktivistinnen und Autorinnen, die wie ich gerade eine Rede gehalten hatten, versammelten sich für ein Gruppenfoto in dem gemütlichen Aufenthaltsraum hinter der Bühne. Wir standen in einer Reihe zusammen: Frauen jeden Alters und Hintergrundes, die in die Kamera schauten und die Arme umeinander gelegt hatten. Man konnte die stolzen neuen Freundschaften wahrnehmen, die in unseren kurzen Diskussionen vor und nach der Veranstaltung begonnen hatten, ebenso wie die neuen Möglichkeiten, sich zu verbünden: diese aufregenden neuen Möglichkeiten, die menschliche Zusammenkünfte einem freien Volk immer bieten.

Das heißt, bis zu jenem Augenblick.

Ich kann das Gefühl dieser Frauen in jenem Bild, kurz bevor die Welt zusammenbrach, nicht vergessen.

Als ich zurück im Hotel war, rief ich Brian, meinen Mann, an. Ich erzählte ihm, dass Italien dichtgemacht worden wäre.

Auch andere Länder »machten dicht« oder »verhängten einen Lockdown«, was immer das bedeuten mochte. Ich hatte eigentlich vorgehabt, in den Norden zu fahren, um eine Mentorin an einer Universität dort aufzusuchen.

»Komm nach Hause,« sagte er zu mir. »Sie werden die Flüge in die USA einstellen.«

Ich schaffte es nach Hause, nach New York, kurz bevor der Flugverkehr aus Europa eingestellt wurde.

Die Stadt, die ich zurückließ, wurde in vielerlei Hinsicht praktisch vernichtet. London ist nie wieder so gewesen, wie es damals war.

***Am 9. März 2020** war ich wieder zu Hause in der South Bronx, wo wir zu jener Zeit lebten. Wenige Monate zuvor waren wir in diesen Stadtbezirk gezogen.*

Mott Haven, ein Viertel in der South Bronx, hatte eine Phase der Erneuerung und des Aufblühens erlebt.

Auch wenn es eines der ärmsten Stadtviertel im Großraum New York ist und schon lange mit den gravierenden Problemen zu kämpfen gehabt hatte, unter denen sehr einkommensschwache Gegenden häufig leiden, so hatte es doch gleichzeitig einen enormen kulturellen Reichtum. Es verfügte über starke Gemeinschaften und beeindruckende menschliche Ressourcen.

Und in letzter Zeit hatte es überall Chancen gegeben. Neue Projekte und Institutionen wurden schnell geplant. Man stellte ihre Finanzierung sicher und sie wurden realisiert.

Einen Häuserblock von unserer Wohnung entfernt hatten zwei Existenzgründer einen Coworking Space für kreative Künstler, Berufstätige und Kleinunternehmer in der South Bronx gestartet. Für dieses Projekt hatten sie ein heruntergekommenes, leerstehendes Fabrikgebäude aus Backstein restauriert und auf diese Weise einem neuen Nutzen zugeführt. Die Bronx ist die Geburtsstätte der Hip-Hop-Musik und -Kultur, und ein begabter Hip-Hop-Künstler war beauftragt worden, ein imposantes Gemälde auf einer Außenwand anzufertigen. Auch eine Reihe von Graffiti-Künstlern aus der Hip-Hop-Szene stellten ihre Arbeiten Galeriebesitzern auf den Wänden des Gebäudes vor. Existenzgründer und -gründerinnen, die über gerade genug Kapital verfügten, konnten kostengünstiger Flächen vermieten, eine innovative T-Shirt-Kollektion lancieren oder eine Ecke eines gemeinsamen Raumes mieten, um eine Zeichentrickserie fürs Fernsehen zu schaffen. Die Inhaber des Nachbarschafts-Gründerzentrums errichteten ein elegantes Café.

Kulturelle Angebote gab es allerorten. Ein lateinamerikanisches Ballettensemble war ein paar Straßen weiter nördlich untergebracht. Die Stadt hatte Mittel bereitgestellt, um ein Hip-Hop-Museum errichten zu lassen – etwas, das mit Sicherheit zu einem gewaltigen Touristenmagnet werden würde.

Die South Bronx wurde auch in politischer Hinsicht einflussreicher. Rubén Díaz Jr., der Bezirksbürgermeister der Bronx, ein talentierter Senkrechtstarter, hatte Millionen Dollar für Investitionen in die kulturellen Institutionen des Viertels beschafft. Man baute bezahlbare Wohnungen, und talentierte Fürsprecher der Gemeinschaft wurden darauf vorbereitet, für ein Amt zu kandidieren.

Drei Häuserblocks von uns entfernt hatte eine junge Frau aus der Umgebung »LitHub« – und damit den einzigen Buchladen in der South Bronx – eröffnet. Er hatte sich zu einem einladenden Ort gemausert und bot ein breites Spektrum an Romanen, Geschichtsbüchern, politikwissenschaftlicher Literatur und Biografien, von denen die meisten einen Bezug zu communities of color hatten. Ein Café zog junge Menschen jeglicher Provenienz ebenso an, wie ältere Menschen, die seit Jahrzehnten in der Gegend lebten und neu Hinzugezogene.

Wir lebten erst seit einigen Monaten dort, doch wir schlossen Freundschaften, schlugen Wurzeln und freuten uns darüber, Teil einer kreativen, vielfältigen und innovativen Gemeinschaft zu sein.

Schon bevor all diese neuen Investitionen getätigt worden und neuartige Institutionen entstanden waren, hatte sich die South Bronx durch ihre unternehmerische Dynamik ausgezeichnet. Hunderte von Unternehmern führten ihre kleinen Betriebe effektiv, ganz in der großen Tradition amerikanischer Einwanderungswellen.

Die Bedingungen in Amerika ließen wie gewohnt fleißige Kleinunternehmer und Arbeiter, die vor kurzem in den USA angekommen waren, gedeihen.

In den Seitenstraßen und Alleen hatten sich zahlreiche kleine Cafés und Restaurants angesiedelt, die dominikanische, nigerianische, mexikanische, äthiopische und kubanische Gerichte oder Speisen aus anderen Ecken der Welt anboten. Einige waren so klein, dass sie nur ein paar Tische und eine Theke hatten. Einige waren von talentierten Hobbyköchen oder -köchinnen eröffnet worden und konnten auf eine treue Anhängerschaft zählen. Kleine Unternehmer betrieben ihre Läden zwar ohne große Lagerbestände, hatten dafür aber viele Stammkunden. Es gab jede Menge kleiner Blumenläden, kleiner Bäckereien und kleiner Mode- und Handtaschenboutiquen. Als ich bei einer Bank in der Nähe Schlange stand, bestand eine beträchtliche Anzahl der Kunden, die dort mit mir anstanden, aus lokalen Kleinunternehmern.

Ebenfalls wichtig war, dass die Bronx bis März 2020 über viele lebendige Glaubensgemeinschaften verfügte, deren Zentren in unserem gesamten Viertel verstreut waren. Es handelte sich dabei um ein komplexes Netzwerk von katholischen Steinkirchen aus dem neunzehnten

Jahrhundert, Nonnenklöstern, neu erbauten evangelikalen Ladenkirchen, Baptistenkirchen, altehrwürdigen Synagogen, eleganten Moscheen, Moscheen, die in leeren Geschäftsräumen verborgen lagen, Moscheen, die den Mitgliedern der Nation of Islam geweiht waren, Moscheen voller Familien, die Palästina vor zwei oder drei Generationen verlassen hatten und Moscheen, die sich an marokkanische oder somalische Einwanderer richteten, darüber hinaus Talmud- und Thora-Schulen, Chabad-Häuser sowie eine schwarze jüdische Gemeinde. Jeden Freitag, Samstag oder Sonntag strömten Menschen in diese Gotteshäuser hinein und wieder hinaus. Mädchen in weißen Kleidern warteten auf die Erstkommunion, während ihre stolzen Eltern Fotos von ihnen machten. Familien drängten sich dicht an Jungvermählte heran, und der Verkehr kam zum Erliegen, während die Fahrer die Bräute, Brautjungfern und Blumenmädchen bewunderten. Die Männer kamen von langen Arbeitsschichten nach Hause, duschten und zogen sich um, doch jetzt kleideten sie sich in eleganten weißen Hemden und schwarzen Hosen, um zusammen mit ihren gleichermaßen schön gekleideten Familien, freitags zum Beten in die Moscheen zu gehen, der Predigt des Imams zu lauschen oder Ramadan, Eid oder andere Festtage im Kalender zu feiern. Schwarz gekleidete orthodoxe jüdische Männer schütteln sich nach dem 10-Uhr-Sabbat-Gottesdienst die Hände auf dem Gehweg außerhalb der Synagoge, während ihre Frauen sich in Gruppen unterhielten und die Mädchen in schlichten Kleidern und die Jungen mit Schläfenlocken im Auge behielten, während sie spielten und herumtollten.*

*Auch bekannt als »Schwarze Moslems«, eine 1930 von Elijah Muhammad gegründete religiös-politische Organisation schwarzer US-Amerikaner außerhalb der islamischen Orthodoxie, Anm. d. Ü

Jeder, der eine Gemeinschaft haben wollte, konnte auch eine oder viele haben, sowie Teil einer reichen Kultur, oder vieler reicher Kulturen sein.

In der South Bronx gab es auch sehr schöne Gegenden. Von der Vorderseite unseres Gebäudes aus konnte man über Fabrikhallen hinweg auf den Harlem River schauen. Mit seiner stahlgrauen Tiefe glitzerte er wie ein Spiegel im Sonnenlicht und seine grauweißen Wellen flossen im Mondlicht dahin. Große Stahlbrücken querten den Fluss, Züge brausten über sie hinweg und schufen eine fantastische städtische Industrieskulptur. Man konnte die Türme des City College in Harlem sehen, das wie ein Schloss auf einem entlegenen Hügel wirkte. Man sah die riesigen Türme des Stadtzentrums, die blass und dicht zusammengedrängt wie Giganten dastanden, wie die Türme von Oz aus der Perspektive der weit entfernten Dorothy. Entlang des Harlem Rivers wurde ein Erlebnispark gebaut, und auch wenn er noch nicht fertig war, gingen die Leute aus der South Bronx an Sommerabenden hinunter zum Fluss, um den Sonnenuntergang zu bewundern, den fließenden Strom, und den erstaunlichen Blick auf die Stadt, die bisweilen dank einer optischen Täuschung nahe genug erschien, um sie berühren zu können. Dabei spiegelte sich die Sonne in ihren Gesichtern wider.

Überall waren Massen von Menschen unterwegs, um zu kaufen und verkaufen, zu flirten oder um die nächste sich bietende Gelegenheit zu ergreifen oder zur Schule oder ins College zu hasten.

Überall, wo man hinsah, war etwas los. Überall war diese diverse, aufgeregte, energiegeladene und ungeduldige Menschenansammlungen aus dem Großraum New York – das heißt, aus dem Großraum New York bis März 2020.

Trotz der gravierenden Probleme, mit denen sich so viele konfrontiert sahen, war in dem Viertel ein Gefühl für das vorhanden, was möglich war. Egal, wie schwer die Zeiten sein mochten, die Menschen konnten ihr eigenes Leben bestimmen.

Denn das war Amerika.

Das größte systemische Problem in der Bronx war, dass die Gesundheit der Menschen hier unverhältnismäßig stark litt; die Einwohner des Bezirks hatten mit zahlreichen armutsbedingten Krankheiten zu kämpfen, und das Leiden an diesen Krankheiten sowie die Defizite im medizinischen Bereich waren überall sichtbar. Die Bronx hatte die höchste Asthma-Rate bei Kindern im New Yorker Raum. Fettsucht und schlechte Ernährung waren chronisch. Wir lebten in einer »Nahrungsmittelwüste« und einer »Wüste« in Bezug auf körperliche Erholung; Frische; vollwertige Nahrungsmittel waren teuer und schwer zu bekommen, und es gab nur wenige Grün- oder Freiflächen für sportliche Aktivitäten.

Fast niemand hatte eine gute ärztliche Versorgung. Wie das Institut für Familiengesundheit feststellt, »weist die Bevölkerung in der South Bronx, dem ärmsten städtischen Wahlbezirk in den USA, hohe Raten an Diabetes, Fettsucht, Herzerkrankungen, HIV/AIDS und Säuglingssterblichkeit auf.«[32] Es gab einen Schwarzmarkt für Diabetes-Teststreifen und Insulin. Aspirin und Medikamente zur Neutralisierung von Magensäure wurden in Zwei-Tabletten-Packungen in den Bodegas verkauft. In keinem anderen Bezirk sah ich so viele vernachlässigte Mobilitätsprobleme wie hier. Menschen, die eigentlich einen Rollstuhl gebraucht hätten, stützten sich ersatzweise auf einen schlecht angepassten Rollator, Menschen, die einen Rollator gebraucht hätten, plagten sich stattdessen mit alten Holzkrücken herum, und Menschen, die keines von beiden hatten waren gezwungen, bei Freunden oder Verwandten Halt zu suchen.

Einmal musste ich in die Notaufnahme und musste fünf Stunden warten. Ich sah einen Obdachlosen, dessen erfrorene Füße versorgt wurden. Mitten im Winter trug er nichts weiter als Socken, und er beschwerte sich, dass die Krankenschwester ihm die Socke aufschnitt, denn Socken waren teuer. Menschen hatten furchtbare Atemwegserkrankungen, und Antibiotika waren teuer. Menschen litten an Tuberkulose. In den Gängen der Notaufnahme standen mobile Krankenliegen mit Patienten, die dort stundenlang still dalagen. Als ich 2019 in die Notaufnahme musste, lag dort eine Leiche auf einer Liege im Gang, bei der lediglich das Gesicht abgedeckt war.

Das war die tägliche Realität. So war es schon seit Jahren gewesen. Die Gesundheit der Armen war entbehrlich.

Fast niemand auf der bundesstaatlichen Ebene, geschweige denn der nationalen, kümmerte sich sonderlich, falls überhaupt, um die Gesundheit meiner Nachbarn, der ärmsten Einwohner der fünf Stadtbezirke von New York, oder um ihren schrecklichen Tod.

Am 11. März 2020, als Brian und ich in seinem SUV saßen, um eine Besorgung zu machen, wurde über sein Autoradio eine Ansage übertragen. Aufgrund des mysteriösen Virus aus China würde der Broadway schließen.[33]

Der gesamte Broadway. Nicht nur ein Theater oder zehn, wie in einer freien Gesellschaft, in der Geschäftsinhaber auf der Grundlage von individuellen Risiken Entscheidungen treffen. Der gesamte

Broadway wurde geschlossen, in einer ikonischen, schwungvollen Geste sowjetischen Musters von oben nach unten.

Wir waren beide schon in Krisengebieten gewesen und hatten in geschlossenen Gesellschaften gelebt – wir kannten ihre Bewegungen wieder. Wir wussten, dass etwas sehr Schlimmes im Gange war; ob es nun natürlich oder politisch oder beides war, konnten wir noch nicht sagen. Doch aus unserer Zeit in Krisengebieten wussten wir, was Kontrollposten und Zwangsschließungen unweigerlich bedeuteten. Folglich wussten wir, dass das, was da auf uns zukam – egal, was es war –, sehr schlimm sein würde.

Wir waren uns einig: »Wir müssen hier raus.«.

Wir packten ein paar Habseligkeiten zusammen und fuhren dann Richtung Norden.

Ich hatte vor vielen Jahren ein kleines Ferienhaus im Hudson Valley gekauft, kurz vor den Krisentagen des 11. September 2001. Seitdem hatte mich die Erkenntnis gequält, wie leicht es sein könnte, Bevölkerungsgruppen, die dichtgedrängt auf einer Insel zusammenlebten, die nur über Brücken und Tunnel zu erreichen war und wieder verlassen werden konnte, zu kontrollieren und als Zielscheibe zu benutzen. Ich hatte meine noch kleinen Kinder in das Ferienhaus gebracht, als die Stadt von der Katastrophe heimgesucht wurde und von Rauch geschwängert war. Und ich war damals, als sie heranwuchsen und auch jetzt dankbar dafür, obwohl sie mittlerweile von zu Hause ausgezogen waren.

Wir zogen am 12. März 2020 ins Hudson Valley. Zunächst wollten wir nur ein paar Tage dort bleiben. Zu diesem Zeitpunkt war in den Vereinigten Staaten noch nicht von einem COVID-»Lockdown« wie in Mailand die Rede – dergleichen war in den USA undenkbar! Es wurde auch noch nicht viel über die weit entfernten Infektionen gesprochen, die in unserem eigenen Land wüten sollten.

Um ein Einkommen zu erzielen, hatte ich das kleine Ferienhaus auf Airbnb annonciert. Um den 13. März herum bekamen wir eine Buchungsanfrage von einer Apple-Managerin. Sie wollte mit ihrer gesamten Familie, darunter zwei kleinen Kindern, aus ihrem Zuhause in Brooklyn sofort in unser Ferienhaus im Wald ziehen, »für ein Arbeitsvorhaben.«

»Wie lange möchten Sie denn hierbleiben?« fragte ich mittels einer Nachricht über die Vermietungsplattform an.

»Zunächst mal für ein paar Wochen«, antwortete sie. »Doch es könnten auch Monate werden.«

Wenn etwas Schlimmes im Gange ist, wissen ein paar Eliten es normalerweise als erste. Sie verstehen es, rechtzeitig die Flucht zu ergreifen.

Ich schrieb ihr, dass das Haus nicht verfügbar sei, entfernte den Eintrag unverzüglich von der Plattform und bestellte einen Möbelwagen. Wir ließen unsere Mietwohnung in der Stadt und eine Kaution zurück, doch es gab keinen anderen Weg.

Wir beide sahen die Vorzeichen: Eine erhebliche Instabilität würde kommen. Was immer die Apple-Managerin beschrieben haben mochte, Brian und ich waren beunruhigt. Noch am selben Abend zogen wir komplett in das kleine Häuschen im Wald. Wir zogen in eine winzige Stadt, die eine Methodistenkirche und eine katholische Kirche direkt im Ort und eine Synagoge eine halbe Stunde entfernt hatte. Es gab einen Imbiss, ein Lebensmittelgeschäft, ein Rathaus und eine Bibliothek. Die meisten Anwohner hatten jahrelang oder sogar jahrzehnte-

lang gute Nachbarschaft, Geschäftsbeziehungen und Freundschaften genossen. Unsere kleine Stadt befand sich in einem Gebiet, das reich an Kulturgeschichte and sonstiger Geschichte war, und sie war von Dutzenden wirklich bedeutsamer historischer Stätten umgeben.

Von der Zeit an, wo ich dies schreibe, sollte die eingeschworene und produktive Gemeinde der South Bronx, die wir am 11. März 2020 verließen, nie mehr dieselbe sein. Von der Zeit an, wo ich dies schreibe, sollten die eingeschworenen und produktiven Kleinstädte im Hudson Valley – in einer von ihnen kamen wir am 11. März 2020 an – sich ebenfalls nie wieder erholen.

Beide, die zuvor ein Teil Amerikas gewesen haben, wurden in eine andere Kultur hineingezwungen, nachdem sie in den folgenden beiden Jahren in eine andere Dimension menschlicher Erfahrung mit einem anderen politischen System und einer vollkommen anderen, auf groteske Weise verringerten, Reihe von Möglichkeiten für ein menschliches Leben und eine menschliche Gemeinschaft gedrängt worden waren.

Im März 2020 standen die Menschen noch im Zentrum der Kultur, und die Kultur war Amerika. Zwei Jahre später waren es Maschinen, Technologie und die »Volksgesundheit«, die im Mittelpunkt der Kultur standen, und diese Kultur war im Westen etwas vollkommen Neues.

Eher wie Kuba oder Peking als wie Mott Haven, die South Bronx oder Copake im Staate New York. Eher wie »Meta« oder Google oder Apple denn wie eine menschliche Gemeinschaft mit menschlichen Kontakten.

Eher wie die Diktate und Normen der Kommunistischen Partei Chinas denn wie die Kultur die Überzeugungen der Vereinigten Staaten von Amerika.

Kapitel Zwei

»Einheitliche Sicherheitsstandards für alle«

Im Bundesstaat New York, in dem wir lebten, rief Gouverneur Andrew Cuomo am 7. März 2020 den Notstand aus – noch bevor jemand wirklich das Ausmaß der späteren Pandemie kannte – und am 23. Juni 2021 versprach er, diesen am nächsten Tag zu beenden.[34]

Ich kannte Notstandsgesetze, weil ich mich mit dem Niedergang von Demokratien beschäftigt hatte, und so wusste ich schon Mitte März 2020, dass etwas Katastrophales passiert war.

Fast zwei Jahre später galten für uns im Staate New York *immer noch* Notstandsgesetze.

Gouverneur Cuomos ursprünglicher Anordnung zufolge (War es nun eine Weisung, war es ein Erlass? Wir hatten nicht einmal eine Rechtssprache für Erklärungen nach dem Notstandsgesetz, denn durch die Ausrufung des Notstands werden geltende Gesetze verdrängt) sollten Geschäfte und Restaurants auf der Main Street schließen, während »lebensnotwendige Geschäfte« geöffnet bleiben konnten. Diese Durchführungsverordnung war genau das – eine »Verordnung.« Sie ging nicht durch die Legislative. Dies sollte erst einer von vielen »Erlässen«, »Weisungen« und »Verordnungen« sein. Akte, mithilfe deren sprachlicher Struktur die Bürger einer repräsentativen Demokratie offenbar daran gewöhnt werden sollten, ungefragt »Befehle« von oben zu befolgen.

Die »Durchführungsverordnung« versetzte jeden im Staat *zu unser aller »Sicherheit* »in den Pausenmodus«. [35]

Für viele hörte sich das wie Führung in einer Notfallsituation an – wie die »Gefechtsbereitschafts«-Sprache, mit der George W. Bush den »globalen Krieg gegen den Terror« begann. Viele Menschen in den sicheren und reichen Ländern, wie Kanada, den Vereinigten Staaten und dem Vereinigten Königreich, die Krisen nicht gewohnt waren, ließen sich durch diese Sprache einschüchtern. Und wer konnte außerdem schon etwas gegen »eine Pause« einzuwenden haben?

Doch mein Mann und ich ließen uns durch die besänftigende Sprache à la Schwester Ratched* nicht beschwichtigen und Gouverneur Comos autoritative Entscheide befremdeten uns. Da wir beide in Kriegs- und Krisengebieten gelebt hatten, wussten wir, dass der Handelsverkehr *nie* ausgesetzt wurde, nicht einmal in den schlimmsten Krisen. Die Menschen mussten weiterhin ihren Lebensunterhalt verdienen, um die Krise zu überleben, und die Wirtschaft musste aufrechterhalten werden, damit die *Gemeinschaft* die Krise überleben konnte. Wir beide wussten aus der Geschichte der Kriegsführung, dass Bevölkerungsgruppen nicht zurückschlagen können, wenn man ihnen verbietet zu kaufen und verkaufen. Es ist der Tod ihrer Wirtschaft, der sie zerstört oder schließlich zu ihrer Versklavung oder Besetzung führt.

---

* Hauptantagonistin aus dem Film *Einer flog über das Kuckucksnest* von Ken Kesey, Anm. d. Ü.

Sogar 1997, als auf den Mahane Yehuda Market, den großen Freiluftmarkt in Jerusalem, mehrere terroristische Anschläge hintereinander verübt wurden, bei denen sechzehn Menschen ums Leben kamen und 178 verletzt wurden, blieb der Markt geöffnet.[36] Dasselbe war im Jahre 2002 der Fall, als sechs Menschen getötet und 84 verletzt wurden.[37] Menschen, die in Flüchtlingscamps in aller Welt zusammengedrängt leben, kaufen und verkaufen weiterhin, und selbst, wenn es einen Krieg oder terroristische Anschläge gibt, versuchen die Kinder immer noch, zur Schule zu gehen.

Doch wie war es bei uns in Amerika im Jahre 2020? Wo eine schwere Atemwegserkrankung im Gange war? *»100-prozentige Schließung sämtlicher nicht lebensnotwendiger Geschäfte und Unternehmen, gültig ab Sonntag, 20 Uhr – Ausnahmen gelten für lebensnotwendige Dienstleistungen wie Lebensmittel und medizinische Versorgung«.*[38]

Gouverneur Cuomo gab damals eine Reihe von Anweisungen, die neu waren und eigenartig wirkten, verfasst in einem Prosastil der kommunistischen Partei Chinas (KPCh), mit einem Konzept im Stil der KPCh: »Einheitliche Sicherheitsstandards für alle«. Diese Redeweise und dieses Konzept im Stile der KPCh traten an die Stelle einer amerikanischen Grundannahme, nämlich, dass Individuen souverän sind und nicht von einem Herrscher »in den Pausenmodus« versetzt werden können, und dass es in der Eigenverantwortung der Bürger liegt, Entscheidungen über persönliche Risiken zu treffen und mit ihnen umzugehen. Doch jetzt gab es Folgendes:

- Eine 10-Punkte-Richtlinie, die einheitliche Sicherheitsstandards für alle gewährleistet.

- Die 100-prozentige Schließung sämtlicher nicht lebensnotwendiger Geschäfte im gesamten Bundesstaat, gültig ab Sonntag, 20 Uhr – Ausnahmen gelten für lebensnotwendige Dienstleistungen wie Lebensmittel und medizinische Versorgung.

• »Matilda's Law« wird den vulnerabelsten Bevölkerungsgruppen – den New Yorkern, die 70 Jahre und älter sind, Menschen mit geschwächtem Immunsystem und denjenigen mit Grunderkrankungen – neuen Schutz bieten.

• Die Verfügung eines 90-Tage-Moratoriums für Zwangsräumungen von Geschäften, Unternehmen oder Wohngebäuden.

• Die Bitte an die Hersteller von persönlicher Schutzausrüstung (PSA), dem Staat überzählige Produkte zu verkaufen und Unternehmen dazu zu ermutigen, mit der Herstellung von PSA-Produkten zu beginnen.

• Bestätigung von 2950 weiteren Corona-Fällen im Staate New York – was die Gesamtzahl der Fälle im ganzen Bundesstaat auf 7102 ansteigen lässt; neue Fälle in 23 Bezirken.[39]

Was waren Gouverneur Cuomo zufolge die lebensnotwendigen Geschäfte? Wer wurde gezwungen, »in den Pausenmodus« zu gehen?

Der Walmart im nahegelegenen Ort Hudson war geöffnet. McDonalds war geöffnet. Target war es ebenfalls.

Doch die Millerton-Bibliothek – jene Oase für Kinder aus Familien, in denen häusliche Gewalt an der Tagesordnung war, oder solche, bei denen es zu Hause keine Bücher gab – war geschlossen.[40] Die Roeliff-Jansen-Gemeindebücherei an der Route 22 war ebenfalls geschlossen. Tatsächlich mussten viele der New Yorker Bibliotheken schließen.[41]

Doch Amazon blieb geöffnet. Und nicht nur das: Wenn seine Arbeiter an COVID-19 erkrankten, dann sagte ihnen der Gigant, dass sie entgegen dem kalifornischen Gesetz keine bezahlten Krankheitstage in Anspruch nehmen könnten, um sich zu Hause auszukurieren. Die Arbeiter sagten, dass sie dies dazu antrieb, zur Arbeit zu kommen, obwohl sie krank waren.[42] Ihre Erkrankung war keine große Überraschung: Dies waren große Kaufhäuser oder Fabriken ohne Fenster, in denen sich Hunderte zur selben Zeit aufhielten. Durch die Schließung kleinerer Konkurrenzbetriebe waren sie gezwungen, in dieser Beengung zu arbeiten.

The Spotted Dog, ein äußerst beliebter unabhängiger Buchladen in Hudson, New York, musste schließen, nachdem ein Mitarbeiter positiv auf COVID-19 getestet worden war. (Der Staat New York war damit nicht allein; überall im Land waren unabhängige Buchläden gezwungen zu schließen).[43]

Im Staate New York mussten Broadway-Aufführungen, Off-Broadway-Aufführungen, lokale Theater, Lichtspielhäuser, Konzerthallen und Gotteshäuser schließen. Folglich gab es keine Galas oder Symphonien, keine Konzerte, keine Hochzeitsfeiern oder Taufen, keine Bar Mitzvahs oder Begräbnisse.

Kleine Restaurants mussten schließen. Dad's Copake Diner, nicht weit von uns entfernt an der Route 22, ein beliebtes Lokal Fünfziger-Jahre-Stil, das von einer Familie am Ort gegründet worden war und betrieben wurde, musste schließen, und vier Kellnerinnen und zwei Köche verloren ihr Einkommen. Und das Einkommen all der kleinen Unternehmen, die das Lokal beliefert hatten, versiegte ebenfalls. Eine Kellnerin, eine fröhliche und energiegeladene alleinerziehende Mutter, die drei oder vier Jobs nachging, hatte einen Sohn im College. Sie verlor, ganz ohne ihr Zutun, ebenfalls ihr Einkommen. Ihr Sohn war gezwungen, nach Hause zu kommen, solange dieser Zustand andauerte.

Aus irgendeinem Grund waren Restaurants von Unternehmensketten »lebensnotwendig« und in dieser Logik keimfrei, doch inhabergeführte Restaurants waren Brutstätten von Krankheit und mussten gewaltsam geschlossen werden.

Geöffnet: Technologieunternehmen. Geöffnet: Telekommunikationsunternehmen. Geöffnet: Drogeriemarktketten wie CVS. Geöffnet: Spirituosenläden.[44]

Auch Hasch-Läden blieben in vielen Staaten geöffnet.[45] Sie wurden als »lebensnotwendige« Dienstleistungen angesehen.

In England waren die Meldungen sogar noch verrückter. Zunächst gab es dort eine Liste von »lebensnotwendigen« Dienstleistungen, die der unsrigen ähnelte.[46] Doch dann gab es demonstrative Warenpräsentationen, die einfach grausam schienen – die Käufer konnten in große Kaufhäuser oder Läden in der »High Street« (Hauptstraße) gehen, um Lebensmittel und Alkohol zu kaufen, jedoch nur traurig die Waren anstarren, die sie für ihre Kinder kaufen wollten – Waren, die das Überleben von Kleinunternehmen hätten sichern können. Potenzielle Käufer sahen Auslagen mit Modelleisenbahnen, Puppen, die aus Flaschen trinken konnten, Legosteine. Diese Spielsachen waren alle für die Kunden sichtbar, jedoch mit Seilen abgesperrt. Die einzigen Artikel zum Verkauf waren Lebensmittel und Arzneien.

In Großbritannien konnte man einen Artikel in der merkwürdigen mit Seilen abgesperrten Auslage sehen und dann nach Hause gehen und ihn bei Amazon bestellen.

Schulen in einem Staat nach dem anderen wurden plötzlich konsequent zur Schließung gezwungen. Von heute auf morgen tauchten zu meinem Erstaunen *Distance Learning*-Plattformen in den Schulbezirken auf und wurden in Betrieb genommen. Ich wusste, dass es Monate oder sogar Jahre dauerte, solche Produkte zu entwickeln, und es war mindestens ein Jahr Vorlauf vonnöten, um entsprechende Verträge mit den Schulbezirken abzuschließen. Doch sie waren rasch allgegenwärtig und einsatzbereit, auf allen Ebenen und für sämtliche Fächer, was ein gewaltiger und in zeitlicher Hinsicht kaum fassbarer Erfolg der Lehrplanentwicklung, technischen Planung und Vergabe war.

Und plötzlich war niemand außer den Eltern und den Kindern beunruhigt über die Aussicht, dass Millionen von Kindern als Ersatz für die »Schule« nun alleine vor Bildschirmen sitzen sollten. Die Lehrer waren nicht beunruhigt, oder wenn sie es waren, dann blieben ihre Stimmen ungehört. Die Gewerkschaften und Schulbezirke waren definitiv nicht beunruhigt. Lehrersprecher verbreiteten unter Verwendung konservierter Gesprächspunkte mündlich die Nachricht, dass Lehrer Todesangst vor Kindern hatten und sie als kleine Todesbomben betrachteten, und dass *sie* es waren, die sich weigerten, zur Schule zu kommen, um zu unterrichten.

Diese absurde Situation wurde mehr oder weniger überall sofort zur »neuen Normalität« – diese eingängige Phrase tauchte in neuen Artikeln über unseren Zustand der Erstarrung auf – und niemand sprach darüber. Natürlich konnte man nicht darüber sprechen: Man war ja gewaltsam in den »Pausenzustand« versetzt worden. All das passierte, ob es einem nun gefiel oder nicht, und unabhängig davon, wie sehr das eigene Kind litt und ins Hintertreffen geriet.

Hochschulstudenten wurden nach Hause geschickt. Hochschulen wurden verrammelt.

Spielplätze wurden mit Absperrband gesichert, das aussah wie das Polizeiband an einem Tatort. In Kalifornien wurden Wanderwege, State Parks und Strände geschlossen. Es wurde dort eine regionale Ausgangssperre verhängt, die erst im Januar 2021 wieder aufgehoben wurde; Millionen von Menschen hatten zu den kilometerlangen, offenen, windgepeitschten Strände keinen Zutritt mehr.[47] Wie in einem kommunistischen Regime sagte man den Menschen, was sie kaufen durften und was nicht, wo sie hingehen durften und wo nicht, und sogar, wie nah sei einander kommen durften. In ihrer Angst und Verwirrung kamen sie den Forderungen nach.

Wir hätten wir all diesen absurden »Notmaßnahmen« nicht leicht entkommen können. In Massachusetts, direkt hinter unserer Grenze im Norden, hatte Gouverneur Baker am 10. März 2020 ebenfalls den Notstand verhängt.[48]

Auf einen Streich ersetzte Gouverneur Cuomo ein lebendiges und freies kapitalistisches System durch ein im Kern oligarchisches Wirtschaftssystem. Mithilfe der stalinistischen Taxonomie von »lebensnotwendig« und »nicht lebensnotwendig« wählte er auf der einen Seite die Geschäfte und Unternehmen aus, die sterben würden, und auf der anderen diejenigen, die nicht nur überleben, sondern florieren würden, indem sie den Marktanteil, den andere, weniger begünstigte Unternehmen, aufgeben mussten, sich einverleibten.

Der fortschrittliche Kapitalismus hatte im Westen fünfhundert Jahre gebraucht, um sich zu entwickeln. Der moderne Kapitalismus hatte sensible Normen und Vorschriften erarbeitet, um einen einigermaßen fairen Wettbewerb zu ermöglichen. Banken hatten sensible Messgrößen entwickelt, um Unternehmen auszuwählen, die Chancen auf Erfolg hatten, im Gegensatz zu denen, die Mängel aufwiesen. Relativ gleiche Wettbewerbsbedingungen in Nordamerika und Westeuropa sowie leichter Zugang zu Kapital hatten zu einer sieben Jahrzehnte andauernden Phase von Innovation, Wachstum und Prosperität geführt. Trotz all seiner Mängel war der moderne westliche Kapitalismus das fairste System, das die Welt bisher gesehen hatte, und dasjenige mit dem größten Potenzial, um die menschliche Entwicklung zu unterstützen.

Der fortschrittliche westliche Kapitalismus erzitterte und kam fast vollständig zum Erliegen angesichts der Geste von Bundesstaat-Gouverneuren, die sich auf Notstandsbefugnisse beriefen, und international angesichts der Erklärungen von Premierministern, die Notstandsvollmachten ausübten. Im Handumdrehen wurden riesige Volkswirtschaften, Unternehmen und Geschäftsinhaber gezwungen »die Zeit anzuhalten«, wie für die Bewohner von Dornröschens Schloss.

Was im Großraum New York passierte, geschah in ähnlicher Weise überall im Lande und in den freien Nationen der Welt.

In den USA wurden auf föderaler Ebene Gesetze verabschiedet, »um die Krise zu bewältigen«. In den meisten Bundesstaaten wurden Sofortmaßnahmen erlassen. Ein Wirrwarr an Vorschriften brach über Schulen, Restaurants, Geschäfte und Warenlager herein. Gesundheitsbehörden werden nicht gewählt, die Situation, die sie schufen ging also am Willen des Volkes vorbei. Millionen von Unternehmen wurden gezwungen zu schließen.

Umfassende Gesetze wurden nahezu ohne Debatte verabschiedet – alle waren zu Hause, einschließlich der Abgeordneten. Diese Gesetze hatten Namen, die suggerierten, dass es bei ihnen um eine medizinische Krise ging: In Großbritannien war es das »Coronavirusgesetz«.[49] Ich las dieses Gesetz im April 2020 und war verblüfft. Ich verstand nicht, wo es hergekommen war oder warum es die Form annahm, die es hatte. Zu diesem Zeitpunkt hatten wir keine Ahnung, ob dieser »Pausenzustand« eine Woche oder zwei dauern würde, und wann alles wieder so werden würde wie vorher. Doch das britische »Coronavirus-Gesetz« war Dutzende von Seiten lang, und in der Version, in der ich es las, setzte es Wahlen in Großbritannien bis 2021 aus. Warum? Was wussten diese Leute, was wir anderen noch nicht wussten? Warum durften die Briten 2020 nicht wählen?

In den Vereinigten Staaten waren es das »CARES-Gesetz (Coronavirus Aid, Relief, and Economic Security Act),«[50] und das HEROES-Gesetz (Health and Economic Recovery Omnibus Emergency Solutions Act).«[51] Später kam der »amerikanische Rettungsplan«, der die Verteilung von Millionen Dollar an die Bundesstaaten für einzelne Schulen vorsah.[52] Doch er war an Bedingungen geknüpft – das Finanzministerium drohte zum Beispiel, Gelder von Arizona zurückzufordern, wenn es weiterhin Schulbezirken Zuschüssen gewährte, die die Regierungslinie in Bezug auf das Tragen von Masken, Abstand halten und Impfstoffe nicht unterstützten.[53] In Kanada wurden laut Jay Cameron vom Justice Centre for Constitutional Freedoms (kanadische Rechtvertretungsorganisation, die sich auf einen sozialkonservativen Ansatz zur kanadischen Charta der Rechte und Freiheiten spezialisiert hat), die Gesundheitsbehörden in ähnlicher Weise durch Dringlichkeitsverordnungen und unter Umgehung und grundsätzlich starken Schwächung des kanadischen Parlaments und seiner Prozesse[54], ermächtigt, der Bevölkerung »Erlasse« und »Verfügungen« vorzuschreiben. In einer Demokratie nach der anderen wurde der »COVID-19-Ausnahmezustand« genutzt, um eine Notfall-Führungsstruktur zu schaffen, die Gesundheitsministern und Gesundheitsbehörden außerordentlich viel Macht zustand, während sie gleichzeitig Kongressen und Parlamenten Entscheidungsbefugnisse entzog. Es war der weichste und hinterhältigste Coup in der Geschichte.

Als Betreiberin einer Website, die sich Fragen der Gesetzgebung widmet, verfolgte ich die Gesetze genau. Und ich hatte noch nie zuvor Gesetze gesehen, die so strukturiert waren, dass sie die massive Bestechung und folglich die Beschädigung so vieler Individuen und gesellschaftlicher Einrichtungen ermöglichten.

In nur zwei Jahren wurden fünfhundert Jahre, in denen sich der ständig weiterentwickelnden Kapitalismus – der seit dem Glass-Steagall Act Millionen von Investoren, Unternehmern und

Hausbesitzern aus der Mittel- und Arbeiterschicht Chancen bot – durch eine finstere, Zwang ausübende Oligarchie von Günstlingen marxistischer Prägung ersetzt. Und als sich die Aufregung gelegt hatte, waren Werte im Ausmaß von Milliarden Dollar einer Gruppe, den Angehörigen der westlichen Mittel- und Arbeiterschicht gestohlen, und einer anderen, den globalistischen Oligarchen, ausgehändigt worden.

***Ende April 2020** schaute ich zum Himmel über dem Hudson Valley hinauf. Er war von einem so klaren, unverfälschten Himmelblau.*

Doch jetzt waren wir komplett »eingesperrt«, und der Begriff »Lockdown« war scheinbar über Nacht, zusammen mit der kulturell fremden Vorstellung der »sozialen Distanzierung«, zum Teil unseres Wortschatzes geworden.«

Als ich diese Ausdrücke zum ersten Mal hörte, die dank KIs plötzlich überall in den traditionellen Medien und den sozialen Netzwerken zu finden waren, beunruhigten sie mich. »Soziale Distanzierung« klang so .... nach chinesischem Kommunismus. Denn wenn etwas, von einem westlichen Standpunkt aus »Distanzierung« ist, ist es alles andere als »sozial.«

In dem Ausdruck war eine marxistische Annahme verankert: dass man der Gemeinschaft dienen sollte, indem man gehorcht, sogar in dem Maße, wie man seinen Körper in Bezug zu den Körpern anderer bewegte, sogar entgegen den eigenen individuellen Instinkten oder Neigungen. Wohin man ging, wie man dorthin kam, wie man sich versammelte, wie man zusammenkam, wurde diesem fremden Ausdruck zufolge bald als »Gemeinschaftsanliegen« definiert. Während es vorher, im wirklichen Amerika, unserer Verfassung zufolge, unsere eigene Entscheidung gewesen war, wo wir hingingen und wie wir uns versammelten.

Eines Tages fuhr ich zum Einkaufen über die Staatsgrenze in einen Supermarkt in Salem, Massachusetts, und registrierte entsetzt die großen, leuchtenden, stilisierten Kreise, die auf den Boden geklebt worden waren und genau anzeigten, wo man sich hinstellen sollte. Bald sollten auch sie »normal« werden, doch ich erinnere mich noch gut an mein Entsetzen. Die Kreise waren wie die farbigen Markierungen auf dem Kindergartenfach, auf denen dein Name IN GROSSBUCHSTABEN geschrieben stand, als du fünf warst. Statt des westlichen oder amerikanischen kulturellen Ansatzes, der darin bestanden hätte, Erwachsene daran zu erinnern, dass eine schwere Atemwegserkrankung im Umlauf war und es empfehlenswert sei, nach Möglichkeit Abstand zu halten, hatte jemand diese Kreise geplant, entworfen, gedruckt und dorthin geklebt. Dann hatte diese Person jeweils den Zwei-Meter-Abstand im gesamten Kaufhaus abgemessen, dann Pfeile angebracht, die in einem Gang nach oben und in einem anderen nach unten zeigten, um die Menschen nur in eine Richtung vorwärts zu treiben. Es verbrach mir das Herz. Mir war bewusst, was ich dort sah. Ich sah die »Totalitarisierung« – ein Wort, das erfunden werden sollte, wenn es noch nicht existiert – westlicher Denkgewohnheiten und Bewegungsmuster.

Die Kreise sagten den Käufern: Ihr seid Kinder. Wir – die Kräfte, die die Kreise vorschreiben und anbringen – sind die Erwachsenen. Ihr seid die Ohnmächtigen. Wir entscheiden.

Sie sagten in hellen, vergnügten Buchstaben und Farben: Man kann nicht darauf vertrauen, dass ihr euch vernünftig verhaltet und eure eigenen Entscheidungen trefft.

Die Pfeile sagten: Ihr könnt nicht rückwärts gehen, wenn ihr ein Glas Erdbeermarmelade vergessen habt oder einfach nur zurück in die Reis- und Getreideabteilung schlendern wollt, um gedankenverloren den Blick auf eine Packung Arborio-Reis zu werfen und darüber nachzudenken, ob ihr vielleicht ein Risotto für eine besondere Gelegenheit ausprobieren wollt.

Diese Kreise und Pfeile auf dem Boden waren nicht trivial. Sie zerschlugen symbolisch eure Verortung in der Gesellschaft als Erwachsene, denen man zutrauen konnte, Entscheidungen zu treffen – und eure Träume: Das Träumen, das euch in eine vollkommen andere Richtung führen könnte als in diejenigen, die auf dem Boden angezeigt werden.

Es ging nicht nur um die Distanz.

Es ging um die Infantilisierung.

Kapitel Drei

Die Kriminellen verstehen

Zwischen 2020 und 2022 wurde also ein Plan umgesetzt mit dem Ziel, Menschen im Westen zu ruinieren, westliche Volkswirtschaften zu vernichten und das Vermögen der Arbeiter- und Mittelschicht zu stehlen. Hinzu kam die Strategie, Massenimpfungen mit einer unvollständig getesteten Substanz als Vorwand zur Einführung eines digitalen Identitätssystems zu verwenden, das dazu genutzt werden kann, eine Überwachungsgesellschaft im KPCh-Stil zu schaffen und einen ungeahnten Reichtum an gesammelten Daten für einige wenige zu generieren.

Vielen Menschen wird angesichts einer solchen Behauptung wahrscheinlich der Kopf schwirren. Ein Verbrechen dieser Größenordnung ist zu schwerwiegend, als dass die meisten von uns es als Tatsache begreifen oder auch nur als Hypothese in Betracht ziehen könnten. Wie hat man sich solche Verbrecher vorzustellen?

Sie würden wahrscheinlich kein schweres Verbrechen begehen, geschweige denn eines, das so ungeheuerlich und zerstörerisch ist, dass es zu Recht als Akt des absoluten Bösen angesehen würde. Doch das liegt daran, dass Sie sich vermutlich in andere Menschen einfühlen können, an grundlegende Menschenrechte glauben und der Überzeugung sind, dass die menschliche Gesellschaft, trotz all ihrer Schwächen und der Unzulänglichkeiten dieses oder jenes Machthabers oder dieser oder jener Führungspersönlichkeit, im Wesentlichen so organisiert ist, dass sie dem Wohlergehen der Menschen dient.

Es ist für Sie also unvorstellbar, dass eine gegen die Menschheit gerichtete Bewegung, ein echter »Hackerangriff auf die Menschheit«, von anderen erdacht oder ausgeführt werden könnte. Man müsste ja wohl ein Dämon oder ein Soziopath sein, um ein so ungeheures Verbrechen zu verüben.

Doch damit Sie verstehen, was mit uns geschehen ist, muss ich Sie bitten, eine Zeitlang einen Gedankenprozess zu unterbrechen, den Forscher als »Spiegelung« bezeichnen. Das bedeutet, dass wir davon ausgehen, dass andere genauso denken wie wir. Da die meisten von uns anständige Menschen sind und keine Soziopathen oder Psychopathen, neigen wir dazu, anzunehmen, dass andere ebenfalls von menschlichen Grundmotivationen wie Empathie, Altruismus und Wohlwollen gelenkt werden – oder auch nur von dem Grundgedanken, dass andere Menschen ebenfalls ein Recht auf Leben, Selbstbestimmung und Würde haben.

Diese »Spiegelung« ist jedoch weitaus mehr als nur ein Fehler in der Analyse – sie ist ein fataler Irrtum, der uns dazu veranlasst, wichtige Schlussfolgerungen zu übersehen. Denn andere denken nicht immer so wie wir selbst.

Um ein dermaßen abscheuliches Verbrechen zu verstehen, ist es wichtig, die Gedankenprozesse vieler politischer Eliten, Finanzoligarchen und Tech-Eliten zu begreifen.

Dieses Verständnis ist wesentlich, um nachvollziehen zu können, wie ansonsten nette Menschen – und es sind ja Menschen aus dem Westen, die mit nachaufklärerischen Normen in Bezug auf Menschenrechte und Rechtsstaatlichkeit aufgewachsen sind – jetzt aus vollem Herzen Unheil anrichten können. Das sind einige Lehren aus der Geschichte, die wir schnell oder neu ziehen müssen.

Um diesen besonderen Augenblick zu begreifen, in dem uns weltweit von zahlreichen vermeintlich vertrauten und uns früher gutmütig erscheinenden westlichen Staatsoberhäuptern, Wohltätern und Investoren im Gleichschritt eine brutale Gewaltherrschaft verordnet wird, müssen wir anfangen, »wie ein Tyrann zu denken«.

Ich spreche hier nicht über etwas Geheimnisvolles oder Verborgenes. Ich spreche nicht über die QAnon-Fantasie einiger weniger Eliten, die Welt regieren zu wollen. Vielmehr spreche ich hier über die globalen Eliten, die ich kenne und unter denen ich vierzig Jahre lang gelebt habe.

Ich beschreibe das, was Hannah Arendt, die deutsch-jüdische Philosophin des Totalitarismus, »die Banalität des Bösen« nannte.

Um zu verstehen, was im aktuellen weltweiten Gleichschritt der Tyrannei passiert, müssen wir begreifen, dass bestimmten Subkulturen, Machthabern und Ideologien unsere zentralen Werte einfach nicht am Herzen liegen; und wir müssen uns mit der Tatsache konfrontieren, dass diese Monster nicht nur längst tote Nationalsozialisten oder weit entfernte Mitglieder der KPCh sind. Einige Ungeheuer befinden sich ganz in der Nähe. Einige Ungeheuer tragen schöne Anzüge und plaudern auf Dinnerpartys über ihre Kinder. Und einige Arten von Monstrosität und Soziopathie werden aktiv durch die Normen und innerhalb der Netzwerke kultiviert, von denen wir – obwohl halb verborgen auf der Ebene der Eliten und auf sehr hohen Ebenen systematisiert und akzeptiert – auf Schritt und Tritt umgeben sind. Eine Quelle globaler Grausamkeit, die wir im medizinischen Faschismus heutzutage erleben, liegt in einer Schicht, die nach dem Krieg die Macht übernommen hat.

Paradoxerweise haben meta-nationale Organisationen, die nach dem Blutvergießen des Zweiten Weltkriegs gegründet wurden, wie etwa die Welthandelsorganisation und die Vereinten Nationen, Vereinbarungen wie die *Regional Comprehensive Economic Partnership* und globale Unternehmens- und Investitionsgemeinschaften eine globale Elite von Entscheidungsträgern, Leitern gemeinnütziger Organisationen und Bürokraten kreiert, die gerade deshalb so grausame und repressive politische Entscheidungen treffen kann, weil sie nicht mehr Teil des Gemeinwesens ist, dessen Leben beeinflusst wird durch das, was diese Elite ihm aufbürdet.

All diese meta-nationalen Organisationen behaupten, sie würden eine friedlichere und kooperativere Welt fördern – eine, die Feindschaften zwischen historischen Gegnern (wie Frankreich und Deutschland) abmildern würde. Sie argumentieren, dass die Menschen auf der Straße weitaus mehr von dieser meta-nationalen Organisationsstruktur profitieren werden, als sie es in der Vergangenheit von dem armen, angeschlagenen und dysfunktionalen Nationalstaat mit seiner armseligen Geschichte und seinen blutrünstigen Impulsen getan haben.

In der Tat schien die erste Hälfte des zwanzigsten Jahrhunderts mit ihren zwei katastrophalen Weltkriegen der Welt überzeugend die dunkle Seite des Nationalismus und die tragischen Grenzen des Nationalstaats zu aufzuzeigen. Diese Phase erschien wie ein Lehrstück darüber, wie Entscheidungsprozesse auf nationalstaatlicher Ebene scheinbar unausweichlich zu Blutvergießen und rassistischem, brutalem Hurrapatriotismus führen.

Wie sich allerdings herausstellte, ist das Problem, dass man keine Verantwortung gegenüber den Bürgern oder einer echten Demokratie ohne einen demokratischen Nationalstaat übernehmen kann. Tatsächlich erzeugt die Alternative, eine Welt transnationaler Einheiten, eine Klasse distanzierter, unverantwortlicher Entscheider.

So mangelhaft und begrenzt der säkulare, parlamentarische Nationalstaat nach 1848 zweifelsohne ist, so ist er dennoch aufgrund seiner Rechenschaftspflicht gegenüber einer festen Gruppe von Menschen – das heißt, gegenüber den Bürgern einer konstitutionellen Demokratie, die durch klare nationale Grenzen begrenzt ist –, die vollkommenste Regierungsform, die bis jetzt geschaffen wurde.

Meta-nationale Organisationen dagegen haben schnell Superstrukturen geschaffen, die Entscheidungen über die Köpfe der Bürger der Nationalstaaten hinweg trafen. Schnell wurden die nicht gewählten Entscheidungsträger der EU in vielerlei Hinsicht wichtiger und mächtiger als führende nationale Parlamentarier in Griechenland, Portugal oder Spanien. Die Bürger verschiedener europäischer Staaten wiederum verloren schnell die Fähigkeit zu begreifen, wie die lokalen und nationalen Schalthebel der Macht funktionierten, und sie wurden ermutigt, alles den Bürokraten zu überlassen, auf einer Ebene, weit über derjenigen der nationalen Parlamente.

Doch der Nationalismus innerhalb eines territorial begrenzten Nationalstaates hat, so exzessiv oder zur dunklen Seite hin pervertiert er sicherlich sein kann, auch konstruktive und fürsorgliche Aspekte. Der positive Nationalismus innerhalb eines verantwortungsvollen, verfassungsmäßigen Nationalstaates erlaubt es Menschen, sich um ihre eigene Zukunft zu kümmern und auf sie einzuwirken. Er ermöglicht es ihnen, ihre Motivation aus der Loyalität gegenüber ihrer eigenen Familie, ihrer eigenen Gemeinschaft, ihrer eigenen Landschaft, ihrer eigenen Geschichte und Kultur zu beziehen. Und diejenigen, die Regierungsgewalt ausüben, müssen sich mit ihren Bürgern auseinandersetzen.

Doch es wurde ein Narrativ propagiert – von globalen Eliten, die davon profitierten –, das wohlmeinende Menschen beschämte, insbesondere im Westen, die auch nur im Geringsten stolz auf ihren Nationalstaat oder ihre nationale Kultur waren und sich ihnen gegenüber loyal zeigten. Es war ein Narrativ, das jedes Mitglied eines westlichen Nationalstaats beschimpfte und herabsetzte, das sich Sorgen darüber machte, was passieren könnte, wenn es irgendwelche Einschränkungen an den nationalen Grenzen gab.

Die positiven Aspekte eines Nationalstaates zu sehen, ist jedoch nicht von vorneherein etwas Negatives. Wenn man Franzose ist, dann ist es nicht per Definitionem rassistisch, das zu feiern, was an der französischen Kultur und Geschichte einzigartig ist. Wenn die Begriffe »französisch«, »niederländisch«, »marokkanisch« oder »amerikanisch« durch die Staatsbürgerschaft statt die Rasse definiert werden, dann erweitern sich Kulturen und heißen das Neue willkommen, und das, was »französisch«, »niederländisch«, »marokkanisch« oder »amerikanisch« ist, entwickelt sich einfach weiter.

Doch genauso, wie man keinen demokratischen Rechtsstaat haben kann, wenn man kein separates Bürgertum hat, das, unabhängig von Herkunft, Rasse oder Glaubensrichtung, aus Menschen besteht, die in die Kultur, Sprache, Geschichte, Rechte und Verantwortlichkeiten dieser Nation initiiert werden, so kann man keine funktionierende, verantwortungsbewusste repräsentative Demokratie haben, wenn man offene Grenzen und Wahlen für Nicht-Staatsbürger hat. Man hat dann etwas Nebulöses, das nicht länger die repräsentative Demokratie eines Nationalstaates ist und das die Verantwortung der immer weiter entfernten Regierungschefs gegenüber dem Volk auflöst.

Die kürzlich erfolgte Vergabe des Stimmrechts an nahezu eine Million Nicht-Staatsbürger in New York City[55] mag für die meisten Leser der *New York Times* wie ein Volltreffer für »Gleichheit« und Anti-Rassismus klingen, doch in Wirklichkeit ist sie der Traum eines Tyrannen, genauso, wie es die vollständig offenen Grenzen sind, die unter Bidens Präsidentschaft 2021–2022 beschlossen wurden.[56] Ihre Wirkung und die Intention besteht darin, die Macht der Bürger innerhalb der ehemals separaten Grenzen eines spezifischen Nationalstaates zu verwässern.

Der demokratische Nationalstaat ist seinem Volk gegenüber zwangsläufig auf eine Weise verantwortlich, wie es meta-nationalen Organisationen einfach nicht sind. In einem Nationalstaat kann das Volk korrupte Staatschefs abwählen. Es kann den Kurs ändern, wenn es um schlechte Politik geht. Es kann sogar korrupte Staatschefs vor Gericht bringen und sie ins Gefängnis werfen lassen, oder, wie es bei den Vereinigten Staaten der Fall ist, diejenigen hinrichten lassen, die man der Spionage oder des Verrats für schuldig befunden hat.

Die Führer dieser Bürger müssen sich, ob sie wollen oder nicht, mit ihrem Volk auseinandersetzen und sich über dessen Reaktionen Gedanken machen.

Der Grausamkeit und Unterdrückung, mit der ein gewählter Staatschef in einem verfassungsmäßigen Nationalstaat ungeschoren davonkommen kann, sind natürliche Grenzen gesetzt.

Anders verhält es sich in der Nachkriegswelt bei den Leitern meta-nationaler Organisationen, globaler Non-Profit-Organisationen, und angesichts zunehmend durchlässiger Grenzen. Wenn diese Leiter Böses im Schilde führen, kann nichts ihre Grausamkeit einschränken. Dasselbe gilt für die globalen Wirtschaftseliten, wenn einmal nationale Loyalitäten und Verantwortlichkeiten aufgegeben worden sind.

In den beinahe achtzig Jahren seit dem Ende des Zweiten Weltkriegs hat sich eine internationale Elite von Technokraten, EU-Bürokraten, Führungskräften globaler gemeinnütziger Organisationen und internationaler Investoren herausgebildet, für die der Nationalstaat – sogar der eigene Herkunftsstaat – nichts weiter als ein Artefakt, ein zweitrangiges Anliegen, ja, eine emotionale Ergänzung ist. Was wirklich zählt, sind andere globale Eliten im eigenen sozialen und Business-Netzwerk, sowie die wertvollen Beziehungen, die man mit ihnen gestalten kann. Die eigenen »gewöhnlichen« Landsleute treten zurück und werden theoretisch.

Und die Botschaft, die man ständig von seinesgleichen und der elitären meta-nationalen Kultur zu hören bekommt, ist, dass diese »gewöhnlichen« Männer und Frauen einfach nicht so gescheit oder gebildet sind, und deshalb wäre es eine Katastrophe, sie ihre eigenen Entscheidungen treffen zu lassen. Ja, wenn man an ihrer Stelle entscheidet, bewahrt man sie vor ihrem eigenen Versagen, ihrer Ignoranz und Kurzsichtigkeit.

Was hat das mit der eskalierenden globalen Grausamkeit von 2020 bis 2022 und dem »Great Reset« zu tun?

Experimente des Sozialpsychologen Stanley Milgram, die an der Yale-Universität durchgeführt wurden, bestätigten nicht nur die traurige Wahrheit, dass gewöhnliche Menschen zu großer Grausamkeit fähig sind, sie zeigten auch, dass je größer die Entfernung zum Opfer ist – und je autoritärer die Anweisung ist, die auf der Zufügung von Schaden besteht – um so bereitwilliger »normale« Menschen zu Scheusalen und Gewalttätern werden.[57]

Dr. Milgram stellte fest, dass fünfundsechzig Prozent der Teilnehmer bereit waren, ihre vermeintlichen Probanden (»Lernende«) auf Drängen einer Autoritätsfigur Elektroschocks bis zum höchstmöglichen Spannungspegel zu zufügen. »Die Teilnehmer zeigten eine Palette an negativen Emotionen in Bezug darauf weiterzumachen«, merkte er an. »Einige Teilnehmer glaubten, sie hätten den Lernenden umgebracht. Trotzdem gehorchten sie weiter und entluden den vollen Elektroschock auf den Lernenden. Einem Mann, der das Experiment abbrechen wollte, wurde gesagt, dass es fortgesetzt werden müsse. Statt die Entscheidung des Versuchsleiters in Frage zu stellen, ging er dazu über, sich selbst gegenüber zu wiederholen: »'Es muss weitergehen, es muss weitergehen'«.[58]

In einem gewissen Sinne wurde dieses Experiment im großen Maßstab in den beiden Pandemie-Jahren wiederholt. Sehr viele Menschen hatten instinktiv das Gefühl, dass etwas schrecklich falsch lief, und dass das, was ihnen gesagt wurde, nicht ihrer eigenen

Erfahrung entsprach. Doch gleichzeitig wurden sie einer massiven Propagandakampagne unterzogen, die sich auf Autorität und überlegenes Wissen berief; eine Kampagne, die in einigen Fällen mit undenkbar lukrativen, direkten Anreizen einherging. Sie wurde von einem Netzwerk globaler Eliten geführt, die, so liebenswürdig sie als Einzelne sein mochten und so nett die meisten zweifelsohne ihren eigenen Kindern gegenüber waren, bedenkenlos enorme Grausamkeiten verübten und unermesslichen Schaden anrichteten.

Woher weiß ich etwas über den Wert, der dem heiligen Gral der Systemverschleierung zugewiesen wird, und das Potenzial an Grausamkeit, das bestimmten globalen Eliten gemein ist? Weil ich sie aus nächster Nähe erlebt habe.

Ich werde nie vergessen, wie ich 2015 in einem Firmenwagen auf dem Weg zu der politischen Vorzeigesendung der BBC war. Als Berichterstatterin spreche ich bei solchen Gelegenheiten immer mit den Fahrern, denn die Elite-Männer und Frauen »sehen« Fahrer, Servicepersonal, Reinigungskräfte und andere Normalsterbliche nicht. Deshalb neigen Letztere dazu, alles zu hören und zu wissen.

Es war eine wichtige Woche, in der die Menschen in Griechenland, voller Bestürzung darüber, dass ihnen die Europäische Union eine Sparpolitik aufgezwungen hatte, kurz vor einem Volksentscheid standen. In den Zeitungen waren unzählige Geschichten von älteren Griechen und Griechinnen zu lesen, die weinten und verzweifelt darüber waren, dass die vorgeschlagenen politischen Maßnahmen ihre Altersvorsorge vernichten würden. Wie üblich stellten die europäischen Blätter die Griechen, die sich der Sparpolitik widersetzten, als ignorant dar, so, als hätten sie sich ihre wirtschaftliche Katastrophe selbst zuzuschreiben und als müssten sie durch die politischen Maßnahmen jener weiseren Köpfe oberhalb ihrer nationalen Regierungschefs und deren Entscheidungen gerettet werden.

Ich konnte mich des Gedankens nicht erwehren, dass sich die Ablehnung der »Sparpolitik« durch das griechische Volk als wirtschaftlicher Fehler erweisen würde. Doch ich kenne Volksabstimmungen: Und wenn es in einem Referendum eine Mehrheitsentscheidung gibt, dann gilt nach dem Gesetz der Wille des Volkes. In einer Demokratie muss seine Entscheidung umgesetzt werden. Man kann seine eigene Meinung darüber haben, ob Sparsamkeit in diesem Zusammenhang klug wäre, doch da die Menschen einen echten Nationalstaat haben, würde ihr Referendum bestimmen, was in ihrem Land passiert. Und wenn die Entscheidung der Menschen sich als Fehler herausstellen würde, nun, dann machten sie diesen Fehler selbst, mit ihrem Land und in ihrem eigenen Parlament.

»Oh nein«, erklärte der Fahrer. »EU-Vertreter waren vor ihnen in diesem Wagen. Die Volksabstimmung ist rein kosmetischer Natur. Sie wird ignoriert werden. Was immer passiert, sie werden die Sparpolitik durchziehen.«

Ich war fassungslos.

Doch wie sich herausstellte, lag der Fahrer der BBC genau richtig. Das griechische Volk stimmte gegen die Sparpolitik. Doch es sollte nicht das von ihm gewählte Ergebnis bekommen.[59]

Später in dieser Woche, als ich zurück in New York war, war ich zu einer Dinnerparty eingeladen. Sie wurde von einem wichtigen Hedge-Fonds-Manager ausgerichtet. Seine Kunden waren chinesische, russische und andere internationale Investmentfonds. Auf der Party waren seine Kollegen: britische, schwedische, chinesische, französische und belgische Hedge-Fonds-Manager und Investoren.

Mein Gastgeber, der ansonsten ein netter Kerl war und natürlich sein Studium an einer amerikanischen Traditionsuniversität absolviert hatte, war *rasend vor Wut* über die einfache griechische Bevölkerung. Er wusste damals noch nicht, was die EU-Vertreter wussten. Er wusste jedoch, dass die Griechen in ihrem Referendum die Sparpolitik abgelehnt hatten.[60] Doch er hatte sich in entgegengesetzter Richtung positioniert. Jetzt war er wütend auf all diese Omas und Opas und ihre renitenten und sturen Söhne und Töchter, weil sie ihm vorübergehend seine Wette auf die Sparpolitik versaut hatten. Er war buchstäblich bleich vor Zorn. Seine Hände ballten sich zu Fäusten, während er über das griechische Referendum sprach. Wie konnten sie es wagen, war seine Haltung. Die *Idioten*.

Das Anwesen, in dem wir uns an jenem Abend trafen, war gegen Ende des neunzehnten Jahrhunderts von einem Kautschukbaron erbaut worden. Der Speisesaal war mit wunderschönen Schauspielern/Kellnern und Schauspielerinnen/Kellnerinnen in schwarzen Hosen und blitzsauberen weißen Hemden besetzt. Sie servierten uns charmant eine herrliche *Scholle mit Samtsauce* sowie Beilagen von gegrilltem Spargel und Rüben aus traditioneller Züchtung. Die Decken waren sechs Meter hoch und in Schatten gehüllt. Die Wände waren mit Kunstwerken aus verschiedenen Epochen geschmückt: italienische Renaissancefürsten, üppige niederländische Stillleben aus dem sechzehnten Jahrhundert sowie Portraits führender Persönlichkeiten der amerikanischen Gesellschaft aus dem neunzehnten Jahrhundert.

Es gab lebhafte Unterhaltungen. Rechts von mir sprach ein norwegischer Investor über die neueste Avantgarde-Theatersensation am Broadway. Links von mir beschrieb eine mit den Gastgebern befreundete Künstlerin die Zuspitzungen auf dem New Yorker Kunstmarkt. Die Finanzexperten stimmten ausnahmslos dem Gastgeber in Bezug auf die Niedertracht und das »schlechte Benehmen« der dickköpfigen Menschen in Griechenland zu. Rot- und Weißwein flossen in Strömen; es war einfach himmlisch. Niemand am Tisch war sichtbar bösartig. Es gab keine geheimen Zeichen oder undurchsichtigen Gespräche. Wenn dies ein Film gewesen wäre, dann hätte man keinen Bösewicht ausmachen können. Niemand war Teil einer Intrige.

Doch der Punkt war, dass diese Menschen sich nicht im Schatten versammeln oder Teil einer Intrige sein brauchten. Warum sollte diese Gruppe ein geheimes Zeichen oder ein geheimes Treffen benötigen? Ihnen gehörte schlichtweg die globale Schicht, in der sie tätig waren, und sie waren nur einander verantwortlich.

Niemand dachte dort, als er oder sie seine Ansichten über die Ereignisse der Wochen zum Ausdruck brachte, auch nur einen Augenblick daran, dass etwas verkehrt daran sein könne, den demokratisch ausgedrückten Willen einer ganzen Nation von Bürgern, die ihre Wünsche auf rechtmäßige Weise artikuliert hatten, zu ignorieren und zu übergehen. Niemand dort musste laut sagen: »Lasst uns sicher sein, dass wir die Ausbrüche des Volksempfindens in den Nationalstaaten unterdrücken, während wir vorangehen«, um zu wissen, welche Art von unkontrollierbaren zukünftigen Ereignissen schlecht fürs Geschäft waren.

So wurde die gesamte Nation, die gesamte griechische Bevölkerung, von diesen weit entfernten nicht-griechischen Männern und Frauen mit außerordentlicher Grausamkeit und Verachtung behandelt. Diese Grausamkeit war zum Teil deshalb möglich, weil diese Menschen sie nie würden sehen, ihnen gegenübertreten oder jemals Rede und Antwort würden stehen müssen.

Am Ende des Abends stellte man mir eine brillante junge Frau vor, einen Schützling meiner Gastgeber. Sie stammte aus einer kleinen, armen und ziemlich jungen Demokratie im globalen Süden und hatte ihre Bildung auch an einer amerikanischen Eliteuniversität erhalten. Mein Gastgeber demonstrierte stolz das Wissen und den Sachverstand der jungen Frau hinsichtlich der Finanzmärkte im Kontext eines Gesprächs über das »rücksichtslose« Verhalten der Griechen und ihr unsinniges Referendum.

Glaubte sie, dass ihre eigenen Landsleute ein Mitspracherecht haben sollten, wenn es um Auswirkungen auf ihre wirtschaftliche Zukunft ging? fragte ich sie sanft. Ich fragte mich aufrichtig, was ihre Ansichten dazu sein würden.

»Nein; die gewöhnlichen Menschen eines Landes haben nicht die Fähigkeiten, um die richtigen wirtschaftlichen Entscheidungen für sich selbst oder ihre Nation zu treffen. Wir sollten für sie entscheiden,« erklärte sie ruhig, mit all dem Selbstbewusstsein und der Bestimmtheit einer jetzt privilegierten Frau in den Zwanzigern.

»Das stimmt,« bekräftigte mein Gastgeber stolz.

Die Griechen konnten nie Gewinn aus dem Ergebnis ihres Volksentscheids ziehen. Es gab eine berühmte Kehrtwende und die Sparpolitik wurde gegen ihren Willen durchgesetzt.[61] Viele ältere griechische Männer und Frauen wurden an ihrem Lebensabend in bittere Armut getrieben. Viele kleine und mittelgroße Unternehmen gingen in Konkurs.

Wenig später war ich bei einem anderen Abendessen, dessen Gastgeber derselbe Mann war und das hauptsächlich von derselben Gruppe von Menschen besucht wurde. Doch unter den Gästen war jemand Neues: ein früherer griechischer Politiker, der bis vor kurzem zunächst im Zentrum des Kampfes gegen den Sparkurs und danach der abrupten Kehrtwende gestanden hatte.

Er sah gleichzeitig erhitzt, stolz und beschämt aus und wurde wie ein eroberter Hauptgewinn eingeführt.

Wer weiß, welche Versprechen gemacht wurden und von welchen Vereinbarungen dieses Ergebnis, diese neue Allianz, begleitet war? Doch dieser ehemalige Führer muss ein Maß an Einfluss und Reichtum erfahren haben, das weit über dem lag, das die reine Loyalität gegenüber seinen Mitbürgern und reiner Anstand ihm hätten bringen können.

Und mein Gastgeber, nun er und seine Kollegen, bekamen am Ende das Ergebnis, auf das sie eine so überaus große Wette platziert hatten.

In jener Nacht floss weiter der Wein – und eine neue Konstellation war Teil der sozialen Mischung.

Schade um die Hunderttausende »normaler« Griechen, darunter viele ältere Menschen, die jetzt für den Rest ihres Lebens ruiniert waren. Schade um den Untergang der kleinen Geschäfte und Unternehmen.

Das ist natürlich nur ein Beispiel dafür, wie großes Unheil – Unheil auf der nationalen Ebene und jetzt auch auf der koordinierten globalen Ebene des »Great Resets« – zustande kommt: durch Distanz, eine herablassende Haltung und die Schaffung einer metanationalen Gemeinschaft, die nur einander sehen und hören und ausschließlich sich verpflichtet ist, aber in keiner Weise die Rechte von Nationen, die Selbstbestimmung älterer Menschen, die Rechte der Wähler und des Eigentums, die Rechte von ihnen oder mir sieht oder respektiert.

Um die Zeit zwischen 2020 und 2022 zu verstehen, ist es wichtig zu begreifen, dass großes Unheil nicht in Gestalt eines Soldaten im Stechschritt oder eines Schaftstiefel tragenden Amtsträgers daherkommen muss, der an deine Tür klopft. Um zu verstehen, wie die COVID-19-Politik so koordiniert und so grausam und so neofaschistisch sein kann, müssen wir begreifen, dass das Böse in Form eines gut gekleideten Menschen daherkommen kann, der weit weg von jeglicher üblichen menschlichen oder nationalen Loyalität oder ebensolchem Anstand ist, aber mit Freuden den Sherry weiterreicht.

Ein letzter Faktor, den wir uns ansehen müssen, um zu verstehen, wer die großen Verbrechen von 2020 bis 2022 begangen hat, und wie diese Verbrechen verübt wurden, hat mit dem Ausmaß der Unterwanderung der Institutionen der Vereinigten Staaten und Westeuropas durch das kommunistische China zu tun. Sinologen wie Michael P. Senger, Peter Schweizer und der Chinaexperte und langjährige Berater des Präsidenten, Michael Pillsbury, gehen davon aus, dass China in seinem Kampf gegen die von ihm anvisierten

Nationen, insbesondere uns, der anderen Supermacht, als Hauptwaffe nicht seine militärische Macht nutzt. Vielmehr besteht seine Strategie darin, »eine Reihe von asymmetrischen Waffen einzusetzen, die es einer unterlegenen Macht erlauben, einen vermeintlich überlegenen Gegner zu besiegen, indem der schwächste Punkt des Gegners angegriffen wird.« Genau wie andere Sinologen, die Alarm schlagen, sieht Pillsbury »ein seit 100 Jahren bestehendes Bemühen, die USA als globale Supermacht zu übernehmen«, mit Täuschung als wesentlicher Taktik, indem China die Vereinigten Staaten ermutigt, es als schwach und der westlichen Führung bedürfend anzusehen. Er schreibt: »Seit Jahrzehnten … hat die US-Regierung aus freien Stücken sensible Informationen, Technologie, militärisches Knowhow, Geheimdienstinformationen und fachliche Beratung an China abgetreten … und was wir den Chinesen nicht gegeben haben, das haben sie gestohlen.« Er und andere Sinologen glauben, dass die KPCh seit der Zeit Mao Tse-tungs einen entsprechenden Plan hatte und fest entschlossen ist, bis 2049, dem hundertsten Jahrestag der kommunistischen Revolution, zum globalen Hegemon zu werden. Er und andere warnen, dass Tausende der KPCh angeschlossene Akademiker, ausländische Studenten, die an das Gesetz der KPCh gebunden sind, Informationen an die KPCh weitergeben, und dass Geschäftsleute in strategische Institutionen in den USA und der westlichen Kultur, Wirtschaft und Politik eingebettet sind. Diese Sinologen warnen außerdem, dass, während Chinas Gelehrte jahrelang bestritten, dass das Ziel eine »von Chinesen geführte Weltordnung« sei, sich der Ton der KPCh in letzter Zeit geändert habe. Seit 2020 haben Sprecher der KPCh eine beleidigende und konfrontative Ausdrucksweise gegenüber ihren amerikanischen Kollegen verwendet, und das Ziel, der globale Hegemon zu sein, wird jetzt von der KPCh offen formuliert. »Die bittere Wahrheit,« so warnt Pillsbury, »ist, dass Chinas Führung Amerika als Feind in dem globalen Kampf ansieht, den sie gewinnen will.«[62]

Unter denen, die mit unserer nationalen Sicherheit betraut sind, sind diese Ängste schon seit langem verbreitet. Schon 2009 gab es eine Anhörung vor dem US-Senat mit dem Titel: »Chinas Propaganda und Einflussnahme, seine auf die USA abzielenden Geheimdienstaktivitäten und die daraus folgenden Auswirkungen auf die nationale Sicherheit der USA«.[63]

Acht Jahre später, im Mai 2017, sagte Sarah Cook, Senior Research Analyst für Ostasien bei Freedom House bei einer Senatsanhörung der US-amerikanischen Wirtschafts- und Sicherheitskommission für den Umgang mit China (USCC) aus. Ihr Bericht trug den Titel »Der Einfluss der chinesischen Regierung auf die Medienlandschaft in den USA«.[64] Dieser Bericht wurde im Januar 2020 unter dem Titel »Der Medieneinfluss der Kommunistischen Partei Chinas wächst weltweit: Berichte belegen globalen Anstieg bei der Propaganda, Zensur und Kontrolle von Systemen zur Bereitstellung von Inhalten« aktualisiert.[65] In beiden Berichten wurden weitverbreitete Maßnahmen zur Einflussnahme festgestellt, mit denen die KPCh darauf abzielte, Mitarbeiter, Inhalte und die Nachrichtenübermittlung in westlichen Medien und sozialen Medien zu beeinflussen.

Nahezu überflüssig ist zu erwähnen, dass eine weltweite Einflusskampagne, die auf die Medien der ganzen Welt abzielte, 2020 von der Internationalen Journalisten-Föderation aufgedeckt wurde. Sie nannten ihren Bericht: »Die China-Story: Die Medien der Welt umgestalten«.[66] Was hat der ganze bekannte Einfluss der KPCh auf die westlichen Medien und sozialen Medien – und die Akademiker, Sportstars und Influencer aus dem Westen – konkret mit dem großen Verbrechen von 2020 – 22 zu tun?

Ganz offensichtlich hat China die grundlegende Tatsache von den Ursprüngen der Pandemie lange unter Verschluss gehalten, indem es dafür sorgte, dass die Prämisse von dem Laborleck in Wuhan überall als »Verschwörungstheorie« verspottet wurde. In dieser Hinsicht kommt die KPCh noch heute mit Mord davon.

Mehr noch, der enorme Einfluss des kommunistischen China auf die globalen Medien ist von unermesslichem Nutzen, um westliche Helden, die westliche Geschichte, westliche Ideale wie Rede- und Versammlungsfreiheit und westliche Instinkte von Spontaneität und Individualismus zu unterdrücken. Und sogar während China täglich daran arbeitet, westliche Werte zu untergraben und Zwietracht zwischen den widerstreitenden Elementen traditionell demokratischer Gesellschaften zu säen, decken sich seine Interessen (einschließlich derer, die wichtigste globale Kraft in der Biotechnologie und in DNA-Datenbanken zu werden) nahtlos mit den Zielen des Weltwirtschaftsforums und der gewinnorientierten Triebkräfte hinter den großen Technologiekonzernen; sie arbeiten gern auf verwandte Ziele hin, möglicherweise sogar in Abstimmung miteinander. Alle bevorzugen ähnliche Strategien – Strategien, die darauf abzielen, Bürger einzuschüchtern, Gemeinschaften zu brechen und Bürger in einem lukrativen und kontrollierenden digitalen Netz zu überwachen. Diese Strategien richten sich insbesondere auf die freie Meinungsäußerung und haben zum Ziel, Kinder aus dem Westen – die wir die 2049-Generation nennen könnten – daran zu hindern, die Freiheit des Denkens und des Ausdrucks zu beherrschen.

Erst kam der April, dann der Mai und schließlich der Juni 2020:

Die Kinder waren natürlich den ganzen Tag drinnen und starrten auf ihre Bildschirme – die Medien wiesen einstimmig darauf hin, dass es für Kinder nicht länger sicher sei, in die Schule zu gehen.

Magischerweise wurde der Fernunterricht dort ebenfalls schnurstracks aufgenommen. Es gab Software, um die Anwesenheit zu prüfen, Software, um Tests zu stellen und Software, um Tests zu bewerten.

Unter normalen Umständen hätte jede Schule ihre eigene Lösung für die Pandemie gefunden, aus eigener Entscheidung und unter Berücksichtigung der Gegebenheiten – Unterricht im Freien mit Heizlüftern, offene Fenster, etc. – oder sie hätte einfach so weitergemacht wie bisher. Oder die Privatschulen hätten ihre eigenen Entscheidungen getroffen, während die öffentlichen Schulen vielleicht andere getroffen hätten. Aber nein – plötzlich musste jeder überall in den »Distanzunterricht«, um es mit jenem unbeholfenen und herzlosen Neologismus auszudrücken.

Studierende, die ihre ganze Jugend lang schwer gearbeitet hatten für die Hochschulerfahrung in Princeton, Yale oder an der University of Texas, lebten stattdessen zu Hause wieder mit ihren Eltern zusammen. Dieser Exodus aus dem Universitätsgelände schien nicht viel Sinn zu ergeben, da es, soweit ich wusste, noch keine eindeutigen Daten dazu gab, wie diese Krankheit gesunde junge Erwachsene traf.

Die SUNY- und CUNY-Hochschulen wurden ebenfalls geschlossen; hart arbeitende Jugendliche aus allen Gesellschaftsschichten, die neben ihrer Arbeit studierten und deren Zukunft von diesen öffentlichen Universitäten abhing, packten hastig ihre Habseligkeiten aus ihren Zimmern im Studentenwohnheim zusammen und kehrten nach Hause zurück. Ausländische Studenten mussten ebenfalls schlagartig das Feld räumen.

Staatliche Hochschulen im ganzen Land wurden geschlossen. Dasselbe galt für Community Colleges. Die Träume von Millionen junger Erwachsener – und deren Erwerb von Kompetenzen während des kostbaren frühen Erwachsenenalters, wenn die Aus- und Weiterbildung stattfindet – waren plötzlich in der Warteschleife, und zwar auf unbestimmte Zeit. Millionen junger Erwachsener, die sich auf vier Jahre Universität gefreut hatten, darauf, jung zu sein, im Klassenver-

band zu lernen, Freundschaften mit Gleichaltrigen zu knüpfen, die möglicherweise ein ganzes Leben andauern würden, saßen traurig, isoliert und, als die Tage vergingen, auch schockiert im Wohnzimmer ihrer Eltern.

Ihre Passivität war nicht angeboren; sie wurde ihnen durch die »Pandemie« aufgezwungen. Sie wurden zwangsweise in einen psychologischen Zustand der »externalen Kontrollüberzeugung« versetzt, das heißt, dass sie glaubten, für ihren Erfolg von äußeren Bedingungen abhängig zu sein, was keine Geisteshaltung ist, die erfolgreiche Menschen nutzen. Doch es gab nichts, was sie hätten tun können, um ihr Leben und ihre Pläne wieder in die Hand zu nehmen.

Studierende, die Labore brauchten, weil sie Naturwissenschaften als Hauptfach hatten, wurden aus den Laboren ausgeschlossen. Studierende, die Theater brauchten, weil sie Theaterwissenschaften im Hauptfach studierten, konnten nicht auftreten. Musikstudenten konnten nicht auf dem Konzertpodium üben.

Stattdessen konnten sie sich gegenseitig Nachrichten auf die Microsoft Teams-Plattform schicken.[67]

Kapitel Vier
»Zusammenstehen durch Abstand halten«

Im Juni tauchte ein Meme in den sozialen Netzwerken auf: »Menschen sind der Virus«. Waren wir das?

»Sich maskieren«* hatte sehr bald sein Debüt als positives Verb. Im Englischen war *to mask* bis zu jenem Augenblick ein negatives Verb – Tatsachen wurden verschleiert, die wahren Intentionen wurden verschleiert.

Doch jetzt fanden sich überall in den herkömmlichen Medien und den sozialen Netzwerken Anweisungen, Masken zu tragen. Irgendwelche Masken! Masken auf! wurde zu einem Schlagwort wie *wheels up* (los geht's) oder *bottoms up* (Hintern hoch)! Das Schlagwort schien an Fokusgruppen orientiert zu sein, und sollte fast fröhlich klingen. Nichts in der Sprache wies darauf hin, dass »Maske auf!« »ersticken« oder »beeinträchtiges Sprechen und Atmen« heißen könnte.

---

* im Sinne von »Maske tragen« Anm. d. Ü.

** (im Sinne von verschleiern, verbergen, Anm. d. Ü.

Den Zeitungen war zu entnehmen, wie man Masken aus jedem beliebigen Material herstellen konnte. Sie boten sogar Muster zum Ausschneiden an. Für mich hörte sich das alles ziemlich altmodisch und unwissenschaftlich nach an.

Doch die *New York Times* zeigte dramatische Schemata, warum man «Maske tragen« solle.[68] Sie schrieben auf der ersten Seite über Studien zur Aerosolübertragung, die zu dem Schluss kamen, dass praktisch keine Situation, in der andere Menschen atmeten, sei es drinnen oder draußen, nicht potenziell tödlich war.[69] Sie stellten das Virus, das sich in der Atemluft befand, in Diagrammen als gespenstisch weiße Wolke von Partikeln dar, die Tod und Krankheit auf einen unglückseligen Empfänger regnen ließ, der so zum Opfer jenes verhängnisvollen viralen Stroms wurde.

Ich wunderte mich über diese neu entstehende Erzählung über »Masken« und »soziale Distanzierung«, darüber, dass man zu Hause bleiben und sich nicht nach draußen wagen sollte.

Und am meisten war ich verwundert, weil selbst mir als Laiin bewusst war, wie es um das langjährige Wissen hinsichtlich der luftübertragenen Erreger von Atemwegsinfektionen bestellt war. Als Studentin der englischen Literatur und britischer Geschichte hatte ich die namhaften Romane gelesen und kannte die großen Opern, deren Protagonisten an einer gefährlichen, potenziell tödlichen, luftübertragenen Atemwegserkrankung litten, für die es bis dahin noch keine Heilung gab. Die Heldinnen Violetta in Guiseppe Verdis Oper *La Traviata*, Jacques Offenbach in *Hoffmanns Erzählungen* und Mimi in Giacomo Puccinis *La Bohème* litten alle an Tuberkulose. Hans Castorp in Thomas Manns Roman *Der Zauberberg* war ebenfalls an Tuberkulose erkrankt.

Die neuseeländische Autorin Katherine Mansfield, die Romane und Kurzgeschichten schrieb, starb an Tuberkulose. Auch die britischen Romanciers D. H. Lawrence und George Orwell hatten an Tuberkulose gelitten.

Also wusste ich, dass, auch wenn die missliche Lage, in der wir uns befanden, unermüdlich als »neu« und noch nie dagewesen dargestellt wurde, als die Abwicklung menschlicher Zivilisation, während man es mit einer unbehandelbaren, ernsten und potenziell tödlichen Atemwegserkrankung zu tun hat, kaum etwas Neues für die Menschheit war.

»Maske tragen« und »soziale Distanzierung« sollten ikonische menschliche Erfahrungen sein. Tuberkuloseopfer wurden selbstverständlich auf eine bestimmte Weise isoliert, wenn sie krank waren. Doch ich erinnere mich nicht, in einer dieser Schriftstellermemoiren oder Biografien oder den kulturellen Produktionen eines dieser Komponisten auch nur eine beiläufige Erwähnung gelesen zu haben, dass die gesunde Allgemeinbevölkerung Masken getragen hätte – geschweige denn, dass es »Gesundheitsrichtlinien« gegeben habe, die die »Distanzierung« gesunder Menschen verlangt und sie gezwungen hätte, monatelang zu Hause zu bleiben.

Der Roman *Der Zauberberg* spielt sogar in einem Sanatorium für Tuberkulosekranke; es gibt viele Szenen mit Bewohnern, die anstrengende Wanderungen an der frischen Luft unternehmen, gesunde Mahlzeiten verschlingen und gezwungen werden, warm eingepackt in Fellschlafsäcken auf Schlafveranden im Freien zu liegen, um von der frischen Luft und der Sonne profitieren zu können. Doch »Masken«, »soziale Distanzierung« und im Haus festgehalten zu werden, waren mitnichten Bestandteile der Kur.[70]

In der Vergangenheit wurden Tuberkulosekranke manchmal in Quarantäne oder in Sanatorien geschickt, doch nie zuvor in der Geschichte des Umgangs mit schweren, luftübertragenen Krankheiten hatte die menschliche Rasse die Gesunden »beabstandet«, um mit dem Risiko eines Pathogens dieser Art umzugehen. Wenn »soziale Distanzierung« und »Maske tragen« bei schweren luftübertragenen Atemwegserkrankungen »funktioniert« hätte, warum war dann diese vermeintlich ungeheuer wichtige Entdeckung jetzt eine Neuigkeit, die nur zufällig mit dem Beginn einer ganz neuen Krankheit im Jahre 2020 übereinstimmte?

Es stellt sich natürlich die Frage: »Wie sind wir mit vergleichbaren medizinischen Krisen in der Vergangenheit umgegangen?

Die Antwort lautet: Trotz all der Verheerung, die diese Krisen angerichtet haben, wurden die Zivilisation und der Handel nicht gestoppt.

Amerika hat mehrere Wellen von Infektionskrankheiten durchlebt, vom Gelbfieber in Boston im Jahre 1693[71] über die Pocken von 1775–1782,[72] bis hin zu Choleraausbrüchen Mitte des neunzehnten Jahrhunderts[73] und Tuberkulosewellen vom Ende des neunzehnten bis zur Mitte des zwanzigsten Jahrhunderts.[74] Doch Amerika blieb Amerika – und nach 1776 auch frei, mit einer Verfassung und Rechtsstaatlichkeit – trotz der Epidemiewellen und trotz zweier Weltkriege.

Selbst in den schlimmsten Wellen schwerer oder tödlicher Krankheiten versuchten die Schulen so bald und so sicher wie möglich wieder zu öffnen. In *Jane Eyre* wird Lowood, die Internatsschule der Heldin, geschlossen, nachdem Schülerinnen an einer Fleckfieberepidemie gestorben sind. Doch nach einer Untersuchung der Ursachen für den Ausbruch der Krankheit werden mit Hilfe reicher Wohltäter Verbesserungen an dem Gebäude und seiner Lage, der Ernährung, Kleidung, den Unterbringungsbedingungen und der Behandlung der Kinder vorgenommen, und »die auf diese Weise verbesserte Schule wurde mit der Zeit eine wirklich nützliche und ehrwürdige Einrichtung«.[75]

Die schreckliche Spanische Grippe-Epidemie von 1918-19, mit der COVID-19 so oft verglichen worden ist –, die jedoch in Wirklichkeit eine viel grauenvollere Schneise durch die Gesellschaft schlug (da ihr nicht nur viele Millionen mehr weltweit zum Opfer fielen, sondern sie insbesondere junge Erwachsene befiel) – brachte nicht den Handel, die Künste, die Religionsausübung und Versammlungen weltweit dauerhaft zum Stillstand. Auch in Europa gab es anhaltende Wellen von Infektionskrankheiten, einschließlich der Cholera und Typhus im neunzehnten Jahrhundert, die Zehntausende von Opfern forderten.

Doch keine von ihnen führte zur Auflösung der nordamerikanischen oder europäischen Kultur und Gemeinschaft. Vielmehr gingen die Phasen von Krankheit in Nordamerika und Europa mit Phasen großer menschlicher Errungenschaften einher. Natürlich litten Menschen in medizinischer Hinsicht; Menschen starben und wurden betrauert. Die Tragödie ansteckender Krankheiten entfaltete sich in großem Umfang. Doch Kultur und Geschichte, Innovation und die Kapitalmärkte kamen nicht zum Erliegen.

Kinder im Westen durchlebten sehr schwere Zeiten und überlebten, ja sie gediehen sogar, weil sie einander hatten. Sie hatten Eltern. Sie konnten sprechen und spielen und einander umarmen. Und sie waren von der ihnen vertrauten lokalen Kultur umgeben. Die Amerikanische Psychologische Gesellschaft weist darauf hin, dass Kinder viele Krisen, ja sogar Kriege, überleben und dabei psychisch gesund bleiben können, wenn sie ein liebevolles Zuhause haben, indem sie sich ausdrücken können.[76]

Menschen im Westen haben sogar in schlechten und in Krisenzeiten Gemeinschaftsleistungen in einer Generation nach der anderen aufrechterhalten. Während der Gelbfieber-Epidemie der 1790er Jahre[77] wurden in Philadelphia einige seiner schönsten architektonischen Bauten geschaffen.[78]

Während der Typhus- und Choleraepidemien im Großbritannien der 1830er und 1840er Jahre produzierte Charles Dicken *The Pickwick Papers*, *Oliver Twist* und *Nicholas Nickleby*, Robert Browning schrieb *Sordello,* und Elizabeth Barrett Browning veröffentlichte ihr erstes Buch. Charlotte Brontë brachte Jane Eyre heraus. Die Beispiele für Produktivität in Zeiten entsetzlicher Krisen sind endlos. Die Schriftsteller waren jeweils von der Dynamik des Lebens in der großen Hauptstadt und den regionalen Metropolen umgeben; sie wurden von dem sozialen und wirtschaftlichen Leben der Gemeinschaft aufgefangen und gingen ungehindert zur Kirche, zu Taufen und Beerdigungen, und sie reisten umher, um Geschäfte abzuwickeln und Freunde zu treffen.

Es ist nicht etwa so, als seien die Menschen gleichgültig gewesen oder als seien keine Vorkehrungen getroffen worden. In den Jahren, bevor es Antibiotika und moderne Behandlungsmethoden gab, waren Infektionskrankheiten, darunter auch luftübertragene Atemwegserkrankungen, natürlich sehr gefürchtet, und wurden, wenn auch auf unvollkommene Weise, mit Sonnenlicht, Ernährung, Bewegung, frischer Luft und besserer Hygiene behandelt. Jeder, der westliche Romane liest und die abendländische Geschichte kennt, weiß das.

Auf der Krim konnte Florence Nightingale, die britische Pionierin der modernen Krankenpflege, bekanntermaßen zwischen 1854 und 1856 die Rate luftübertragener Krankheiten in Kriegslazaretten senken, indem sie darauf bestand, in dunkle, unbelüftete Räume Sonne, Nährstoffversorgung und Luftzirkulation zu bringen: »Hygiene, Gesundheitspflege, frische Luft … eine gute Ernährung.[79] Die Ergebnisse waren messbar und sie veränderten die Praktiken im Gesundheitswesen. Auf der Basis dieses Fachwissens bemühte sich die amerikanische Settlement-Bewegung um die Jahrhundertwende, überfüllte, stickige Mehrfamilienhaushalte, in denen Infektionskrankheiten grassierten, zu entlasten, indem sie die Bauvorschriften dahingehend veränderten, dass Luftschächte und Innenhöfe die Luftzirkulation im Haus ermöglichten. Der *Tenement House Act* von 1901 schrieb Spültoiletten und Luftschächte vor, um Krankheiten einzudämmen und Mindeststandards für Licht und Belüftung in der Bauordnung vorzuschreiben.[80]

Dieses Verständnis der gesundheitlichen Auswirkungen von Sonne und Belüftung führte sogar zu den Bauschriften, die nach hinten versetzte Wolkenkratzer in New York erforderten, damit Sonne und Luftzirkulation belebte Straßen in der Stadt erreichen konnten.[81] Reformer der Settlement-Bewegung gaben den Kindern der Armen Lebertran[82] wegen seines hohen Vitamin-D-Gehalts und setzten sich erfolgreich für öffentliche Parks und Spielplätze ein.[83] Warum? Nun sie hatten begriffen, dass Sonne, Vitamin D, eine gute Ernährung, Bewegung und frische Luft mächtige Feinde der damals anderweitig nicht behandelbaren luftübertragenen Infektionskrankheiten waren. Jeder wusste das.

Doch jetzt propagierten die Maßnahmen und die Medien in allen Staaten genau das Gegenteil. Die Botschaft lautete nicht: »Geh in den Park, geh an den Strand! Bewege dich! Öffne die Fenster! Setz dich in die Sonne! Nimm Vitamin D!« Vielmehr lautete sie: »Bleib zu Hause! Bring deine erwachsenen Kinder nach Hause in überfüllte Mehrgenerationenhaushalte! Bleib drinnen und sei ständig gestresst und ängstlich! Bedecke dein Gesicht mit einem Stück Stoff!«

Es war schwer hinzunehmen, wie schnell wir unser kollektives kulturelles Gedächtnis verloren.

Der leichte Zugang eingeschlossener, depressiver Menschen zu Marihuana und Alkohol in Verbindung mit der Anweisung, die Wohnung nicht zu verlassen, verringerte die Wahrscheinlichkeit gesundheitsfördernder Resultate noch weiter.[84]

Das Tragen von Masken, das Eingeschlossensein, die Isolation, der Mangel an Gemeinschaft, frischer Luft und Bewegung, die Angst, der Lagerkoller, die verschiedenen Generationen, die dicht nebeneinandergedrängt leben, die Entfremdung, die durch Computer-Bildschirme hervorgerufen wurde – all das forderten seinen Tribut. Die Menschen wurden blass, ängstlich, zwanghaft, phobisch und traurig. Und so war es wenig überraschend, dass viele krank wurden und starben.

Das überall propagierte »Tragen von Masken« wurde schnell zum Fetisch. In sämtlichen Kulturen und zu allen Zeiten haben Masken für Entindividualisierung und Entmenschlichung gestanden. Diebe tragen Masken. Scharfrichter tragen schwarze Masken, damit ihre Opfer sie nicht sehen können. Folterer sind maskiert. An Halloween nehmen maskierte Kinder die Inkarnationen von Geistern, Ungeheuern oder Teufeln an; im Karneval in New Orleans oder Rio de Janeiro verleihen Masken ihren Trägern eine furchteinflößendere oder mächtigere Persona.

Auf der anderen Seite erleichtert die Maske die Bestrafung und Schikanierung von Menschen. Im Gefängnis von Pentonville, in dem der Dichter und Dramatiker Oscar Wilde eine Haftstrafe wegen »grober Unzucht« verbüßte, wurden Gefangenen Masken aufgesetzt, um ihre Isolation zu verstärken:

> »Der Leitgedanke dieses Systems bestand darin, Gefangene als Strafe vollkommen voneinander getrennt zu halten … Wenn die Gefangenen ihre Zelle verließen, was sie nur taten, um sich zu bewegen oder in der Kapelle zu beten, dann mussten sie eine »Scotch Cap« tragen, die eine Art Baseballkappe aus Leder mit einem langen Schild war, der als Maske fungierte, so dass sie nur durch enge Schlitze hindurchsehen konnten. Selbst in der Kapelle mussten die Gefangenen in einer Kabine sitzen, statt auf einer offenen Kirchenbank. Wilde muss das in Pentonville bereits erlebt haben. Es gab im Gefängnis von Reading 250 Zellen auf drei Etagen – alle zur Einzelbelegung.[85]«

Isolierung, Maskierung und »Distanzierung« waren Teil der Kultur von Strafe und psychologischer Folter in diesem viktorianischen Gefängnis.

Und trotzdem wurden Masken im Westen als bestmöglicher Lebensstil wieder eingeführt. In kultureller Hinsicht sind sie immer das, was Sigmund Freund, der Wiener Begründer der Psychoanalyse, »das Unheimliche« nennt – ein Symbol, das unbewusste Gefühle des Unbehagens auslöst, des »Nicht-zu-Hause-Seins«, das ein gruseliges oder seltsames Gefühl auslöst. Wie viele Filmcharaktere, von *Ghostface* bis Jason in *Freitag, der 13.*, sind maskiert?

Es ist nicht verwunderlich, dass es so destabilisierend, so beunruhigend ist, Masken zu sehen. Wir erkennen anhand des Gesichtsausdrucks, ob wir es mit freundlichen Menschen zu tun haben oder mit solchen, die gefährlich für uns sind. Menschen müssen Gesichter sehen, um sich sicher zu fühlen.

Ich erinnere mich, dass ich ungefähr im Juni 2020 eine Fremde sah, eine erwachsene Frau, die sich einer Fünfjährigen näherte, die neben ihrer Mutter stand. Die ältere Dame wollte einfach »Hallo« sagen und plaudern, so wie sie es seit Jahrzehnten tat und wir alle es vor 2020 getan haben. Es war für sie etwas ganz Natürliches, und selbstverständlich sind solche ungezwungenen Interaktionen sehr wichtig für die Sozialisierung eines Kindes. Doch dieses Kind, das nicht entscheiden konnte, ob die maskierte Fremde, die sich ihr näherte, lächelte oder nicht, erstarrte vor Angst und klammerte sich verzweifelt an seine Mutter.

In der Anfangszeit, als die Maske Pflicht wurde, gab es Opfer sexueller Übergriffe, die im Internet beschrieben, wie sehr sie dadurch getriggert wurden, dass sie keine Gesichter sehen und deren Mimik nicht einschätzen konnten. »Jeder, der eine Maske trägt, sieht wie ein Raubtier aus«, wie ein Opfer es formulierte.

»Soziale Distanzierung«, »Maske tragen«, »Zusammenstehen, indem wir Abstand halten«: Diese urmarxistischen Ausdrucksweisen und Neusprech-Sprachverirrungen in der Kultur waren wie abscheuliche Giftpilze in dem, was früher ein vertrauter, frischer grüner Wald westlicher Sprachen war.

Zum ersten Mal in der menschlichen Geschichte wurde erwartet, und zwar in großem Stil, dass Kinder jeden Tag stundenlang vor dem Bildschirm sitzen sollen.

Doch was ist Schule? In der Schule geht es nicht nur um das Erlernen von Fakten aus einem Studienplan oder in einem Lehrbuch. Die Schule ist auch ein Versprechen, Kinder zu lehren, wie man aufwächst und sich in der physischen und menschlichen Welt zurechtfindet.

In der Schule geht es darum, wie kleine menschliche Primaten die von ihnen benötigten Fähigkeiten nachahmen, um sozialisierte und gebildete menschliche Erwachsene zu werden.

Die Schule ist nicht nur ein Lehrplan auf einer Seite oder einem Bildschirm. Schule bedeutet zu lernen, wie man seinen Mantel an der Garderobe aufhängt; wie man sich auf einem Schlitten abwechselt; wie man die gemeinen Kinder vermeidet und diejenigen ausfindig macht, von denen man meint, dass sie einen mögen werden. Aus einem Gesichtsausdruck, der Körpersprache, einem schüchternen Lächeln im Speisesaal oder einem höhnischen Blick im Klassenzimmer lernt man abzulesen, wie man Freunde findet und Feinde meidet. Schule bedeutet Klassenfahrten, im Bus ausgelassen und laut sein, oder Pfeilspitzen gezeigt zu bekommen, während man um einen geduldigen Museumsdirektor herum im Kreis sitzt.

Schule steht bei einem Menschenkind für die besondere Rolle, die der Mensch in seiner Interaktion mit der physischen Welt hat, und sie verheißt dem Kind Hilfe in seinem Bemühen, ihre Geheimnisse zu lüften. Schule ist das Versprechen, das zu interpretieren, was Kindern wie ein Wunder erscheinen mag, und dessen Interpretation die Aufgabe des Menschen ist.

Primaten lernen durch Nachahmung. Deshalb drängen sich Menschen eng aneinander, wenn sie lernen, und stehen Seite an Seite, um sich an Beobachtungen und Kommentaren zu beteiligen, während sie lernen.

Als Kind stand man neben einem anderen kleinen Menschen, als man zum ersten Mal durch ein Mikroskop geschaut oder im Werkunterricht gelernt hat, wie man lötet. Man hat zusammen beobachtet. Man hat über das gesprochen, was man sah.

Als Kind saß man im Kreis um die Lehrerin herum und schaute in ihr Gesicht, während sie eine Geschichte vorlas, und man konnte die Magie einer menschlichen Erzählung in einem gemeinsamen Kontext fühlen. Als man ein wenig älter wurde, hat man dann vielleicht neben anderen Kindern am Lagerfeuer im Ferienlager gesessen und einer Geschichte gelauscht – was der Inbegriff menschlicher Initiation in das Wunder des Erzählens ist, welches sich im Kontext von Gemeinschaft entfaltet. Es ist erforderlich, einander nahe zu sein, nicht mehr als ein paar Meter voneinander entfernt, um sich sozial auf andere Menschen zu beziehen. Anders geht es nicht. Und es muss persönlich sein.

Schule bedeutet, Ton zu formen und zu beobachten, wie ein wunderbarer kleiner Topf entsteht, den man mit nach Hause nehmen und voller Stolz zur Schau stellen kann. Es bedeutet, einen Bohnenkeimling in einem Eierkarton zu züchten und das Wunder einer sich entfaltenden Pflanze im blassen Licht des Klassenzimmerfensters zu beobachten. Es bedeutet, in ein Mikroskop zu schauen, um das Wunder winziger Mikroorganismen im Regenwasser zu sehen, die auf einem Objektträger herumflitzen. Es bedeutet, Blockflöte im Musikunterricht zu spielen und das Wunder jenes Moments einzufangen, in dem zweiunddreißig ungeschickte, hochkonzentrierte Kinder –

Kinder unterschiedlicher Herkunft, mit unterschiedlichen Interessen und körperlichen Voraussetzungen, die vielleicht zu Hause unterschiedliche Sprachen sprechen – fasziniert und vereint sind, während sie der Harmonie von »Für Elise« lauschen.

Schule bedeutet Sozialisierung: zu lernen, was es heißt, ein Mensch in einer menschlichen Gemeinschaft zu sein, zu lernen, wie man nicht verprügelt wird, zu lernen, wie man Verbündete für Der Kaiser schickt seine Soldaten aus oder Kiss the Girls gewinnt, und später zu lernen, wie man einen Freund oder eine Freundin bekommt, wie man lernt, an einem Spind oder über eine Pipette gebeugt zu flirten, oder während man an einer Mannschaft vorbeigeht, die auf einem Sportplatz Dehnübungen macht. Die Volkskundler Iona und Peter Opie haben die Schulhofkultur von Kindern in den 1950ern untersucht und festgestellt, dass Spiele und Reime wie Ring Around the Rosie im Westen seit Jahrhunderten von Generation zu Generation weitergegeben worden sind.[86] Jetzt war die Kindheitskultur unterbrochen, abgeschaltet, wie kleine Schaltkreise, die voneinander getrennt werden.*

In der Schule geht es darum, wie man sich als Mensch in einer Gruppe verhält – zu lernen, wie man ein Spiel verliert und trotzdem weiterzumacht. Zu lernen, wie man mit Anstand gewinnt. Zu lernen, wie man den Ball weitergibt. All das sind Vorbereitungen für jedes größere Unterfangen, das »Teamwork« beinhaltet, was ein abgedroschener Begriff für das Wunder ist, bei dem Menschen sich mit Koordination, Zusammenarbeit und Wettbewerb beschäftigen, Werte, von denen unsere Künste, unsere Zivilisation, unser Handel und unsere Verteidigung herrühren.

* Vergleichbar mit »Ringel, Ringel, Reihe«, Anm. d. Ü.

Schulen lehren uns, wie man Menschen außerhalb des engsten Familienkreises gefällt, für sie sorgt, mit ihnen argumentiert, sie provoziert und beschwichtigt.

Die Schule ist emotionales Lernen, wie Pädagogen in jüngerer Zeit herausgestellt haben. Mitschüler sitzen nicht inaktiv neben ihren Klassenkameraden. Die Lehrer unterrichten nicht nur. Die schulische Gemeinschaft erweitert den emotionalen Bereich der Schüler außerhalb der Familie, sodass sie lernen, emotional erfolgreiche Beziehungen zu Menschen zu haben, die nicht ihre Mutter, Vater oder Geschwister sind. Eine Beziehung zu einem Lehrer ist die erste Beziehung zu einem Erwachsenen, den die meisten westlichen Kinder außerhalb ihrer Familie haben. Durch das emotionale Leben in der Schule bekommt ein Kind Übung darin, zu lernen, was ihm gefällt und was ihm missfällt, was Verbindung schafft und die Zustimmung anderer fördert und was das Gegenteil bewirkt. Mit jeder erfolgreichen emotionalen Interaktion erwerben Kinder Können und Selbstvertrauen; sie erlangen Macht.

Außerdem ist nicht jede Familie gesund. Kinder von narzisstischen Eltern, die nicht in der Lage sind, sie zu sehen, lernen häufig von einem Lehrer oder einer Peergroup, was es bedeutet, gesehen zu werden. Kinder, die zu Hause geschlagen werden, lernen, was es bedeutet, physisch sicher zu sein. Kinder, deren Eltern suchtkrank sind, lernen, was es bedeutet, sich mit Menschen zu verbinden, die auf sie reagieren können.

Der Grund, warum Menschen überall auf der Welt Mühe hatten und immer noch haben, unter großen Opfern Schulen zu bauen oder Gesetze zu verabschieden, um Kinder in die Schule zu schicken, oder Verzicht zu üben, damit ihre Kinder sich eine Schuluniform leisten und unterrichtet werden können, ist nicht nur, dass ein Kind Fakten in seinem Kopf speichern kann. Wenn das alles wäre, was Bildung und Erziehung ausmachen würde, dann würden kostenlose Bibliotheken – oder ja, vielleicht sogar »Fernunterricht« – ausreichen.

Das über die Fakten hinausgehende Wesen der Erziehung und ihre soziale Natur sind der Grund dafür, dass Eltern und die progressive Bewegung Himmel und Erde in Bewegung gesetzt haben, um Kinder in physische Schulen mit menschlichen Lehrern zu schicken. Weil die Schule ein lebendiges, tägliches Versprechen ist, das eingehalten wird, um ein Kind in eine ganzheitliche Gemeinschaft zu integrieren, die es bereichern wird, eine durchdachte Institution, die auf Regeln und Vereinbarungen in Bezug auf Verhaltensweisen und Arbeitsergebnisse beruht, die weit über das hinausgehen, was in Lehrbüchern zu finden ist – eine Proto-Zivilisation der Gebildeten, die das Kind mit einer 360-Grad-Erfahrung des Zusammenseins mit den Gebildeten und der Erwartung umgibt, dass es Prioritäten setzt und die Aufgaben und Ziele wertschätzt, die damit einhergehen, Bildung zu bekommen.

Doch plötzlich war es in Ordnung – ja, sogar »notwendig« – Kindern nicht länger die Möglichkeit zu geben, in die Schule zu gehen. Und den jungen Erwachsenen nicht weiter ein Community College oder eine Universität zu ermöglichen.

Weil, weil … es COVID gab.

Überall beteten Eltern, dass ihre Kinder im Herbst 2020 wieder zur Schule gehen könnten. Sie wussten nicht, dass bereits über ihren Kopf hinweg Entscheidungen getroffen wurden.

Kapitel Fünf
Die neue »Normalität«

Das lebendige Klassenzimmer ließ man zur selben Zeit sterben wie das lebendige Büro. »Homeoffice« und »mobiles Arbeiten« wurden als Begriffe in das neue Lexikon aufgenommen – im Gegensatz zum eindeutigeren »nicht zur Arbeit erschienen« oder »vom Dienst abwesend sein«. Nach einhundertfünfzig Jahren industrieller Revolution, in der viele Menschen aus dem Westen zur Arbeit *gingen*, verlor plötzlich das Büro, jener Arbeitsplatz außerhalb des eigenen Heims, seine Bedeutung und verschwand einfach.

Zahlreiche Nachrichtenkanäle vermittelten plötzlich nahezu jedem Büroangestellten, der zu Hause bleiben könnte: Bleiben Sie zu Hause! Und arbeiten Sie im Homeoffice mit einer Plattform wie Zoom oder Microsoft Teams.

Tatsächlich war Zoom – eine Plattform, die vor April 2020 nur eine kleine Minderheit verwendet hatte – plötzlich allerorten.

Genauso, wie es beim »Online-Unterricht«, wurde Zoom überall als kulturelle Erwartung ohne Frage oder Variation eingeführt. Es war nicht etwas so, als ob einige Unternehmen sich mit ihren Mitarbeitern getroffen, sie befragt oder ein hybrides Modell geschaffen hätten – nein, die gesellschaftliche Norm wurde quasi über Nacht etabliert. Plötzlich wusste jeder, wie man mit Zoom umging, und sofort tauchte eine ganze Zoom-Kultur auf.

Zuerst erschien es unmöglich – dieses Zuhause-Bleiben, bei dem arbeitende Eltern und Kinder vor dem Bildschirm hingen, konnte nie eine weit verbreitete oder dauerhafte Lösung sein. Frauen hatten seit Jahrzehnten darum gebeten, »von zu Hause aus arbeiten« zu dürfen, und vermeintlich gab es immer geschäftliche Interessen, die dem entgegengestanden.

Nun aber wurde auf einmal diese massive Verschiebung der täglichen menschlichen Aktivität, diese Verschiebung zu »nicht-zur-Arbeit-gehen«, nicht nur toleriert, sondern überall gefördert. Im Handumdrehen war dies »die neue Normalität« – eine weitere neue Formulierung, die zu Beginn des Frühjahrs 2020 aus dem Nichts auftauchte (Die Zoom-Aktie erreichte übrigens ihren Höchstwert im Oktober 2020).[87]

In Lifestyle-Artikeln sprach man über »Zoomer« (wie süß!). »Das Coronavirus und Zoom haben eine Generation definiert«, lasen wir 2020.[88]

Auf Modeseiten wurde darüber diskutiert, was es bedeutete, den ganzen Tag unten Jogginghosen und oben einen gut zusammengestellten Look zu tragen. In hinreißenden, ein wenig frechen Feuilletons mokierte man sich darüber, dass zu Hause arbeitende Männer die guten Flächen in Beschlag nehmen würden und ihre Frauen gezwungen waren, sich eine Ecke im Schlafzimmer zu suchen. Doch nur wenige schienen diese massive Verlagerung in der Erwartung dessen, wie Menschen ihre Tage verbringen sollten, wirklich in Frage zu stellen. Und nachdem »Verfügungen« erlassen wurden, um uns zu zwingen, zu Hause zu bleiben, war ohnehin jeder Widerstand zwecklos.

Trotzdem kam es einem merkwürdig vor: Man erwartete von Kindern, dass sie mehrere Stunden pro Tag in einem Raum am Computer saßen, mit einer berufstätigen oder den Haushalt führenden Mutter nebenan, während vielleicht auch noch ein Papa im Nebenzimmer am Computer arbeitete. Wenn es Geschwister gab, dann wurde von ihnen ebenfalls erwartet, dass sie am Computer saßen.

Aus jahrzehntelanger Erfahrung mit Podiumsdiskussionen über berufstätige Mütter und »Work-Life-Balance« weiß ich – und auch, weil ich selbst eine berufstätige Mutter mit kleinen Kindern gewesen bin – dass diese Erwartung nicht erfüllbar war.

Wer auch immer diese skurrile Maßnahme erlassen hatte, schien sich nicht mit der Frage, die den Feminismus und Arbeitgeber seit vierzig Jahren gequält hatte, beschäftigt zu haben: Wer sollte auf die Kinder aufpassen? Nein, diese Frage wurde ersatzlos gestrichen, und das im Laufe weniger Wochen. Eine neue Erwartung war jetzt in ganz Amerika und den westlichen Ländern allgemein vorherrschend. So seltsam und atemberaubend es anfangs erschien; Fakt war: *Niemand* passte auf die Kinder auf.

Das altbewährte amerikanische, kanadische, australische und europäische soziale Ventil des Einkaufens in wirklichen Geschäften war ebenfalls zum großen Teil über Nacht verschwunden. Es erscheinen Zeitungsartikel, in denen stand, dass man krank werden könne, wenn man Oberflächen berührte: »Wie groß ist das Risiko, sich an einer Oberfläche mit dem Coronavirus anzustecken? Kontaminierte Gegenstände zu berühren und sich dann mit den Erregern zu infizieren, ist nicht der typische Verbreitungsweg des Virus. Doch es kann passieren.«[89]

UC Davis Health sollte später anmerken, dass »in Tests Spuren von COVID-19 auf Oberflächen gefunden worden sind, jedoch keine Untersuchung ergeben hat, dass das Virus an diesen Orten lebensfähig ist.«[90] Was für ein Geschenk für den Internethandel!

Speisekarten verschwanden, da sie vermeintlich tödliche Krankheiten übertrugen (außer, dass sie es nicht taten), um durch QR-Codes ersetzt zu werden, mittels derer man geolokalisiert werden konnte.[91] Überall tauchten »kontaktlose« Angebote auf: «Curbside Pickup«, Grubhub, Seamless.

Beinahe ebenso plötzlich tauchten Kochboxen auf. Mit ihrer Hilfe sollte, zumindest für die Wohlhabenden, das Problem gelöst werden, dass man entmutigt wurde, Lebensmittel in Läden einzukaufen, deren Oberflächen einen umbringen konnten (außer, dass sie es nicht konnten) – die Kochboxen würden dann an die Haustür geliefert! Plötzlich wurden überall unglaublich viele Kochboxen beworben: Home Chef, Marley Spoon oder Green Chef zum Beispiel.

Auch HelloFresh war ein solcher Kochbox-Anbieter. Er hatte nach seiner Gründung jahrelang kein Geld verdient. Gesponsert wurde er von dem Startup Studio Rocket Internet; von Insight Venture Partners bekam das Unternehmen 2014 zusätzlich 50 Millionen Dollar Venture-Kapital.[92] Doch auch 2017 blieb HelloFresh noch unrentabel, obwohl Rocket Internets Anteil an HelloFresh fast $ 980 Millionen wert war.[93]

Was für ein Segen waren da die »Bleiben Sie zu Hause«-Befehle für diesen Kochboxen-Anbieter, der früher Verluste eingefahren hatte, und seine Investoren aus der Internetbranche: Der Umsatz von HelloFresh stieg zwischen 2019 und 2020 auf mehr als das Doppelte und verdoppelte sich 2021 dann noch einmal.[94]

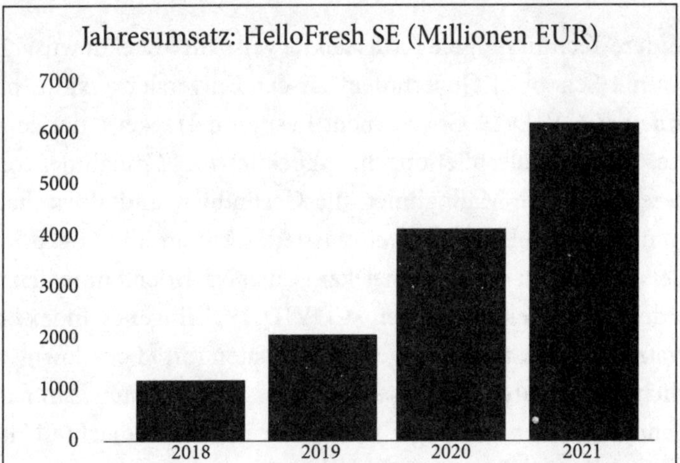

Die Kochboxen tauchten wie durch Zauberhand für jeden Geschmack auf, zumindest für die obere Mittelschicht, und das beruhigte sie. Die Menschen aus der Arbeiterklasse, die sich die Boxen nicht leisten konnten, oder die es sich nicht leisten konnten, im Walmart oder bei Cosco einzukaufen, oder die kein Auto hatten, versuchten plötzlich, in Lebensmittelwüsten gesund zu bleiben, die noch verwaister waren als diejenigen, unter denen die einkommensschwächeren Stadtteile vor März 2020 gelitten hatten.

In der digitalen Welt war plötzlich auf fast jeder größeren Website oder Plattform eine »COVID-19«-Warnung zu sehen.

Das ist jetzt seit zwei Jahren so. So etwas ist schwer durchsetzbar. Auf Google wurden einem die Standorte von Teststationen gezeigt, selbst wenn man nur nach dem Weg oder nach einer Tankstelle in der Nähe suchte. Auf unseren Handys war plötzlich ein schauriges, stacheliges, schleimgrünes »COVID-Virus-Emoji« zu sehen, wenn wir den Begriff »Virus« eingaben.

Andere Technikmogule förderten Beweise für »Lockdowns«. Die Blavatnik School of Government an der Universität Oxford baute einen »COVID-19 Government Response Tracker«, der zeigen sollte, wie Schulschließungen, »Lockdown«-Maßnahmen und andere restriktive Maßnahmen die Gesundheit und Wirtschaftsleistung von 180 Ländern beeinflussten.[95] Mitten im »Lockdown« berief man sich in den US-amerikanischen Nachrichtenmedien neben den Fallzahlen oft auf den »COVID-19 Stringency Index« der Blavatnik School, um zu zeigen, dass Staaten mit »Lockdown« angeblich besser durch die Krise kamen als offene Staaten.[96] In nachfolgenden Studien bestätigte sich dieser geltend gemachte Unterschied in den Ergebnissen jedoch nicht.[97]

Die Blavatnik School, die eine regierungsnahe Institution und keine medizinische ist, wurde von Len Blavatnik finanziert, einem in der Ukraine geborenen Milliardär, der sowohl die US-amerikanische als auch die britische Staatsbürgerschaft besitzt. Er ist ein wichtiger Geldgeber beider US-amerikanischer Parteien und hat Verbindungen zu russischen Oligarchen. Sein Portfolio umfasst Access Technology Ventures, »ein Portfolio grundlegender Unternehmen, die Millionen von Kunden im gesamten Ökosystem der Verbraucher- und Unternehmenstechnologien erreichen.«[98] Dieses Portfolio zeigt uns auf, wie Mega-Eliten sowohl von der KPCh als auch vom Westen profitieren, und so die Ziele traditioneller nationalstaatlicher Gegner verwässern, und es zeigt auch, wie viele ein persönliches Interesse an einer post-humanen Welt »im Lockdown« haben.

Diese Gruppe hat mehr als $ 2 Milliarden in Technologieunternehmen und mit ihnen verbundene Konzerne investiert.[99] Ihre Beteiligungen? Unternehmen, die unmittelbaren Auftrieb durch »Lockdowns« und eine »kontaktlose« Welt bekommen haben.

Blavatnicks Portfolio umfasste die Alibaba Group (einen großen Onlinehändler, ähnlich wie Amazon, und einer seiner Hauptkonkurrenten), Tencent Music und ANT Financial (alles chinesische Unternehmen), ebenso wie Zhihu Inc., »eine kultige Online-Content-Community« und eine der fünf größten Online-Content-Communities in China,[100] Facebook, Snapchat, Spotify, Square (der digitale Zahlungsdienstleister), Amazon und Rocket Internet – den HelloFresh-Investor.[101] All diese Plattformen profitieren von einer post-humanen Welt, in der wir uns nicht treffen, keine Partys feiern, keine Musik machen oder persönlich Geschäfte abwickeln.

Die Blavatnick School offerierte außerdem die »Pathways for Prosperity Commission on Technology and Inclusive Development«.*

---

* Gegründet 2018, um zu untersuchen, wie die ärmsten Menschen auf der Welt vom digitalen Zeitalter profitieren können. Es endete 2020 mit der Veröffentlichung einer »Digitalen Roadmap«, Anm. d. Ü.

Eine der Co-Vorsitzenden des Programms? Melinda Gates. Das Programm wurde »von der Blavatnick School of Government und der Bill & Melinda Gates Foundation gegründet und geleitet«.[102]

Noch bevor jemand wirklich verarbeitet hatte, was da gerade geschah, noch bevor wir gemeinsam tief Luft holen konnten, mutierte diese dunkle Katastrophe, oder das, von dem behauptet wurde, dass es eine solche sei – eine, mit der wir in der Vergangenheit wahrscheinlich auf 300 Millionen individuelle Weisen umgegangen wären, wie Amerika das immer getan hatte -in einen einheitlichen, hierarchischen, nahezu gemütlichen »Lebensstil«, der als eine Form des Hausarrests, nun ja, erträglich war.

Das heißt, wenn man wohlhabend war.

Was wir nicht wussten, war, dass die »akademischen« Studien, die Mediennachrichten und die Werkzeuge für den gemütlichen Lebensstil alle von derselben kleinen Gruppe stammten und dieser in der Folge auch zugute kamen.

Die Menschen waren immer noch zu Hause eingesperrt. Sie hatten Angst davor, nach draußen zu gehen, und Angst davor, andere zu berühren. In Zeitungsartikeln wurde schonungslos Angst und Schrecken verbreitet.

***Im Frühling 2020** berichtete die New York Times eindrucksvoll, dass die Stadt fünfundvierzig mobile Leichenhallen aufgestellt habe. Fotos zeigten, wie die Leichenhallen in einer Reihe auf einem städtischen Parkplatz standen, auf erschreckende Weise bereit, die angeblich überschüssige Anzahl an Leichen aufzunehmen.*

Die verantwortlichen städtischen Beamten veränderten die übliche Methode der Leichenentsorgung in Manhattan jetzt vollständig.

Vorher war es bei Bestattungsunternehmen, die keine staatlichen oder der Regierung unterstellte Unternehmen sind, gängige Praxis, Leichen aus Krankenhäusern abzuholen, um sie für die Bestattung vorzubereiten. Doch in dieser »Notsituation« hatte die Stadt dieses System durch sein eigenes ersetzt, unter Federführung des Leiters des gerichtsmedizinischen Instituts.

Eine Sprecherin des Büros teilte der New York Times *mit, dass über die fünfundvierzig mobilen Leichenhallen hinaus noch fünfundachtzig weitere Einheiten durch die FEMA* ausgeliefert werden sollten.*[103] *Doch in Wirklichkeit war dieser »Engpass« laut Mike Lanotte vom New Yorker Verband der Bestattungsunternehmer erst durch die Reduzierung der Betriebszeiten, zu denen die Friedhöfe gezwungen worden waren, entstanden. Das bedeutete, dass die Anzahl an Leichen, die sie pro Tag beerdigen konnten, eingeschränkt worden war. Mit anderen Worten, die Leichen stapelten sich nicht nur deshalb auf so anschauliche und erschreckende Weise, weil ihre überwältigende Zahl zum Verarbeiten zu hoch war, sondern auch, weil man es den Friedhöfen nicht gestattet hatte, sie während der normalen Arbeitszeit zu versorgen.*

Das gerichtsmedizinische Institut erklärte weiterhin, dass »sich das gerichtsmedizinische Institut in der Endphase seines Plans mit allen örtlichen Friedhöfen koordinieren würde, um die Toten nach der ›temporären Massenbegräbnismethode‹ zu beerdigen. Der grauenhafte Artikel schloss, dass nach dieser Methode »zehn Leichen in Särgen der Länge nach in einen langen, schmalen Abschnitt im Boden

* Die Federal Emergency Management Agency (FEMA) ist die nationale Koordinationsstelle der USA für Katastrophenhilfe und ist dem Ministerium für innere Sicherheit unterstellt, Anm. d. Ü.

gelegt werden … Das Fußende eines Sarges wird in unmittelbarer Nähe zum Kopfende des nächsten platziert«.[104]

Das war natürlich eine traumatische Lektüre. Wer wünschte sich ein solches Ende für einen geliebten Menschen?

Doch ich war verwundert über die Bilder dazu von Leichen auf Bahren oder unter leuchtend-zinnoberroten Plastikplanen, die aus Krankenhäusern in Leichenhallen befördert wurden; die Leichen schienen fest in mittelalterlich aussehende Leichentücher eingebunden zu sein, die ihre menschliche Form erkennen ließen. Noch seltsamer war, dass sie außerhalb des eigentlichen Krankenhausladerampenbereichs andere Rampen hinunter und auf die Gehwege städtischer Straßen gerollt wurden. Sie wurden also quasi an den Nachrichtenkameras vorbeigeführt.

Unter normalen Umständen wird eine Leiche, wenn ein Bestattungsunternehmen sie aus einer Krankenhausleichenhalle abholt, vollständig zugedeckt auf eine Bahre gelegt und sofort in einen Leichenwagen oder Kleinbus gebracht. Der Bestatter kommt zu jeder beliebigen Tages- oder Nachtzeit, um mit der Familie des oder der Verstorbenen zu sprechen und den Leichnam in seine Obhut zu nehmen. Deshalb sieht man normalerweise nicht, dass Leichen auf New Yorker Gehwegen transportiert werden. Der Leichenwagen oder der Kleinbus des Bestattungsunternehmens fährt an der Laderampe des Krankenhauses vor. Der Transfer, der unter Aufsicht des Bestatters erfolgt, ist gewöhnlich unauffällig und privat.

Ich hatte keinen Zweifel daran, dass es viele Tote gab. Doch ich kenne die mediale Berichterstattung und Verfügbarkeit, und mir fiel auf, dass die Diskretion und Privatheit des Todes, so, wie sie von privaten Bestattern gehandhabt worden war, durch eine drastische öffentliche

Zurschaustellung von Leichen vor den Kameras aus mehreren Winkeln ersetzt worden war, ebenso wie durch die Tatsache, dass die von der Stadt eingesetzten Krisenstäbe, nachdem sie die Handhabung der Leichen übernommen hatten, der Presse offensichtlich nicht nur Dokumente zugespielt hatten, die Leser sicher in Schrecken versetzen würden, sondern die Leichen auch Kameraleuten zur Verfügung gestellt hatten.

Darüber hinaus wurde in den Nachrichten, begleitet von lebhaften Fotos zahlreicher aufgebahrter Särge, beschrieben, dass Hart Island vor der Küste der Bronx die letzte Ruhestätte für die COVID-Opfer sein würde, deren sterbliche Überreste die Kapazitäten der Friedhöfe in New York überschritten. Nachrichtenbeiträge zeigten Luftbildaufnahmen von gewaltigen Gräben, die auf Hart Island tief in den Boden gegraben worden waren, sowie uniformierte Arbeiter, die schlichte Kiefernsärge in den Gräben übereinanderstapelten. Die Bilder waren von Drohnen aus der Luft aufgenommen worden. Die meisten Menschen waren von diesem Anblick vollkommen schockiert.

Zufälligerweise kannte ich Hart Island jedoch, da ich vor der Pandemie für ein Buch Recherchen darüber angestellt hatte. Es ist ein »Armenfriedhof«, eine Begräbnisstätte für alle fünf New Yorker Stadtbezirke. Ich wusste auch, dass die Bilder, so schockierend sie 2020 auch für diejenigen waren, die Hart Island nicht kannten, doch keineswegs ungewöhnlich für die Zwecke waren, für die Hart Island im Laufe seiner langen Geschichte genutzt worden war. Tatsächlich war die Anlage hundert Jahre lang genutzt worden, um unbekannte Bedürftige in Massengräbern zu beerdigen – in Gräbern, die von Gefangenen ausgehoben worden waren. So grauenhaft die Szene auf den Fotos also denen erschienen haben mag, die nicht wussten, wie Geschäfte auf Hart Island abgewickelt wurden, so war das, was sie zeigten, doch keineswegs außergewöhnlich für die dortige Situation.

Mittellose New Yorker waren ganz selbstverständlich jahrzehntelang in tiefen Gräben in schlichten Kiefernsärgen in Massengräbern auf Hart Island begraben worden.

»Massenbegräbnisse sind auf Hart Island seit 1875 vorgenommen worden«; erklärt die Website einer Freiwilligengruppe, die sich dafür einsetzt, seine Geschichte zu dokumentieren.[105] *Seit 1980 sind auf Hart Island mehr als 70.000 Menschen in Massengräbern bestattet worden.*[106]

Ich wusste auch, dass niemand Hart Island ohne staatliche Genehmigung betreten darf. Es ist eine Regierungseinrichtung. Folglich fielen mir besonders die Luftaufnahmen von Särgen auf, die in einem Massengrab beigesetzt wurden, Bilder, die entgeistert von der BBC, *der* WASHINGTON POST, *Sky News und anderen Nachrichtenkanälen auf der ganzen Welt reproduziert und beschrieben wurden.*[107] *Ich wusste sehr genau, dass Drohnen nicht ohne behördliche Genehmigung über Hart Island fliegen dürfen. Sofern also nicht jemand gegen das Gesetz verstieß, hätten Regierungsvertreter die Bilder entweder selbst bereitstellen oder einer Nachrichtenagentur die Erlaubnis erteilen müssen, sie aufzunehmen.*

Im Laufe des Frühjahrs und Sommers 2020 hatte Gouverneur Cuomo ein medizinisches Schreckensspektakel nach dem anderen lanciert. Am 2. April 2020 legte das Marine-Lazarettschiff USNS Comfort, *ein riesiges weißes Hospitalschiff, dramatisch an Pier 90 an und wurde mit großem Trara vom Gouverneur vertäut. Die Bilder waren beeindruckend. Das Schiff war sofort ein ikonisches Symbol der Katastrophe. Es verfügte über eintausend Betten. Doch am 30. April hatte es in aller Stille abgelegt, nachdem es weniger als 200 Patienten behandelt hatte, manchmal sogar nur 20, obwohl die Krankenhäuser voll waren. Verwirrend.*[108]

Nach den vor den Kameras an der 30th Street aufgereihten Leichenwagen kam die Ankündigung von Gouverneur Cuomo, dass der Central Park als Feldkrankenhaus verwendet werden könnte. Bis zum 17. April 2020 hatte Samaritan's Purse, eine private gemeinnützige Organisation, die sich mit dem Mount-Sinai-Krankenhaus zusammengeschlossen hatte, tatsächlich ein Feldkrankenhaus in East Meadow aufgebaut, das aus vierzehn großen weißen Zelten bestand. Das Feldkrankenhaus sorgte für neue, äußerst beunruhigende Bilder in den Nachrichten. Samaritan's Purse berichtete über den dramatischen Anstieg an Fällen.

Doch am 2. Mai 2020 kündigte CBSnews.com an: »Das Feldkrankenhaus, in dem Coronavirus-Patienten im Central Park behandelt wurden, wird geschlossen«. Bevor es abgebaut wurde, war es nur fünfzehn Tage in Betrieb gewesen.[109] *Die Montage einer ähnlichen Indoor-Einrichtung in Queens hatte 52 Million Dollar gekostet, und dort hatte man insgesamt 79 Menschen behandelt, bevor sie nach einem Monat geschlossen wurde.*[110]

Schließlich kündigte Gouverneur Cuomo an, er würde COVID-Patienten in Pflegeeinrichtungen verlegen, was mir ziemlich absurd erschien.[111] *Ich hatte noch nie von so etwas gehört.*

Zur selben Zeit hörte ich von einer Cousine, dass eine ältere Verwandte von mir im Pflegeheim war, doch dass ihre Familie sie »wegen COVID« nicht sehen durfte. Infizierte Menschen wurden vom Gouverneur in die Pflegeheime verlegt, doch gesunde Familienmitglieder wurden draußen gehalten? Ich verstand das nicht. Warum konnte sie keine Besucher haben, während die sicher draußen saß? Für eine gesellige Frau mit zahlreichen Enkeln, die sie liebten, schien diese Isolation eine Art Folter zu sein.

Mir fiel auf, dass die Medien nicht primäre Quellen für »COVID-Fälle« und -Tote zitierten. Zum Beispiel zitierte CBS häufig … CBS. Am 2. Mai berichtete der Sender: »CBS New York zufolge hat es insgesamt 309.145 Fälle im Bundesstaat New York gegeben, seit die Krise begann, sowie 18.909 Todesfälle«.[112] Dieses Selbstzitat war in journalistischer Hinsicht merkwürdig, um es gelinde auszudrücken. Und wenn man sich zu dem Quell-Link durchklickte, dann sah die Datenlage ganz anders aus: »In den 24 Stunden vor Samstag betrug die Zahl der »bestätigten« COVID-19-Fälle im Bundesstaat New York 831, was ein leichter Rückgang im Vergleich zu den 900 Fällen pro Tag ist, die der Staat vor kurzem erlebt hat, und einer Gesamtzahl von 309.145 Fällen entspricht«.[113]

Dieses Kleingedruckte, das sich als »Zitat« darstellte, das man allerdings nur sah, wenn man sich durchklickte, widersprach der beängstigenden Meldung; es erklärte, dass es am 2. Mai 2020 tatsächlich keine 309.145 COVID-19-Fälle im Bundesstaat New gegeben hatte, auch wenn CBS.com auf der ersten Seite, die jeder las, berichtete, dass es 309.145 Fälle im Bundesstaat New York gegeben habe, »seit die Krise begann«, und so eine anhaltende Notsituation jener Größenordnung implizierte. Diese furchteinflößende Zahl war vollkommen irreführend. Als ob die Situation noch nicht schlimm genug wäre, war dies unnötige Panikmache von epischem Ausmaß.

Tatsächlich gab es am 2. Mai 2020 831 »bestätigte Fälle« von COVID-19 im Bundesstaat New York, von rund 20 Millionen Menschen, was ein leichter Rückgang im Vergleich zu den durchschnittlich 900 Fällen an den Tagen zuvor war.[114] Die Zahl von mehr als 300 000 bezog sich auf die Gesamtzahl von Fällen im Bundesstaat New York, und von dieser Zahl waren die Genesenen nicht abgezogen worden.

An jenem typischen Tag wurden auf dem Höhepunkt der Pandemie in New York, dem 2. Mai 2020, 299 weitere New Yorker als Ofer, die an Krankheiten »im Zusammenhang mit« COVID-19 gestorben sind, aufgeführt, womit die Gesamtzahl auf die erwähnten 18909 stieg. Was wiederum erschreckend klingt. Außer, dass es rund 20 Millionen Menschen im Bundesstaat New York gibt. So bedeutete also die Zahl jener »Todesfälle im Zusammenhang mit COVID-19«, dass jeder New Yorker nur ein sehr geringes Risiko hatte, an einer Krankheit »im Zusammenhang mit« COVID zu sterben. Tatsächlich lag, auch wenn New York während der gesamten Pandemie eine der höchsten Todesraten aller Bundesstaaten hatte (3529 Todesfälle auf eine Million Einwohner)[115], das Risiko eines New Yorkers, an einer Krankheit »im Zusammenhang mit« dem Virus zu sterben, bei 0.3529%. 3529 ist 0,3529% von einer Million.

Daraus lässt sich keine Angst machende Schlagzeile gewinnen. Es wäre nicht möglich, Millionen von Menschen dazu zu bringen, zwei Jahre lang im Haus zu bleiben, um diese Art von Risiko zu vermeiden.

Doch weil man uns systematisch angelogen hat, und weil CBS und andere Medien ihren Job nicht gemacht und in zynischer Weise die Daten verfälscht haben, hatte ich wie Millionen andere viel zu lange schreckliche Angst, und den Menschen, die ich liebte, erging es ebenso.

Ein Kommentator postete in den sozialen Netzwerken: »Heute wurde der Zug angehalten, weil jemand telefonisch eine Selbstmorddrohung gemacht und seinen Kopf auf die Gleise gelegt hatte, und sie nach der Leiche suchten, während ich im Zug saß.«

Ich stand selbst später an diesem Tag auf dem Wassaic-Bahnhof und wartete auf den Zug in Richtung Manhattan. Über den Lautsprecher kam eine Ansage, in der darauf hingewiesen wurde, dass es jetzt eine nationale Amtrak-Regel sei, dass jeder im Zug eine Maske tragen müsse. Auf der Amtrak-Website stand: »Amtrak fordert eine Gesichtsbedeckung für zusätzlichen Schutz«. »Helfen Sie uns und anderen.« Eine möglicherweise attraktive gezeichnete Amtrak-Passagierin zeigte ihre grünen Augen oberhalb der »Gesichtsbedeckung«.[116]

Ich verstand, dass dies in medizinischer Hinsicht wie eine vernünftige Bitte erschien, wenn man die Exposition des Personals gegenüber Atemwegserregern in Betracht zog. Doch ich erzitterte auch, da ich verstand, dass jetzt eine weitere Grenze überschritten wurde.

Als ich einstieg, fiel mir auf, dass die Fenster der Amtrak- und Metro-North-Züge noch die gleichen waren und immer noch nicht geöffnet werden konnten. Die gesamte Luft zirkulierte im Waggon auf ungesunde Weise.

Ich erinnere mich, dass mir das Herz schwer wurde, als ich mich hinsetzte und mir eine Maske aufsetzte. Ich verstand, dass diese Forderung, dieser »Befehl« eine Linie in einer freien Gesellschaft überschritten hatte, und dass die Macht »der Maskierung« eine neue Art von Macht über die Bürger der Vereinigten Staaten darstellte. Sie war nicht per Gesetz entstanden, und nicht einmal über Notfallmaßnahmen, die regelmäßig überprüft wurden und auf öffentlichen Druck oder sich verändernde Bedingungen reagierten. Ich begriff, dass ich jetzt in einer Welt lebte, in der die Bürger gewaltsam gezwungen werden konnten, Masken zu tragen – und dass sie bald gezwungen werden würden, noch ganz andere Dinge zu tun.

Ich habe Geschichte studiert. Ich verstand, dass nun nichts mehr neue Anordungen verhindern würde, durch die die gesamte Gemeinschaft, in einem Ort nach dem anderen, gezwungen sein würde, Masken zu tragen, und dass alle Maßnahmen, die unseren physischen Körper und diejenigen anderer einschränken, jetzt auf dem Tisch lagen.

Kapitel Sechs

Wie Notstandspolitik gemacht wird

Es dauerte viel länger als nötig, bis mehr als eine Handvoll von Menschen begriff, dass die Pandemie einen Vorwand für allumfassende soziale Kontrolle geliefert hatte. Wir sind ein vertrauensvolles und gutmütiges Volk, und viele Bürger hatten nur ein geringes Verständnis davon, wie Politik im Spannungsfeld von Notfall und Gelegenheit gestaltet wird.

Die meisten Menschen gehen selbstverständlich davon aus, dass Notfall-Politik sich direkt auf die Bedürfnisse der Bürger bezieht. Doch darin irren sie sich gewaltig.

Der Berater des früheren Präsidenten Clinton, Rahm Emanuel, erklärte gegenüber einem Forum des *Wall Street Journal*, wie manche politischen Funktionäre grauenhafte Situationen tatsächlich betrachten: »Man will eine ernste Krise nie ungenutzt lassen«.[117]

Ich bin von globalen Entscheidungsträgern in Medien, Politik and Technologie umgeben gewesen, dadurch habe ich Einsicht in das, was in den Räumen passieren kann, in denen Reaktionen auf Krisen ausgearbeitet werden. Während es auf nationaler oder sogar bundesstaatlicher Ebene selbstverständlich ist, dass die politische Antwort auf eine Krise den Bürgern immer als eine vorgestellt wird, die auf ihre Bedürfnisse eingeht, egal, wie schlimm die Notlage sein mag, ist eines der ersten Dinge, die Insider über eine Notlage wissen müssen, ob sie auch eine Möglichkeit bietet, ihre Interessen zu fördern.

Deshalb kann ein großer Teil der Krisenpolitik Bürgern auf der Empfängerseite unlogisch erscheinen.

Hinter den Kulissen, in Unterhaltungen, über die in den Medien nicht berichtet wird, haben ein Dutzend Lobbyisten und ausgewählte Milliardäre oft ein Mitspracherecht dabei, wie diese »Notfall«-Gesetzgebung oder die Vorgaben im Gesundheitsbereich aussehen sollen.

Solche versteckten Sonderinteressen werden unter anderem von den Managern großer Pharmakonzerne, von Immobilien-Investoren, Telekommunikations- und Technologiefirmen oder Versicherern verfolgt. Heutzutage können zu den Lobbyisten auch fremde Nationen gehören (und sie tun es auch) – sogar solche, die keineswegs unsere unmittelbaren Verbündeten sind, sondern vielmehr unsere Erzfeinde.

Natürlich sind die Dutzende von Händen und Vielzahl von Fingerabdrücken, die zu den Lobbyisten der Megakonzerne und den Milliardären gehören, die die politische Maßnahme oder Weisung der Gesundheitsbehörde maßgeblich geprägt haben, unsichtbar, wenn diese verkündet wird. Die Maßnahme wird so dargestellt, als orientiere sie sich ausschließlich an medizinischer Notwendigkeit und von Fachkollegen begutachteten wissenschaftlichen Studien.

Doch das ist oft eine Lüge.

Trotzdem wird sie von den Bürgern als Wahrheit angenommen, und ganz besonders in der Panik einer Krise, nicht nur, weil die Bürger keine Möglichkeit haben, »einen Blick hinter die Kulissen zu werfen«, sondern auch, weil sie Angst haben.

Tatsächlich können die Ergebnisse, nach denen die Eliten streben, in normalen Zeiten nicht annähernd so leicht erzielt werden – Zeiten, in denen Lobbyisten zwar sicherlich eine Rolle spielen, diese jedoch durch den normalen Gesetzgebungsprozess eingeschränkt wird. In einer wegen COVID »geschlossenen« und von COVID beherrschten Gesellschaft findet keine der strengeren Prüfungen statt, die normalerweise den Gesetzgebungsprozess begleiten; die normale Debatte ist ausgesetzt; Reporter können nicht - oder wollen noch seltener als ohnehin - unbequeme Fragen stellen. Die Politik mit dem Ziel, das Verhalten von Menschen und Bewegungen umfassend und in großem Maßstab zu kontrollieren, wird in der Dunkelheit ausgearbeitet.

Notsituationen schaffen unglaublich lukrative Gelegenheiten, um die Korruption zu steigern.

Ich werde häufig als »Verschwörungstheoretikerin« bezeichnet. Der Grund dafür ist einfach. Im Gegensatz zu sehr wenigen anderen Journalisten und Sachbuchautoren bin ich Politikberaterin bei einem Präsidentschaftswahlkampf und Beraterin eines Vizepräsidenten gewesen. Und aufgrund dieser Erfahrungen weiß ich, wie die Mächtigen in einer Krise reagieren – insbesondere, wenn es um ihre eigenen Interessen geht.

Dazu eine kurze Geschichte. Wir befinden uns im August 1998. Mein damaliger Mann war Redenschreiber für das Weiße Haus. Wir hatten Washington verlassen, um Urlaub zu machen, und fuhren mit unserem dreijährigen Kind durch das marokkanische

Atlasgebirge. Über krächzende Radios hörten wir von einem aktuellen Skandal; wir konnten kaum die Enthüllungen verstehen, die immer mehr auf einen angeblichen Geschlechtsakt im Weißen Haus hinauszulaufen schienen.

Unser Reiseführer, der nur wenig Englisch sprach, erklärte nur: »Clinton. Kleid. Skandal«. Monica Lewinsky sollte vor einem großen Geschworenengericht über ihre Beziehung zum Präsidenten der Vereinigten Staaten aussagen.

Ein paar Nächte später kam es zu einem Notstand in den Vereinigten Staaten.[118] Während eines Skandals oder bei schlechter Presse »das Thema zu wechseln« ist das Kürzel politischer Insider für »Menschen vergessen lassen«. Dies ist das Ziel jedes politischen Beraters oder Stabschefs, der unter Druck steht.

Eine Fabrik im Sudan wurde »auf direkten Befehl« des Präsidenten bombardiert.[119] Die Fabrik, die angeblich an der Herstellung bedrohlicher Substanzen beteiligt gewesen war, wurde »pulverisiert«, so dass nur noch Betonschutt und Eisenstangen übrigblieben.« Das »Thema war gewechselt worden.« Schlagartig verlagerte sich der Fokus der Berichterstattung auf die große Bedrohung, die diese Fabrik für die Sicherheit in den Vereinigten Staaten, ja unsere Lebensweise, bedeutet hatte. Die Medien zeigten Bilder von den Trümmern nach dem Bombenangriff. Diese Demonstration unserer Macht wurde von siegessicherer Berichterstattung begleitet.

Die Aufregung legte sich schon bald. Als berichtet wurde, dass das Ziel in Wirklichkeit eine Medizinfabrik gewesen sei, entgegneten Sprecher des Weißen Hauses, dass es sich in Wahrheit um eine »getarnte Chemiewaffenfabrik« handele, und dass in Bodenproben eine Substanz gefunden worden sei, die in Verbindung mit der Herstellung von Nervengas stand.

Als sich die Nachrichten dann auf etwas anderes gestürzt hatten und der Sudan wieder zu seinem üblichen Status als auf dem

Abstellgleis der US-amerikanischen Außenpolitik befindliches Land zurückgekehrt war, gestand man in einigen kurzen Meldungen ein, dass das bombardierte Gebäude in Wirklichkeit nie eine Chemiewaffenfabrik gewesen sei. Es war eine Arzneimittelfabrik gewesen. Sie war eine von drei Fabriken im Sudan, die Arzneien herstellte, unter anderem Präparate gegen Tuberkulose und Malaria. Im *Boston Globe* wies Jonathan Belke darauf hin, dass der Verlust von im Inland produzierten Arzneien im Sudan zu Tausenden von vermeidbaren Todesfällen führen würde.[121] Es hatte nicht so funktioniert, wie die Mitarbeiter Präsident Clintons es vielleicht gehofft hatten – die Presse fand schnell zu den anzüglichen Vorwürfen von der Untreue des Präsidenten zurück, und die Nachrichtenagenturen konnten wieder von »Oralsex« und dem »blauen Kleid« und schließlich sogar der »Zigarre« sprechen. Der Skandal war ein zu unwiderstehliches Geschenk, als dass die Medien es ignorieren konnten.

Doch ich vergaß nie, dass ein vollkommen unschuldiger Nachtwächter bei dem Angriff ums Leben gekommen war.[122]

Die wirklich Mächtigen unternehmen enorme Anstrengungen, um das Narrativ zu kontrollieren, und sie erzielen im Allgemeinen große Erfolge dabei.

Was die mächtigsten Menschen immer wollen, ist Gewissheit. Willkür und Risiko sind ihre Erzfeinde. Und sie wollen nie, dass die Möglichkeit besteht, dass der Zufall Ereignisse und Ergebnisse beeinflussen könnte. Der Zufall könnte es der anderen Seite ermöglichen zu gewinnen, und dann würden all die Milliarden an die andere Seite und ihre Kumpanen fließen. Der Zufall ermöglicht es, dass Aktien, auf die deine Freunde gewettet haben, baden gehen. Der Zufall ermöglicht das Auftauchen von populistischen Bewegungen, die deine ausgeklügeltsten Pläne auf den Kopf stellen.

Als Verschwörungstheoretikerin werde ich dann angegriffen, wenn ich Vorhersagen treffe, die darauf basieren, dass ich das Verhalten derjenigen, die im Zentrum der Macht stehen, gesehen und beobachtet habe, und wie sich dieses Verhalten rund um die Uhr darauf richtete, organische historische Entwicklungen und Marktprozesse zu beseitigen, um sich so des gefürchteten Zufalls zu entledigen.

Warum sollten mächtige Menschen *nicht* alle Auswirkungen auf der Welt kontrollieren wollen? In vielen Fällen liegt es in der treuhänderischen Verantwortung dieser Männer und Frauen, jedes mögliche Risiko zu kontrollieren. »Verschwörungstheoretikerin« ist ein nützliches Schimpfwort, das von gekauften Medien und gekauften Influencern in den sozialen Netzwerken in Umlauf gebracht wird, um diejenigen zu verspotten, die besser wissen, wie Macht unter Ausschluss der Öffentlichkeit wirklich funktioniert. Die Verleumdung dient außerdem dazu, Bürger davon abzuhalten, die grundlegende, aber entmutigende Wahrheit zu erkennen, dass mächtige Menschen *immer* versuchen, die Geschichte und die Märkte zu kontrollieren und ihr eigenes Risiko systematisch zu beschränken – und die Folgerung, dass sie selbst häufig machtlos sind.

Mächtige Menschen versuchen, historische Konsequenzen herbeizuführen, ohne schriftliche Beweise zu hinterlassen, indem sie auf gemeinnützige Organisationen, Mittelsmänner, Verwandte, Anwälte oder Freunde von Freunden zurückgreifen. Sie geben keine Presseerklärungen heraus. Jeder, der auf höchster Regierungsebene arbeitet, versteht die Notwendigkeit der Leugnung; die Aufgabe besteht darin, die impliziten Wünsche des Vorgesetzten zu erfüllen – ohne direkte Anweisung, geschweige denn schriftliche Vermerke.

Diese hohe Risikoaversion und das Ziel, »keine Fingerabdrücke« und keine Datenspur zu hinterlassen, sind keine Verschwörungstheorie, sie sind Realität. Es ist einfach die Art und Weise, wie globale Eliten funktionieren, mit Unterstützung der höchstdotierten Washingtoner Anwälte und Lobbyisten, die dafür bezahlt werden, dass sie die welthistorische Ausbeute verbessern, *ohne* dies öffentlich zu machen und *ohne* unerfreuliche Dokumente, die im Falle einer Vorladung leicht gegen sie verwendet werden könnten.

Obwohl der vielleicht durch Präsident Clintons Affäre mit Monica Lewinsky veranlasste Bombenangriff die Aufmerksamkeit der Medien kurz von dem schädlichen Thema weglenkte, wurden keine Fingerabdrücke hinterlassen. Warum nicht? Weil fast sicher ist, dass der Präsident 1998 im Weißen Haus nie direkt sagte: »Wir müssen eine suspekte Fabrik im Sudan bombardieren, um den Fokus der Presse von mir und meiner jungen Ex-Freundin abzulenken.« Es ist sehr unwahrscheinlich, dass ein Stabschef oder Geheimdienst-Mitarbeiter im Weißen Haus je Worte gebraucht hat, die den Druck des Sex-Skandals mit dem Appell verbanden, einen dramatischen Schlag auszuführen.

Doch so, wie sich meiner Beobachtung nach Beziehungen im Weißen Haus und im Naval Observatory entfalten, würde jeder die unausgesprochene Erfordernis verstanden haben, einfach das Thema zu wechseln: *Wird mich niemand von diesem minderbemittelten Priester befreien?*

War das eine »Verschwörung«? Vielleicht technisch gesehen nicht. Doch hatten sich nicht große unpersönliche Kräfte in erschreckender Weise zusammengetan, um ein welthistorisches Ergebnis zu erzielen, ohne Fingerabdrücke zu hinterlassen? Wir kennen die Antwort.

Und so starb ein unschuldiger Mann und vielleicht starben letzten Endes noch Tausende mehr als Kollateralschaden.

Auf dieselbe Weise, jedoch in weitaus größerem Umfang, wurden zwischen 2020 und 2022 Verbrechen begangen. Sie wurden gegen die gesamte Menschheit verübt, von kleinen mächtigen Gruppen von Menschen, um Ergebnisse zu erzielen, von denen sie das Gefühl hatten, dass sich das Opfer sehr wohl lohnen würde – das heißt, unser Opfer.

Wir blieben im Wald, drinnen. Unsere Nachbarn blieben drinnen.

Wir alle hörten voller Schrecken, dass im Central Park ein Feldkrankenhaus eingerichtet wurde. Doch wir hörten nicht, dass es nur fünfzehn Tage später wieder abgebaut worden war.

Wir hörten laut und deutlich, dass es 309 145 »Fälle« im Staat New York gab. Wir hörten nicht, dass diese Zahl kumulativ war, und dass es am 2. Mai 2020 de facto weniger als 900 Fälle in unserem gesamten bevölkerungsreichen Bundesstaat gab.

Meinem Nachbarn die Straße hoch wurde gesagt, sein schon etwas älterer Vater habe COVID, und der Nachbar war verzweifelt angesichts der Aussicht, sein Vater würde in das Feldkrankenhaus im Central Park verlegt werden – er fürchtete zu Recht, dass dies sein sicheres Todesurteil wäre. Das muss eine der schlimmsten Zeiten in seinem Leben gewesen sein.

Doch mein Nachbar wurde nicht informiert, dass das Feldkrankenhaus bereits für viel Geld abgebaut worden war. Er durfte sich mit seiner nun grundlosen Angst herumquälen.

Gouverneur Cuomos nächtliche Lagebesprechungen im Fernsehen waren einerseits fesselnd, riefen andererseits aber schreckliche Albträume hervor.

Er nannte die Namen sämtlicher Menschen, die gestorben waren.

Niemand auf den wichtigsten Nachrichtenplattformen sagte uns, dass Studien zeigten, dass junge Erwachsene selbst zu jener Zeit keinem großen Risiko durch das Virus ausgesetzt waren. Niemand erklärte, dass selbst damals Studien zeigten, dass bei Kindern praktisch *kein Risiko bestand, an dem Virus zu sterben. (Auch wenn ich die wichtigen Nachrichtenportale gewissenhaft las, erfuhr ich diese Fakten erst, als ich Monate später Dr. Jay Bhattacharya, einen der Unterzeichner der Great Barrington Declaration**, *interviewte).*

Im August 2020 umarmte ich einen etwa zwanzigjährigen jungen Mann, der uns besucht hatte, und weinte; Ich flehte ihn an, nicht in die Stadt zu gehen. Mein Weinen ging ihm nahe. Ich verursachte diesen emotionalen Schaden an einem Tag, an dem der junge Mann ein Risiko von quasi 0,0 Prozent hatte, ernsthaften Schaden zu nehmen, wenn er sich infizierte. Wenn die Nachrichtenplattformen, die ich las, darüber berichtet hätten, was für ein geringes Risiko gesunde junge Erwachsene hatten, dann hätte ich diese traumatisierende Situation weder verursacht, noch selbst unter ihr gelitten.

Obwohl jetzt Sommer war, blieben die Spielplätze abgeriegelt. Die Kinder waren unruhig und blass und hofften darauf, im Herbst wieder in die Schule gehen zu können. Doch niemand war deutlich in Bezug darauf, ob sie den Präsenzunterricht wieder aufnehmen konnten. Diese Unsicherheit erschütterte Kinder und Eltern gleichermaßen.

Ein Verwandter erkrankte schwer an COVID. Er bekam keine Medikamente. Seine Lungen waren vernarbt.

* Ein vom American Institute for Economic Research in Great Barrington, Massachusetts verfasstes Dokument, das den gezielten Schutz der Risikogruppen empfiehlt, während jungen Menschen und Menschen mit einem geringen Sterberisiko erlaubt werden solle, ihr normales Leben zu führen, bis durch natürliche Ansteckungen eine Herdenimmunität erreicht sei. So sollten Lockdowns und die mit ihnen einhergehenden Kollateralschäden vermieden werden. (Anm. d. Ü.)

Eine liebe Freundin hatte COVID und war schwer krank. Sie musste im Sitzen schlafen. Ihre Krankheit dauerte Monate. Ihre Ärzte, die besten, die sie finden konnte, gaben ihr keine Medikamente – sie sagten ihr, sie solle nach Hause gehen, damit die Krankheit »von selbst verschwinden« könne. Im Allgemeinen bekamen Menschen, die litten, keine Medikamente verabreicht.

Jede Diskussion über mögliche Medikamente wurde der Begriffsstutzigkeit von Präsident Trump und seinen rassistischen, die Wissenschaft hassenden, Unterstützern zugeschrieben.

Die Medizin, die es in unseren gebildeten liberalen Kreisen gab, erschien mir jedoch prä-viktorianisch. Den Betroffenen wurde gesagt, sie sollten wieder in die Notaufnahme kommen, wenn ihre Sauerstoffsättigung bedrohlich abnahm.[123]

Die New York Times sprach von »Weißglas-Läsionen« auf den Lungen als Nachwirkung von COVID. In ihren Berichten stellten sie grafisch Lungentransplantate und bleibende Lungenschäden dar.[124]

Die Presse war voll von entsetzlich aufdringlichen Bildern von sterbenden Menschen, die an Beatmungsgeräte angeschlossen waren.

Manchmal hatte ich das Gefühl, dass die Berichterstattung und sogar das von Gouverneur Cuomo produzierte politische Drama die Qualität einer ungewöhnlich theatralischen Horror-Show hatten.

Die Menschen litten, wie sie es bei Epidemien tun. Doch sie hatten noch nicht kollektiv den Verstand verloren.

Auf den Nachrichtensendern waren plötzlich seltsame Features über reiche Unternehmer zu sehen, die Dinge sagten wie »das Händeschütteln ist für immer tot«, und dann zeigten, wie sie zum Gruß die Fäuste aneinanderstießen, oder noch umständlicher, die Ellenbogen – ein unnatürlicher Tanz, der zeigen sollte, wie man den Austausch tödlicher Viren vermeiden konnte. Als ich den »Ellenbogenstoß« als COVID-Trend beworben sah, dachte ich: »Kein gesellschaftlich gebildeter Mensch hätte sich das ausdenken können«. Die kulturelle Logik und Bildsprache, die plötzlich im Spiel waren, hatte eine merkwürdige, Asperger-ähnliche Qualität.

Im August 2020 berichtete der Guardian, dass die Stadt Preston in England »Haushalten verböte, sich zu vermischen, da die Infektionen bei unter 30-Jährigen ‚in alarmierendem Tempo' zunähmen«.[125]

Man durfte keine Freunde zu Besuch haben, und Kinder, die in verschiedenen Wohnungen lebten, durften nicht mehr zusammen spielen. Viele Freundschaften wurden in Großbritannien landesweit ausgesetzt.

In Großbritannien durfte man sich in seinem eigenen Garten mit höchstens zwei anderen Menschen treffen. »Bubble« (Blase) wurde sowohl in den USA als auch in Großbritannien zu einem festen Begriff – in Großbritannien durfte man keine Haushalte außerhalb »der eigenen Blase« besuchen. Gruppentreffen mit mehr als sechs Leuten waren verboten. Dies wurde als »die Sechser-Regel«[126] *bezeichnet, so, als stamme sie aus einem KPCh-Märchen.*

Vieles in Großbritannien war sogar noch schlimmer als in den USA. Bis Ende 2020 hatten einige meiner Kolleginnen dort monatelang niemanden außer den Mitgliedern ihres eigenen Haushalts gesehen. Zeitweilig gab es »Regeln« dafür, wie häufig man während des Tages nach draußen gehen durfte. Diese wurden immer restriktiver. Bald durften die Menschen nur noch einen einzigen Spaziergang pro Tag machen, »um der Bewegung willen«. Und dann auch nur mit Mitgliedern »ihrer Haushalte«. Schmerzerfüllte Mütter posteten in den sozialen Netzwerken Bilder von Kindern, die sehnsüchtig auf andere Kinder draußen schauten, mit denen sie nicht spielen durften.

Im November 2020 kündigte Premierminister Boris Johnson neue »Regeln« an: »Wir werden stattdessen zu einem regionalen, mehrstufigen Ansatz zurückkehren, und dort, wo COVID am stärksten grassiert, die härtesten Maßnahmen anwenden. Auch wenn die früheren lokalen Stufen zu einer Verringerung der Fallzahlen geführt haben, so waren sie doch nicht ganz ausreichend, um die Zahlen auf unter 1 zu drücken. So lautet der wissenschaftliche Rat, fürchte ich, dass jetzt, wo wir am Ende der Talsohle sind, unsere Restriktionen verschärft werden müssen.

Insbesondere in Stufe 1 sollen Menschen von zu Hause aus arbeiten, wo immer das möglich ist. In Stufe 2 darf Alkohol im Gastronomiebereich nur als Teil einer ausgiebigen Mahlzeit ausgeschenkt werden. In Stufe 3 werden Freizeitzentren in Innenräumen, Hotels und andere Unterkünfte schließen müssen, zusammen mit allen Arten von Gastgewerben; ausgenommen sind Lieferungen und Imbissbuden.

Das unvermeidliche Leid, dass diese Maßnahme Geschäftsleuten bereiten wird, die in diesem Jahr schon so viele Beeinträchtigungen haben verkraften müssen, bedauere ich natürlich.

Anders als es bei früheren Regelungen der Fall war, werden die Stufen jetzt ein einheitliches Regelwerk sein.«[127]

Es stellte sich heraus, dass diese dramatische Erklärung auf krassen Unwahrheiten basierte. »Der wissenschaftliche Rat«, der die Verbreitung von COVID-19 damit in Beziehung setzte, dass »unsere Restriktionen verschärft werden müssten«, stellte sich als imaginär oder einfach falsch heraus und stammte von hin- und hergerissenen Wissenschaftlern, die haltlose Computerhochrechnungen anstellten.

Die Bürger des Vereinigten Königreichs wussten das jedoch größtenteils nicht. Und mit dieser Verfügung ging sehr viel Prinzipien-

reiterei einher: Diejenigen, die die Regeln befolgten, wurden in der Presse gelobt; diejenigen, die Fragen stellten, wurden als »COVID-Leugner verspottet, die die »Oma umbringen« wollten.

Und unser Land war nicht wesentlich besser oder vernünftiger. Die Restriktionen waren überaus verwirrend und unvorhersehbar.

Ich verstand den Sinn hinter alledem nicht, sei es in rationaler, epidemiologischer oder sonstiger Hinsicht. Doch ich sah den psychologischen Schaden, und ich sah, wie Nationen, die zu Geiseln rücksichtsloser Propaganda geworden waren, das Gefühl für Alternativen verloren und stillschweigend und ohne zu protestieren, langgehegte unveräußerliche Rechte aufgaben.

Die Medien waren voller Bilder, die in meiner Wahrnehmung unangenehm eindringlich darauf insistierten, wie wir mit unserer misslichen Lage umgehen sollten. Durch meine Ausbildung als PR- und Wahlkampfberaterin erkannte ich, dass dies Beeinflussungskampagnen waren. Es gab eine Kampagne, damit Menschen akzeptierten, dass Distanz gut war. Durch Distanz zeigte man seine Liebe. In einem Werbespot wurden Szenen eines kleinen Mädchens verkitscht, dass seine Hand an das Glas eines Fensters hielt, während sich auf der anderen Seite sich eine ältere Frau befand, die dasselbe tat. Der Slogan hieß: »Getrennt zusammen«. Oder Variationen davon: »Wir stehen zusammen, indem wir Abstand halten«. Unsere Pop-Kultur, dachte ich, hatte immer Verbindung verklärt; warum gab es so viele Unternehmen, ja sogar eine offensichtliche und teure Beeinflussungskampagne, die jetzt Distanz und Isolation verklärte?[128]

Ich wusste auch, wie lange es dauerte, solche Kampagnen zu planen, durchzuführen, zu bearbeiten und zur Verfügung zu stellen. Warum wurde so viel Zeit und Geld in einen Gesundheitsnotstand investiert, der nächste Woche nachlassen konnte?

In den Medien und sozialen Netzwerken wurde die Vorstellung aufgegriffen, dass man, wenn man jemanden wirklich liebte, sich von ihm fern hielt. In den Medien und sozialen Netzwerken war überall die Rede davon, dass man »seine Oma umbringen könne«, wenn man sie sah, und selbst ein »asymptomatischer Träger der Krankheit« war. »›Bringen Sie die Oma nicht mit dem Coronavirus um‹, warnt Matt Hancock,« titelte die Londoner Zeitung The Times. Matt Hancock, der britische Gesundheitsminister, verwendete einen Soundclip, der in Hunderten anderer Länder und Nachrichtenmeldungen wiederholt wurde.[129] Er war so international, dass die Times of India schließlich protestierte: »Wer hat Oma umgebracht? Hemmungslose emotionale Manipulation hat in katastrophaler Weise einen Großteil der globalen COVID-Strategie geprägt.«[130]

Jungen Erwachsenen und Kindern wurde in einer massiven, teuer finanzierten Propagandakampagne der britischen Regierung gesagt: »Bring Oma nicht um«, wie in Laura Dodsworths A State of Fear dokumentiert: Wie die britische Regierung während der COVID-19-Pandemie Angst als Waffe eingesetzt hat.[131]

In dem Diskurs wurde postuliert, man würde die älteren Familienmitglieder am besten lieben, indem man sie nicht sah, sie nicht berührte und nicht besuchte – und zwar nie. Liebe wurde auf den Kopf gestellt.

Wir wurden mit Bildern liebevoller Familien bombardiert, die nicht durch physische Umarmungen und Besuche miteinander in Kontakt traten, sondern durch den sicheren, hygienischen digitalen Bildschirm. Das war echte Liebe.

Insbesondere Kinder wurden durch die Botschaft traumatisiert, dass ihre Umarmung »die Oma umbringen könne«. Ich sah den emotionalen Konflikt, den diese Botschaft in den Köpfen der Allerkleinsten auslösen würde. Ich traf eine kleine Nachbarin auf der Straße, eine sehr kluge, gesprächige Fünfjährige, mit ihrer Mutter, und wir plauderten in einem Abstand von etwa vier Metern. Nachdem ich mich mit der Kleinen direkt unterhalten hatte, über Themen, die sie interessierten, sah ich, wie sie impulsiv begann, auf mich zuzulaufen, um mir näher zu sein und mehr zu reden, doch ihre Mutter zog sie zurück. Ich sah den Blick der Verwirrung, des Selbstzweifels und der Angst, die das natürliche Interesse des Kindes ersetzt hatten, sich in Richtung seiner Neugier zu bewegen – und in Richtung Wärme, Unterhaltung und Verbindung.

Die »Zoom-Klasse« arbeitete auf diese seltsame neue Weise online. Wir gewöhnten uns schnell daran. Wie auch nicht? Es war seltsam gemütlich, auch wenn es den sozialen Zusammenhalt langsam erstickte, es einen mit der Zeit von den Kollegen abschnitt, von der breiteren Bekanntschaft, ebenso wie von neuen Ideen und Bündnissen. Man konnte ein Meeting abhalten, während man unter dem Tisch Pyjamahosen und Pantoffeln trug.

Wir lernten die Kultur der Zoom-Meetings kennen.

Wir lernten die Kultur der »alkoholischen Quarantäne-Drinks« kennen.

Wir sahen unsere Freunde auf Bildschirmen.

Die »systemrelevanten Arbeitskräfte« – LKW-Fahrer, Zusteller, Krankenschwestern, Hilfsarbeiter – waren »an der Front«, eine weitere neue (oder in diesem Fall zweckentfremdete) Phrase, und sie waren während des ganzen Arbeitstages und jeden Tag dem Virus ausgesetzt.

Die South Bronx, meine früheren Nachbarschaft, hatten zusammen mit Queens die höchsten COVID-Sterberaten der gesamten Stadt. Die meisten Erwerbstätigen waren »Front-Arbeiter« und hatten nicht den Luxus, zu Hause zu bleiben und zu »zoomen«.

Die Mutter unseres Hausverwalters war an dem Virus gestorben. Ich erinnerte mich an die verheerend schlecht unterstützten Krankenhäuser der South Bronx.

Als er einige Gegenstände aus unserem früheren Apartment holte, sah ich ihn kurz, er war von Trauer überwältigt, doch trotz seiner Trauer musste er arbeiten.

Manhattan hatte im Gegensatz zur Bronx die niedrigsten Infektionsraten.[132]

Unabhängig davon, wie «richtig« die gehobene Mittelschicht lag, unabhängig von den Erklärungen zu sozialer Gerechtigkeit, die mein früherer liberaler, wohlhabender städtischer »Clan« abgab, erhob niemand wirkliche Einwände gegen diese ungleiche Verteilung von Risiken und Schäden.

Kapitel Sieben
Die nicht nachweisbare Pandemie

Der globale Angriff auf die Versammlungsfreiheit, den Handel und die Gemeinschaft – der größtenteils von Technologieunternehmen gesteuert und getragen wurde – bekam Unterstützung durch ein neues digitales Produkt: die plötzlich allgegenwärtigen »COVID-19-Karten«, auch bekannt als »COVID-19-Dashboards«. Die XY-Diagramme zeigten die unglaublich alarmierende Zahl von Infektionen und Sterbefällen in reißerisch dargestellten Details an. Auf den Dashboards wurden Farben mit besonderem kreativen Gespür eingesetzt. Auf demjenigen der *New York Times* war die nahezu vertikale Neigung auf der rechten Seite, welche die »Fälle pro Woche« abbildete, in grellem Purpurrot gehalten – jener roten Farbe, die die »Marken«-Farbe der Angstkampagne im Zusammenhang mit der Krankheit zu sein schien. Im Gegensatz dazu wurden die erwünschten steigenden Impfraten in einem kühlen, beruhigenden und heilenden Grün dargestellt.[133]

Schnell wurden wir mit den Dashboards vertraut, in dem Glauben, dass die Daten, die sie zeigten, Grundlagen der offiziellen Verlautbarungen, politischen Maßnahmen und Strategien waren. Wir beobachteten die Höchst- und Tiefststände der Kurven mit Entsetzen oder Erleichterung (selten), in der Gewissheit, sie würden »die Wissenschaft« und »die Zahlen« in ihrer reinsten Form darstellen. Wenn Dr. Anthony Fauci in seinem typischen Brooklyner Akzent seinen Lieblingssatz aussprach »Wenn man sich die Daten ansieht –«, dann reagierten die Medien damit, dass sie auf diese XY-Diagramme verwiesen.[134]

Doch ich bemerkte, dass, obwohl sich Dr. Fauci von der NIAID und Dr. Rochelle Walensky von der CDC ständig auf die Formulierungen »Folgen Sie den Daten« oder »Folgen Sie der Wissenschaft« beriefen, sie fast nie die entsprechenden Rohdaten oder in Peer Reviews überprüften Veröffentlichungen lieferten. Stattdessen mussten wir uns auf die allgegenwärtigen, nicht-staatlichen, von Dritten erstellten COVID-Dashboards oder Pressemitteilungen ähnlichen Nachrichtenbeiträge verlassen, die Studien genau so beschrieben, wie die Verantwortlichen die Ergebnisse der Studien zusammengefasst hatten, aber ohne sich tatsächlich mit ihnen zu verlinken.

So war es nicht möglich, die von den Medien gezogenen Schlussfolgerungen, bei denen insbesondere diese Plattformen zitiert wurden, zu bestätigen. Warum nicht? Weil viele der Dashboards, auf die am häufigsten verwiesen wurde, auf fehlerhaften Methoden und nicht verifizierbaren Datensätzen beruhten. Sie waren Phantome.

Zufälligerweise war ich mit der Dashboard-Technologie vertraut, da mein Technologieunternehmen DailyClout.io Dashboards erstellt, die auf genau demselben Prozess beruhen und genau dieselbe Technologie verwenden wie die COVID-Karten. Auch wir nutzen Regierungsdaten, so wie es angeblich die COVID-Karten tun. Es ist in mancherlei Hinsicht ein simpler und in der digitalen Datenwelt vollständig bekannter Prozess. Mit anderen Worten, hinter dem Prozess, ein Dashboard aus Regierungsdaten zu erstellen, steckt keine Magie. Vielmehr ist die Erstellung solcher Karten und Datenbanken eine normale Codierungsleistung.

Ich wusste also, dass die Drittanbieter-Dashboards, die der Welt die »COVID-Fälle« und »COVID-Todesfälle« zeigen sollten, auf einer API basieren mussten. Um echt und nachvollziehbar zu sein, mussten sich die Dashboards auf Daten des staatlichen Gesundheitsministeriums stützen, die von echten Sterbeurkunden und echten, funktionierenden klinischen Tests abgeleitet waren, die ständig einer API zugeführt wurden.

Was ist eine API?

Eine API, oder *Application Programming Interface*, ist wie eine Daten-Feuerwehrspritze. Sie ermöglicht es einer Software-Applikation, mit einer anderen zu kommunizieren, um Informationen zu senden und zu empfangen. Wenn die über eine API abgerufenen Daten unstrukturiert sind (was gewöhnlich der Fall ist), dann müssen Programmierer die Daten sinnvoll interpretieren und Methoden für den Umgang mit allen unerwarteten Ergebnissen entwickeln, die sie von einem »API-Aufruf« bekommen könnten.

Um die Daten für ein Dashboard brauchbar zu machen, müssen Programmierer sie auch bereinigen, formatieren und zu geeigneten Datensätzen zusammenführen. Diese Datensätze können dann »ins Backend« des Dashboards eingespeist werden – d.h., den Teil, den Entwickler und Webmaster sehen können, die Nutzer selbst jedoch nicht.

Dann können die Entwickler die schön formatierten Daten hernehmen und Möglichkeiten schaffen, um diese für die Nutzer anschaulich zu machen, indem sie den Code erstellen, um die Daten in das zu verwandeln, was die Nutzer »im Frontend« oder dem UX (für Nutzererlebnis) sehen.

Die Navigationsweise von Lesern »im Frontend« der Website wird als UI oder »Benutzeroberfläche« bezeichnet.

Dieses »Frontend war es, was die Leser der digitalen *New York Times* beim Blick auf die COVID-Karte sahen, die tagtäglich auf der digitalen Titelseite der Zeitung zu sehen war, oder was diejenigen sahen, die auf die Website des Johns Hopkins Coronavirus Resource Center gingen (einem Dashboard, das im Laufe der Pandemie verschiedene Namen hatte) und nach dem aktuellen Stand der COVID-Fälle und COVID-Todesfälle suchten.[135]

Die Geschichte von »Fällen« und »Todesfällen« wurde von zahlreichen Medienvertretern erzählt, die die unterschiedlichen Dashboards von Drittanbietern als furchteinflößende Veranschaulichung, als ihren »Beweis«, verwendeten.

Trotzdem klickten sich nur wenige Reporter durch, um die Rohdatensätze zu finden und zu überprüfen, ob das, was die Dashboards den Lesern »im Frontend« zeigten, wirklich die ganze Geschichte war. Und nur wenige überprüften, ob es sich dabei tatsächlich um überprüfbare, aggregierte Daten des staatlichen Gesundheitsministeriums handelte oder einen vollkommen anderen Unfug.

Im ersten Monat hätte man diese Ignoranz vielleicht noch als Teil einer Lernkurve im Zusammenhang mit digitalen Daten entschuldigen können. Doch als ein, zwei Jahre vergangen waren, und Reporter immer noch unkritisch digitale Dashboards zitierten, ohne zu verstehen, was sie da vor sich hatten, oder, so schien es, auch nur das geringste Interesse daran zu haben, da taugte die Entschuldigung nicht mehr. Wie erwähnt, ist eine API eine simple Technologie, die man jedem Laien in zehn Minuten erläutern kann.

Was Reporter nicht verstehen wollten, war, dass ein digitales Dashboard in der Tat kein medizinisches Produkt ist.

Es ist ein wissenschaftliches Produkt.

Ein digitales Dashboard wird nicht unbedingt aus etwas generiert, das der physischen oder biologischen Realität entspricht.

Die auf einem digitalen Dashboard tabellarisch dargestellten »Fälle« stammen nicht unbedingt von praktischen Tests, die aus realen biologischen Proben vom Menschen gewonnen worden sind. Die auf einem digitalen Dashboard tabellarisch dargestellten »Todesfälle« leiten sich nicht unbedingt aus tatsächlichen Leichnamen ab, die von echten Gerichtsmedizinern in echten Krankenhaus-Leichenhallen dokumentiert worden sind, oder von Bestattern, die Leichen aus Häusern geholt haben.

Ein digitales Dashboard ist lediglich das Produkt eines Codes, der Dateninputs auf eine bestimmte Weise zählt. Er zählt das, was der Entwickler ihn angewiesen hat zu zählen.

Diese Daten auf einem mit »Fälle« überschriebenen COVID-Dashboard können auf einem echten, positiven Nasenabstrich beruhen, der in ein genaues positives Testergebnis mit dem korrekten Zyklusschwellenwert übersetzt wurde, das dann wiederum sorgfältig in einen Code-Ausschnitt übersetzt wurde.

Oder die Daten, die sich »Fälle« nennen, können einfach nur – ein Code-Ausschnitt sein.

Die Daten auf einem digitalen Dashboard, das mit »Todesfälle« überschrieben ist, was »COVID-Tote« impliziert, sind nur so gut wie die Formulare, die ausgefüllt wurden, um eine Todesursache geltend zu machen, oder die Art und Weise, wie Todesfälle als »COVID-Tote« gezählt wurden.

Praktisch alles kann als »Fall« gezählt werden, und jeder Todesfall kann fälschlicherweise als »COVID-Toter« identifiziert werden.

Wenn die Berichte über »Fälle« aus fehlerhaften Tests stammten, wie zum Beispiel den mittlerweile berüchtigten PCR-Tests, die je nach den Grenzwerten des Prüfzyklus für diese Tests sowohl reale als auch nicht-reale Nasenabstriche als »positiv« werteten, dann zählte das Dashboard all diese Daten als »Fälle«.[136] Wie Datenwissenschaftler gerne sagen: »Müll rein, Müll raus«.

Was immer der Entwickler dem Backend sagte, was als »Fall« gezählt werden müsse, wurde vom Dashboard als »Fall« gezählt; das »Frontend« – der Teil, den man als Leser sah, die grafische Darstellung, die in Millionen von Medien und Zeitungstitelseiten reproduziert wurde – bildete diese Aggregation für die Leser in einer gezackten Linie auf einer X- und einer Y-Achse ab. Eine gezackte Linie, die tagtäglich Menschen zu Tode ängstigte.

Bei COVID-Todesfällen war die Zählweise gleichermaßen subjektiv und hing davon ab, was der Entwickler dem operativen Code zu zählen eingab. Wenn die »Todesfälle« als »LGC-Tote« definiert wurden – »Lungenentzündung, Grippe und COVID-19,« einer Kategorie, die von der Seuchenschutzbehörde eingeführt wurde, als die Pandemie schon monatelang im Gange war –, dann war das die Zahl, die das »Frontend« des Dashboards der Welt als »COVID-Todesfälle« vorstellte. Die korrekte Definition war irgendwo im Kleingedruckten verlorengegangen.

Wenn »Todesfälle« vom Entwickler als »Todesfälle *mit* COVID-19 gezählt wurden – und wenn die von der API abgerufenen Daten jeden einbezogen, der 28 Tage nach einem positiven PCR-Test gestorben war, selbst wenn, wie dokumentierte Fälle gezeigt haben, jene Person in Wirklichkeit bei einem Autounfall oder an Krebs gestorben war – dann zählte der Code diese Todesfälle ebenfalls als »COVID-19-Tote« und zeigte sie im Frontend als »Todesfälle« in einem Diagramm, das gewöhnlich auf clevere Weise nicht direkt von »TODESFÄLLEN DURCH COVID-19« sprach.

Häufig war in dem Diagramm unter der Überschrift »COVID-19-TOTE« oder den »Todesfällen bis heute« von der »Gesamtzahl der Todesfälle« die Rede, doch es wäre eine juristische Formulierung gewesen, *nicht* zu behaupten, dass all diese Todesfälle »auf COVID-19« zurückzuführen waren.

Also noch einmal: All diejenigen, die vermeintlich am intensivsten mit den Fakten hinter der gewaltigsten Geschichte der Zeit befasst waren, hätten in regelmäßigen Abständen auf die *Roh*daten zurückzugreifen sollen.

Die Nachrichtenreporter hätten es ebenso tun sollen wie die Wissenschaftler, Epidemiologen und Politiker. Und die Bürger, die sich als informiert ansahen, hätten es ebenfalls tun sollen.

Durch die Verknüpfung der Rohdatensätze wäre jeder aufrichtige und gewissenhafte Reporter in der Lage gewesen, die echten Todeszahlen in echten Kontexten zu sehen und zu verifizieren, oder schwierige Fragen über fehlende Informationen oder Datensätze zu stellen, die auf anomale Weise erhoben wurden. Doch es fand keine Verknüpfung der Rohdatensätze statt.

In der Berichterstattung der Mainstream-Medien wurden die »Schlussfolgerungen« der Dashboards für bare Münze genommen. So vertrauensselig und ignorant die Berichterstattung auch war, so sehr es ihr an grundlegender Skepsis mangelte, um so sehr wurde das Stellen von Fragen über ihre Richtigkeit als Angriff auf die Wissenschaft selbst angesehen. Für Reporter stellte die bloße Existenz der Dashboards eine unumstößliche Tatsache dar.

Über das Fehlen vollständig verknüpfter Rohdatensätze hinaus gab es noch weitere Probleme.

Ein gravierendes Problem betraf die Methodik: *Wie* die Daten gezählt wurden und *was* eigentlich gezählt wurde. Wie beschrieben, beruhte ein COVID-»Todesfall« möglicherweise auf einer echten Leiche; oder die Daten über die »Todesfälle« waren künstlich erweitert worden, indem man die API so einstellte, dass sie Totenscheine zählte, die bereits geändert worden waren, um die Wahrscheinlichkeit zu erhöhen, dass das Dokument einen »COVID-Todesfall«

erfasste. Das passierte in großem Maßstab, wie Dr. Henry Ealy aus Portland, Oregon, und sein Team berichteten, als die Zentren für Seuchenkontrolle und -prävention den Befund über »COVID« als Begleiterkrankung in Teil I des Todesscheins verschoben. Da diese Rubrik diejenige war, die von den Gesundheitsbehörden (CDC) gezählt wurde, bedeutete das, wie Dr. Ealy erklärte, dass wenn jemand mit einem positiven COVID-Test an Krebs oder Selbstmord starb, der Tod trotzdem als »COVID-Todesfall« gezählt wurde.[137] Dr. Ealy ging zusammen mit zwei Staatssenatoren aus Oregon, Sen. Kim Thatcher und Sen. Dennis Linthicum, so weit, eine Untersuchung durch eine Grand Jury einzuberufen, um die CDC des »mutwilligen Fehlverhaltens« in dieser Form und anderer Formen des unsachgemäßen Umgangs und der Falschdarstellung von COVID-19-Daten anzuklagen.[138] (Ihre Hinterlegung wurde von einem Bundesgericht am 4. März 2022 vermerkt).[139]

So kann ein Dashboard eine »schlechte« Kategorie zählen, wie zum Beispiel Todesfälle »mit COVID«. Wenn das Dashboard »Todesfälle« meldete, wie viele es tun, jedoch ohne die Worte »an COVID« hinzuzufügen, dann sind die endgültigen Zahlen, die dargestellt werden, nicht unbedingt solche, die überhaupt »Todesfälle aufgrund von COVID« anzeigen.

Ein anderes Problem hatte mit der Nachweiskette für die Daten zu tun, wie Dr. Ealys Forschungsteam herausstellte.

Ein überprüfbares Dashboard ist eines, das keinen Vermittler für die Bearbeitung der Daten hat, nachdem diese die bundesstaatlichen Gesundheitsbehörden in den USA oder in Großbritannien, den NHS, den nationalen Gesundheitsdienst, verlassen haben.

Es gibt jedoch immer mehr Belege dafür, dass Dritte eingeladen wurden, sich um die Daten im Zusammenhang mit der Pandemie zu kümmern, auf eine Weise, die ihre Integrität beeinträchtigte, und die, sei es nun mit Absicht oder nicht, die Zahlen auf verschiedene Weisen aufblähte.

In der Tat war die Grundlage für die Klage, die Dr. Ealy und seine Kollegen vor der Grand Jury einreichten, dass Regierungsdaten nach bestimmten Vorschriften verarbeitet werden müssen und es eine Verletzung dieser Vorschriften ist, wenn die Verwaltung der Daten und der Umgang mit ihnen an Dritte ausgelagert wird.[140]

Doch einem an die Grand Jury eingereichten Antrag zufolge, in dem Dr. Rochelle Walensky Antragsgegnerin ist, hat die CDC genau das getan. Dr. Ealy und seine Kollegen führten diese angeblichen Verstöße gegen Vorschriften in einer Abhandlung mit dem Titel »COVID-19 Datensammlung, Begleiterkrankung & Bundesgesetz: Eine historische Retrospektive«, die in *Science, Public Health Policy and the Law*[141] vorgestellt wurde, einzeln auf. Sie argumentieren:

> Am 14. April verabschiedete die CDC ein Positionspapier, das vom Council of State and Territorial Epidemiologists (CSTE), einer 501c (6) gemeinnützigen Organisation, mit Unterstützung von vieren von der CDC angestellten Fachexperten (Dr. Susan Gerber, Dr. Aron J. Hall, Sandra Roush und Dr. Tom Shimabukuro). Dieses Dokument wurde von Dr. Robert R. Redfield, dem Direktor der CDC, gebilligt.
>
> Dies scheint nicht nur ein potenzieller Interessenskonflikt zu sein, sondern es umgeht auch die OMB-Aufsicht* für die IQA (Sicherung der Bildqualität) & PRA (Gesetz zur Begrenzung der Bürokratie), wie vom Kongress vorgeschrieben, und ist voll von einseitiger Kommunikation. *Einseitige* Kommunikation verletzt im Allgemeinen ethische Maßstäbe.

* OMB = Office of Management and Budget (etwa: Amt für Verwaltung und Haushaltswesen, Anm. d. Ü.)

Durch den Einsatz einer gemeinnützigen Organisation (CSTE), die nicht der Aufsicht der OMB und den Gesetzen unterliegt, die vom Kongress über die IQA & PRA einzeln aufgeführt worden sind, umging die CDC die Aufsicht des Direktors der OMB für Informationsressourcen-Management und die Maßnahmen, Pläne, Regeln, Vorschriften, Vorgehensweisen und Richtlinien für Stellungnahmen der Öffentlichkeit. Wir behaupten, dass dies ein Verstoß gegen 44 US Code 3517 (a) ist, der fordert, dass eine Behörde interessierten Personen eine »frühe und sinnvolle Möglichkeit zu kommentieren« geben muss.

Der Verstoß führte zwangsläufig dazu, dass COVID-19-Daten für Fälle, Krankenhauseinweisungen und Todesfälle künstlich erhöht wurden, und er beeinträchtigt definitiv die umsichtige Entscheidungsfindung auf der höheren Bundes- und Landesebene. Das schließt die Durchsetzung von Richtlinien für eine Krise im Bereich der öffentlichen Gesundheit ein, die vielleicht nicht existiert hätte, wenn die CDC sich an die Gesetze gehalten hätte, um die Genauigkeit der Datensammlung zu gewährleisten.

Zum Beispiel: Das CSTE-Positionspapier in Abschnitt VII legte Regeln für die Klassifizierung und Sammlung von COVID-19-Daten fest, die nicht durch Labortests bestätigte Verdachtsdiagnosen zuließen, und bereitete so den Weg dafür, dass Menschen ohne ärztliche Approbation die Kontaktpersonen amerikanischer Bürger, die sie noch nie gesehen hatten, ermitteln und rechtswidrig diagnostizieren konnten.

Kurz gesagt, Dr. Ealy und seinen Kollegen zufolge arbeitete die CDC mit der gemeinnützigen Organisation eines Drittunternehmens, um zu ermöglichen, dass »Verdachtsfälle« Labortests im Hinblick auf erhobene Daten ersetzten. Es ist bemerkenswert, dass die CDC kurz nachdem der Antrag über die Grand-Jury-Untersuchung von Dr. Ealy und dem Senator und der Senatorin des Staates Oregon, Dennis Linthicum und Kim Thatcher, eingereicht worden war, eine Erklärung gegenüber Reuters abgab, dass ihr Algorithmus »versehentlich Todesfälle zählte, die nicht im Zusammenhang mit COVID-19 standen.[142] 72 277 COVID-Tote wurden von ihrer Website entfernt. Und der *Guardian* berichtete außerdem, dass die Korrektur der CDC bei Todesfällen von Kindern erfolgte, nachdem die Zeitung über die Angelegenheit berichtet hatte: »Die Agentur notierte die Änderung kurz in einer Fußnote, auch wenn darin nicht erklärt wurde, wie der Irrtum zustande gekommen oder wie lang die Änderung schon bestand.«[143] Dr. Ealy und seine Kollegen hatten Bedenken geäußert wegen der Übererfassung vor anderthalb Jahren – und die CDC lastete dies jetzt einem Softwarefehler an.

Das Statement der CDC, dass die Übererfassung auf einen »Fehler in der Kodierungslogik« zurückzuführen sei, schien sich auf die Unwissenheit der amerikanischen Öffentlichkeit in Bezug darauf zu verlassen, dass es Aufgabe der CDC-Führung ist, den Entwicklern zu *sagen*, wie sie den Code konzipieren sollen, damit er das zählt, was gezählt werden soll, und dass es in ihrer Verantwortung liegt, die Website auf Genauigkeit hin zu überprüfen. Die Behauptung der CDC, dass ein Programmierfehler monatelang aktiv war, schien darauf aufzubauen, dass der Öffentlichkeit nicht bewusst war, dass solche Fehler in der Qualitätssicherungsabteilung *vor* der Veröffentlichung behoben werden sollten – falls dies nicht geschehen ist, müssen sie innerhalb von 24 Stunden beseitigt werden.

Doch die Presse stellte kaum weitere Fragen zu der großen Übertreibung der angeblichen COVID-Todesfälle sowohl in der breiten Öffentlichkeit als auch bei Kindern.[144]

Im Herbst 2020 und Frühjahr 2021 war meine Enttäuschung über meine Journalistenkollegen groß. Zu ihrer Schande waren die Berichterstatter naiv geworden. Sie vertrauten weiter darauf, dass die Dashboards transparente Spiegel solider, überprüfbarer Regierungsdaten waren, die in Echtzeit durch die Magie vermeintlich verantwortungsbewusster Ingenieure aktualisiert wurden.

In den USA stützten sich die meisten Nachrichten über COVID in den Jahren 2020/21 auf zwei Quellen: das COVID-Diagramm der Johns-Hopkins-Universität und dasjenige der *New York Times.*

Doch was ich bei der Überprüfung der Datensätze herausfand, bereitete mir große Kopfschmerzen. Die COVID-Datenbank der Johns-Hopkins-Universität, das COVID Tracking Project, Worldometer.info, die Dashboards der *New York Times* und in Großbritannien diejenigen von NHS, seUK.gov und ONS – schienen alle äußerst fehlerhaft zu sein.[145]

Ein Unternehmen, das von Johns Hopkins beauftragt worden war, Visualisierungen zu erstellen, schickte mir die eigentlichen Datensätze auf ein GitHub-Konto. Ein GitHub-Konto ist der Ort, an dem Entwickler häufig Rohdatensätze oder Rechnercodes speichern.

Ich war überrascht, dass ich sie bekam, aber sie wurden mir nicht vertraulich geschickt. Als ich mir den GibHub der sogenannten geleakten Datensätze anschaute, sah ich, dass zu jener Zeit lediglich sechs US-Bundesstaaten tatsächliche COVID-Fälle und Todesfälle an die Johns-Hopkins-Datenbank meldeten. Falls es andere Datensätze gab, so waren sie in jenem GibHub nicht zu finden.

Das COVID-Tracking-Projekt war eine weitere der am häufigsten zitierten Plattformen während der ersten sechs Monate der Pandemie. Es wurde als »*The Atlantic*« zugehörig eingestuft, was immer das bedeutet. Doch in den Jahren 2020 und 2021 gehörten ihm »Freiwillige« an. Folglich wurden die Daten in jener kritischen Phase vermutlich von diesen »Freiwilligen« hochgeladen. Es hätte also jeder sein können.[146]

Als ich auf der Plattform nach den COVID-Daten für die Bronx schaute – wo ich bis vor kurzem gelebt hatte – zeigten die Quelldaten für das COVID-Tracking-Projekt fünf für die Bronx hochgeladene Fälle in einer Woche an. Doch von wem? Man konnte es nicht wissen. Waren dies Kopien? Man konnte es nicht wissen. Wie wurde ein »Fall« definiert? Man konnte es nicht wissen. Wer lud die »Fälle« hoch? Es konnten Experten für öffentliche Gesundheit sein. Aber … es konnten genauso gut politische Mitarbeiter sein. Oder gelangweilte Hausfrauen. Oder ein arbeitsloser Videospieler im Keller seiner Mutter. Oder es konnten die Mitarbeiter des COVID-Tracking Projekt selbst sein. Man konnte es nicht wissen. Die Daten waren deshalb bedeutungslos, weil es *keine* nachprüfbare Methode *gab*.

Hätten aufrichtige, unabhängige Journalisten über diese fünf Todesfälle berichtet, dann hätten sie dafür gesorgt, dass sie in realen Kontexten mit Identifizierungscodes (anstelle von Namen) hochgeladen worden wären. Dann hätten sie die Krankenhäuser in der South Browns angerufen und sich bestätigen lassen, dass jeder ein echter Todesfall war. Doch niemand verfolgte eine solche Berichterstattung.

Ein Beispiel für die menschlichen Kosten dieser schlechten Methoden wurde mir auf dramatische Weise während meines Besuchs in Corvallis, Oregon, im November 2020 vorgeführt.

Trotz aller Kontrollmaßnahmen war die Stimmung in New York im Vergleich zu Oregon entspannt gewesen. Ich kam in einem Staat an, der sich in einem Zustand der Hysterie befand. Die örtliche Presse befeuerte das Grauen vor einer »Virus-Welle«.

The Oregonian nannte den November 2020 »offiziell den tödlichsten Monat Oregons«.[147] Gouverneurin Kate Brown befahl einen zweiwöchigen »Stopp«, der Unternehmen und Gottesdienste einschränkte und soziale Zusammenkünfte auf höchstens sechs Leute beschränkte.

»Was Individuen angeht, so bitte ich Sie nicht«, erklärte sie. »Ich befehle es Ihnen.«

In den Nachrichten wurde gewarnt, dass ein Verstoß gegen ihre »Befehle« ein Klasse-C-Fehlverhalten sei.

Was war das der Grund für dieses landesweite Ausrasten?

Im November 2020 hatte es 224 »Todesfälle« in Oregon gegeben.[149] Die Presse warnte laut, dass die »Fälle« und »Todesfälle« um 30 Prozent angestiegen seien, doch wenn man sich die tatsächlichen Zahlen absolut und im Verhältnis zur Bevölkerung Oregons ansah, dann rechtfertigten sie die Panik nicht.

Im Jahre 2020 hatte Oregon 4,2 Millionen Einwohner.[150] Das Risiko meiner Mutter, im November 2020 an einer Erkrankung im Zusammenhang mit COVID zu sterben, betrug eins zu 18916.[151] Im Vergleich dazu hat der Durchschnittsamerikaner ein Risiko von eins zu 9094, im Laufe eines Jahres bei einem Autounfall zu sterben.[152]

Wie Medien überall vermied es auch die Oregoner Presse, von »Todesfällen durch COVID-19« zu sprechen, doch sie vermittelte den Eindruck, dass COVID-19 die direkte Ursache dieser Todesfälle gewesen sei.

Im Verwaltungsbezirk meiner Mutter, Benton County, gab es zu Beginn des dritten Pandemiejahres 64 kumulative Todesfälle seit dem Ausbruch der Pandemie. Also durchschnittlich 32 pro Jahr.[153] Im Gegensatz dazu gab es 2020 bereits 131 Tote durch Herzkrankheiten – als mehr als das Doppelte der Zwei-Jahreszählung der Todesfälle in Benton County im Zusammenhang mit COVID-19.[154]

Zwei schreckliche Jahre lang hatte meine Mutter tagtäglich Angst vor etwas, dass in ihrem Bezirk nur ein Viertel so wahrscheinlich für sie war, wie an einer Herzkrankheit zu sterben.

Aufgrund der unaufhörlichen Angst-Paukenschläge in der Oregoner Presse und aus dem Büro von Gouverneurin Brown konnte meine Mutter kaum den Mut aufbringen, mich zu umarmen, selbst nachdem ich fünf Tage in einem Hotelzimmer verbracht hatte, damit die Keime aus dem Flug verschwinden konnten, und nachdem ich ein negatives PCR-Testergebnis erhalten hatte.

Sie ertrug dieses Grauen in ihrem Alltagsleben und diesen Bruch in menschlichen Kontakten und menschlicher Geborgenheit zu einer Zeit, als die Todesfälle durch COVID-19 in Oregon lediglich die siebthäufigste Todesursache auf der Skala waren, noch unterhalb der Sterblichkeitsraten durch Schlaganfälle und Alzheimer, welche die viert- bzw. fünfthäufigste Todesursache waren. Unter denen von Krebs, Herzkrankheit und unbeabsichtigten Verletzungen.[155]

Ein ganzer Bundesstaat voller älterer Menschen, die, statt ihre reifen Jahre zu genießen, unter Leute zu gehen und Familienmitglieder zu sehen, durch verfälschte Zahlen angewiesen wurden, alleine drinnen zu hocken, und genau das taten sie.

The Atlantic, wo das COVID-Tracking-Projekt »angesiedelt« war, war ein Zuwendungsempfänger der Bill & Melinda Gates-Stiftung – und erhielt allein im Jahr 2019 $500 222.[156] Wofür? Das nicht identifizierbare Thema lautete »Hochschulwesen, öffentliche Wahrnehmung und Analyse.« Die Dauer der Förderung? 24 Monate. Also bis in die Jahre 2020 und 2021.

Wer hält eine Mehrheitsbeteiligung an *The Atlantic*? Laurene Powell Jobs, die Witwe des Apple-Gründers Steve Jobs.[157] Ihr Konzern, »The Emerson Collective« ist eine Anlagegesellschaft von Aktivisten, die soziale Erfolge, einschließlich einer Bildungsreform, anstreben.[158] Ein erschreckendes, nicht verifizierbares Pandemie-Diagramm liefert, neben anderen Resultaten, eine Begründung für Schulschließungen, die der Eigentümerin des Mutternehmens und ihren investierenden Freunden hervorragende »EDTech«-Chancen bietet.

Ms. Jobs stand in dieser Hinsicht kaum alleine da. Vor der Pandemie kauften andere Tech-Erben, -Erbinnen und Multimillionäre weitere ältere Nachrichtenkanäle auf, die eine Schlüsselrolle dabei spielen sollten, die Öffentlichkeit »zu informieren«.

Am verheißungsvollsten war der Kauf der kränkelnden *Washington Post* durch Amazon-Gründer Jeff Bezos 2013, der schnell und mit erheblichem Erfolg in deren Journalismus und digitale Reichweite investierte.[159]

Die *Washington Post* sollte ebenfalls eine führende Rolle dabei spielen, die COVID-Hysterie zu schüren.

Kurz gesagt, diejenigen, die die Daten auf den Dashboards verwalteten und die Ergebnisse zur Verfügung stellten, waren häufig dieselben Technologieunternehmen, die am meisten davon profitierten, die Zahlen nach oben zu verzerren. Der Microsoft-Mitbegründer Steve Ballmer gründete USAFacts.org.[160] Bloomberg Philanthropies finanzierte das JHS-Dashboard.[161]

Das Johns Hopkins Center for Health Security war »gemeinsam mit dem Weltwirtschaftsforum und der Bill & Melinda Gates-Stiftung« auch der Standort von »Event 201«, von dem ich meinte, es sei bestimmt zweifelhaft, bis ich es mir genauer ansah. Es war ein echte pandemische Übungssimulation »auf hohem Niveau«, die am 18. Oktober 2019 abgehalten wurde. Der Beschreibung des Szenarios zufolge »simuliert Event 201 den Ausbruch eines neuartigen zoonotischen Virus, das von Fledermäusen auf Schweine und von diesen auf Menschen übertragen und schließlich effektiv von Mensch zu Mensch weitergegeben wird, was zu einer schweren Pandemie führt.«[162] Dieser simulierte Ausbruch würde eine verlässliche Zusammenarbeit zwischen mehreren Industrien, nationalen Regierungen und internationalen Schlüsselinstitutionen erfordern.«[163]

Andere Tech-Multimillionäre entwickelten den COVID-Werkzeugkasten. Microsoft entwickelte zusammen mit Salesforce (dessen Mitgründer Marc Benjor im Kuratorium des Weltwirtschaftsforums sitzt)[164] einen digitalen Impfpass-Prototyp, unter der Annahme, dass »Regierungen, Fluglinien und anderen Firmen bald anfangen werden, Menschen um Nachweise zu bitten, dass sie geimpft worden sind.«[165] Stellen Sie sich die Daten vor, die diese Technologieriesen sammeln könnten – und wo sie möglicherweise am Ende landen würden.

Google, das versiert im Geschäft mit Konsumentendaten ist, war unmittelbar an COVID-Tests beteiligt. Google gehört Project Baseline[166] (»Zusammen können wir die Zukunft des auf Daten basierenden Gesundheitswesens erfinden«), einem wichtigen Partner von Rite Aid bei der Verwaltung von COVID-Tests.[167]

Als Teil der Genehmigungen, die Individuen vor dem Test unterzeichnen mussten, sammelten Google und Project Baseline Daten von Tausenden von Menschen, die sich bei Rite Aid auf COVID testen ließen.[168]

Natürlich wurde das »Testen« jetzt in vielen Zusammenhängen verpflichtend, zum Beispiel wurde man gezwungen, sich zu testen, nur um zu arbeiten oder zu fliegen oder Familienmitglieder zu sehen. Im Jahr 2019 betrug Googles Umsatz $160,40 Milliarden.[169] Zwei Jahre später, als PCR-Tests überall verpflichtend waren, betrug sein Umsatz $257,64 Milliarden.[170]

Die Tatsache bleibt so unglaublich, dass einem die Spucke wegbleibt, doch sie sollte immer und immer wiederholt werden: Dieselben Tech-Giganten, die von den Milliarden durch den »Lockdown« profitierten, wurden damit beauftragt, die Daten zu präsentieren, die den »Lockdown« und die repressive Politik überhaupt erst antrieben, rechtfertigten und aufrechterhielten!

***Im November 2020** waren wir seit fünf Monate zusammen im Wald eingesperrt gewesen. Ich liebe meinen Mann und zweifelsohne* *liebt er mich, doch man muss mit mehr als einem anderen lebenden Menschen sprechen; langsam fühlte sich alles schwindelerregend an. Kein Gottesdienst, keine Abendessen, keine Veranstaltungen. Keine andere Menschen außer am Bildschirm.*

Die Menschen waren einsam.

Mein Mann stellte Kamerafallen in dem Wald auf, der zu unserem Grundstück gehörte. Über die Aufnahmen der Kamerafalle lernten wir vom Sehen eine Bärenmutter und ihre zwei neugierigen Welpen kennen. Es gab einen arroganten Dachs, der des Nachts über unsere Veranda lief und unseren alternden Hund dazu brachte, wütend und entrüstet zu bellen. Mithilfe des Filmmaterials beobachteten wir, wie das Rotwild träge hinunter zum Bach schlenderte, um zu trinken.

Wir sprachen viel über unseren Hund und über Twitter.

Meine Angewohnheit, die Zahnpastatuben nicht wieder zu verschließen, fing an, ihn verrückt zu machen, und seine Angewohnheit, die Socken auf dem Boden herumliegen zu lassen, fing an, mich wütend zu machen. Wie bei Hochbetagten, die hauptsächlich im Haus leben, fing unsere Welt an zu schrumpfen.

Bevor der Rest meiner Familie zu Besuch kam, musste ich zehn Tage in Quarantäne, da zu jener Zeit noch jeder glaubte, man könne andere »asymptomatisch« anstecken.

Ich verbrachte viel Zeit in den sozialen Netzwerken. Alle anderen auch. Meine Aufmerksamkeit wurde zunehmend auf ein paar Ärzte gelenkt, die kein Blatt vor den Mund nahmen. Sie gingen nicht konform mit den »Lockdown«-Maßnahmen. Ich hatte angefangen, diese vollkommen normalen Experten für öffentliche Gesundheit als

»Dissidenten« zu betrachten, da klar war, dass sich ein Konsens gebildet hatte und auf seltsam unamerikanische Weise kontrolliert wurde, und sie einigen der Verordnungen widersprachen, die endlos in den sozialen Netzwerken, im National Public Radio und der New York Times *wiederholt wurden.*

Dr. Peter McCullough. Dr. Robert Malone. Dr. Kulvinda Kaur. Dr. Patrick Phillips. Dr. Paul Alexander. Dr. Andrew Bostom. Dr. Howard Tenenbaum. Dr. Sunetra Gupta. Dr. Martin Kulldorff. Dr. Simon Goddek. Dr. Jay Bhattacharya, den ich bereits erwähnt habe. Sehr anerkannte Menschen. Harvard, Oxford, Stanford; erfahrene Epidemiologen, Experten für öffentliche Gesundheit und Statistiker – sie schlugen in vielfältiger Weise Alarm. Die Lockdowns seien schädlich, die Methoden zur Datensammlung falsch, die PCR-Tests irreführend. Ich beobachtete, wie sie angegriffen, verleumdet und zensiert wurden.

Die New York Times, *so schien ist, setzte sich nie konstruktiv mit solchen Kritikern auseinander.*

Doch die COVID-Berichterstatterin der Times, *Apoorva Mandavilli, hatte begonnen, sich auf »Varianten« mit Bela-Lugosi*-ähnlicher Sprache als »Mutanten«*[171] *zu beziehen. Die BBC sprach von »Doppelmutanten«.*[172]

Dr. Paul Alexander erklärte genau wie viele der »abtrünnigen« Ärzte und Forscher, dass jedes Virus gewöhnlich verschiedene Varianten erzeugt. Diese epidemiologische Tatsache spiegelte sich in der Berichterstattung der älteren Medien nicht wider, die jede »Variante« mit

* Bela Lugosi = ungarischer Schauspieler (1882-1956), der als Darsteller von Graf Dracula bekannt wurde (Anm. d. Ü.)

einer hysterischen Enthüllung eines brandneuen Namens behandelten, genau wie in der Schlussszene von »Eine verhängnisvolle Affäre«, in der die scheintote Schurkin überraschenderweise wieder zu mörderischem Leben erwacht.

Ich vermute mal, dass »Doppelmutanten« sich schließlich als ein Schritt zu weit erwiesen hatte. Die «Varianten« hingegen waren in den Leitartikeln wieder angesagt.

Ich stellte fest, dass Ms. Mandavilli, die mir auf Twitter geantwortet hatte, mir weder sagte, wie das COVID-Dashboard, auf das sie ihre Berichterstattung gründete, erstellt worden war, noch verwies sie mich auf die Entwickler der Dashboards. Auf der ersten Seite bezeichnete sie die Ersteller der Dashboards als »die Jungs«.

Ich warnte sie auf Twitter, dass die Daten auf den anderen Dashboards unvollständig seien. Und ich fragte sie, woher die COVID-Datenkarte der New York Times *– die dort Tag für Tag an prominenter Stelle auf der ersten Seite zu finden war – ihre Daten herbekam. Wurden sie in allen fünfzig Staaten auf einem einheitlichen Formular eingeschickt?*

Sie antwortete mir fast immer, doch ich bekam keine wirklichen Antworten von ihr. Ich bat sie, mir zu erlauben, die Entwickler zu interviewen, damit ich die Rohdatensätze überprüfen könne. Sie wies mich nicht auf irgendwelche Quellen für die Datensätze der New York Times *hin – Datensätze, auf die sie ihre Berichterstattung jeden Tag stützte. Als Journalistin erstaunte mich das. Würde man, wenn jemand Alarm schlägt, nicht überprüfen wollen, wie es um die Integrität der Daten bestellt war, auf die man seine tägliche Berichterstattung stützte?*

Letztendlich blockierte sie mich.

Im Spätherbst 2020 befand sich die Welt noch immer im »Lockdown«. Die Straßen waren immer noch leer. Die Restaurants waren geschlossen. Tag für Tag beobachteten mein Mann und ich, wie Tiere aus ihren Verstecken auftauchten, abseits von menschlichem Lärm und Menschenmassen – denn es gab fast keine menschlichen Laute und ganz sicher keine Menschenmassen mehr. Menschen posteten in sozialen Netzwerken Szenen von Truthähnen, Füchsen und Kojoten, die neugierig und voller Zuversicht gespenstisch-tote Vorstadtstraßen und verlassene Innenstädte erkundeten.

Die New York Times ließ in ihrer furchteinflößenden Berichterstattung nicht nach.

Die »Restriktionen« während der Pandemie entfalteten sich weltweit im Gleichschritt. Unternehmen wurden zwangsweise geschlossen, ebenso wie Schulen. In Kalifornien waren immer noch Spielplätze, Wanderwege und Strände geschlossen.

Mittlerweile stand für mich fest, dass man uns nicht »herauslassen« würde. Videos waren meine einzige Möglichkeit, Gemeinschaft zu erleben, und auf ihnen behauptete ich, dass die Pandemie niemals als »beendet« erklärt werden würde. Sie werden uns nie herauslassen, erzählte ich ungläubigen Freunden und Familienmitgliedern – und wenn wir herauskamen, so erklärte ich, dann sollten wir nicht davon ausgehen, dass wir unsere Rechte zurückbekommen würden.

Für einen Besuch fuhr ich im November 2020 nach Manhattan zurück. Die Landschaft hatte sich vollkommen verändert. Es schien, als ob mindestens die Hälfte – vielleicht sogar die meisten – der schrulligen Kleinbetriebe verschwunden waren. Die Garagenrestaurants, die winzigen Cafés mit ausgefallenen Themen, die kleinen Boutiquen mit ihrer Nischenkundschaft, die Boutique für Transfrauen, die hochhackige Schuhe suchten, die Boutique für Leder-Fetischisten, die Boutique für teure, mit Monogrammen versehene Laken, die Tätowierer, die Eck-Bodegas überall, mit Abwandlungen des Frühstückseis und des Sandwichs mit Speck und Kaffee für die arbeitende Bevölkerung, der winzige Blumenladen mit Platz für einen Kühlschrank und einen zwei Meter langen Ladentisch, auf dem die Floristin vier Dutzend Rosen pro Tag arrangieren konnte, die Schuhmacher mit einem einzigen Leisten, der Tierfachhandel, in dem eine orangene Katze herumschlich – ja, die endlose Textur, die atemberaubende menschliche Innovationskraft, die Jane Jacobs beschrieben hatte, als sie die Straßen von New York City in ihrem Klassiker The Death and Life of Great American Cities *betrachtete – die meisten derjenigen, an die ich mich erinnerte, schienen tot zu sein: ein Friedhof des Handels, ein Müllhaufen der Träume von Mama und Papa. Alles geschlossen.*

Was war in denselben Immobilien zu finden – innerhalb von nur acht Monaten?

Ein neuer Starbucks war dort, wo sich die spanische Tapasbar befunden hatte. Eine TD-Bank stand am Ort des Shanghai-Nudelgeschäfts, das von Hand gezogene Nudeln verkauft und fünfzehn Immigranten beschäftigt hatte. Meine Chase-Bank war dort, wo die preisgünstigen Boutiquen mit gut aussehenden Mode-Plagiaten für aufstrebende berufstätige Frauen gewesen war. Das kleine Café, dessen Eigentümer liebevoll die Kaffeebohnen brasilianischer Importeure sortiert hatte, und der elegante Hängepflanzen in riesigen Behältern in jeden Winkel gestellt hatte, und in dem trendige Studenten der New York University in der Wärme zu sitzen und ihre Aufgaben erledigen konnten, wenn es draußen kalt war und die Fenster beschlugen – vorbei, alles vorbei. An seine Stelle waren ein FedEx-Outlet getreten und eine sich abkämpfende Frau mit Maske.

Ich schaute über den Fluss auf meine geliebte South Bronx. Die einst belebten Straßen waren verlassen. Es war gespenstisch. Die Genossenschaft kleiner Unternehmen, der ich vor März 2020 beigetreten war – mit ihren pfiffigen Hip-Hop-Wandbildern, die der Kultur und Geschichte des Viertel Tribut zollten, ihrem schicken weißen zukünftigen Café mit den Grünpflanzen, die auf ihren Einsatz warteten, und ihrer pulsierende gemischtrassigen Gemeinschaft – hatten dichtgemacht. All die kleinen Betriebe, die dort ausgebrütet wurden, wurden auseinandergetrieben.

Die großen Wohngebäude, die entlang eines neuentwickelten Parks am Wasser gebaut werden sollten, waren noch nicht fertig. Der Bau war zwangsweise gestoppt worden, »wegen COVID«. Dabei war völlig egal, dass Bauarbeiter im Freien arbeiten.

So würde es also in naher Zukunft keinen Park am Wasser für die Kinder der South Bronx geben – keinen Spazierweg an der frischen Luft, um ihnen zu helfen, ihre Lungen angesichts des hohen Asthmarisikos zu stärken. Kinder bevölkerten nicht länger die Straßen oder redeten und lachten in Gruppen, während sie aus der Schule nach Hause gingen oder auf dem örtlichen Spielplatz herumhingen. Sie waren drinnen eingeschlossen und hockten vor ihren Computerbildschirmen.

Die Bodegas waren verrammelt. Das kleine westafrikanische Restaurant an der Ecke, in dem sich die Taxifahrer zu jeder Zeit trafen, um sich senegalesische Seifenopern und Nachrichtensendungen anzusehen, war geschlossen.

Die Saftbar war eingegangen. Die Sterblichkeit aufgrund von COVID-19 in der South Bronx war grausam gewesen, die Rate unter den höchsten in der gesamten Stadt. Die psychotischen »Pausen«-Maßnahmen bedeuteten, dass die Eliteklasse zu Hause blieb, maskenlos, re-

lativ sicher, und in den sozialen Medien unterwegs. Sie bestellte Lebensmittel und Produkte, die meine früheren Nachbarn in der Bronx, die sich an »vorderster Front« befanden, auslieferten.

Hier hatte es Menschen aus jedem Teil der Welt gegeben; Lächeln und Konversation konnte man an jeder Ecke haben, mit Gesichtern jeder Herkunft, die Geschichten von überall her erzählten. Jetzt konnte man die Gesichter der Menschen über ihren Masken gar nicht mehr sehen. Woher kamen sie? Was dachten sie? Unterschiede wurden nicht in einem reichhaltigen Schmelztiegel »geschmolzen«, sondern einfach ausradiert. Die gesamte Menschenmasse wurde anonymisiert.

Es war eine Nachbarschaft mit einer Million Sprachen gewesen. Und jetzt? Niemand redete mehr.

Kapitel Acht

Ein »Lockdown« ist keine »Quarantäne«: Was mit »Einschränkungen« wirklich erreicht wird

Die Aufforderung war, Angst zu haben, und zwar grenzenlose Angst. Auf die Angst folgte eine Eskalation bei den »Einschränkungen«. Einschränkungen in der Bewegungs- und Versammlungsfreiheit, ebenso wie im Handel. Diese wiederum ermöglichten einen massiven Wohlstandstransfer von den vielen auf die wenigen – mit anderen Worten, den schamlosen Massendiebstahl von 2020–22.

Die Verhaltenskontrollen der Bürger des ehemals freien Westens und die sich in schwindelerregender Geschwindigkeit vervielfachenden Restriktionen – dem Namen nach zum Wohle der Gesundheit – hinterließen die Menschen verwirrt; hin und hergerissen von fremden, unvorhersehbaren Strömungen.

Wie die Heimsuchungen, die der Büchse der Pandora entweichen, brachten sie großes Unheil und unendliches Leid mit sich.

Jedes Mal, wenn eine neue »Einschränkung« kam, ließen wir, die vernünftigen Menschen aus dem Westen, uns bereitwillig darauf ein, zumindest am Anfang. Muss ich zwei Meter von anderen entfernt stehen? In Ordnung. Muss ich meinen Liebsten im Krankenhaus alleine lassen, obwohl es die Krankenhausrichtlinien seit Jahrzehnten erlauben, dass geliebte Menschen zusammen sein dürfen? In Ordnung. Muss ich akzeptieren, dass meine ungeimpfte Neunjährige ein Gebäude in Manhattan nicht betreten darf? In Ordnung. Jetzt muss ich also akzeptieren, dass meine ungeimpfte Neunjährige ein Gebäude in Manhattan nicht betreten darf? Nun … ich schätze… das ist in Ordnung…

Also wozu dienten diese »Einschränkungen« wirklich? Warum vermehrten sie sich Tag für Tag und Woche für Woche und veränderten ständig ihre Form?

Nach und nach wurde es klar. Der wahre Grund hatte nichts mit Medizin zu tun. Der wahre Grund war der, dass »Einschränkungen« zur bevorzugten Waffe im Kampf der Eliten gegen den westlichen Humanismus geworden waren. Warum? Weil »Einschränkungen« traditionell die Eingeschränkten entmachteten, und Tür und Tor für den Diebstahl ihrer Ländereien und Vermögenswerte öffnen.

»Einschränkungen« verleihen der herrschenden Klasse unbegrenzte Macht und schrauben die Macht gewöhnlicher Menschen auf die mittelalterlicher Vasallen zurück.

Die vielfältigen »Einschränkungen«, die man als »für die öffentliche Gesundheit notwendig« darstellte, wurden zumindest zu Beginn größtenteils ohne Widerstand verhängt. Doch ihre Verhängung war auch deshalb erfolgreich, weil die Völker bis dahin freier Nationen – Nordamerika und Europa, Australien und Neuseeland – lange Zeit nicht erkannten, was sie verloren und warum. Sie, die in freien Nationen geboren und dazu erzogen worden waren, von anderen das Beste zu erwarten, wurden durch Propaganda in Angst und Panik versetzt und sahen sich mit einer Situation konfrontiert, die für sie ebenso fremd wie zutiefst verwirrend war.

Warum fremd? Wir im Westen sind in einer sehr ungewöhnlichen und gesegneten Zeit aufgewachsen. Wie unsere Eltern wuchsen wir im heiligen Raum und der heiligen Dimension der Freiheit auf. Es ist kein Zufall, dass diese Nachkriegsphase westlicher Freiheit mit großem Wohlstand und kulturellem Wachstum einherging. Materieller und kultureller Reichtum sind ein regelmäßiges Nebenprodukt der Freiheit.

De facto war die Zeit zwischen 1945 und 2020 eine wunderschöne und anomale Pause in der häufig erschreckenden Zeitleiste der Menschheitsgeschichte. Trotzdem sahen diejenigen von uns, die in diese Phase hineingeboren wurden, sie als ebenso selbstverständlich an wie die Luft, die wir atmeten. In dieser Zeit scheinbar endloser Verheißung, weit verbreiteten Wohlstands, relativer Harmonie, sowie der Gewährleistung und Zunahme gleicher Rechte für alle wurden wir selbstgefällig. Es war leicht, zu vergessen, dass in der großen Zeitleiste der Menschheitsgeschichte all das hatte errungen werden müssen, und zwar zu einem hohen Preis.

Besonders Amerikaner konnten das leicht vergessen. Die Völker Europas haben eine längere Geschichte und mehr zu vergessen.

In Frankreich, zum Beispiel, war von der blutigen Revolution im Jahre 1789, über die Pariser Kommune 1871, sowie der maßlosen Bigotterie, die durch die Dreyfus-Affäre zum Vorschein kam, bis hin zu der kompromisslosen Zusammenarbeit der Vichy-Regierung mit dem Nationalsozialismus fünfzig Jahre später in der nationalen DNA festgeschrieben, (oder hätte es zumindest sein sollen), dass Rechte etwas Kostbares waren und immer verlorengehen konnten.[173]

In einem großen Teil Europas blühten die Rechtsstaatlichkeit als universelles Prinzip und die moderne, liberale westliche Idee universeller Menschenrechte erst nach dem zweiten Weltkrieg mit der beispiellosen Ausweitung der Freiheiten für die Zivilgesellschaft auf – verständlicherweise, nachdem die Welt gerade einen blutigen Krieg gegen ein totalitäres, von beispielloser Bösartigkeit gekennzeichnetes Regime beendet hatte.

Auch die Entwicklungsländer erzielten in dieser Zeit historische Fortschritte, indem sie auf Menschenrechten basierende Gesetze anstrebten und häufig auch verabschiedeten.

Am 10. Dezember 1948 verabschiedeten die Vereinten Nationen die Allgemeine Erklärung der Menschenrechte (AEMR) und verliehen so einem Idealismus Ausdruck, an den in der Ära des Kalten Krieges sogar totalitäre Regime vorgeben mussten, zu glauben.

Die AEMR, die in mehr als 500 Sprachen übersetzt wurde, bereitete den Weg für die Verabschiedung von mehr als 70 Menschenrechtsverträgen und bekräftigte unter anderem überall das Recht jedes Menschen, keiner Diskriminierung ausgesetzt zu sein, gleich behandelt zu werden, sich innerhalb des eigenen Landes frei bewegen zu können, das Land verlassen zu dürfen, nicht willkürlich seines Eigentums beraubt zu werden, persönliche Sicherheit zu haben, keinen »willkürlichen Eingriffen in sein Privatleben, seine Familie, seine Wohnung und seinen Schriftverkehr ausgesetzt zu werden, noch Angriffen auf seine Ehre und sein Ansehen.«[174]

Von März 2020 bis 2022 und sogar noch danach wurden diese Rechte, die so mühsam und mit so viel Blut erkämpft worden waren und hochgeschätzt wurden – diese Rechte, die die Matrix dessen bildeten, was es bedeutete, ein westlicher Mensch zu sein – ausgesetzt, aufgelöst, ignoriert und mit Füßen getreten.

Und die meisten Menschen – einschließlich der Franzosen, die eine blutige Revolution veranstaltet hatten, durch die die gekrönten Häuptern Europas in Angst und Schrecken versetzt wurden, und der Briten, die während des faschistischen Bombardements im Zweiten Weltkrieg beispiellosen Mut bewiesen hatten, akzeptierten dies oder unterwarfen sich recht duckmäuserisch.

In weniger als zwei Jahren wurden die in der UN-Menschenrechtserklärung aufgelisteten Rechte im Westen ausgesetzt, während die amerikanische Verfassung de facto in vielen Staaten außer Kraft gesetzt wurde. Erstaunt hörte ich im Februar 2021 die Landesbeauftrage Melissa Blasek aus New Hampshire etwas sagen, was eines der größten Nachrichtenereignisse des Jahrhunderts hätte sein sollen: 47 Staaten befanden sich im Ausnahmezustand.

Dies geschah, ohne dass eine konventionelle Armee auf einer europäischen oder nordamerikanischen Straße sichtbar war, und ohne dass ein Schuss fiel.

Es wurde durch List und Tücke erreicht.

Mein Entsetzen über die globale Gefangenschaft, in der wir uns befanden, fälschlicherweise als »Quarantäne« bezeichnet, wuchs.

Tatsächlich hatten die verhängten Notfallanordnungen, durch die die Versammlungsfreiheit und der Handel eingeschränkt wurden, nichts mit früheren Quarantänen zu tun, die geographisch und zeitlich begrenzt waren und nur Kranke oder neu angekommene Reisende vom Rest der Gesellschaft trennten.

Was jetzt geschah, war etwas vollkommen anderes.

Ja natürlich, Versionen dieses »Lockdowns« – fälschlicherweise als »Quarantäne« bezeichnet – hatte es schon vorher auf diesem Planeten gegeben. Totalitäre und faschistische Gesellschaften nutzen schon seit langem massenhafte Bewegungseinschränkungen, Ausgangssperren und andere Methoden, um die Versammlungs- und Bewegungsfreiheit einzuschränken und ihre Bürger im Zaum zu halten. Nordkorea und China haben ganze Regionen abgeriegelt und zu Sperrzonen erklärt. Schon lange vor der COVID-Pandemie gehörte China unter der KPCh zu den wenigen modernen Gesellschaften, die die physischen Bewegungen ihrer Bürger sowohl national als auch regional einschränkten.[175] Wie aus Nordkorea geflohene Dissidenten berichten, konnten nordkoreanische Staatsangehörige sich ebenfalls lange nicht ohne ordnungsgemäße Ausweispapiere frei im Land zu bewegen, nicht einmal für Familienbesuche.[176]

Europa war auch in der Vergangenheit nicht immun gegen »Lockdowns« gewesen – das galt für alle Länder mit faschistischer Führung. In den Jahren 1935/36 wurde die Gültigkeit der Pässe jüdischer Einwohner in Deutschland eingeschränkt. Gesetze, die die Bewegungsfreiheit der Juden immer stärker einschränkten, führten dazu, dass die Mitglieder der jüdischen Gemeinschaft als Bürger der deutschen Gesellschaft praktisch eingesperrt wurden.[177] Tragischerweise verhinderten schließlich diese Ausreiseeinschränkungen die Flucht der deutschen Juden überhaupt.[178]

Doch eine medizinische Quarantäne, wie der Begriff richtig verstanden wird, hat eine andere Geschichte. *Websters Dictionary* definiert »Quarantäne« als:

> Insbesondere die Dauer, ursprünglich für vierzig Tage, während derer ein Schiff, das in einem Hafen anlegt und bei dem der Verdacht besteht, das seine Insassen mit einer bösartigen, ansteckenden Krankheit infiziert sein könnten, verpflichtet ist, auf jeden Umgang mit der Küste zu verzichten; auch: eine Beschränkung oder Verbot des Umgangs; auch: der Ort, an dem infizierte oder verbotene Schiffe stationiert sind. Der Begriff *Quarantäne* wird jetzt auch auf jede erzwungene Einstellung von Reisen oder Kommunikation aufgrund einer bösartigen ansteckenden Krankheit, an Land ebenso wie auf dem Meer, angewendet.[179]

Diese Isolation infizierter Mitglieder einer Gemeinschaft hat uralte Wurzeln. An zahlreichen Stellen in der hebräischen Bibel und im

Neuen Testament werden kranke Menschen isoliert. Es wurde davon ausgegangen, dass im Lager der Israeliten Menschen, die von ansteckenden Krankheiten befallen waren, den Rest der Gemeinschaft »besudeln« konnten. Leviticus beschreibt, wie mit der gefürchteten Angst vor Ansteckung mit Lepra durch eine Mitglied der Gemeinschaft umgegangen werden solle: »Seine Kleider sollen zerrissen sein, sein Haupt bloß und sein Lippen verhüllt und er soll rufen: Unrein! Unrein!«[180] P. J. Grisar, der für *The Forward* schrieb, fügte das Beispiel Moses hinzu, der den Israeliten sagte, sie sollten »jeden mit einem Ausbruch oder Ausfluss« außerhalb des Lagers unterbringen.[181] Einige derer, die uralte jüdische Praktiken wie diese analysierten – mit ihrem Schwerpunkt auf Sauberkeit und strenger Einhaltung dessen, was man berühren und essen durfte und was nicht – argumentieren, dass einige Regeln damit zu tun gehabt haben könnten, hygienische Praktiken in einer Zeit aufrechtzuerhalten, als Infektionen mit verheerende Folgen durch Gemeinschaften fegten.

Einige Wissenschaftshistoriker bezeichnen die Quarantäne als primitive »Technologie«: A. A. Conti merkt in »Quarantine Through History« an, dass die Quarantäne »insgesamt eine der ältesten, am weitesten verbreiteten, und trotz ihrer Grenzen effektivsten Maßnahmen zum Gesundheitsschutz sei, die von der Menschheit je ausgearbeitet worden ist.[182] Und in den Jahrhunderten, bevor man die Keimtheorie verstand und bevor Impfstoffe verfügbar waren, gehörte die Quarantäne – die physische Isolation der Infizierten – tatsächlich zu den wenigen Methoden, die einer Gesellschaft zur Verfügung standen, um mit erschreckenden Ausbrüchen von Leid und Tod umzugehen.

Also ja, in Ermangelung moderner medizinischer Interventionen wurden solche Maßnahmen lange Zeit angewandt und erwiesen sich in vielen Fälle zumindest als teilweise effektiv. Doch durch die »Quarantäne« wurde praktisch immer die Bewegungsfreiheit derjenigen eingeschränkt, die krank oder möglicherweise infiziert waren.

Mit COVID und einem gesamtgesellschaftlichen Shutdown, der die Einstellung jeglicher wirtschaftlicher Aktivität beinhaltete, änderte sich all das. Krankheit wurde von oben herab als Angelegenheit der öffentlichen Gesundheit kommuniziert, wobei der Staat eine zentrale Rolle und unbegrenzte Herrschaft übernahm, indem er unsere eigenen Körper und diejenigen anderer verwaltete. Davon, dass unsere Temperatur vor Fremden gemessen wurde, bis hin zu Ankündigungen der Infektionen von Persönlichkeiten des öffentlichen Lebens in den sozialen Netzwerken wurde die COVID-Sterberate dazu benutzt, um jede Erwartung individueller Privatheit oder Autonomie wegzuerklären.

Mit COVID wurden wir im modernen Westen alle als hypothetisch krank neu positioniert. Wie die Spezialistin für Schutzausrüstung, Megan Mansell, später erklären sollte, wurden wir alle neu als abwehrgeschwächt identifiziert.

Politische Entscheidungsträger tauschten Daten in Bezug auf Bewegungseinschränkungen aus und bezeichneten diese Form der Ruhigstellung der Bürger als »Quarantäne«, um ihr die Legitimität eines Präzedenzfalls zu verleihen. Für westliche Demokratien war das ein soziales Experiment neuer Dimension. Was können »Einschränkungen« dieser Art letztendlich bewirken? Sie bereiten den Weg für hemmungslosen Diebstahl und die Übertragung von Vermögen.

Was den Boden für einen dermaßen leichten Sieg über die westlichen Freiheitsrechte bereitete, war die Stille, die aus verführerischer Bequemlichkeit entsteht – und eine wachsende Ignoranz der Bürger den demokratischen Strukturen gegenüber, die systematisch abgebaut wurden.

Die Menschen aus dem Westen waren der Auffassung, dass die Dinge immer so bleiben würden, wie sie waren. Sie würden immer

Zugang zu Museen und kulturellen Ereignissen haben, zu schönen Bahnreisen, die so reibungslos über Grenzen führten, wie die Schneide eines Messers geschmeidig durch die Oberfläche einer Schale mit Schlagsahne gezogen wird, zu großartigen Menschenrechtsgarantien, schönen Versammlungsrechten, Eigentumsrechten und Mobilität.

Fünfundsiebzig Jahre lang hatten sich die Menschen aus dem Westen an dieses beispiellose Maß an Freiheit und Akzeptanz der Menschenrechte gewöhnt. Sie hatten sich daran gewöhnt, massenhaft zu protestieren, wenn eine politische Maßnahme sie verärgerte; tatsächlich war zwei Generationen lang nichts Geringeres ihr problemlos ausgeübtes Recht gewesen. In der Öffentlichkeit versammelten sich die Menschen in großen Mengen – für Festivals, Rockkonzerte im Freien und religiöse Prozessionen. Sie reisten frei und voller Freude durch ihr eigenes Land, um die Landschaft und ihr kulturelles Erbe zu erforschen. Die Freuden des freien Verkehrs waren sehr demokratisch; es kostete nicht viel, die schöne Heimat zu erkunden. Eine Busfahrkarte war normalerweise bezahlbar, und es kostete auch nicht viel, zu radeln oder zu wandern.

Menschen aus dem Westen gingen campen, sie erkundeten Antiquitätenmessen und Motorradtreffen, fuhren zu Tennisspielen, kamen für Weintouren zusammen oder gingen auf Pilgerschaft nach Santiago de Compostela. Europäer aus allen Bevölkerungsschichten und Einkommensstufen fuhren im August im Fernzug an die Küsten Frankreichs oder in kleine Herbergen in den Alpen, um frische Luft und Entspannung zu tanken. Sie überquerten Grenzen, um Freunde und Verwandte zu besuchen; sie fuhren zu Konferenzen. Sie wanderten in Städten umher und schlenderten und versammelten sich, frei wie Vögel, die alleine oder im Schwarm fliegen. Sie trafen sich in Bars und Cafés, in Popup-Stores und bei Filmfestivals, ebenso wie in Tanzsälen und Bistros, bei Abendessen und Pot-Luck-Dinners, bei Kongressen und Briefmarken-Sammlerbörsen oder auf Fußwegen an Flüssen, wo Lokalpolitiker an Sommerabenden Filme vorführten. Sie gingen in Museen, um die neueste Corot-Ausstellung im Louvre zu sehen oder wieder einmal ihre Lieblings-Stele in der assyrischen Sammlung im British Museum aufzusuchen. Sie probierten das neueste Restaurant aus, das versteckt in einer kleinen Gasse lag. Sie trafen sich in Paris bei einem Café crème in dem Ecklokal mit Tabakladen mit Freunden oder begannen den Tag mit einem Ouzo in einem kleinen Café in Mykonos oder Athen.

Natürlich gab es Auseinandersetzungen – über Nationalismus, Einwanderung oder Umweltschutz. Doch im großen Maßstab freier versus unfreier Lebensbedingungen standen diese Auseinandersetzungen am Rande.

Massen von Menschen hörten in offenen Parks Musik. Massen von Menschen erforschten in Ruhe antike Städte. Die Menschen erfreuten sich des Privilegs individueller Beratungsgespräche mit ihrem Arzt. Eltern trafen private medizinische Entscheidungen in Bezug auf ihre Kinder. Niemand verlangte Papiere.

Wir glaubten, so ist das, und es würde ewig währen.

Wenn andere lautstark forderten, in unser Land einwandern zu dürfen, dann war selbstverständlich, dass dort nicht nur wirtschaftliche Möglichkeiten winkten, sondern auch Freiheit.

Die Menschen schwelgten in diesen Freiheiten und wussten sie sicherlich auch zu schätzen. Doch verstanden wir sie auch? Begriffen wir, wie leicht der Unterbau unserer Rechte demontiert werden konnte, und was für ein fragiles Gebäude sie darstellten?

Nicht wirklich, zumindest nur die am besten Informierten.

In Europa, insbesondere im Rahmen der Europäischen Union, schienen die Menschen vollkommen ahnungslos in Bezug darauf zu sein, was auf dem Spiel stand. Aufgrund des Grauens, dass sie während der verheerenden Kriege im zwanzigsten Jahrhundert ertragen hatten, erschien ihnen die Europäische Union wie ein politischer Glücksfall – eine moderne idealistische Erfindung, um die europäischen Länder so eng miteinander zu verknüpfen, dass es nie wieder einen großen Krieg auf europäischem Boden geben könne.

Und zumindest ihrem öffentlichen Auftreten nach setzte die Europäische Union sehr populäre Maßnahmen um, die von Arbeitnehmergesetzen und Mietrechtsfragen bis hin zu Bildung und Umwelt reichten. Barrieren für den Reiseverkehr fielen, eine gemeinsame Währung wurde eingeführt. Die Völker Europas, die so viele Jahrhunderte lang auf Kriegsfuß miteinander gestanden hatten, begaben sich fröhlich in die neue und jetzt leicht zugängliche soziopolitische Landschaft. Kroatische Geschäftsleute hatten Lunch-Meetings in München. Schwedische Kunst-Festivals luden spanische Tanztruppen ein. Studenten häuften Sprachen, Freunde und Reisen an und kommentierten alles überschwänglich auf Instagram.

Es war so menschlich, so zivilisiert.

Doch der Preis dafür war enorm hoch: die Aufgabe der Souveränität individueller Nationen an Brüssel.

De facto wurden hinter den öffentlichen Aussagen der Europäischen Union, die in juristischen Schriftsätzen und unverständlichen, der Öffentlichkeit nicht ohne weiteres zugänglichen Dokumenten begraben waren, das Volk stillschweigend aus der tatsächlichen Maschinerie des Regierens sowohl auf nationaler, als auch auf EU-Ebene entfernt. Und das Regieren selbst wurde weniger transparent.

Dieser Abbau des Zugangs zu den Strukturen nationaler Demokratie in Europa wurde in eine Fachsprache verpackt. Als ich zwischen 2016 und 2018 im Zuge des Brexits begann, über dieses Thema zu berichten, stellte ich schockiert fest, dass nur wenige Kontinentaleuropäer, *einschließlich der Journalisten*, wirklich begriffen, wie die EU-Regierung funktionierte. Die meisten Europäer glaubten, die europäische Union sei wie ein föderales System, ähnlich dem in den Vereinigten Staaten, das zwar unterschiedliche Instanzen vereinte, jedoch jeder ein hohes Maß an Unabhängigkeit ließ.

Viele gebildete und einflussreiche Europäer und Briten, mit denen ich sprach, glaubten fälschlicherweise, die Europäische Union sei, auch wenn sie es nicht detailliert beschreiben konnten, eine verantwortungsvolle, wenn auch komplexe Meta-Demokratie.

Das war angesichts des Ausmaßes, in dem die wahren Regierungsstrukturen der Europäischen Union in Dunkel gehüllt waren, nicht weiter verwunderlich. Ihre Websites stellten lediglich unverständliche Graphiken mit Sitzordnungen und Pfeilen zur Verfügung, die einander widersprachen, und denen man nicht folgen konnte. Selbst als jemand, der selbst eine Website betrieb, die sich der Aufgabe widmete, dem amerikanischen Publikum die Gründungsurkunden und demokratische Staatsführung zu erklären, war ich immer wieder verwirrt. Ich stöberte weiter auf EU-Websites herum und schickte Kurznachrichten auf Twitter, die für das Pressebüro der EU zweifelsohne unangenehm waren: Wo sind die vollständigen Gründungsdokumente der EU? fragte ich. Welche Gesetze untermauern die Regierungsgewalt der EU? Wie können Bürger Einfluss nehmen? Wir konnten uns als Bürger organisieren, um unsere Verfassung zu ändern. Durch welche Methode können sich europäische Bürger organisieren, um die bestehenden Gründungsvereinbarung in der EU zu ändern?

Wo war der geplante Gesetzesentwurf?

Ich machte daraufhin die verstörende Erfahrung, dass mich EU-Sprecher in diese oder jene Richtung wiesen, jedoch nie zu den Gründungsgesetzen, die die Regierungsform der Europäischen Union zeigten, und wie Bürger sie beeinflussen oder ändern konnten. Man verwies mich auf einen »legislativen Feed.« Doch dieser zeigte nur Gesetzesentwürfe, nachdem das Europäische Parlament ihnen zugestimmt und ihnen so Gesetzeskraft verliehen hatte.

Während dieses Prozesses der Suche nach Antworten wurde ich nach Madeira eingeladen, um über mein Buch *Wie zerstört man eine Demokratie* zu sprechen. Madeira ist ein wunderschönes

Archipel im Nordatlantik und eine autonome Region Portugals. Madeiras Landschaft ist üppig, mit kleinen Waldgebieten, Nebelschwaden, die an den Seiten von Tälern hängen, kleinen, grasbedeckten Bergen mit kurvigen Straßen, die schräg zu den wogenden Wellen des Atlantiks abfallen, und einer reichen Geschichte als Kontaktstelle zwischen Händlern und Seeleuten. Die Insel hat gewundene Hauptstraßen mit Häuschen aus dem 19. Jahrhundert, mit Verzierungen im Zuckerbäckerstil aus der Zeit, als Madeira ein Ziel für Kranke aus dem Ausland war, die wegen des milden Klima hierher kamen.[183]

Ich war in einer Podiumsdiskussion mit einem portugiesischen Beamten, der sich einen Großteil seiner Zeit mit der EU befasste. Da ich über Bürgerengagement gesprochen hatte, fragten uns Menschen, wie man sich politisch engagieren könne. Ein Thema, das immer wieder auftauchte, war die schlechte Fluganbindung von Madeira nach Europa – im Allgemeinen musste man eineinhalb Stunden nach Lissabon fliegen. Ein Geschäftsinhaber nach dem anderen machte deutlich, dass die örtliche Wirtschaft ohne einen anständigen Flughafen nicht wachsen könne, der in der Lage war, direktere Flüge abzuwickeln.

»Können Sie keinen Einfluss auf Ihre Mandatsträger nehmen?« fragte ich ahnungslos.

»Unmöglich,« erklärte der Beamte unzufrieden, »die Luftfahrt wird von Brüssel aus gemanagt.«

Das erstaunte mich. Aber man konnte doch gewiss Einfluss auf seinen portugiesischen Abgeordneten in der EU nehmen?

Nein. Es war unerheblich. Wenn die Europäische Union keinen besseren Flughafen in Madeira wollte, dann waren die Kaufleute in Madeira machtlos, sagte er. Portugal selbst war machtlos.

Später kamen wir bei einer Mahlzeit zusammen. Sie fand in einem wunderschönen Teehaus auf halber Höhe der verträumten grünen Berge statt.

Der Beamte und mein Gastgeber erklärten mir die Europäische Union in Begriffen, die ich nicht missverstehen konnte. Ihr Tonfall war bestimmend, so, als würden sie mir eine Aufgabe übertragen. Sie konnten nichts dagegen tun. Aber sie wollten, dass die Menschen es wussten.

Mein Gastgeber erklärte: Die Europäische Union ist keine Regierungsorganisation, sondern vielmehr ein Wirtschaftsbündnis, und Deutschland hat bei weitem den größten Einfluss.

Der Beamte erklärte: »Die Menschen verstehen die Struktur der Rechtsetzung in der EU nicht. Gewöhnlich schlagen nicht gewählte Diplomaten neue Gesetze vor. »Und,« so fügte er hinzu, »Brüssel hat die zweithöchste Anzahl an Lobbyisten nach Washington, DC.«

Ich war erstaunt – dies war Schwindelei auf hohem Niveau. Westeuropäer stellten sich die europäische Union als Staat über Staaten, als Demokratie über Demokratien vor. Doch das war sie einfach nicht. Sie war etwas anderes. Sie war nicht bloß »eine Bürokratie«, die »komplex« war – zu komplex, als dass gewöhnliche Bürger sie verstehen könnten, obwohl das der gängige Standpunkt in den Nachrichten war.

Vielmehr war sie aus einem bestimmten Grund »zu komplex«. Es war Demokratie-Theater. Die wirkliche Macht lag in unverantwortlichen Händen.

Nachdem ich die Geschichte des Totalitarismus gelesen hatte, wusste ich, was das bedeutete. Und deshalb nahm sich dieser portugiesische Politiker, der sein Land liebte, die Zeit, mir seinen Insider-Blick offenzulegen.

Ich wusste, dass unabhängig davon, wie großartig die Situation in Europa an der Oberfläche aussah – die herrliche Mobilität, die spannenden Kulturveranstaltungen, der rege Handel, die bewundernswerte Sprache der Menschenrechte und der Anschein von Freiheiten – die Mächte des europäischen Nationalstaats waren ausgezehrt worden.

Man hatte die europäischen Nationalstaaten verletzlich gemacht, und die Menschen hatten keine Möglichkeit mehr, sich wirklich zu verteidigen, falls, Gott bewahre, die jetzt wohlwollende, jetzt lächelnde, jetzt kommunikative Europäische Union feindselig, missbräuchlich oder – tyrannisch werden würde.

All das Schöne, das ich überall um mich herum sah, baute nicht länger auf einer Struktur auf, die dem Volk gehörte oder in seinem Eigentum wart.

Wie wir zwischen 2020 und 2022 lernen sollten, konnte die Hand des Puppenspielers die gesamte Aktion in nur einem Moment wegfegen. Das Gebäude des schönen Schauspiels der »europäischen Demokratie« und Menschenrechte konnte jederzeit zusammenbrechen.

Da die Kontinentaleuropäer so lange unter der Herrschaft der EU gelebt hatten, waren sie eine besonders leichte Beute für die COVID-Tyrannen. Viele dieser ehemals freien Völker, von denen die meisten zu spät geboren worden waren, um Totalitarismus aus erster Hand zu erleben, folgten rasch den Regierungsrichtlinien, da in ihrem Leben die meisten dieser Richtlinien nützlich oder zumindest nicht schädlich gewesen waren. Und selbst, wenn sie sich durch diese »Einschränkungen« desorientiert fühlten, durchschauten die meisten dieser Menschen sie nicht frühzeitig als das, was sie waren, und noch viel weniger leisteten sie effektiv Widerstand.

Auch wir in den Vereinigten Staaten waren verletzlich, und zwar weitgehend aus den gleichen Gründen.

Unser Vermächtnis der Freiheit war für uns noch leichter zugänglich als das der Kontinentaleuropäer. Doch »inmitten der Pandemie« wurde unser Verständnis von Demokratie von Tag zu Tag schwächer.

Wir hatten auch zu leicht unsere Geschichte vergessen, zu der, wenn wir aufgepasst hätten, auch die Erkenntnis gehört, dass Beschränkungen das Humankapital aushöhlen und die menschliche Zivilisation verdummen. Wir hatten ja bereits in unserer eigenen

Vergangenheit gesehen, wie dies in der Praxis aussah, denn wir hatten gesehen, wie bestimmte Gruppen in Amerika genau solchen Restriktionen unterworfen wurden.

Beispielsweise waren es »Restriktionen«, die das Schicksal der Ureinwohner in Amerika nachhaltig veränderten. Stämme von Ureinwohnern, die frei umhergezogen und Handel getrieben hatten, wurden zu Opfern einer gewaltigen Aneignung von Ländereien und Reichtümern, die in der westlichen Geschichte nahezu beispiellos war. Wie wurde das erreicht? Indem die Regierung der Vereinigten Staaten sie in Reservate »einsperrte«, ihnen verbot, sich frei zu bewegen und sie staatlichen Einschränkungen in Bezug auf Sprache, Kleidung, Währung und Kultur unterwarf. In dem Buch *Prairie Fires: The American Dreams of Laura Ingalls Wilder* zeigt die Autorin Caroline Fraser, wie Gesetze wie der »Indian Removal Act« (Gesetz zur Umsiedlung der Indianer) von 1830 Choctaws, Creeks, Cherokees, Osages und weitere Stämme auf bestimmte schmale Landstriche beschränkten.[184] Viele weitere restriktive Gesetze folgten. Vom Rest der Gesellschaft zwanghaft getrennt, vom Staat verfolgt und überwacht, wurden diese einst beeindruckenden und häufig reichen Nationen zur Aufgabe und Unterwürfigkeit gezwungen und ihre Geschicke bis heute eingeengt.

Im Gegensatz dazu genossen selbst die ärmsten Siedler europäischer Abstammung in jener Zeit Bewegungs- und Redefreiheit und konnten sich frei in Städten und Bildungsinstitutionen bewegen. In ihren außergewöhnlichen Büchern beschreibt Ingalls Wilder lebhaft, wie sie als Kind von Ort zu Ort zog, neue Freunde gewann, und von Lehrern in bescheidenen, aus einem Raum bestehenden, Schulhäusern all das lernte, was sie zu der wissbegierigen, belesenen jungen Frau heranwachsen ließ, die eine weltberühmte Autorin wurde. Sie hatte keinen Reichtum geerbt. Doch was sie im Gegensatz zu den »eingeschränkten« Kindern der Ureinwohner hatten, die sie und ihre Familie verdrängten, war Freiheit.

Die Geschichte Amerikas ist die Geschichte des Kapitals, das durch arme Menschen generiert wurde, die ihre Fähigkeit nutzten, ein wenig Geld zu sparen, um ein Bootsticket zu einem vielversprechenderen Ort zu kaufen; um einen Handkarren mit einem kleinen Warenvorrat eine schmuddelige Straße hinunterzuziehen, die sie frei überqueren konnten, um Klinken zu putzen und Bürsten zu verkaufen oder Pfannen aus Zinn zu reparieren.

Die Geschichte Amerikas ist die Geschichte von Menschen, die aus Ländern mit »Lockdowns« und »Restriktionen« flüchteten, welche sie arm, unwissend und unglücklich machten, damit sie sich bilden und zu Wohlstand gelangen und auf diese Weise zum kulturellen Reichtum ihres neuen Zuhauses beitragen konnten. Einem Amerika, das ihnen Bewegungsfreiheit, aber auch Religions-, Rede- und Gedankenfreiheit schenkte, was ihnen wiederum die Bildung von Vermögen, insbesondere in Form von Land und Wohnraum, erleichterte.

In *Financial Exclusion*, in einem Kapitel, das mit »die Jim-Crow-Erfahrung« überschrieben ist, zeigt der Wirtschaftswissenschaftler Robert E. Wright, dass die Jim-Crow-Gesetze und das diskriminierende »Redlining«*durch die Bewegung und Versammlungsfreiheit eingeschränkt wurden, unmittelbar mit wirtschaftlichen Schäden für Afro-Amerikaner in den Vereinigten Staaten korrelierten. Die den Afro-Amerikaner auferlegte Wohnsegregation sowie Einschränkungen hinsichtlich Bewegungsfreiheit und Handel schufen eine »sich selbst erfüllende Prophezeiung, die ihre Fähigkeit

* Redlining = die diskriminierende Praxis von Banken und Versicherungen, den Bewohnern heruntergekommener Stadtviertel Kredite, Hypotheken und den Abschluss von Versicherungen zu verweigern (Anm. d. Ü.)

einschränkte, vom Grundbesitzeigenturm zu profitieren.«[185] Wright beschreibt, wie die Große Wanderung nach Norden, hin zu einem weniger »eingeschränkten« kulturellen Kontext, sofort besseren wirtschaftlichen Erfolg dieser Afro-Amerikaner ermöglichte.

Zu einer anderen Zeit und *A Bookstore in Berlin* schildern im Detail, wie Einschränkungen hinsichtlich Mobilität und Zusammenkünften für Juden in Deutschland und in Vichy-Frankreich zur Minderung ihrer Wirtschaftskraft führten und den Weg für die endgültige Übertragung oder den Verlust ihres Vermögens ebneten.

Freiheit und die Sicherung von Wohlstand hängen zusammen.

Bewegungsfreiheit kommt kulturellen und wirtschaftlichen Errungenschaften sowie politischem Einfluss gleich. »Restriktionen« versetzen all diesen Formen ziviler Macht den Todesstoß.

Das Ziel der »Restriktionen«, die die Technologieunternehmen mittels der Regierungen, die sie in der Tasche hatten, in den Jahren 2020–2022 Menschen auferlegten, war dasselbe, das Restriktionen immer und überall gehabt haben: die Eingeschränkten zu schwächen, zu bestehlen oder ihr Vermögen zu übertragen, und sie als potenzielle Quelle von Widerspruch auszuschalten.

Dieser Krieg wurde von den Technologie-Königen und -Königinnen geführt; sie nutzten Technologie – und verhalfen der Kultur und Zivilisation der Technologie zum Durchbruch – um einen asymmetrischen Kampf gegen die gesamte Menschheit zu führen, und gegen menschlicher Bewegung, Sprache, Berührung, Genialität, Körpern, Religion, Familien, Schulbildung und insbesondere Kultur.

Einschränkungen in der menschlichen Geschichte ging immer Diebstahl voraus: der Diebstahl von Ländereien, Vermögenswerten und Möglichkeiten der Eingeschränkten. Und das war dieses Mal nicht anders.

Zum ersten Mal in der Geschichte unserer Spezies waren die Eingeschränkten nicht eine oder mehrere unterschiedliche Subgruppen, sondern *die Menschen insgesamt.*

Diejenigen, die die Restriktionen verhängten, hatten eine menschliche Form, doch sie waren Verräter an der Menschheit.

Die Schlagzeilen in den Mainstream-Medien lasen sich fast wie Gebrauchsanweisungen, um eine psychische Erkrankung auszulösen. Am ***16. November 2020*** *war zu lesen »Urlaubsstress: Wie man mit der Coronavirus-Pandemie zurechtkommt.«*[186]

Die NEW YORK TIMES berichtete, wie »stressig« das Einkaufen für Thanksgiving sei. Auf diese Weise wurde sichergestellt, dass das Einkaufen für Thanksgiving tatsächlich stressig sein würde: »Wie mache ich den Lebensmitteleinkauf für Thanksgiving sicherer?« lautete die Überschrift. In den Nachrichten und Lifestyle-Geschichten wurden Leser dafür gelobt, dass sie ihre Familien nicht sahen, keine Urlaubstreffen veranstalteten oder auf Reisen gingen.

»Sie haben also ihre Reisepläne zu Thanksgiving verworfen, den College-Student in Quarantäne geschickt und ein zurückgefahrenes Feiertagsmenü kreiert, an dem nur Familienmitglieder teilnehmen. Gut gemacht.«[187] *Der 19. November 2020 zeigte uns, was passiert, »wenn Urlaubsstress und pandemischer Stress aufeinanderprallen.«*[188] *Am 24. November 2020 lautete die Meldung: »Alles ist dieses Jahr anders – also warum nicht auch der Urlaubsstress?«*[189]

Selbst wenn es einem gut ging, wurde man aufgefordert, sich nicht gut zu fühlen.

Die Nachrichten fühlten sich allmählich für mich sehr falsch an. Als Kind war ich Zivilistin während eines Krieges und als junge Erwachsene im Umfeld eines Krieges. Als Zwölfjährige hatte man mich wegen

Raketenangriffen in den Luftschutzbunker unseres Wohnhauses in Jerusalem gebracht, und später war ich als junge Reporterin bei den israelischen Verteidigungsstreitkräften eingebettet gewesen. Ich hatte die Trümmer von Wohnhäusern nach den Bombenangriffen auf den südlichen Libanon gesehen. Jahrzehnte später war ich als Berichterstatterin mit Außendienstmitarbeitern für das International Rescue Committee (IRC) durch Sierra Leone gereist, das durch einen Bürgerkrieg verwüstet worden war.

Jeder, der in einem Krieg oder einer humanitären Krise gekämpft, diese überlebt oder darüber berichtet hat, weiß, dass ununterbrochene Berichterstattung in einer echten Krise unwahrscheinlich ist. Ereignisse sprechen für sich selbst.

Warum sagte man uns immer und immer wieder, wie schlimm diese Situation war? Warum durften wir es nicht für uns selbst herausfinden?

Im November 2020 war ich auf die Berichterstattung der Great-Barrington-Erklärung gestoßen, einen offenen Brief, der von drei sehr glaubwürdigen Epidemiologen verfasst worden war. Sie argumentierten, dass es bewährte Public-Health-Praxis sei, die älteren und anderweitig gefährdeten Menschen zu unterstützen und zu beschützen, und man alle anderen in Ruhe lassen solle, damit sie ihr Leben führen konnten. Sie wurde von Jeffrey Tucker vom American Institute for Economic Research organisiert.

Ihre führenden Unterzeichner – Professor Jay Bhattacharya aus Stanford, Dr. Martin Kulldorf, damals Harvard, und Dr. Sunetra Gupta von der Universität Oxford, die alle oben erwähnt werden –

warnten vor dem sich ankündigenden Schaden für die Menschheit, den »Lockdowns« für sie eindeutig ankündigten. Sie sagten vorher, dass die Schäden unter den Armen, den älteren Menschen und Kindern äußerst schwerwiegend sein würden. Ihre »Erklärung« wurden von Zehntausenden von Ärzten und Wissenschaftlern unterzeichnet.

Auch wenn die Einwände dieser Gruppe mutiger Experten für öffentliche Gesundheit hauptsächlich wirtschaftlicher Natur waren – sprachen sie darüber, wie die Ärmsten zu Millionen hungern würden – und sie sprachen auch über den physischen und emotionalen »Kollateralschaden.« Diese mutigen Epidemiologen hatten Recht.

Trotz endloser Nachrichten, die das Gegenteil behaupteten, warnten diese Experten, dass es Staaten und Nationen »im Lockdown« nicht besser gelingen würde, das von ihnen erklärte und eingeleitete Ziel im Bereich der öffentlichen Gesundheit zu erreichen, als es Staaten und Nationen taten, die nie im Lockdown waren.«[190] *Restriktionen bewirkten nichts weiter, als Bevölkerungsgruppen auf vielfältige Weise zu schaden, erklärten sie, auch im Hinblick auf die öffentliche Gesundheit.*

Zu Beginn war die Reaktion auf diesen erfrischend direkten und vernünftig klingenden offenen Brief, der argumentierte, dass die »COVID-19-Politik sich darauf konzentrieren sollte, die Älteren und Schutzbedürftigen zu beschützen, und die Gesellschaft und Schule weitgehend für andere wieder zu öffnen,« neutral bis positiv.[191]

Die Menschen waren es leid und die Eigenartigkeit dessen, was uns passierte, wurde immer offensichtlicher.

Dr. Martin Kulldorf äußerte im November 2020 mehrere Bedenken in Bezug auf »Lockdowns« gegenüber der Zeitschrift The Lancet Respiratory Medicine: *»Wir sehen sinkende Impfraten, die Menschen* *bekommen keine Diabetesbehandlung, sie gehen nicht zur Krebsvorsorge, die Verläufe bei Herz-Kreislauf-Erkrankungen verschlimmern sich, und die Restriktionen belasten die mentale Gesundheit schwer… Dies sind keine kurzfristigen Probleme – die Schulschließungen können zum Beispiel ernste Konsequenzen haben, die ein Leben lang andauern.«[192] Er behauptete, dass ein beträchtlicher Anteil der nahezu 100.000 zusätzlichen Todesfälle im Jahr 2020 nicht auf das Virus zurückzuführen seien, sondern auf die Auswirkungen des »Lockdowns«: »Wenn man nicht zu einer gefährdeten Gruppe gehört, dann ist der Kollateralschaden durch den Lockdown weitaus destruktiver als das Virus selbst.«[193]*

Doch schon damals hatten diese Public-Health-Experten und ihr Infragestellen des »Lockdown«-Narrativs mächtige Feinde.

Da die Great-Barrington-Erklärung anfänglich ein wenig respektvolle Aufmerksamkeit bekam, kommunizierte Dr. Anthony Fauci, der Direktor des Nationalen Instituts für Allergien und Infektionskrankheiten (NIAID) mit dem Direktor der Nationalen Gesundheitsinstitute der USA, Francis Collins. Die E-Mails wurden im Dezember 2021 über eine FOIA-Anfrage von dem Gelehrten Phil Magness vom American Institute for Economic Research abgefragt.

Hinter den Kulissen forderte Dr. Collins »eine schnelle und vernichtende, öffentliche Demontage« der Prämissen dieser Wissenschaftler, die er »Rand«-«Epidemiologen nannte.[194] In den darauffolgenden Monaten sollte Dr. Collins bekommen, was er in Auftrag gegeben hatte; es würde reichlich »Schlamm« auf die Wissenschaftler »geworfen werden«.[195]

Ohne etwas über diese interne Kommunikation zu wissen, sah ich, wie diese Experten mit ihren bewundernswerten Referenzen, die begründete Argumente vorbrachten, verunglimpft wurden.

Trotz dieser mutigen und glaubwürdigen Stimmen breitete sich das, was als »das Narrativ« bekannt wurde, rasch aus.

Ich begann, Fragen zu stellen.

Ich begann zu erkennen, was ich »die totalitäre dritte Person Plural« nannte. Im individualistischen Amerika formulierten die Medien und Influencer Regeln auf beispiellose Weise: »Wir müssen«, wie in »um dieses Virus zu besiegen, müssen wir alle zu Hause bleiben.« »Wir müssen unseren persönlichen Urlaub opfern, um unseren Teil dazu beizutragen, das Virus zu besiegen.« Die Schlagzeilen lauteten: »Jeder tut es«, als seien wir nicht länger alle unterschiedliche Menschen mit unterschiedlichen Möglichkeiten und Leben. Es war eine gemeinschaftliche Ausdrucksweise, die der Kultur der Vereinigten Staaten fremd war, und der des Westens ebenso. »Wir müssen?«

Wir Amerikaner konnten uns in der Vergangenheit nicht einmal auf die ideale Farbe für einen Geländewagen einigen, um Himmels willen!

Jetzt beschrieben die Medien und die gesundheitspolitischen Sprecher, was »wir tun müssen« – nicht nur mit unserem Körper, sondern auch mit den Körpern anderer, and sie verwendeten dafür die Sprache geschlossener Gesellschaften.

Die Sprache erinnerte an den Film von Florian Henckel von Donnersmark aus dem Jahre 2006, in dem es um Stasi-Agenten in Ostdeutschland ging, deren Aufgabe darin bestand, die privaten, intimen Momente von Bürgern zu überwachen, Das Leben der Anderen – Übergriffe, die in Ostberlin 1984 als vermeintlich dem Gemeinwohl dienend beschrieben wurden.

Auch die Amerikaner schienen nun nicht mehr zu verstehen, woraus ihr eigenes Land bestand und wie es funktionierte.

Wir folgten Befehlen – die nicht einmal Befehle waren.

Man folgte den »Leitlinien« der Gesundheitsbehörden, und sie wurden von Schulen Universitäten und Unternehmen zitiert, als seien sie Gesetz. Doch sie waren lediglich »Leitlinien«. Dr. Fauci trat in unzähligen Nachrichtensendungen auf und sagte, was man »tun könne und was nicht«. Dr. Faucis Behörde hatte keine Vollstreckungsbefugnis. Seine Aufgabe war es lediglich, den Präsidenten in Sachen der Wissenschaft zu beraten.

Wir waren freie Menschen. Eigentlich durfte keiner dieser Verantwortlichen uns kontrollieren. Doch das schien nur wenigen bewusst zu sein.

Kapitel Neun

Starr vor Angst: Ein Kult nimmt Gestalt an

Jetzt wurde über das Virus so gesprochen, wie man vielleicht über einen Schurken in einem Horrorfilm sprechen würde – mit eigener Titelmusik und bedrohlicher, satanischer Persönlichkeit. Das Virus wurde nicht länger beschrieben, wie Pocken, Typhus oder Tuberkulose. Es wurde als ehrfurchtgebietender Antiheld positioniert, und wir wurden ersucht, uns ihm als kollektivem Kult anzuschließen.

Es war Miltons Satan.

Im November 2020 begann ich, eine Reihe von Quellen zu lesen, unter anderem unabhängige Kommentatoren auf den sozialen Medien, Freidenker und Konservative, *The Epoch Times* und Children's Health Defense. Ich las die von Experten begutachteten Studien. Häufig sah ich, dass diese Studien selbst wenig mit dem, wie über sie berichtet wurde, gemein hatten.

Ich las einen Artikel in der *New York Times*, in dem unterstellt wurde, dass man krank davon werden könne, wenn man auf einem Weg draußen an jemandem vorbeiging: »Ein Café im Freien mag so lange sicher erscheinen, bis Menschen anfangen, auf dem Bürgersteig ohne Maske aneinander vorbeizugehen.«[196] Doch in Dokumenten, die zum Beispiel die Übertragung durch Aerosole untersuchten, waren die Schlussfolgerungen weitaus differenzierter als der *Times*-Artikel seine Leser glauben machen wollte. Viele Aerosol-Studien zur Übertragung von COVID-19 waren hauptsächlich theoretischer Natur und stützten ihre Ergebnisse auf mathematische Modelle.[197]

Trotzdem hatte das Bild einer toxischen Wolke, die sich auf einem Feldweg auf ein glückloses Opfer zubewegte, meine Mutter und viele meiner Freunde und Angehörigen verängstigt.

Ich sprach mit John Beaudoin, einem Forscher, der mir die COVID-Sterbestatistik des Department of Public Health von Massachussets zeigte. Das Durchschnittsalter war neunundsiebzig – in Übereinstimmung mit der durchschnittlichen Lebenserwartung in den USA.[198]

Im Januar 2021 lud man mich ein, Mitarbeiterin am American Institute for Economic Research (AIER) von Jeffrey Tucker zu werden. Ich hatte seine Arbeit schon seit langem bewundert – er war ein bekannter und brillanter liberaler Essayist, und unter seiner Aufsicht produzierte das AIER die beste, furchtloseste und gründlichste Berichterstattung über die Pandemie. In dem wunderschönen Steinhaus auf der Spitze eines Berges in Massachusetts verbrachte ich jeden Tag mit einer nachdenklichen Gemeinschaft freiheitsbewusster Ökonomen, KI-Theoretiker und Historiker.

Ich erinnere mich noch an den Tag, als ich dort hineinspazierte: Mr. Tucker führte das Institut mit der Art von Respekt für persönliche Entscheidungen, die vor 2020 typisch »amerikanisch« gewesen waren. Ich betrat ein geschmackvoll eingerichtetes Wohnzimmer, in dem eine Gruppe von rund zwanzig gutgekleideten Mitgliedern und Mitarbeitern, die plauderten und Cocktails tranken.

Ganz normal. Ich war schockiert, dass sie keine Masken trugen, nahe beieinander standen und wie menschliche Wesen miteinander verkehrten. Im AIER gab es reichlich Handdesinfektionsmittel, überall standen Körbe mit Masken und jeder konnte beides so wählen, wie es seinem eigenen Komfort- und Risikoniveau entsprach. So lebten wir früher.

Einige Menschen arbeiteten von zu Hause aus, andere »auf Distanz«. Wieder andere verbrachten einfach auf angenehme Weise Zeit miteinander. Ich war bezaubert und entzückt und traf die Entscheidungen, die angenehm für mich waren.

Jeden Tag nahm ich mein Mittagessen zusammen mit zwanzig oder dreißig Institutsmitgliedern um einen Esstisch herum ein, und jeden Abend gab es Cocktails oder Tee und Kaffee und Gespräche über die Themen des Tages im Salon. Dabei saßen wir beieinander, wie es normale Menschen tun.

Der Raum war gut belüftet; niemand zwang jemanden zu irgendetwas; die Menschen hielten sich an die Distanz oder Nähe, die ihnen passte. Und meines Wissens wurde niemand ernsthaft krank und niemand starb an COVID. Doch das Leben ging spannend und eilig weiter.

Mit dieser Gemeinschaft um mich herum hatte ich also einen winzigen Halt in einer Welt, in der die Erwartung, Respekt vor dem Körper und den Entscheidungen anderer zu haben, so wie früher, selbstverständlich war. Ich konnte über die große Angst nachdenken, die den Rest der Nation befallen hatte, mit einer konkreten Erfahrung von Ereignissen in der Gemeinschaft, zu der ich jetzt gehörte, und die relativ sicher und relativ leicht handhabbar waren. Und ich erlebte aus nächster Nähe, dass mein eigenes Alltagsleben aufhörte.

Ich wurde nicht krank. Brian wurde nicht krank. Es war eine intellektuell reiche Zeit, angefüllt mit neuen Freundschaften und anregenden Unterhaltungen.

Doch der ganze Rest meiner Freunde und Familie befand sich nach wie vor in einem Zustand des Eingesperrtseins, des Scheintods. Sie machten sich schreckliche Sorgen um mich, als ich ihnen sagte, dass ich jeden Tag in ein Büro ging.

Ich dachte an die AIER-Gemeinschaft, die nicht massenhaft sehr schwer krank wurde, und an die Amish-Gemeinschaft, die nicht in den »Lockdown« gegangen war und auch nicht massenhaft krank wurde. Und ich dachte an die orthodoxe jüdische Gemeinschaft, zu der meine Verwandten gehörten, die ebenfalls nicht *en masse* sehr schwer erkrankte.

Und ich wunderte mich, warum es keine Studien von Gemeinschaften gab, die nicht in den »Lockdown« gingen – Gemeinschaften, in denen Menschen ihr eigenes Risikoniveau wählten und gleichzeitig diejenigen unterstützten, die sich »isolieren« oder ihr eigenes, anfälligeres Immunsystem schützen wollten, während andere Menschen andere Entscheidungen trafen.

Ich fragte mich, warum niemand wissen wollte, was mit ihnen passierte.

Etwa um diese Zeit teilte die in Great Barrington ansässige Synagoge der Gemeinschaft, der wir beigetreten waren, mit, dass wir nicht erwarten sollten, uns in absehbarer Zukunft wieder persönlich treffen zu können. Es war schon ein Jahr vergangen, seit die Synagoge geschlossen worden war.

Die Rabbis meinten stolz, »Epidemiologen« hätten den Vorstand instruiert, dass das Gebäude geschlossen bleiben solle.

Doch ich fühlte mich seelisch ausgelaugt von den Zoom-Meetings, bei denen jüdische Kurzgeschichten diskutiert wurden, als Ersatz für den eigentlichen Gottesdienst vor den heiligen Thora-Schriftrollen. Ich wollte meine Religion ausüben. Ich sehnte mich danach, in Gemeinschaft zu beten. Diese Form der Zusammenkunft hatte unser Volk vier Jahrtausende lang aufrechterhalten.

Die Rabbis erklärten mir, dass niemand den Synagogenraum öffnen würde. Sie nutzten die Ferien, um ihren Standpunkt darzulegen, wie es andere Wortführer bereits getan hatten, so, als würde es sich um ein Drehbuch handeln.

Nicht zu Purim, sagten sie. Nicht zu Chanukka – zehn Monate in die Zukunft. Wie konnten sie wissen, wie die Lage im Hinblick auf diese Krankheit so weit in der Zukunft sein würde?

Ich schlug einem Synagogenausschuss, dem ich beigetreten war, vor, dass alle Menschen, die wirklich persönlich zusammen sein wollten, willkommen seien, in mein Wohnzimmer zu kommen, um mit mir zusammen dem Shabbat-Gottesdienst auf Zoom zu folgen.

Auf den meiner Auffassung nach bescheidenen Vorschlag hagelte es feindselige E-Mails an mich von den Komiteemitgliedern. Der Rabbi war ebenfalls Teil des E-Mail-Verkehrs – und gab keinen Kommentar ab.

Später fragte ich die Rabbis noch einmal, wann wir erwarten könnten, dass der Synagogenraum überhaupt wieder öffnen würde. Sie meinten, die Wiedereröffnung sei einfach nicht absehbar.

Ich wies darauf hin, dass schon ein Jahr vergangen sei, und dass wir in eine neue Gegend gezogen seien, aber noch kein einziges Mitglied der Gemeinde persönlich getroffen oder auch nur ein einziges Mal im Altarraum gebetet hätten. Ich hatte die Synagoge noch nie betreten. Die Synagoge jenseits des Hudson war genauso lange geschlossen gewesen wie unsere.

In der jüdischen Tradition wird ein »Minjan« – das Zusammensein von zehn oder mehr Menschen – als heilig angesehen.

Doch es gab kein Minjan, weder drinnen noch draußen.

Es gab keinen Ort zum Beten. Es gab keine Pläne zur Wiedereröffnung. Es wurden keine Alternativen vorgeschlagen.

Das jüdische Leben, das weltweit mehr als viertausend Jahre unter den feindseligsten Bedingungen überlebt hatte, lag im Sterben. In spiritueller Hinsicht tat ich das ebenfalls.

In meinen jüdischen Ferienlagern war der Gottesdienst im Freien an Sabbat-Abenden immer magisch und bewegend gewesen. Es spielte keine Rolle, wo wir waren, solange wir mit Gott zusammen waren.

Ich fragte die Rabbis, ob wir nicht einfach Klappstühle in einem gewissen Abstand voneinander außerhalb des Tempels aufstellen könnten, vielleicht auf dem Parkplatz, für diejenigen, die in Gemeinschaft beten wollten. Andere, die sich lieber isolieren wollten, konnten sich ja immer noch per Zoom zuschalten, oder etwa nicht?

Nein, sagten die Rabbis entschlossen; wir konnten nicht in Betracht ziehen, auf dem Parkplatz zu beten, oder irgendwo, oder auf Distanz, oder in einem persönlichen Kontext. Einen Grund gaben sie nicht an.

Ich sagte bei diesem Anruf angespannt zu den Rabbis: »Wenn ich Rabbi wäre und jemand wollte mit mir beten, dann würde ich diese Person sogar in einem *Bushäuschen* treffen.«

Kurz danach ließen mich die Rabbis wissen, dass ich zu der Gemeinde nicht »gut passen« würde.

Meine Gemeinde brach wirklich mit mir und gab mir meine Mitgliedsgebühren zurück.

Meine Synagoge war damit keineswegs alleine. Ich bemerkte all die geschlossenen Kirchen in meiner Gegend. Methodistisch. Katholisch. Episkopal. Baptistisch.

Kein persönlicher Gottesdienst irgendwo in New York. Epidemiologen und Gesundheitsbehörden saßen jetzt irgendwie in vielen Institutsvorständen.

Die Freundin meiner Mutter hatte ihre Ortskirche in Texas als Hauptstütze in ihrem Leben gehabt. Sie meinte, dass ihre Freundschaften jetzt verkümmern würden, weil die Gemeinde sich nicht versammelte. Als Witwe war sie jetzt vollkommen alleine. Ich dachte an meine Kindheitssynagoge; daran, wie ein Gemeindemitglied, das ich Emmie nennen werde, eine ältere Erwachsene mit Down-Syndrom, ausnahmslos jeden Freitagabend zum Sabbat-Gottesdienst gekommen war. Auch sie lebte alleine.

Emmie hatte nur noch wenig Zähne, und wie ich mich erinnere, trug sie immer dasselbe abgenutzte dunkelblaue Kleid mit Schürzen-Vorderseite und darunter dasselbe weiße Hemd mit Kragen, wenn sie zum Gottesdienst kam. Sie hatte häufig Krümel auf ihrer Kleidung und trug exzentrische Hüte. Materiell besaß sie nicht viel.

Doch jeden Freitagabend hatte sie einen schönen, hell erleuchteten, würdevollen Platz, wo sie sein konnte. Und sie wurde mit großem Respekt behandelt und von unserem wirklich achtbaren Rabbi, Rabbi Saul White, herzlich willkommen geheißen. Sie wurde von Glaubensbrüdern und -schwestern begrüßt; sie hatte Freunde.

Das ist es, was eine Synagoge – oder eine Kirche oder Moschee – tun *sollte*.

Emmie aß die Kiddush-Leckerbissen nach dem Gottesdienst, und jede Woche nahm sie einige Plätzchen und Gebäck in einer Serviette, die sie vorsichtig in ihrer Handtasche platzierte, mit nach Hause.

Jede Woche umarmte sie mich und meinen Bruder herzlich, ob wir die Umarmungen nun wollten oder nicht. Vielleicht waren das die einzigen Umarmungen, die sie die ganze Woche lang bekommen hatte. Sie schenkte uns und unserer Familie jeden Freitagabend ihr breites Lächeln. Sie war vollkommen alleine auf dieser Welt. Doch sie war es nicht wirklich. Der Tempel Beth Shalom war ihr Zuhause. Jetzt waren Menschen wie Emmie – Menschen wie ich; wie wir alle – wieder existenziell alleine auf der Welt.

Was ist Religion? Richtig verstanden ist sie eine Gemeinschaft. Sie ist ein Zuhause – dort, wo Gott tatsächlich lebt.

Im Januar 2021 gab es im Hudson Valley keine jüdische, episkopale oder katholische Gemeinschaft mehr. Es gab kein Zuhause.

Wer auch immer unseren Glauben gehasst hatte und die Kraft, die er uns gab – wer immer gewollt hatte, dass unsere Glaubensgemeinschaften aussterben sollten – hatte gewonnen.

Als Ergebnis dieser Grundlagenforschung und der Tatsache, dass ich Menschen in dem libertären Thinktank, in dem ich jetzt arbeitete, hatte normal leben sehen, und als Ergebnis dessen, dass ich mit Wissenschaftlern wie Dr. Bhattacharya, Dr. Goddek und Dr. Vatsal Thakkar in Kontakt gewesen war, die erforschten, wie Vitamin D die Immunabwehr verbesserte, wurde mir bewusst, dass ich der *tatsächlichen* Wissenschaft folgen musste.

Ich musste gesund bleiben und mein Immunsystem stärken und mich in belüfteten Räumen aufhalten. Ich sollte nicht fünfzehn Minuten lang von Angesicht zu Angesicht mit jemandem in einem geschlossenen Raum zusammensitzen, der vielleicht krank war. Ja, ich sollte überfüllte, nicht belüftete Räume meiden. Ich musste Sonne tanken und Vitamin D. Ich musste mich bewegen, um Bluthochdruck zu vermeiden, der ein Hauptrisikofaktor für COVID-19 ist, und Übergewicht, den zweiten Hauptrisikofaktor. Das waren keine erschreckenden Botschaften – es waren vernünftige Ziele. Auch wenn die Krankheit wirklich beängstigend war und für viele schwerwiegend, so waren diese Botschaften, die auf der von »andersdenkenden« Ärzten und Forschern zitierten Wissenschaft beruhten, keine, die einem ein Gefühl von Ohnmacht vermittelten. Menschen konnten aktiv werden, um gute Entscheidungen zu treffen und ihre Chancen zu verbessern, ihre Gesundheit zu schützen.

Doch viele meiner Freunde und Familienmitglieder lasen diese Quellen nicht, und die Hauptbotschaften die sie bekamen, drehten sich darum, alleine im Haus zu bleiben, in Angst und Schrecken vor einer insgesamt bedrohlichen Welt. Folglich waren sie starr vor Angst.

Viele Nachrichtenkanäle kommunizierten Studien weiterhin falsch oder sie brachten fehlerhafte Studien heraus, die tendenziell die Angst ihrer Leser und deren Gefühl von Hilflosigkeit schürten.

Die *New York Times* berichtete über COVID-»Tröpfchen« und vermittelte im Wesentlichen die Botschaft, dass man sich über jede Luft in jedem Zusammenhang infizieren könne. »Wie die CDC jetzt rät, ‚Meiden Sie große und kleine Zusammenkünfte an privaten und öffentlichen Orten, wie zum Beispiel das Haus eines Freundes, Parks, Restaurants, Geschäfte oder irgendeinen anderen Ort.‘« Die *New York Times* zeigte ein Diagramm von einer einzigen Studie aus Guangzhou, China, die angeblich zeigte, wie »Familien A, B und C« durch eine einzige ungenannte Familie krank wurden, die vorgeblich 840 Kilometer aus Wuhan, China, angereist war, an dem Tag, bevor Wuhan und die umliegende Provinz in den Lockdown gegangen war, und dann in einem unglückseligen Restaurant zu Mittagessen gegessen hatte.[199] Der Artikel war ein Todesstoß für das Gaststättengewerbe, da darin der Schluss gezogen wurde, dass die Klimaanlage die Krankheit verbreitet haben müsse, und dass sogar das Auseinanderstellen von Tischen kein Allheilmittel war. Die *Times* berief sich bei der Weitergabe dieser Botschaft auf die CDC.

Doch war diese chinesische Studie Teil einer separaten, von Fachleuten begutachteten Veröffentlichung? Nein: »Chinesische Wissenschaftler beschrieben den Vorfall in einem Artikel, der in der Juli-Ausgabe von *Emerging Infectious Diseases* veröffentlicht werden sollte, einer Fachzeitschrift, die von den Centers for Disease Control and Prevention publiziert wurde.« Die Studie wurde also nicht in einer separaten, von Fachleuten begutachteten Zeitschrift veröffentlicht: Tatsächlich zitierte die CDC … die CDC.[200] *Emerging Infectious Diseases* ist eine CDC-Veröffentlichung.

Ein weiteres Manko: »Die Feldstudie hat Grenzen. Zum Beispiel führten die Forscher keine Experimente durch, um die Luftübertragung zu simulieren.«

Ein weiterer Fehler in der Berichterstattung über diese Studie wurde in vielen Studien, die von den alten Medien zitiert wurden, wiederholt: Korrelation ist keine Kausalität.

Die chinesischen Forscher sahen, dass jemand in »Familie A« krank wurde; sie sahen, dass innerhalb von zwei Wochen neun andere, die ebenfalls in dem Restaurant gewesen waren, »positiv getestet wurden.« Vier dieser Menschen hätten auch anderswo krank geworden sein können, vermuteten sie: »Doch für die anderen fünf,« schrieb die *New York Times*, »scheint das Restaurant die Quelle des Virus gewesen zu sein.«

Doch warum hätten sich die anderen fünf nicht auch anderswo angesteckt haben können? Eine COVID-Infektion trägt keinen Zeitstempel.

Tatsächlich hatten sogar die Wissenschaftler, die die Studie durchgeführt hatten – Wissenschaftler, die unter dem KPCh-Regime lebten, mit einem wachsamen Auge für Wissenschaftler und die Forschung – nicht die bestimmten Ansprüche erhoben, von denen die *New York Times* implizierte, dass sie es getan hätten. Selbst diese Wissenschaftler erkannten an, dass die kranken Patienten sich anderswo hätten infiziert haben können.

Was heißen soll, dass die chinesischen Wissenschaftler sogar unter der Aufsicht der KPCh weitaus zögerlicher in ihren Schlussfolgerungen waren als die *New York Times*.

Doch wieder einmal war das, was meine Mutter, meine Verwandten und Freunde sahen, ein denkwürdiges Schaubild in einer Zeitung, der sie alle vertrauten. Ein Schaubild, das runde Tische mit Speisenden zeigte, die einander ansteckten, genau dort, in grellem Rot eingekreist.

Die *Times* warnte: »Das soziale Wesen des auswärts Essens könnte das Risiko erhöhen. Je länger sich Menschen in einem kontaminierten Bereich aufhielten, umso mehr Viruspartikel würden sie wahrscheinlich einatmen.«

Da war also das Essen zum Mitnehmen von der vielgepriesenen *New York Times*: Atmen, reden, definitiv sozial speisen, all das könnte einen schrecklich krank machen oder umbringen. Und übrigens: »Die Tische lediglich in zwei Meter Entfernung aufzustellen … könnte nicht ausreichen, um Restaurantgäste zu schützen.«[201] All das sollte »einige der Herausforderungen veranschaulichen, denen sich Restaurants werden stellen müssen, wenn sie wieder öffnen wollen.«

Dieser Artikel war von enormer Wichtigkeit. In ganz New York waren Menschen, die ihr ganzes Leben lang regelmäßig essen gegangen waren und das Rückgrat der Gastronomie der Stadt bildeten, jetzt sicher, dass Essen gehen ein Todesurteil sein könnte. Dieser Artikel und andere boten den Stoff für Gouverneure wie Cuomo und den Gouverneur von Massachusetts, Baker, die Sitzplätze in Bars und Restaurants »einzuschränken«, oder diese ganz zu schließen. Sobald diese Maßnahmen getroffen worden waren, würden sie nicht so bald locker lassen.

Tatsächlich behauptete die *New York Times* nach einem ganzen Jahr Pandemie immer noch, dass Bars und Restaurants eine Schlüsselquelle für COVID-Infektionen seien. Sie präsentierten eine weitere Studie, die andeutete, dass offene Restaurants mit häufigeren Infektionen korrelierten. Wen zitierte die *Times* jetzt? Dr. Walensky von der CDC. Und was zitierte sie jetzt? Eine Studie der CDC.

Trotzdem konnte selbst dann jeder, der sich die Mühe machte, die Studie der CDC tatsächlich zu lesen, ihre Grenzen nicht übersehen haben. Unter anderem, wie die CDC selbst zugab, »differenzierte die Analyse nicht zwischen drinnen und draußen essen, die Zulänglichkeit der Belüftung und die Einhaltung der Abstandsregeln und der Anforderungen an die Raumbelegung.«[202]

Restaurantbesitzer, die bereits schrecklich schwer getroffen worden waren, wurden dazu getrieben, der »Wissenschaft« zu widersprechen, die die CDC als Rechtfertigung heranzog, um ihre gesamte Branche geschlossen zu halten oder weiter einzuschränken:

> Am Freitagabend kritisierte die National Restaurant Association, die eine Million Restaurants und Verkaufsstellen vertritt, die CDC-Studie als »unüberlegten Angriff auf die Branche, die am schwersten von der Pandemie betroffen ist.«
>
> Sie wies darauf hin, dass Forscher keine anderen Faktoren als das Essen im Restaurant berücksichtigt hätten – zum Beispiel Faktoren wie Geschäftsschließungen und andere Maßnahmen – die Einfluss auf Coronavirus-Infektionen und Todesfällen haben könnten: »Wenn ein positiver Zusammenhang zwischen dem Verkauf von Eis und Haiangriffen gefunden wird, dann würde das nicht bedeuten, dass Eis Haiangriffe verursacht«, erklärte der Verband in einer Stellungnahme.[203]

Die Restaurantbesitzer hatten Recht in Bezug auf die CDC und ihre Methoden. Sie hatten absolut Recht, sowohl in logischer als auch moralischer Hinsicht.

Diese Artikel und Verlautbarungen hatten nicht einmal ansatzweise mit wiederholbaren Experimenten oder kontrollierten Studien in von Experten begutachteten Fachzeitschriften bewiesen, dass geöffnete Restaurants mit ausreichender Belüftung, Hygiene und Sitzverteilung unmittelbar dramatisch höhere COVID-Raten verursachten als andere Örtlichkeiten.

Veröffentlichte Studien zeigten hartnäckig, dass Haushalte Umfelder darstellten, die förderlich für eine Übertragung waren – dieselben Orte, in die wir eingepfercht wurden, um »die Verbreitung zu stoppen.«[204] Nachdem Zehntausende von Restaurants geschlossen hatten, zeigte eine Studie, dass lediglich 1,4% der Infektionen auf Restaurants entfielen.[205]

Doch all diesen Unternehmen, all den unabhängigen, hart arbeitenden Geschäftsinhabern, von denen viele Immigranten und Mitglieder farbiger Gemeinschaften waren, konnten die Fakten nicht mehr helfen. Es war bereits zu spät.

Januar 2021: *Ich rief einen Kollegen in einer Universität in Nordengland an. Er war seit Monaten daran gehindert worden, nach draußen zu gehen, mit Ausnahme einer Stunde pro Tag, um sich Bewegung zu verschaffen. Mitten in unserem Gespräch über alltägliche berufliche Belastungen fing er an zu weinen.*

Ich hatte über eine Plattform einen Remote-Techniker engagiert, der Technikerinnen in den Entwicklungsländern mit Unternehmen verbindet, die sie im globalen Norden brauchen. Das ist eine großartige Idee, die viele Frauen gefördert hat, von Saudi-Arabien über Jordanien und Mitteleuropa bis nach Lateinamerika und den Philippinen. Die WordPress-Webmasterin, die wir engagiert hatten, war eine kluge junge Frau gewesen; ihr Profilbild zeigte sie in einer frischen blauen Bluse und einem adretten Rock, mit glänzenden Haaren und zuversichtlichem und entschiedenem Gesichtsausdruck. Sie war gut organisiert, professionell und produktiv gewesen, als der »Lockdown« begann. Im Januar 2021 fing ihre Arbeit an zu leiden. In unseren Zoom-Anrufen erklärte sie, dass die Bevölkerung auf den Philippinen, wo sie lebte, nur jeden zweiten Tag nach draußen gehen durfte, und dann nur, um Lebensmittel und Medikamente zu kaufen. Kinder durften überhaupt nicht nach draußen, meinte sie.

Die Technikerin hatte einen Freund – sie waren schon jahrelang zusammen – doch wenn sie jetzt in der Öffentlichkeit spazieren gingen, wurde, von der Gesundheitsbehörde verordnet, ein Stock zwischen die beiden jungen Menschen gesteckt, der dafür sorgte, dass sie zwei Meter voneinander entfernt waren. Sie durften sich nicht berühren oder an den Händen halten.

Im Februar 2021 waren ihre Zeichensetzung und Grammatik fehlerhaft. Und wenn sie Fehler machte, schien sie nicht in der Lage zu sein, sich darum zu kümmern. Bei Anrufen war die früher bedingungslos professionelle junge Frau ungepflegt und blass; ihre Augen waren stumpf geworden. Sie schien nicht länger die Energie zu haben, um ihre ehemals weichen schwarzen Haare zu bürsten. Sie hielt sich immer in einem Zimmer auf.

Sie war so depressiv, dass sie nahezu unbeweglich war. Voller Bedauern mussten wir sie entlassen.

Doch andersdenkende Ärzte wie der kanadische Arzt Dr. Patrick Phillips, der in der Notaufnahme arbeitete, äußerten zunehmend ihre Meinung in den sozialen Medien: »Es kommen ältere Menschen zu uns, die vor Hunger sterben,« berichtete Dr. Philipps. »Menschen sterben an Depressionen, Menschen sterben aufgrund von verpassten Krebsvorsorgeuntersuchungen.«

Dr. Simon Goddek, ein in Brasilien ansässiger deutscher Biologe, warnte, dass etwas mit den PCR-Tests nicht stimme. Neugierig führte ich ein Interview mit Doktor Goddek – es war eines meiner ersten.

Er erzählte mir, er sei vonseiten seiner Universität kritisiert worden, weil er die wichtige Information aufgedeckt hatte, dass die von der Zeitschrift Eurosurveillance publizierte Signaturstudie, in der behauptet wurde, der PCR-Test könne COVID-19 identifizieren, den

Peer-Review für den Artikel in etwas mehr als einem Tag durchlaufen habe, während der durchschnittliche Zeitrahmen dafür, wie Dr. Goddek nachwies, mehrere Monate betrug. Dr. Goddek war erschüttert, bestand aber darauf, dass die Wahrheit herauskam. Seine Wut war die reine Wut eines Wissenschaftlers. Etwas stimmte da nicht.[206]

Ich begann, weitere von den abweichenden Stimmen zu interviewen, die ich in den sozialen Netzwerken sah, und ihre Überzeugungskraft und allgemeine Aura persönlicher Integrität beeindruckte und erschütterte mich.

Dr. Vatsal Thakkar versuchte, Alarm zu schlagen, dass Menschen in geschlossenen Räumen einzusperren sie umbringen würde. Vitamin D rettete Leben, erklärte er. Genau wie Dr. Goddek zeigte er mir Dutzende von Experten begutachtete Studien, die zeigten, dass Vitamin D die Widerstandskraft gegen schwere Schäden durch COVID-19 erhöhte.[207] *Kevin McKernan, der ein PCR-Testlabor in Beverly, Massachusetts, betreibt, begann ebenfalls zu warnen, dass etwas mit den PCR-Tests nicht stimme.*

Daraufhin brach ich aus der angstbasierten Erstarrung aus, die die Welt zum Erliegen gebracht und ebenfalls an mir gezogen hatte, und zwang mich, wie eine Berichterstatterin zu agieren. Nachdem ich mich an McKernan gewandt hatte, ging ich tatsächlich in die Welt hinaus, um persönlich mit ihm zu sprechen – in die Welt hinaus, die uns angeblich an jeder Ecke umbringen würde.

Es war irgendwie nett, gegen Abend draußen in Beverly, Massachusetts, am Wasser zu sein, und auch nett, ein Bürogebäude zu betreten, etwas, was ich sieben Monate lang nicht getan hatte. Mr. McKernan ließ mich einen Rundgang durch sein PCR-Testlabor machen, während mein Mann Brian unsere Diskussion aufzeichnete. Das Labor war sauber und hell. Ich war überrascht, dass die Wissenschaftler hier jeden Tag zur Arbeit gingen und so agierten, wie es Menschen ohne die »Anordnung« des »Abstandhaltens« getan hätten. Sie hatten ihr eigenes Komfortniveau in Bezug darauf gefunden, wo sie sitzen, stehen und gehen wollten, und es schien gut zu funktionieren. Wissenschaftler beiderlei Geschlechts waren locker gekleidet oder trugen weiße Laborkittel und sprachen konzentriert über ihre Arbeit. Masken wurden zur Verfügung gestellt, doch niemand trug eine. Die Angestellten saßen organische 3 oder 3,5 m voneinander entfernt. Die Belüftung war außergewöhnlich gut und erfrischend. Üppig-grüne Pflanzen wuchsen an den breiten Fenstern.

Bisher ist noch niemand krank gewesen, meinte Herr McKernan.

Er zeigte mir, dass die PCR-Tests, die für COVID in Gebrauch waren, eine Wochen alte Erkältung oder Grippe in den Nasengängen fälschlicherweise als COVID-19 interpretieren könnten. Er erklärte, dass viele Erkältungen »Coronaviren« seien. So erkannte ich, dass wenn ein Nachrichtenportal ohne zusätzliche Angaben davon sprach, dass 70 000 Menschen an dem Coronavirus gestorben seien, dies mehr als nur Todesfälle durch COVID-19 bedeuten konnte. Er zeigte mir die fehlende Datenzeile, die hätte vorhanden sein sollen, wenn menschliches COVID-19 wirklich durch die PCR-Tests, die jetzt in Gebrauch waren, gemessen werden sollte. Er erklärte, dass man, wenn die PCR-Tests mit hohen Zyklusgrenzwerten durchgeführt wurden, häufig falsch-positive Ergebnisse bekäme. Herr McKernans Kollege Bobby Malhotra, ein Datendesigner, der sich aus Wien einwählte, bestätigte, was Herr McKernan gesagt hatte.[208]

Die Information war verblüffend. Die COVID-19-Dashboards hatten monatelang täglich die Ergebnisse von PCR-Tests gemeldet, als seien sie goldene, belastbare Belege für grassierende COVID-19-Infektionen. Doch sowohl Doktor Goddek als auch Kevin McKernan hatten nun abhängig voneinander bestätigt und jeweils offen und überzeugend gezeigt, dass das, was man den Menschen sagte, nicht richtig war. Es gab eklatante Mängel in den Methoden, mittels derer die Daten für die Tests gesammelt wurden. Hinzu kamen noch diejenigen, von denen ich bereits wusste, und die sich auf die Methode bezogen, wie die Daten digital interpretiert und dargestellt wurden.[209]

Etwa zur selben Zeit, zu Beginn des Jahres 2021, versuchten Dr. Jay Bhattacharya, Dr. Martin Kulldorff und Dr. Sunetra Gupta zu warnen, dass man Kindern nicht den Schulbesuch verbieten solle, da sie keinem schweren Risiko durch COVID ausgesetzt seien.

Ich befragte Dr. Bhattacharya, einen freundlichen, optimistischen und brillanten Stanford-Professor, der Vernunft ausstrahlte; sein Tonfall war maßvoll und umsichtig. Doch auch er wurde jetzt als spinnerter Wissenschaftsleugner und Verschwörungstheoretiker dargestellt.

Dr. Bhattacharya meinte, dass während ältere und gefährdete Menschen sich in einer »geschützten Atmosphäre« aufhalten sollten, junge Erwachsene einfach ihr Leben führen sollten. Ich dachte an College-Studenten, die ich liebte, und die unter der Situation litten, und war erschüttert.[210] *Unterdrückten wir die jungen Menschen völlig grundlos?*

Dr. Patrick Phillips aus Kanada beschrieb die Schrecken des Krebses und anderer Krankheiten, die sich während der »Lockdowns« verschlimmert hatten.[211]

Ich beobachtete, wie diese Wissenschaftler und Ärzte aufgrund ihrer Mitteilungen zunehmend zu Opfern von digitalen Trollen und digitaler Hetze wurden.

Und wenn ich meine auf soliden Quellen beruhenden Interviews mit diesen hochqualifizierten Menschen postete, die auf Berichterstattung aus erster Quelle basierten, einschließlich eines Besuchs in einem PCR-Testlabor, dann beobachtete ich voller Erstaunen, wie ich selbst getrollt und dann gehetzt und schließlich digital hinausgeekelt wurde.

In Massachusetts waren die Restaurants immer noch komplett geschlossen. Ich interviewte Paul Massimino von dem beliebten Restaurant Massimino's in Boston. Sein Vater hatte das Restaurant gegründet. Er war verzweifelt. Zwanzig Familien hingen davon ab, dass er wieder öffnete, und trotzdem änderte die Gesundheitsbehörde immer wieder die Regeln: 25 Menschen – 50 Menschen – 25 Menschen. Ich hatte noch nie zuvor das Gesicht eines anständigen Mannes gesehen, der in einem sich immer wieder verändernden, unlogischen Umfeld mit seiner Weisheit am Ende war, bei dem Versuch, einen Weg zu finden, für zwanzig Familien, die von der ehrlichen Arbeit eines Ernährers abhingen, Essen auf den Tisch zu bringen – wenn dieser Ernährer davon abgehalten wurde, zu arbeiten. Es war ein verstörender Anblick.

Am 5. März 2021 gab Gouverneur Como die wirklich seltsame Erklärung ab, dass, während Hochzeiten und Veranstaltungen mit Catering jetzt wieder aufgenommen werden konnten, Hochzeitsgäste getrennt tanzen und Maske tragen mussten, und ihre Masken nur abnehmen durften, während sie an ihrem Platz saßen und aßen oder tranken: »Veranstaltungen sind auf 50-prozentige Auslastung beschränkt, mit nicht mehr als 150 Teilnehmern pro Event. Alle Anwesenden müssen ein negatives Testergebnis vorlegen oder einen Nachweis über eine Schutzimpfung vor der Veranstaltung erbringen. Die Anmeldung mit Kontaktdaten war als Unterstützung bei der potenziellen Kontaktverfolgung erforderlich. Veranstaltungsorte mussten die lokalen Gesundheitsbehörden im Voraus über größere Veranstaltungen, die über dem Limit für soziale Zusammenkünfte lagen, informieren.

Zeremonielles Tanzen und Tanzen mit dem nötigen Abstand würde nur in ausgewiesenen Bereichen erlaubt sein.«[212]

Zu Beginn des Jahres 2021 wurden Millionen von Menschen mit RNA-Impfstoffen geimpft, die eine Zulassung für die Anwendung in Notfallsituationen erhalten hatten. Im März 2021 sah ich Frauen in den sozialen Netzwerken mit erschreckenden Berichten über Störungen des Menstruationszyklus nach der Impfung. Gesunde junge Frauen berichteten von zwei Perioden pro Monat oder einer Periode, die 15 Tage am Stück dauerte. Eine Reihe von Frauen, die schon jahrelang in der Menopause gewesen waren, begannen wieder zu menstruieren, was ein wirklich bizarres Symptom ist, wenn man etwas über die Gesundheit der Frau und die mit der Fruchtbarkeit verbundenen Gründe für die Menstruation weiß. Eine Mutter erzählte, ihre zwölf Jahre alte Tochter habe eine 14-tägige Periode bekommen – ihre erste – unmittelbar, nachdem sie geimpft worden sei. Viele Frauen berichteten von Horrorgeschichten im Zusammenhang mit ihrer Periode nach der Impfung, von quälenden Krämpfen und Blutungen mit großen Klumpen blutigen Gewebes. Eine Krankenschwester beschrieb vor kurzem, dass menstruierende Frauen im Krankenhaus große Klumpen blutigen Gewebes ausschieden.

Ich schreibe über die Gesundheit von Frauen, und der Feminismus lehrt uns: »Höre als erstes den Frauen zu.« Indem wir den frühen Einzelberichten von Frauen über ihren eigenen Körper und ihre Babys zuhörten, erfuhren wir von den Gefahren von Contergan, transvaginalen Meshes, Brustimplantaten aus Silikon und Mirena-Spiralen.

All die Blutungen, über die ich online und von den Frauen hörte, die ich kannte, waren einfach nicht normal. Und man musste kein Raketenforscher sein, um zu begreifen, dass ein fehlgestörter Menstruationszyklus die Fruchtbarkeit negativ beeinflussen würde.

Ich sprach über dieses Beschwerdebild auf FOX NEWS und in dem politischen Podcast WAR ROOM.

Die Reaktion?

Mein Twitter-Account wurde gesperrt; als Begründung wurde angegeben, ich habe »medizinische Falschinformationen« verbreitet.

Der Reporter Matt Gertz von CNN und MediaMatters zitierten in einem detaillierten und sorgfältig illustrierten Verriss meine Berichterstattung über die menstruale Dysregulation und stempelten mich als »Verschwörungstheoretikerin« ab.

Einige Monate zuvor hatte CNN 3,6 Millionen Dollar von der Bill-und-Melinda-Gates-Stiftung direkt zur Finanzierung seiner Berichterstattung erhalten. Der Zuschuss sollte sich auf mehr als drei Jahre erstrecken.[213]

Kapitel Zehn: »Die Software des Lebens«

Bis April 2021 bekamen sogar noch mehr Menschen, zumindest aus meinen früheren Kreisen, mRNA-Impfstoffe verabreicht. Bald waren Menschen »doppelt geimpft.« Sie prahlten im Internet, dass sie »Team Biontech« oder »Team Moderna« seien. Überall in den sozialen Netzwerken sah man lächelnde Influencer, die ihre Ärmel hochkrempelten und stolz ihre Pflaster präsentierten. Bei den etablierten Medien sah es nicht viel besser aus.

Wie natürlich war all dieses Cheerleading? TheBlaze deckte einen Geldfluss auf, der direkt zu den etablierten Medien führte:

> TheBlaze.com verlangte unter Berufung auf das Gesetz über die Informationsfreiheit (FOIAD) die Herausgabe von Daten des Gesundheitsministeriums (HHS) und stellte fest, dass das Ministerium Werbung von großen Nachrichtenplattformen wie *ABC*, *CBS* und *NBC* gekauft hatte. Über das HHS flossen Millionen an *Fox News*, *CNN* und *NBC*; die *Washington Post*, die *New York Times*, die *Los Angeles Times* und *Buzzfeed.com*. Das Geld stammte aus der eine Milliarde Dollar, die der Kongress 2021 für das HHS bewilligt hatte, das die CDC als Verteiler einsetzte, »um das Vertrauen in Impfungen in den Vereinigten Staaten zu stärken.«[214]

Das Werbebudget floss in Print-, Fernseh- und digitale Werbung sowie an Influencer in den sozialen Medien und solche aus den am stärksten betroffenen Gemeinschaften. Die Mission war klar definiert als die Art von Nachrichten-Management, die, wie wir sahen, 2021 erheblich zunahm: Die CDC und andere durften Verträge an private und öffentliche Organisation vergeben, »um eine nationale, evidenzbasierte Kampagne durchzuführen, die das Bewusstsein von und Wissen um die Sicherheit und Effektivität von Impfungen zur Vorbeugung und Kontrolle von Krankheiten erhöht, Fehlinformationen über Impfungen bekämpft, sowie wissenschaftliche und evidenzbasierte Informationen im Zusammenhang mit Impfungen verbreitet, mit dem Ziel, die Impfraten über alle Gruppen hinweg zu erhöhen […]«.[215]

Einige Staaten, die Mittel aus dem CARES-Gesetz verwendeten, organisierten ihre eigenen Nachrichtenkampagnen. Colorado allein bezahlte mehr als 120 Influencern auf Plattformen wie TikTok »bis zu 1000 Dollar pro Monat«, um Menschen zu überzeugen, sich impfen zu lassen.[216]

Dies stellte ein neues Finanzierungsmodell dar, das in wenigen Monaten die amerikanische Zivilgesellschaft vollkommen korrumpierte und die Nachrichten vieler etablierter Medienkanäle beeinflusste. Die Dollars amerikanischer Steuerzahler wurden verwendet, um Individuen und Gruppen dafür zu bezahlen, dass sie ein Produkt vorantrieben, das von Geldgebern der Administration entwickelt worden war,[217] mit einer Crossover-Geschäftsausrichtung auf Big Tech.[218]

Big Tech wiederum unterstützte die Propagandakampagne über die Plattformen der sozialen Netzwerke.[219] Es war ein kreisförmiger Strom des Einflusses von nie gekanntem Ausmaß.

Im Mai 2021 teilten die Influencer Geschichten darüber, dass sie ihre Kinder im Teenageralter hatten impfen lassen.

Ich ließ mich nicht impfen.

Ich habe nichts gegen andere praxiserprobte Impfstoffe, doch allein beim Lesen der Moderna-Website hatte ich eine Heidenangst bekommen. Ihr Wettbewerbsvorteil, so wie sie Moderna seinen Aktionären schmackhaft machte, bestand darin, dass seine mRNA-Impfstoffe, eingebettet in ein neues Lipidnanopartikel-Trägersystem, in Körperzellen eintreten und ein Spikeprotein produzieren würden. Auf der Moderna-Website wurde behauptet, dass die neue Technologie in der von ihnen gewählten Metapher »die Software des Lebens« sei.[220] Da ich ein Technologieunternehmen führte, wusste ich genau, dass »Software« im Laufe der Zeit »Updates« erfordert, und dass sich Technologien weiterentwickelten. War Moderna wirklich so transparent in Bezug auf seinen Impf»-Businessplan«, sogar in seinem Metapherngebrauch?

Aufgrund dieser Präsentation für Investoren sagte ich, bevor noch jemand von »Boostern« gehört hatte, in den sozialen Netzwerken voraus, dass es in Zukunft Wiederholungsinjektionen geben würde. Ich schaute mir Peer-Review-Studien über Lipidnanopartikel an. Diese ängstigten mich sogar noch mehr, weil die Biotech-Welt so begeistert von dieser neuen Technologie war. Die massive Investition in die Lipidnanopartikelforschung und die Begeisterung für sie kamen nicht von der Medizin allein, sondern, wie ich erschrocken feststellte, auch von Biotech-Unternehmen: »Feste Lipid-Nanopartikel für die Arzneimittelabgabe: pharmakologische und biopharmakologische Aspekte«: »Pharmazeutische Anwendungen von Lipid-Nanoträgern sind ein boomender Bereich für den Transport und die Abgabe vielfältiger therapeutischer Wirkstoffe, von biotechnologischen Produkten bis hin zu kleinen Wirkstoffmolekülen.«[221] Diese Artikel waren euphorisch angesichts des Potenzials, das feste Nanopartikel für die biotechnologische Nutzung in körperlichen Prozessen, ebenso wie für die Wirkstoffabgabe hatten.

In jener völlig atemlosen Berichterstattung der technischen Medien über Lipidnanopartikel erkannte ich die um sich greifende

Goldrausch«-Stimmung der Risikokapitalgeber. Tatsächlich »erinnert das Umfeld bisweilen an die frühe Phase eines Goldrausches,« wie Wired.com berichtete.[222] Silicon Valley sieht die Meere, die Erde, den Himmel und den menschlichen Körper selbst als die letzten unerforschten Gebiete an, den einzigen noch verbleibenden Wilden Westen, der über digitale Kolonisierung erobert werden kann. Ich wollte nicht, dass mein Körper zum Bestandteil ihres »Goldrausches« wurde. Die Technikmogule lassen sich nur ungern auf Computer beschränken. Sie wollen in die Gemeinschaftsgüter unserer Umwelt einsteigen und sie wollen in den menschlichen Körper – jene Goldmine von Daten – eindringen.

Wegen der starken Begeisterung der Marktkräfte für die Lipidnanopartikel-Technologie der Biotech-Industrie vertraute ich dem schnell hergestellten Impfstoff nicht. Ich war misstrauisch, dass noch vor der Corona-Pandemie so viel Entwicklungsgeld in die Lipidnanopartikel-Technologie geflossen war. Die Verabreichungstechnologie war nicht speziell für diese Pandemie entwickelt worden, jedoch in der Hoffnung, dass sie anderen Zwecken dienen würde.

Ich war auch erschrocken darüber, dass mir bekannte Ärzte so unwissend in Bezug auf die mRNA-Technologie zu sein schienen, und erst recht in Bezug auf die Lipidnanopartikel-Hüllen. Von einem Verwandten, der Arzt ist, und der von einem Skript auf der CDC-Website abzulesen schien, wurde ich bedrängt, ungeimpfte Familienmitglieder anzustacheln, »das Richtige zu tun.« Ich fragte ihn, ob er wisse, was mit dem Spikeprotein passiere. Er konnte die Frage nicht beantworten.

In einem anderen Zusammenhang fragte mich ein Arzt, ob ich schon geimpft sei, eine Frage, die ich immer aufdringlich fand. (Ich habe eine schwerwiegende neurologische Erkrankung, die ebenfalls ein Faktor meines Unwillens war, mit einem bereits geschädigten Nervensystem zu experimentieren. Dieser Faktor war außerdem ausschließlich meine eigene Angelegenheit.)

Ich antwortete nicht, doch ich fragte ihn, ob er wisse, was mit dem Spikeprotein passiere, wo es hinginge. Er gab die Antwort, die von den Referenten für öffentliche Gesundheit geliefert wurde: dass es in dem Muskel verbliebe, in den es injiziert worden sei.

Und schließlich gab es ein Dokument, das renommierte Ärzte und Epidemiologen, darunter Dr. Sucharit Bhakdi, an die Europäische Arzneimittelagentur (EMA) schickten. Sie beschrieben den möglicherweise schädigenden Effekt des mRNA-Impfstoffs auf die Wände der Blutgefäße, einschließlich der allerkleinsten; und sie sahen Schlaganfälle und thrombotische Ereignisse einfach aus der Art und Weise vorher, wie der Mechanismus des Impfstoffs aufgebaut war:

> Es muss davon ausgegangen werden, dass Endothelschädigung mit anschließender Auslösung von Blutgerinnung über die Plättchenaktivierung an unzähligen Stellen im gesamten Körper erfolgen wird. Wir verlangen Nachweise, dass diese Wahrscheinlichkeit in präklinischen Tiermodellen mit allen drei Impfstoffen vor ihrer Zulassung zur Anwendung beim Menschen durch die EMA ausgeschlossen wurde… Wenn solche Nachweise nicht verfügbar sind, muss davon ausgegangen werden, dass dies zu einem Abfall der Thrombozytenzahl führen wird, zum Auftreten von D-Dimeren im Blut, sowie zu unzähligen ischämischen Läsionen im gesamten Körper, unter anderem im Gehirn, Rückenmark und Herzen. Im Zuge dieses neuen Typs von Defibrinationssyndrom können Blutgerinnungsstörungen auftreten, einschließlich starker Blutungen und hämorrhagischer Schlaganfälle, und vielem anderen mehr. Wir verlangen Nachweise, dass all diese Möglichkeiten in präklinischen Tiermodellen

> mit allen drei Impfstoffen vor ihrer Zulassung zur Anwendung beim Menschen durch die EMA ausgeschlossen wurden.[223]

Ihr Brief schien in Bezug auf das Risiko für das Gefäßsystem gut belegt zu sein, und er schien wichtige Fragen zu stellen. Sie baten die Behörde, auf ihre Anliegen einzugehen und ihre Bedenken zu zerstreuen.

Alles, wovor sie warnten, trat ein.

Ich schickte den Brief an meine Angehörigen und Freunde.

Viele meiner Freunde und Angehörigen, die anfingen, sich gänzlich einem sich ausbreitenden Narrativ zu verschreiben, dem zufolge die mRNA-Impfung »einen Ausweg aus dieser Situation« darstellte, und für die Ungeimpfte eigensinnige Seuchenfabriken waren, die man ausgrenzen musste, baten mich, ihnen nichts dergleichen mehr zu schicken.

Dabei handelte es sich um Richter, Journalisten oder Redakteure – kritisch denkende Menschen.

Doch jetzt war die Raserei der Menschen, die dem »Lockdown« über »den einzigen Ausweg«, die Impfung, entkommen wollten, in vollem Gange, vergleichbar mit der Tulpenmanie im Holland des 17. Jahrhunderts. Mittlerweile teilten die Medien den Ungeimpften unerbittlich die Rolle als von Trump besessenen, infektiösen Rassisten zu und beschrieben die Impfung mit einem mRNA-Impfstoff als einzigen Weg, um ein anständiger Mensch zu sein und der Gemeinschaft zu dienen.

Meine Freunde und Angehörigen in den von den Demokraten dominierten Städten fielen einem Gruppenbewusstsein anheim, das ich nicht begreifen konnte.

Es schien mir, als wollten sie nichts sehen, das sich gegen das richtete, was immer mehr zu einem sich verfestigenden Massenwahn wurde.

Im Sommer 2021 *fuhren Brian und ich über Land, worüber viele unserer Freunde und Angehörigen erstaunt und besorgt waren. Es war absolut in Ordnung. In republikanischen Staaten respektierten die Menschen den persönlichen Raum anderer. Sie verwendeten Händedesinfektionsmittel und schienen ansonsten ihren Geschäften nachzugehen. Sie waren sehr nett.*

Die nationalen Nachrichten waren voller Geschichten von Menschen gewesen, die in South Dakota in Massen starben, dessen Gouverneurin, Kristi Noe, sich geweigert hatte, einen »Lockdown zu verhängen.« Als wir nach all dem Videomaterial fragten, das auf CNN und NBC zu sehen war, und Menschen zeigte, die auf Bahren in den Gängen des örtlichen Krankenhauses lagen, angeblich an COVID-19 erkrankt und im Sterben liegend, da lachte der Pfleger impulsiv los. Er sagte, dass das Material aus dem Jahre 2019 stamme, als viele junge Menschen in die Notaufnahme gekommen waren, weil sie nach einer großen Party einen heftigen Kater hatten.

Wir hielten in Sturgis, South Dakota, an. In einem Souvenirladen, den wir besuchten, fragten wir eine junge Frau nach der örtlichen Motorradrallye, die als »Superspreader-Ereignis« gemeldet worden war, sowie nach den Folgen von COVID für ihre Stadt. Sie war sichtlich verzweifelt. Zu Beginn der Pandemie gab es einige traurige Todesfälle bei älteren Menschen, sagte sie, wie in jeder anderen Kleinstadt. Einige andere Menschen waren zu Beginn der Pandemie sehr krank geworden. Doch der Konsens in der Stadt und unter den Besuchern der Motorrad-Rallye war, dass letztere nicht der Ort war, an dem es zu einer starken Ausbreitung der Krankheit gekommen sei.

Natürlich war dies das Gegenteil der Botschaft, die den Zuschauern von CNN und NBC und der New York Times – und im weiteren Sinne allen Konsumenten der Massenmedien, die der Führung der Times folgen – über Sturgis vermittelt worden war. Eine Geschichte, die in der Times nach der Rallye veröffentlicht worden war, hatte die Überschrift: »Eine Motorradrallye während einer Pandemie? ‚Wir wussten irgendwie, was passieren würde'«. Sie beschrieb es so, als seien Hunderte von Menschen bei der Sturgis-Rallye infiziert worden. »In der Folge der Rallye,« so war zu lesen, mit dem Hinweis, dass der Gouverneur von South Dakota Republikaner sei, »sind Hunderte von Menschen krank geworden, und Sturgis ist zu einem krachenden Symbol für Amerikas tiefe Zerstrittenheit über das Coronavirus geworden, selbst jetzt, wo die Fallzahlen weiter steigen und am Donnerstag mehr als 121.000 Infektionen pro Tag übertroffen haben, und die Zahl der Toten mehr als 235.000 beträgt.«[224]

Es war eine genaue Lektüre erforderlich, um herauszubekommen, dass viele derjenigen, die als an COVID-19 erkrankt gemeldet wurden, in Wirklichkeit einen Monat später erkrankt waren, als sie wieder zu Hause in New Hampshire, Wyoming, Nebraska und anderswo waren. In der Tat hatte die Times keine Belege, die zeigten, dass sich die Krankheit von den Besuchern der Motorrad-Rallye auf Kollegen oder Familienmitglieder in weit entfernten Bundesstaaten »verbreitet« hätte. Diejenigen, die krank wurden, hätten, wie Zehntausende in jener Phase, tatsächlich bei der politisch nicht korrekten Rallye in einem republikanischen Bundesstaat erkrankt sein können. Oder sie hätten vollkommen unabhängig davon krank geworden sein können, nämlich bei sich zu Hause.

Doch für diejenigen, die eine Bestätigung für ihr obsessives Maskentragen sowie Abschirmung und Gehorsam im Allgemeinen gegenüber dem sich immer wieder verändernden Regelwerk von Anordnungen suchen, spielte das keine Rolle. »Die Motorrad-Rallye« in Sturgis, South Dakota, wurde zu einem Synonym für stupide, sich selbst zerstörende, Trump wählende »Freiheits«-Fetischisten, deren Schuld die Ausbreitung der gesamten Pandemie sein würde. Wie die New York Times berichtete, hatten diese selbstsüchtigen, nichtsnutzigen Idioten ihren Spaß in einer Menschenmenge und gingen dann nach Hause, um ihre Familien umzubringen. Schlimmer noch, diese Bier saufenden, kräftig feiernden Superspreader hatten die »vorsichtigen«, abgeschiedenen, sich in Innenräumen aufhaltenden, Maske tragenden progressiven Städter aus der Oberschicht, die »guten Menschen«, die «der Wissenschaft folgten« und so bereitwillig eine Einschränkung ihrer Freiheit und ihres Wohlbefindens nach der anderen akzeptierten, in Gefahr gebracht.

Und jetzt, nahezu ein Jahr später, war klar, dass in Sturgis alles wieder fast normal war. Jetzt waren nur wenige Menschen krank, und niemand davon schwer.

Und unsere Bekannte in dem Souvenirladen sagte, sie ärgere sich, dass die hübsche kleine Stadt und die Menschen, die aus dem ganzen Land kamen, um zusammen zu sein, in den Medien so falsch dargestellt worden seien.

Mir fiel auf, wie vollkommen normal die Situation in Sturgis wieder war, in einem Staat, in dem die Gouverneurin erklärt hatte: »Ich habe nicht das Recht, irgendjemandes Geschäft zu schließen.« South Dakota erschien mir als einer der wenigen Orte in Amerika, an dem sich die Menschen noch bewegten, redeten und lächelten wie Amerikaner, als ein Staat, der nicht traumatisiert worden war: ein Staat, der nie in einen »Lockdown gegangen war.«

Die nette junge Frau in dem Souvenirladen erzählte uns, dass sich jeder auf die nächste Motorradrallye freue.

Natürlich soll nichts davon suggerieren, dass es keine wirklichen Gefahren gab. Wie erwähnt, zeigten von Experten begutachtete Studien tatsächlich, dass man nicht in nächster Nähe zu Menschen sitzen und von Angesicht zu Angesicht fünfzehn Minuten oder mehr in einem unbelüfteten Raum mit ihnen sprechen sollte. Und auf Basis dieser Studien erschien es auch nicht ratsam, sich in dichten Menschenmengen aufzuhalten, wenn dort eine schwere Atemwegserkrankung zirkulierte.

Doch jedes Risiko ist relativ und jedes Risiko ist persönlich, wie wir früher wussten.

Was ich sagen will, ist, dass »die Wissenschaft«, so wie sie uns von der CDC und der New York Times präsentiert und bei Gesprächsrunden in den Medien im ganzen Land wiederholt wurde, es versäumte, den Amerikanern solide, vertrauenswürdige Daten oder eine genaue Erklärung der realen Risiken zu geben. Sie bauschte die Gewissheit von Ursache und Wirkung und die Höhe des Risikos für eine ansonsten insgesamt gesunde Bevölkerung maßlos auf.

Dadurch mussten Leser der New York Times – wie meine Mutter, meine Freunde und Angehörigen – seelisches Leid ertragen. Hier fand eine psychische Fehlregulation im ganzen Land in sehr großem Ausmaß statt.

Ich versuchte in meinem Freundes- und Bekanntenkreis zu erklären, was mit den in der Times erschienenen Artikeln nicht stimmte, doch es spielte keine Rolle. Ich versuchte zu erklären, dass ernste Wissenschaftler die Methoden und Aussagen der FDA, der CDC und Dr. Faucis in Frage stellten, doch es spielte keine Rolle.

Meine geliebten älteren Verwandten waren in ihrem Zuhause isoliert und weigerten sich, nach draußen zu gehen oder auch nur mit einer Nachbarin zu plaudern, selbst aus größerer Entfernung. Die Artikel, die sie in der Times lasen, trugen dazu bei, eine »Tugend« in der populären Kultur zu etablieren, (die bald zu einer populären Religion beziehungsweise einem populären Kult wurde).

Das soll heißen, sie halfen, die Vorstellung von »besseren«, »wertvolleren« und »reineren«, gebildeten New-York-Times-Lesern zu etablieren, die bereit waren, sich alleine in geschlossenen Räumen auf-

zuhalten, bei Amazon zu bestellen, der Führung der CDC zu folgen, Masken und doppelte Masken zu tragen und die Aussagen Dr. Faucis zu verehren. Diese tugendhaften Seelen traten gegen eine andere Gruppe an, die ganz sicher nicht die Times las und im übrigen dazu neigte, Dinge ganz anders anzugehen.

Diese andere Gruppe, auf die die Eliten so sehr herabschauten, versammelte sich und betete weiter. Sie übernahm Verantwortung für ihre eigenen Gesundheitsentscheidungen und nutzte ihren gesunden Menschenverstand. Diese Gruppe lebte weiter ziemlich normal, erlebte Ereignisse im wirklichen Leben und blieb mit anderen Menschen in Kontakt. Es stimmt, dass in beiden Gruppen viele Menschen krank wurden und viele starben. Doch die beiden unterschiedlichen Glaubenssysteme und Lebensstile bestimmten nicht das Schicksal der unterschiedlichen Menschen.

Während dieser Zeit blieb die andere Gruppe drinnen, einige für nahezu zwei Jahre, alleine, oder mit einigen ihrer Liebsten. Wie in Platos Höhlengleichnis war alles, was ihnen übrigblieb, die Welt über Projektionen des Feuers auf die Höhlenwand zu sehen.

Diese Gruppe, die geschützt und isoliert war, wurde immer verletzlicher, beeinflussbarer, subjektiver, gaslit; am Ende wurden einige schwer psychisch krank. Viele bekamen traurigerweise trotzdem COVID, und wie erwähnt, starben viele auf tragische Weise.*

Trotzdem machte die Gruppe der Times-Leser mit ihrer Unterwerfung und Isolation weiter, und sie glaubten zunehmend, dass sie die »Reinen«, die Tugendhaften, ja, die Erlösten seien.

---

* Die Psychologie bezeichnet mit »gaslighted« eine Form der psychischen Gewalt, durch die Opfer zielgerichtet desorientiert, manipuliert und verunsichert werden. Ihr Realitäts- und Selbstbewusstsein werden allmählich deformiert/zerstört. (Anm. d. Ü.)

Kapitel Elf

Wie Masken den menschlichen Fortschritt unterdrücken

Mit dem heutigen Wissen darüber, wie Big Tech den menschlichen Fortschritt verachtet und versucht, ihn zunichtezumachen, erhält der Fetisch um die Masken herum eine neue Bedeutung.

Es wurde zunehmend deutlich, dass das Tragen von Masken in mancher Hinsicht eine Bedrohung für die physische Gesundheit darstellte.[225]

Doch womöglich waren ihre Auswirkungen auf die emotionale Gesundheit sogar noch schlimmer.

Online sah ich, wie eine Kommentatorin namens Megan Mansell auflistete, inwiefern das »Maskentragen« unsinnig, ja sogar potenziell schädlich sei, und ich wandte mich an sie, um sie zu interviewen.

Für mich war dieses Interview entscheidend. Es bestätigte mit aufschlussreicher Genauigkeit meine Wahrnehmung, dass die bereits in immer mehr Bundesstaaten vorhandene »Maskenpflicht« eine Katastrophe war – nicht nur potenziell gefährlich, besonders für Kinder, sondern auf illegale Weise gefährlich.

Megan Mansell ist Bezirksdirektorin für Bildung in Florida und kümmert sich um die »Integration besonderer Bevölkerungsgruppen.« Ihr Programm richtet sich an Schüler, die schwer behindert, immunsupprimiert oder autistisch sind und schließt »andere schwierige Vermittlungen« ein. Wie sie erläuterte, ist sie erfahren im Schreiben und in der Überwachung der Protokollimplementierung unter genauer Beachtung von ADA und OSHA. Sie kennt sich auch mit Themen wie Gefährdungen am Arbeitsplatz und PSA-Anwendungen aus, was das Wissen darüber einschließt, wie und warum welche Masken und Atemschutzgeräte funktionieren.

Ich war gerade fassungslos wegen eines neunjährigen Kindes, das ich sehr gern hatte und das man zwang, in der Schule den ganzen Tag eine Maske zu tragen.

»Mrs. Mansell,« begann ich, »sagen Sie mir, was Ihr Gefühl in Bezug auf die Wissenschaft hinter den Masken ist. Sind sie nützlich?« fragte ich.

> *Megan Mansell:* Ich glaube, dass wir vor allem eine große Zahl von Menschen haben, die sich neuerdings als immungeschwächt bezeichnen. und die sich vom öffentlichen Sektor nicht repräsentiert fühlen. Und dann haben wir es mit einer fehlerhaften Anwendung von PSA zu tun gehabt.
>
> Damit meine ich Folgendes: COVID-Partikel haben die Größe von 0,06 bis 0,14 Mikronen, wenn eine Ausatmung unter Druck erfolgt. Hinter dieser Maske können Sie jedes Tröpfchen herausfiltern und vernebeln; darüber hinaus werden bei diesem respiratorischen Ausbruch bereits Aerosole erzeugt – egal, ob es nun ein Ereignis ist, das eine explosive Kraft erzeugt, wie ein Husten, ein Nieser oder ein Schrei, oder einfach nur die allgemeine Atmung.

Dann kann das Tröpfchen, je nach Passgenauigkeit und freigesetztem Druck, durch eine Maske oder ein Atemschutzgerät gefiltert werden.

Doch dann nimmt man das, was andernfalls in einem vorhersehbaren Zweimeter-Bogen heruntergefallen wäre [wenn man keine Maske tragen würde], und schickt es jetzt mit einer Maske, die es vernebelt, auf eine 5,5 bis 6 Meter hohe Flugkurve, wo es stundenlang in Reichweite des Atems in der Luft verbleibt.

Anfangs erklärten die CDC und die Weltgesundheitsorganisation: »Wir glauben, dass dies ausschließlich ein auf Tröpfchen basierendes Pathogen ist.« Deshalb beruhten alle unsere Schutzmaßnahmen ausschließlich auf tröpfchenbasierten Krankheitserregern. Doch auch, als wir »luftübertragen« in die Gleichung einbezogen, gab es nie einen Richtungswechsel in einem unserer nationalen Testgelände oder unseren Testeinrichtungen.

In der Außenwelt hat man keine eingeschränkte Luftzirkulation, und ich glaube nicht, dass wir draußen auch nur annähernd solche Vorsichtsmaßnahmen treffen müssten, wie wir es tun. Und: Sitzen Sie draußen dichtgedrängt mit sechzig Menschen, die positiv und ansteckend sind, unter einer Pergola? Oder sitzen Sie mit Maske auf der einen Seite des Basketballfeldes und sind wütend auf jemanden, der auf der anderen Seite keine Maske trägt, oder gehen Sie auf dem Bürgersteig an jemandem vorbei und sind wütend, dass er oder sie keine Maske trägt?

Naomi: Sie bestätigen mir das, was ich als Nicht-Wissenschaftlerin verstanden habe. Ich habe meine

Gewohnheiten geändert, nachdem ich die Aerosolstudien gelesen hatte. Ich möchte nicht 10, 20 oder 30 Minuten lang nahe bei jemandem sitzen, der Symptome hat, nicht einmal im Freien. Doch wenn es da einen vollkommen verlassenen Spazierweg entlang eines Flusses oder einer Uferpromenade gibt, und mein Gouverneur sagt, ich müsse eine Maske tragen, wenn ich dort entlangginge, ist das dann nicht unsinnig?

Megan Mansell: Es ist unsinnig. Außerdem hat das Immunsystem der Person, die versucht, sich zu schützen, viel damit zu tun. Wie gesund sind Sie? Als all das begann, hätte jemand hervortreten und sagen sollen: Einige von Ihnen werden sterben. Einige werden zusätzliche Risiken eingehen, die sie nicht hätten eingehen sollen. Sie werden sich falsch zuordnen und sie werden sich täuschen, genauso wie sich einige von Ihnen jedes Mal täuschen, wenn sie sich hinter das Steuer eines Autos setzen – genauso, wie sich einige von Ihnen jedes Mal getäuscht haben, wenn sie sportliche Aktivitäten mit hohem Gefahrenpotenzial ausgeübt oder sich an anderen Dingen dieser Art beteiligt haben.

Doch wir haben den freien Willen und die persönliche Risikobegrenzung aus der Unterhaltung ausgeschlossen. Wir sagen den Leuten, dass sie diese Maske tragen sollen – wir verteilen sie in Gesundheitsämtern – aber es ist etwas, das ausdrücklich und von vornherein nicht vor dem betreffenden Krankheitserreger schützt. Dem Gesetz für Amerikaner mit Behinderungen (ADA) zufolge darf man Menschen nicht benachteiligen, die keine Maske tragen können oder wollen.

Naomi: Unser Gouverneur Como hat einen Impfpass vorgeschlagen. Sind solche Pässe dem Gesetz für Amerikaner mit Behinderungen zufolge diskriminierend?

Megan Mansell: Sie sind es. Unter dem ADA erfährt man nicht, was mit jemand anderem nicht stimmt. Außerdem haben unter dem IDEA* alle Kinder in amerikanischen Schulbezirken ein Recht auf das geringstmöglich einschränkende Lernumfeld. Es gibt Kinder, die fast 159 kg schwer sind und die aufgrund bereits bestehender widriger Umstände Helme tragen mussten; und sie sollten den ganzen Tag eine Maske aufbehalten. Das wäre für ein Kind, das nicht sprechen kann und nicht versteht, was man mit ihm macht und warum, grauenvoll.

Und für den Gebrauch jeder Art von einschränkenden Geräten ist eine medizinische Zustimmung erforderlich, über die medizinische Tauglichkeitsbescheinigung im Arbeitsumfeld unter OSHA-Bestimmungen** hinaus. Von Rechts wegen kann man niemanden zwingen, Masken zu tragen.

Stoffmasken sind OSHA zufolge ausdrücklich nicht eindämmend und ausdrücklich »keine persönliche Schutzausrüstung (PSA), folglich sollten sie für luftübertragene Krankheitserreger am Arbeitsplatz nicht erforderlich sein.

* IDEA = Individuals with Disabilities Education Act [Bildungsgesetz für Individuen mit Behinderungen]. (Anm. d. Ü.)

** OSHA = Occupational Safety and Health Administration [US-amerikanische Arbeitsschutzbehörde]. (Anm. d. Ü.)

Zweifellos sind Masken nicht hilfreich bei luftübertragenen Krankheitserregern; sie sind absichtlich porös und werden in Umgebungen, in denen räumliche Nähe besteht, wie in Zahnarztpraxen und bei chirurgischen Eingriffen verwendet, um Spritzer und große Tropfen aufzufangen, die durch Blut übertragbare Krankheiten auslösen könnten.

Naomi: Es widerspricht also dem Gesetz für Amerikaner mit Behinderungen, zwischen Menschen, die Masken tragen, und solchen, die es nicht tun, in irgendeiner Weise zu unterscheiden? Und Sie haben darauf hingewiesen, dass es in Bezug auf die medizinische Zustimmung gegen das Gesetz verstößt, jemanden zu fragen, ob er geimpft ist, oder es ihm aufgrund seines Status zu erlauben, bestimmte Orte zu betreten oder nicht?

Megan Mansell: Ja, das ist illegal.

Naomi: Ich habe von Eltern mit hörgeschädigten Kindern, Kindern mit Autismus und ähnlichen Leiden gehört; sie machen sich Sorgen, dass Kinder mit irgendeiner Art von Lern- oder Hörbeeinträchtigung nicht lernen können; ihr sozial-emotionales Lernen ist gestört, und ihre Gehirnentwicklung ist beeinträchtigt, weil sie die Gesichter der Menschen nicht sehen können.

Megan Mansell: Das ist so wichtig. Ich wollte die Sprache auf die Entwicklung von Säuglingen und Kleinkindern bringen, weil so vieles von dem, was man für die soziale, emotionale und sprachliche Entwicklung erwirbt, die Zähne, die Zunge und – für die Sprachentwicklung – die Platzierung der Lippen betrifft.

Ein so großer Teil unserer Mimik und unseres sozialen Verständnisses stammt daher, dass wir den Gesichtsausdruck unserer Bezugspersonen nachahmen. Und deshalb wird man eine Menge Kinder haben, die bis zu einem gewissen Grad als von Autismus betroffen eingestuft werden, bei denen dies sonst nicht der Fall wäre, weil sie Gesichter nicht sehen konnten, um deren Ausdruck nachzuahmen. Die dadurch erforderlichen Therapien werden umfangreich sein.

Ich habe Kinder beobachtet, die Ihre Mimik in der unteren Gesichtshälfte und angemessenen Blickkontakt verlieren, weil es nichts zu sehen gibt. Sie verlieren die Fähigkeit, soziale Signale zu verstehen, und somit kommunikative Fähigkeiten. Ich glaube nicht, dass eine Person eine Maske sollte tragen müssen, wenn sie das nicht will. Ich glaube, dass menschliche Berührung, persönliche Interaktion, Präsenz und Nähe wichtig sind, unabhängig davon, wie immungeschwächt man ist. Ich habe die wirklich deprimierende Seite bei Kindern gesehen, die viele Jahre in Isolation zugebracht haben, und das wünsche ich niemandem.

Es gibt Null-Wirksamkeitsstandards für Masken in Kindergrößen, denn wenn man eine Maske bei einem Kind sieht, dann ist sie ungetestet. Sie war wahrscheinlich irgendein hausgemachtes unsteriles Ding sein, das vermutlich kaum etwas bei den Partikeln in COVID-Größe bewirkt. Allerdings anonymisiert sie das Kind und macht es unfähig zu kommunizieren.

Naomi: Das klingt, als ob vieles von dem, was eingeführt wurde, illegal sei.

Megan Mansell: Es ist eine Verletzung der IDEA.[226] Das ist das Bundesbildungs-Integrationsgesetz. Das ist es, was die Menschen nutzen sollten, um sich gegen die Schulsysteme zu wehren.

Naomi: Sie sagten, dass Masken das vernebeln, was andernfalls Tröpfchen sein würden. Wenn wir keine Masken tragen, und wir, Gott behüte, infiziert sind, dann werden die Tröpfchen in einer Entfernung von ca. 182 Zentimetern herunterfallen. Doch wenn wir eine Maske tragen, vernebeln wir jenes ansteckende Material, und es kann eine größere Reichweite haben und länger in der Luft hängen – ist es das, was Sie sagen wollen?

Megan Mansell: Ja, und ich habe hervorragende Quellen dafür. Krankenhäuser geben COVID-positiven Patienten bei der Entlassung N95-Masken. Diese Masken produzieren einen vollständigen ‚Jetstream' an konzentrierten Partikeln, sie sind ein untauglicher Filter für Aerosole in der Ausatemluft. Sie filtern keine Partikel unter vier Mikrometern und deshalb keinesfalls COVID-Partikel zwischen 0,06 und 0,14 Mikrometern. Folglich werden die COVID-Partikel einfach in einem unter Druck stehenden Strom abgegeben. Das ist so schlimm.

Menschen fertigen ihre Masken selbst an und das ist gefährlich. Ich habe im Laufe von zwei Wochen wiederholt bei dem gleichen Mädchen in einem

Lebensmittelgeschäft eingekauft. Sie trug dieselbe verdreckte chirurgische Maske, während sie mit undichten Hähnchen-Paketen hantierte und Geld zählte. Und sie fasste ihre Maske ständig an – die Maske, die sie seit zwei Wochen trug.

Sie hat Glück, dass sie noch am Leben ist. Ich meine, die Legionärskrankheit und eine ganze Reihe anderer ekelhafter Dinge sind da drin. Das sind mikrobielle Belastungen ebenso wie sauerstoffentziehende und Hyperkapnie* verursachende Effekte.

Naomi: Was sind einige der Dinge, die einem passieren können, wenn man eine Maske zwei Wochen lang trägt?

Megan Mansell: Die Fasern können sich ablösen, und Ihr Körper kann sie nicht loswerden. Fibrose ist ernsthafte Bedrohung. Sauerstoffentzug stellt sich ein, wenn man über längere Zeit weniger Zugang zu eingeatmetem Sauerstoff hat, und bei einer Hypoxie erhöht sich mit jeder Einatmung die CO_2-Konzentration.

Es gibt auch mikrobielle Belastungen, und zwar nicht nur, wenn man über die Maske wischt, sondern auch, wenn man in einer öffentlichen Toilette eine Maske trägt und beim Spülen Partikel von jener ekelhaften ›Wolke‹ abbekommt. Doch natürlich versucht unser Körper ständig, Dinge loszuwerden, zum Beispiel Krankheitserreger, wenn man hustet oder niest. Die Ausatmung – das heißt, was man ausatmet, ist das, was

* Hyperkapnie = erhöhter Kohlenstoffdioxidgehalt im Blut (Anm. d. Ü.)

der Körper *abstößt*. Was man ausatmet, ist das, was der Körper loswerden möchte. Wenn man also eine Maske trägt, dann bringt man all das zurück in den Körper.

Wir müssen uns der Auswirkungen von Masken und Sauerstoffentzug auf die menschliche Entwicklung wirklich bewusst sein, bei Kindern ebenso wie bei Ungeborenen. In den Industrieländern hat sich die Zahl der Totgeburten vervierfacht, und in den Ländern, in denen eine strenge Maskenpflicht herrscht, haben wir dieses Jahr geschätzt 300 000 Geburten weniger. Dreihunderttausend Menschen kommen weniger auf die Welt. Diese Babys gehen verloren und haben nie eine Chance bekommen, weil ihre Mütter ihren Job behalten mussten und verpflichtet waren, diese Masken acht, zehn Stunden am Tag zu tragen. Ich habe drei Kinder geboren; ich weiß, was für ein sensibler Prozess eine Schwangerschaft ist.

Etwas zu fordern, dass vorher nie einer ethischen Überprüfung standgehalten hätte, ist eine wirkliche Tragödie. Es ist etwas, auf das die Beschäftigten in der momentanen Situation keinen Einfluss haben. Und sie sind diejenigen, die dies mehr als jeden anderen betreffen wird.

Naomi: Haben Sie Belege dafür, dass es einen Zusammenhang zwischen Tot- oder Fehlgeburten und Hypoxie durch das Tragen von Masken gibt?

Megan Mansell: Wir wissen, dass es viele Erkrankungen gibt, die von Sauerstoffentzug während der Geburt oder der späten Schwangerschaft herrühren können. Die zerebrale Lähmung ist eine schwere

Erkrankung, die jeder kennt. Doch wir sagen nicht: »He, viele Kinder haben eine zerebrale Lähmung dadurch bekommen, dass während der Geburt eine Nabelschnur um ihren Hals gewickelt war, und sie lebenslange Auswirkungen durch diesen Sauerstoffentzug haben«. Warum berücksichtigen wir dann nicht die Auswirkungen auf das Ungeborene, wenn wir die gleiche Wirkung während der gesamten Schwangerschaft erzeugen?

Wir haben noch keine Studien darüber, was Sauerstoffentzug durch die mütterliche Maske mit Föten und Babys macht, da es etwas so Neues ist. Es ist ein riesiges Experiment mit der Menschheit. Doch ich kann bestätigen, dass es eine höhere Rate an Tot- und Fehlgeburten bei Müttern gibt, die Masken getragen haben.

Wenn man entbindet, dann zielt vieles von dem, was im amerikanischen Geburtshilfesystem passiert, darauf ab, zu verhindern, dass der Säugling einen Sauerstoffmangel erleidet, wenn es durch den Geburtskanal gleitet. Wir wissen, dass schon eine Minute mit zu wenig Sauerstoff lebenslange, irreparable Schäden bei Neugeborenen oder Föten anrichten kann. Sehr viele Kaiserschnitte werden nötig, weil der Säugling von Sauerstoffmangel bedroht ist und sein Herzschlag sich verlangsamt. Wenn die Sauerstoffsättigung für das Neugeborene abnimmt, muss bei der Mutter schnell ein Kaiserschnitt vorgenommen werden, denn der Säugling kann nur sehr kurze Zeit ohne Sauerstoff sein, da sonst bleibende Hirnschäden drohen.

Jetzt sehen wir, dass der Fötus in dieser schwangeren Mutter neun Monate lang stundenlang jeden Tag eine verringerte Sauerstoffversorgung hat. Jetzt tragen werdende Mütter sogar Masken, während sie gebären – genau dann, wenn der Säugling den Sauerstoff am dringendsten braucht.

Naomi: Erzählen Sie uns, warum Menschen Sauerstoff brauchen und warum Babys im Uterus ihn brauchen.

Megan Mansell: Sauerstoff heizt unsere Zellen an. Er hält jede Zelle in unserem Körper am Leben. Er sorgt dafür, dass sich die Zellen im Uterus immer weiter teilen. Die Versorgung mit Sauerstoff aus dem Nabelschnurblut – von der Mutter zum Baby – ist ein Prozess, der nicht aufgehalten werden darf. Den Sauerstoff aus der Nabelschnur aufzuhalten bedeutet, dass weniger Nährstoffe zum Kind gelangen.

Einige Frauen verrichten während der Schwangerschaft Tätigkeiten, bei denen sie sich anstrengen. Sich anzustrengen, während man eine Maske trägt, bedeutet, mehr und mehr CO_2 zu atmen.

Naomi: Ich komme nicht umhin, mich an die Ermahnungen zu erinnern, die man uns gab, als wir klein waren. Wir bekamen gesagt: »Atme nicht in eine Papiertüte.« Wenn man in eine Papiertüte atmet, so warnten uns unsere Eltern, dann atmet man seinen ausgeatmeten Atem ein und kann ohnmächtig werden.

Megan Mansell: Es gibt einen Grund, warum man ohnmächtig wird. Der Grund ist, dass das Gehirn ständig Sauerstoff benötigt und kein CO_2. Indem man also Sauerstoff durch CO_2 ersetzt, beraubt man das Gehirn einer Substanz, die es braucht, um wach zu bleiben und die Blutzirkulation in Gang zu halten.

Mir fiel es schwer, Masken zu tragen. Innerhalb kürzester Zeit fühlte ich mich schwach und schwindlig. Wie viele Menschen mit eingeschränkter Mobilität habe ich etwas, was sich »Sauerstoffmangel« nennt. Viele Menschen, die mit dem Gehen Schwierigkeiten haben, sei es aufgrund eines Gesundheitsproblems, einer Bewegungseinschränkung, ihres Alters oder Fettsucht, haben einen »Sauerstoffmangel.«

Doch mittlerweile waren Masken Fetische. Wenn man seine Maske in der Öffentlichkeit zurechtrückte oder sie vom Gesicht wegzog, dann gestikulierte jemand diensteifrig – einschließlich der Beamten in Verwaltungsgebäuden wie dem Rathaus oder dem Straßenverkehrsamt – und forderte mit einer plötzlich überall präsenten Geste, man solle sich seine Maske über die Nase ziehen.

Ich lernte eine Iranerin kennen, die mir sagte, diese Geste – »Bedecke deine Nase! Bedecke deine Nase!« – sei dieselbe Art von Geste wie diejenige, die von der Sittenpolizei verwendet würde, um Frauen aufzufordern ihre Kopfbedeckung über ihre Haare zu ziehen, um jede verirrte Haarsträhne zu verbergen, die sich möglicherweise gelöst hatte.

»Ich habe den Iran verlassen und bin nach Amerika gekommen, um frei von solchen Dingen zu sein,« sagte sie wütend.

Es spielte jetzt keine Rolle mehr, ob man Schwierigkeiten beim Gehen oder Atmen hatte. Setzen Sie eine Maske auf!

Wir waren früher sehr nett, denn freie Menschen sind nett. Doch jetzt wurden wir autoritär und gelegentlich auch grausam. Wir sind jetzt ein einheitliches Land, ohne »Ausnahmen«, und folglich auch ohne systemische Freundlichkeit.

Es gibt ein Märchen, das »Steinsuppe« heißt, und in dem ein Reisender behauptet, er könne wie von Zauberhand eine köstliche Suppe kreieren, indem er einen Stein in Wasser lege. Doch er verlangt auch ein wenig Fleisch und ein bisschen Gemüse. Plötzlich ist da eine köstliche »Steinsuppe«.

Ich musste immer wieder an dieses Märchen denken, allerdings in einem negativen Kontext. Das Virus war nicht das Endspiel. Die Impfstoffe waren nicht das Endspiel. Das Endspiel war die Transformation unserer Länder.

Wir waren Menschen gewesen, die die Privatsphäre respektierten; jetzt waren wir zu Menschen geworden, die den Körper anderer überwachten. Wir waren freundliche, großzügige Menschen mit einer öffentlichen Moral gewesen, die wirklich anständig war; jetzt waren wir zu Menschen geworden, die Grausamkeit tolerierten und unterstützten. Wir waren Menschen gewesen, die individuelle Bedürfnisse und Anforderungen akzeptierten; jetzt waren wir zu Menschen geworden, die individuelle Bedürfnisse und individuelle Unterschiede nicht akzeptieren oder tolerieren konnten, stattdessen waren wir Menschen, die ohne Erbarmen darüber hinwegwalzten. Wir waren dabei, das Ungeheuerliche zu verinnerlichen. Steinsuppe.

***Im Laufe des Jahres 2021** fing ich an, Kinder zu sehen, deren Gesichter ihren Ausdruck verloren, wie Megan Mansell gewarnt hatte. Es wurde immer schwieriger, einen jetzt zehn Jahre alten Jungen, den ich sehr mag, zu verstehen, wenn er sprach. Wie es sonst nur bei Kindern mit Lernstörungen der Fall war, musste man sich nun anstrengen, um viele Kinder ohne Lernschwäche zu verstehen.*

Die Kinder sahen lethargisch aus. Zu Beginn des Jahres 2021 hatte ich im Internet geschrieben: »Heute sind es ein oder zwei Schichten. Was ist, wenn sie morgen weitere Schichten ›anordnen‹? Was ist, wenn sie genügend Schichten ›anordnen‹, dass man ohnmächtig wird?« Ich dachte, meine Frage sei rhetorisch, doch einige Monate später schickte die Schule meines Stiefsohnes eine Nachricht an die

Eltern, dass Kinder, die »ihre Masken nicht richtig tragen« oder »Abstand« halten, »körperliche Erinnerungen« erhalten würden, inklusive einer Bestrafung mit »doppelter Maske«.

Das war für mir wirklich Kindesmissbrauch.

Meine Reaktion war nicht rein instinktiv, sondern auch das Ergebnis meiner Beschäftigung mit Untersuchungen, die zeigten, dass das Lesen von Gesichtsausdrücken, das Berühren und das einander Nachahmen aus kurzer Entfernung wesentlich sind, um ein Mensch zu werden.

Neurologen haben etwas über die außerordentlichen kommunikativen Gaben des menschlichen Gesichts herausgefunden. Wir haben 43 Muskeln im Gesicht, und unsere Gesichter kommunizieren sogar noch, bevor wir dies bewusst wahrnehmen. Das liegt an unserer nahezu magischen Fähigkeit, die Emotionen anderer Menschen sogar unterhalb der Ebene unseres eigenen Gewahrseins zu spiegeln. Es geschieht automatisch. Wie Chris Frith in seinem Artikel »Role of Facial Expressions in Social Interactions« anmerkt, »spielt Sprache eine so wichtige Rolle, dass wir häufig die Bedeutung non-verbaler Signale übersehen. Unter diesen haben hat die Mimik einen wesentlichen Anteil an sozialen Interaktionen.«[227]

Zu diesem Zeitpunkt hatte noch niemand untersucht, welche Auswirkungen der Maskenzwang für Kinder in Schulen im ganzen Land hatte, der ihnen Zugang zur Mimik anderer verwehrte, das freie Atmen einschränkte und sie so dazu brachte, acht Stunden am Tag um Atem zu ringen und sich anzustrengen, um genügend Sauerstoff zu bekommen.

»Man kann nicht gut denken, gut lieben, gut schlafen, wenn man nicht gut gegessen hat,« sagte Virginia Woolf. Sie hatte die Beziehung

zwischen der Sättigung des Körpers und freiem Denken und gewagtem Ausdruck begriffen.

Und eines ist sicher: Man kann keine Sinfonie schreiben, wenn einem das Atmen schwerfällt. Man kann keinen Roman schreiben, wenn man nicht frei atmen kann. Man kann nicht einmal klar und frei denken, und schon gar nicht auf einer komplexen Ebene, wenn man nicht genügend Sauerstoff bekommt. Das eigene Denken wird auf tierisches Überleben reduziert.

Dieser Zwang zur Maske und der daraus resultierende Wahnsinn ist in der Tat vergleichbar mit der politischen Rolle der Magersucht – die darin bestand, Menschen zu zwingen, gegen ihre Impulse, ihren Appetit anzukämpfen; sie zu zwingen, konzentriert immer ein bestimmtes Maß an unnatürlicher Entbehrung aufrechtzuerhalten. Wie ich in Der Mythos Schönheit *darlegte, kann man nicht gut schreiben oder gut argumentieren, wenn man schwach oder hungrig ist. Eine Maske ist wie ein Korsett. Man kann nicht mutig sein oder kämpfen oder diskutieren oder einem zarten Gedanken folgen, wie Wolf es in einem anderen Kontext ausdrückt, wenn man nicht leicht und frei einatmen kann. Man kann nicht träumen, wenn man nicht ausatmen kann. Man erschafft eine Welt von Menschen, die nach Luft ringen.*

Es war grotesk zu sehen, dass man von zukünftigen Müttern erwartete, sie müssten »Maske tragen«, während sie in den Wehen lagen. Jeder in der Geburtshilfe Tätige lehrt die zentrale Bedeutung des richtigen Atmens für eine sichere Geburt. Diese gut dokumentierte, zentrale Überzeugung wurde von der Geburtshelferinnen- und Doula-Gemeinschaft über Nacht fallengelassen.

Es war grotesk, Yoga-Praktizierende mit Maske zu sehen und zu beobachten, dass sich die Yogabranche dieser Zumutung in keiner

Weise widersetzte. Das Jahrtausende alte Verständnis von Prana – dem Sanskritbegriff für »Atem« oder »Lebenskraft« – als Schlüssel für Heilung und emotionales Gleichgewicht wurde über Nacht aufgegeben.

Indem man Menschen, insbesondere Kinder, zwang, ihre Atmung einzuschränken, wurde eine Welt geschaffen, die auch besser für die Dominanz von Menschen durch Maschinen, Technologie-Plattformen und letztlich durch die Kommunistische Partei Chinas und den Totalitarismus im Allgemeinen geeignet war. Denn wenn man den Vorteil des menschlichen Gesichts und der frei atmenden Vorstellungskraft des Menschen verloren hat, hat man eine Welt ohne Empathie erschaffen.

Doch vor allem macht das Maskentragen das IRL – »im realen Leben sein« unmöglich; es lässt Menschen ins Haus rennen, wo sie frei atmen können, allein mit einem Bildschirm.

Kapitel Zwölf

Die Tech-Blase: Unermesslicher Reichtum durch die Zerstörung des menschlichen Wettbewerbs

Auch wenn die nahezu flächendeckende »Maskenpflicht« weiter für Spaltung sorgte, diente sie den großen Technologieunternehmen und der chinesischen Führung, indem sie die Bevölkerung Gehorsam lehrte und Menschen daran gewöhnte, ihr menschliches Kapital und ihr Vermögen aufzugeben. Kurz gesagt, die Tech-Welt nutzte Regierungen als Gehilfen, um einen Krieg der »Beschränkungen« gegen die Menschheit zu führen. Die Folge davon waren Profite – und Schäden – die nahezu jenseits der menschlichen Vorstellungskraft lagen.

Über die »Maskenpflicht« hatten die großen Technologieunternehmen jetzt auf virtuose Weise und schlagartig eine Welt erschaffen, die die Macht und den Reiz, ebenso wie die Komplexität und Mitteilsamkeit des wunderbaren menschlichen Gesichts neutralisiert hatte. So war eine Welt entstanden, die den Vorteil des lebhaften und neugierigen menschlichen Gesichts gegenüber denen, die weniger subtil oder reaktionsfähig waren, verblassen ließ. Indem Big Tech-Unternehmen die Emotionen von Menschen durch »Emotionen« von Maschinen ersetzte, hatten sie eine grausame Welt erschaffen, der es an dem tieferen Verständnis mangelte, das von Ausdruck und Nuancen, von Sprache und Atmung abhängig ist.

Ob dies nun absichtlich geschah oder nicht, die »Lockdown«-Maßnahmen hatten bewirkt, dass eine zentrale menschliche Fähigkeit verblasste, und zwar nicht nur kurzfristig, sondern auf unabsehbare Zeit. Dadurch, dass die Spielmöglichkeiten von Kindern und ihre Fähigkeit, Gesichter zu sehen und sozial zu interagieren, eingeschränkt wurden; dadurch, dass man sie davon abhielt, zur Schule zu gehen, und sie lehrte, vor Berührung zurückzuschrecken, hatte die 2049er-Generation einen katastrophalen Preis in Form des Verlusts des menschlichen und des westlichen Erbes bezahlt.

Tatsächlich wurde in einer Ende 2021 – nach zwei Jahren des »Maskentragens« – von Forschern an der Brown University und dem Rhode-Island-Krankenhaus durchgeführten Studie berichtet, dass der durchschnittliche IQ-Wert von während der Pandemie geborenen Kindern mehr als 20 Punkte niedriger war als der Durchschnittswert früherer Generationen. Weniger Interaktion, verpasste Bildungschancen und nicht genutzte Möglichkeiten für kreatives Spiel führten dazu, dass die »Neuroentwicklung von Kindern beeinträchtigt wurde.«[228] Wie die Autoren der Studie folgerten:

Wir stellen fest, dass während der Pandemie geborene Kinder eine deutlich verminderte verbale, motorische und generelle kognitive Leistungsfähigkeit im Vergleich zu Kindern haben, die vor der Pandemie geboren wurden. Darüber hinaus stellen wir fest, dass Männer und Kinder aus Familien mit niedrigerem sozioökonomischen Status am stärksten betroffen sind. Die Ergebnisse machen deutlich, dass selbst ohne eine direkte Sars-CoV-2 Infektion und COVID-19-Erkrankung die mit der COVID-19 Pandemie verbundenen veränderten Umweltbedingungen die Entwicklung von Säuglingen und Kindern erheblich und negativ beeinflussen.[229]

Ich habe fast ein Jahrzehnt in der Technologiebranche gearbeitet und war sieben Jahre lang Geschäftsführerin einer Technologiefirma, die digitale Produkte entwickelte. Ich habe mit eigenen Augen gesehen, dass die menschliche Gesellschaft für Technologieunternehmen ein Konkurrent ist, gegen den es Strategien zu entwickeln gilt.

Von Facebook und Twitter bis hin zu Salesforce, Microsoft Teams und Zoom versuchen die meisten digitalen Plattformen, Menschen davon zu überzeugen, dass sie aufhören sollten, etwas im »realen Leben« zu tun und dass sie es stattdessen auf digitalen Plattformen tun sollten. Das ist ihr Geschäftsmodell. Ihr Geschäft ist es, die private, auf Gemeinschaft basierende Zeit und den Raum des Menschen ins Visier zu nehmen.

Dies war zwar schon immer so, doch vor 2020 taten Menschen die meisten Dinge noch zusammen. Wenn wir in der Kirche beteten, wenn unsere Kinder in der Schule waren, wenn wir an einer Versammlung im Rathaus teilnahmen, *wurden keine Daten generiert*. Technologieunternehmen sahen, dass sie jedes Mal Geld einbüßten, wenn sich Menschen in lebenswerten/analogen Räumen trafen. Deshalb lautet ein beliebtes Schlagwort im Kreise der Tech CEOs »disruptiv«, was soviel wie unterbrechen bedeutet. Die wichtigste Sache, die jedes digitale Unternehmen »disruptieren« will, ist eine menschliche Gesellschaft, von der es nicht profitiert.

Je mehr die Technologie-Plattformen und -Maßnahmen menschliche Gemeinschaft ausschalten und die Freiheit von Menschen einschränken können, umso wohlhabender werden die großen Tech-Konzerne.

Das Ziel nahezu jeder Technologiefirma ist es, »Endkunden« zu sammeln, was es dem Unternehmen ermöglicht, Werbung zu verkaufen oder Daten, wobei sie jeden Tastenanschlag erfassen, den man auf der Seite generiert hat, und diese Informationen an Werbetreibende, Versicherungsagenturen, Marketingexperten, Krankenhausketten und so weiter verkaufen. Dieser nicht wahrgenommene Markt des Einkaufs und Warehousing von Daten ist unvorstellbar groß. Das Geschäftsmodell von Zoom (das auch Server in China hat), sind Ihre Daten und Ihre Aufmerksamkeit. (Die Sicherheitsmängel bei Zoom[230] und anderen ähnlichen Plattformen waren der Grund, warum der renommierte Cybersicherheitsexperte Steven Waterhouse den »Lockdown« von 2020 als »Hackerangriff« auf das geistige Eigentum und die Daten des Westens bezeichnete. [231])

Das Geschäftsmodell von Nintendo ist Ihre Aufmerksamkeit (Endkunden). Das Geschäftsmodell von Microsoft sind Ihre Daten, Abonnements für seine Software und Ihre Aufmerksamkeit (Endkunden). Das Geschäftsmodell von Microsoft Teams sind Abonnements. Das Geschäftsmodell von Microsofts Bildungsangeboten sind Daten und Lizenzverkäufe der Software an Schulbehörden.

All diese Geschäftsmodelle erzielten enorme Vorteile durch die Unterdrückung der menschlichen Gemeinschaft und Versammlungsfreiheit während der »Pandemie«.

Obwohl die pandemischen Maßnahmen nicht auf wissenschaftlichen Erkenntnissen beruhten, sorgten sie aus der Perspektive der Tech-CEOs dafür, dass Menschen – die praktisch keinen analogen/lebenswerten Raum und keine analoge Kultur mehr hatten, und keine Möglichkeit, sich wohlzufühlen, indem sie einfach in einem

Raum zusammenkamen und einander als Freunde oder Verbündete berührten, oder sich zusammenschlossen – nahezu vollkommen auf digitale Technik angewiesen waren.

Die gesamte menschliche Interaktion auf Zoom und andere nicht immer sichere Plattformen zu verlegen, war nicht nur eine Möglichkeit, all unsere Daten zu sammeln, sondern auch ein Weg, um sicherzustellen (da das persönliche menschliche Zusammensein verkümmerte und aufhörte), dass das, was als Intimität und Verbindung angesehen wird, in Zukunft zunehmend online stattfinden wird.

Es war, als wäre die Welt von Klaus Schwab umgestaltet worden, um den »Great Reset« voranzutreiben. Kultur ist die große Quelle, aus der die Menschheit Kraft und Stärke bezieht. Doch nach einem Jahr ohne Gottesdienste, ohne Passahfest, ohne Weihnachten, ohne Schule, ohne Pfadfinder und Pfadfinderinnen, ohne Abschlussball, ohne Geplauder mit neapolitanischen Pizzaverkäufern, ohne Plaudereien mit den Hot-Dog-Verkäufern in New York, ohne neue Premieren auf dem Broadway, ohne Galas, ohne improvisierende Jazzbands, ohne Menschen, die sich zufällig treffen, gab es nichts, worüber man schreiben oder singen konnte, nichts zu erinnern, keine Geschichte, die wir unseren Kindern erzählen konnten; und die Kinder wussten noch nicht einmal, dass es eine Welt außerhalb ihres Zimmers gab. Die Kultur braucht menschlichen Kontakt, um sich zu vervielfältigen und weiterzuentwickeln; und wenn man Menschen isoliert und Kinder nicht erzieht oder sozialisiert, dann stirbt die Kultur und kann problemlos durch Online-, CDC- oder KPCh-Direktiven ersetzt werden.

Währenddessen hinderte uns das Verbot von Versammlungen daran, menschliche Allianzen gegen diese ungeheuerlichen Belange zu bilden. »In einer Welt, die von großer Unsicherheit und Unbeständigkeit geprägt ist,« schrieb Schwab 2017, als er den brutalen Xi Jinping einführte, den er regelmäßig als vorbildlichen Staatsführer darstellt, »schaut die internationale Gemeinschaft auf China, um ihre verantwortungsbewusste und flexibel reagierende Führung fortzusetzen.«[232] So war kaum verwunderlich, dass Schwab-Verbündete und -Komplizen wie Neuseelands Premierministerin Jacinta Ardern (ein ehemaliges Mitglied von Young Global Leaders, dem Nachwuchsprogramm des Weltwirtschaftsforums (WWF), und Kanadas Premierminister Justin Trudeau (dessen halbes Kabinett, so prahlte Schwab einmal, aus WWF-Alumni bestehe[233]) sich mit Technologieunternehmen abstimmten, um hart gegen Gedankenfreiheit und die Versammlung von Menschen vorzugehen.[234]

Versammlungen von Menschen zu verbieten, hat die Wirkung und den Zweck, die Entstehung neuer Kulturen und Geschäftsmodelle zu verhindern. Anfang 2022 blieben wir alle im Prinzip bei den Verbindungen und Ideen, die wir im März 2020 gehabt hatten.

Kinder zu zwingen, in der Schule Abstand zu halten und Masken zu tragen, sorgte weiter für eine Generation von Amerikanern, die nicht wissen, *wie* man menschliche Allianzen bildet, und die ihrem eigenen Instinkt nicht vertrauen, während die Verlagerung sämtlichen Lernens auf Fernlernplattformen dafür sorgte, dass Kinder nicht wussten, wie sie sich in menschlichen Räumen verhalten sollten, die nicht durch Technologie vermittelt wurden.

Das sind konterrevolutionäre Schulungstechniken.

In der Zeit vor 2020, also, bevor es die Maskenpflicht gab, war menschliche Verbundenheit etwas Normales. Menschen machten ganz selbstverständlich neue und überraschende Erfahrungen, die ihr grundlegendes Verständnis und Wissen bereicherten. Zugreisen und Flugreisen mischten rechts und links, afroamerikanisch und kaukasisch, arm und reich, Technik-Freaks und Journalisten, Landwirte und Lehrer. Die Schönheit öffentlicher Räume, in denen Menschen ungehindert atmen und sprechen können, liegt darin, dass sie abgekapselte soziale und demographische Netzwerke aufbrechen.

Doch wenn diese menschliche Technik des öffentlichen Raums – mit ungehindertem Atem und ungehinderter Sprache – unterbrochen wird, so wie Masken und Abstandhalten sie vollkommen unterbrochen und deaktiviert haben, dann werden Menschen auf Maschinenalgorithmen reduziert, um ihre Welt zu begreifen. Progressive wurden von dem Algorithmus auf ihren sozialen Netzwerken ausschließlich mit progressiven Ideen gefüttert; sie trafen nie auf einen Konservativen, mit dem sie locker in einem Zug, in der Kirche oder im Flugzeug hätten sprechen können. Konservative wurden nur mit konservativen Ideen gefüttert; sie konnten nie fünf Stunden lang neben jemandem sitzen, den sie mochten und mit dem sie gerne gesprochen hätten, der jedoch auch ihre Ideen anfechten würde. Wir wurden noch stärker gespalten und kulturell gesteuert von digitalen Geistern, von Schatten und Codes. Es konnte irgendetwas über die andere Seite gesagt werden, und wir liefen Gefahr, es zu glauben, weil das »Maskentragen« dafür sorgte, dass jene zufälligen, gelegentlichen Unterhaltungen, durch die freie Menschen kontinuierlich geschult und überrascht werden, und die tendenziöser Propaganda und Ideologien immer wieder den Boden entziehen, nicht stattfinden konnten.

Ja, was könnte gefährlicher für die Gesundheit einer demokratischen Nation sein als ihren Kindern ein ausführliches Lernprogramm über die Notwendigkeit absoluter und bedingungsloser Konformität gegenüber Behörden aufzuzwingen, selbst wenn die Anordnungen in logischer und ethischer Hinsicht keinen Sinn machten?

Warum sollte man Strategien entwickeln, die den Kontakt zu Menschen in lebenswerten/analogen (unbeobachteten, unvermittelten) Räumen bestrafen, behindern und einschränken? Nun, weil menschlicher Kontakt die große revolutionäre Kraft ist, die menschlicher Freiheit zugrunde liegt.

Technologieunternehmen ermutigen uns unermüdlich, ihre Technologie so zu verstehen, als würde sie menschliche Prozesse ermöglichen und menschliches Handeln effizienter machen. Verbessern Sie Ihre Buchhaltung! Finden Sie schneller ein Restaurant! Sprechen Sie mit einem Angehörigen, der weit weg ist!

Tatsächlich blühen die Geschäftsmodelle der meisten Technologieriesen, insbesondere der Social-Media-Riesen, besonders dann auf, wenn sie menschliches Erleben und Handeln *ersetzt* haben. Und jetzt sind sie dazu übergegangen, menschliches Erleben und Handeln zu *unterdrücken*. Amazon möchte einen davon überzeugen, dass es weder Spaß macht, noch sich lohnt, in den örtlichen Supermarkt zu gehen oder sich die Auslagen im Tante-Emma-Laden auf der Hauptstraße anzusehen. Amazon konkurriert mit der Freude, die es einem bereitet, mit einem Kassierer zu plaudern, oder dem unverhofften Vergnügen, an den Supermarktregalen zufällig eine Nachbarin zu treffen, und sogar mit dem kleinen Stimmungsschub, den man bekommt, wenn man verträumt einen Stapel Mangos oder grüner Avocados bestaunt, und die Sinneseindrücke, die hervorgerufen werden, wenn man die wohlriechende Mango aufnimmt, um ihren Duft einzuatmen oder mit einem Finger über die raue und gleichzeitig glatte Avocado zu gehen, um ihre Reife zu prüfen.

Im Jahre 2019 lag Amazons Umsatz bei 280,52 Milliarden Dollar. Am Ende des ersten »Lockdown«-Jahres *stieg Amazons Umsatz um 105,54 Milliarden Dollar.*[235]

Tatsächlich bedeutete die massive Neuausrichtung in Vermögen und Investitionen, die in der Zeit zwischen 2020 und 2022 stattfand, dass die fünf weltweit größten Unternehmen mit Ausnahme eines saudischen Energieversorgungsunternehmens Technologieunternehmen waren; alle sind mehr als eine Billion Dollar wert.[236]

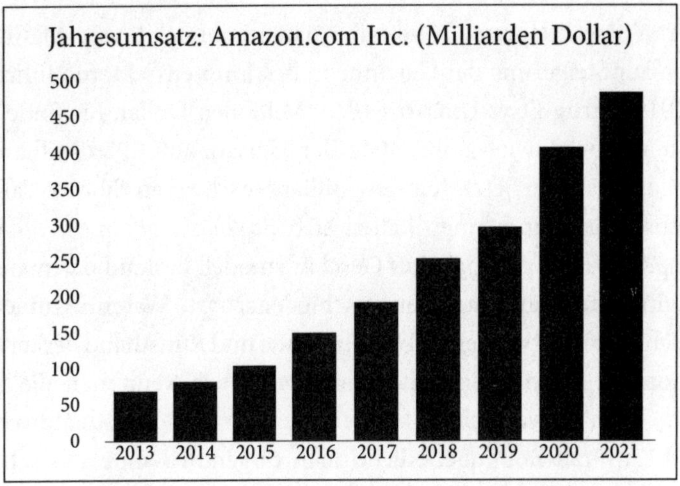

Etsy und Craigslist konkurrieren mit der Faszination von Ausflügen aufs Land bis hin zu echten Garagenflohmärkten und Versteigerungen, und mit der Freude, die es einem bereitet, altes Holz zu berühren oder die Farbschattierungen auf echten Gemälden zu bewundern. Sie konkurrieren mit dem Vergnügen, Präsenzauktionen zu besuchen, und der Aufregung, die man spüren kann, wenn man andere Menschen im Raum überbietet.

Etsys Wirtschaftspresse spricht offen über den kräftigen Anstieg bei den Gewinnen, den es als Folge des »Lockdowns« erzielte: »›Die Menschen mussten sich im letzten Jahr Etsy zuwenden … Das Unternehmen ging für das vierte Quartal von einem Umsatzwachstum von zehn Prozent, also zwischen 660 Millionen Dollar und 690 Millionen Dollar, gegenüber dem Vorjahr aus… Menschen besuchten die Website in Scharen, um das Nötigste für die Pandemie zu kaufen, wie zum Beispiel Gesichtsmasken.« »Die ganze Konversation drehte sich seitdem darum, ‚sobald die Welt wieder öffnet, wieviel davon wirst du verlieren, wieviel davon wirst du aufgeben?‹ und es war fair, das zu fragen,« sagte Geschäftsführer Josh Silverman.[237]

Die Wirtschaftspresse legte offen dar, wie »Lockdown«-Maßnahmen zur Steigerung der Gewinne in bestimmten Sektoren führten.

2019 betrug Etsys Umsatz 818,79 Millionen Dollar. Bis Ende des ersten «Lockdown«-Jahres stieg der Umsatz auf 1,725 Milliarden Dollar: Etsy war jetzt Teil des milliardenschweren Silicon Valley-Clubs. Seine Einnahmen hatten sich *in einem Jahr mehr als verdoppelt.*[238] Etsys anfängliches Geschäftsmodell bestand darin, nette, original handgemachte oder verschiedenartigste Waren anzubieten, welche die Inhaber kleiner Unternehmen und Kunsthandwerker traditionell in kleinen Geschäften anbieten. Doch wenn man alle kleinen Geschäfte vernichtet, können diese kleinen Kunsthandwerker und Ein-Frau-Boutiquebesitzerinnen nirgendwo anders Geschäfte abwickeln als auf Etsy. Ein »Lockdown«, bei dem kleine Boutiquen schließen müssen, bringt einen 906 Millionen-Dollar-Gewinn für Sie und Ihre Aktionäre. In einem Jahr.

Nintendo konkurriert mit echten Bowling-Vereinen, echten Baseballspielen, echten Wanderclubs, echten Pokerturnieren und echten Billardhallen. Nintendos Umsatz betrug 9,96 Milliarden Dollar im Jahr 2018, 10,91 Milliarden Dollar 2019 und 12,12 Milliarden Dollar im Lockdown-Jahr 2020, und 15,99 Milliarden Dollar im Masken tragenden, Abstand haltenden Jahr 2021 – einem Hoch, dass das Unternehmen seit 2010 nicht mehr hatte erzielen können. Die «Lockdown«-Jahre brachten Nintendo buchstäblich Milliarden Dollar an neuen Einnahmen.[239]

Sie sehen also, was mit Nintendo während der beiden Jahre passierte, in denen ihr Kind daran gehindert wurde, ohne Maske in seiner Sportmannschaft mitzuspielen, sich ohne Maske mit Freunden in der Schule zu treffen oder in irgendeiner Weise normal mit Gleichaltrigen zu spielen: Es war verboten, mit Karten, Puzzles, Hockeyschlägern, Basketbällen, Billardtischen, Schlittschuhen oder Fußbällen zu spielen – oder ohne Maske eine andere Sportart auszuüben oder ein Spiel mit Freunden zu spielen.[240]

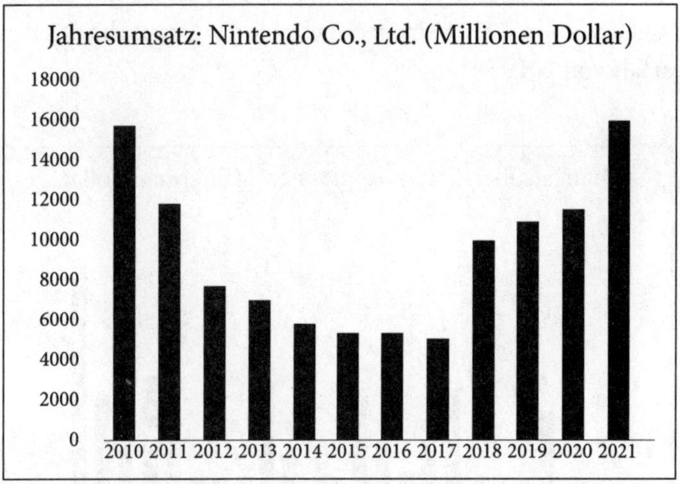

Ein »Lockdown«, der besonders auf Kinder abzielte, und in dem sie gezwungen wurden, Masken zu tragen, rettete Nintendo als Geldmaschine für seine Aktionäre. Am Ende des zweiten »Lockdown«-Jahrs, einem Jahr, in dem Kinder, die verzweifelt zu atmen versuchten, sich von den ausdruckslosen, vermummten Gesichtern ihrer Altersgenossen lösten, um erleichtert in ihre Zimmer zu fliehen, damit sie frei atmen und ihre Einsamkeit mit einem Videospiel betäuben konnten – was passierte da mit Nintendos Umsätzen? Das Unternehmen konnte seine Umsätze um ein weiteres Drittel seines Gesamtumsatzes steigern und entkam auf einträgliche Weise der Flaute, die es Mitte der 2010er Jahre erlebt hatte.

Und was war mit Apple?

Als Ihre Kinder nicht persönlich mit ihren Freunden sprechen konnten – als niemand leicht persönlich mit jemandem sprechen konnte, nahmen wir alle unsere Telefone heraus. Und bei Hunderten von Millionen Menschen war es ein iPhone. Sehen Sie sich Apple an. Eine enorme Spitze zeigte sich im ersten Quartal des »Lockdowns«, und im Gesamtjahr 2021 verdoppelten sich die Gewinne des dritten Quartals 2019 nahezu und die Gewinne des ersten Quartals von 2022 betrugen mehr als das Dreifache des dritten Quartals von 2019.[241]

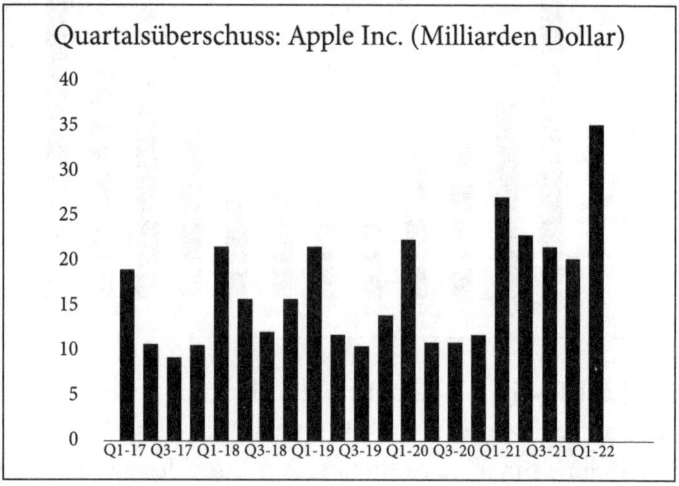

Ich erinnere mich, dass ich mit Maske in einem Hotel stand und neben einer anderen, ebenfalls maskierten Frau auf den Aufzug wartete. Unter normalen Bedingungen hätten wir gelächelt, geplaudert und im Aufzug ein kleines Gespräch darüber begonnen, was in welchem Museum gezeigt wird, oder uns über ein großartiges Restaurant in der Nähe unterhalten.

Sie »lächelte mit ihren Augen.« Ich »lächelte mit meinen Augen.« Und natürlich nahmen wir, da es im Aufzug jetzt peinlich werden würde, beide unsere Telefone heraus.

Jener Moment, der zwei Jahre lang überall auf der Welt reproduziert wurde, führte dazu, dass einige Technologieunternehmen ihre Einnahmen verdoppelten und in einigen Fällen sogar verdreifachten. »Lockdowns« und »Maskenpflichten« bescherten also der ganzen Welt und allem menschlichen Miteinander einen unangenehmen Moment, in dem man nach seinem Telefon griff.

Wie CNBC berichtete: »Im letzten Jahr kamen Apple und Microsoft in Reichweite der 3 Billionen Dollar Marktkapitalisierung, während … die Facebook-Muttergesellschaft Meta zum ersten Mal den 1 Billionen-Dollar-Meilenstein erreichte.«[242]

Und das passierte mit Microsofts Nettogewinn während der zwei Jahre, in denen alle gezwungen waren, zu Hause zu bleiben, und Kinder nicht zur Schule gehen konnten: Kurz vor der Pandemie hatte Microsofts Nettogewinn 39,24 Milliarden Dollar betragen. Nach zwei Jahren »Lockdown,« nachdem lokale und staatliche Behörden gezwungen worden waren, sich über Microsoft Teams zu beraten, als fast niemand ein echtes Büro betreten konnte und »Microsoft Education« Webinars für hilflose Lehrer anbot, die gezwungen waren, online miteinander zu kommunizieren,[243] stieg Microsofts Zwei-Jahres-Umsatz von 39,24 Dollar auf 61,27 Milliarden Dollar.

Ihr Kind im Haus einzusperren und die menschliche Gesellschaft stillzulegen, führte zu einem Anstieg des Jahresüberschusses von mehr als 22 Milliarden Dollar.[244]

Jahresumsatz: Microsoft Corporation (Milliarden Dollar)

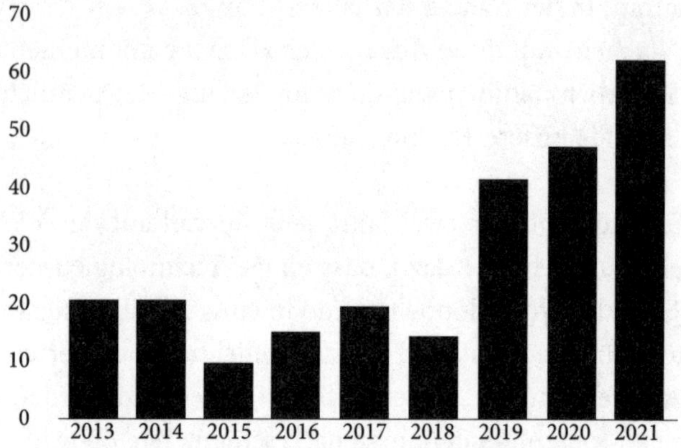

Und Google? Wenn Menschen gezwungen werden, zu Hause zu bleiben und andere Menschen nicht nach dem Weg, einem Restaurant, oder nach Empfehlungen zu Waschanlagen fragen können, und man nicht ins Rathaus gehen kann, um herauszufinden, was in der eigenen Gemeinde passiert, und man Menschen nicht nach Rezepten fragen oder neue Witze von ihnen hören kann, und wenn sich Menschen im ganzen Land bei Google[245] anmelden müssen, um das Ergebnis eines COVID-Tests zu bekommen, den sie bei Rite Aid gemacht haben, dann schauen Sie, was passiert.[246]

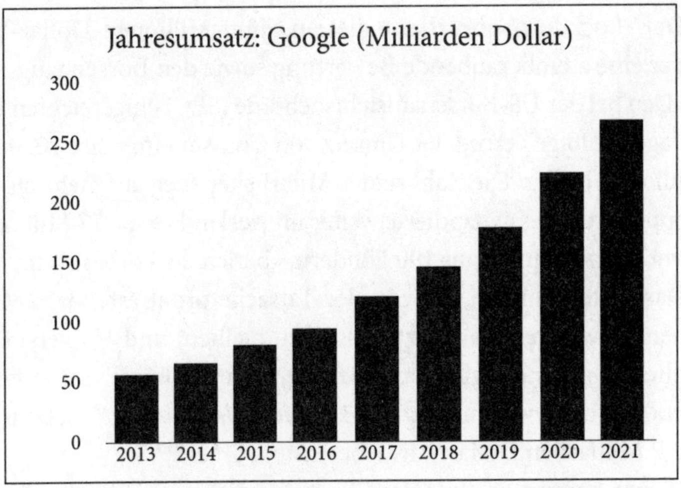

Unterrichtssoftware? Ich hatte den »Raum« des Fernunterrichts kennengelernt, seit ich ihn im Namen des Athena Center for Leadership am Barnard College im Jahre 2015 analysiert hatte. Für mein eigenes Tech-Unternehmen, DailyClout.io. hatte ich außerdem recherchiert, wie man virtuelle Unterrichtsstunden entwickelt. Es war im Bereich der virtuellen Hochschule vor der Pandemie klar, dass es schwierig war, viel Geld mit Bildungsplattformen zu verdienen, da menschliche Studenten sich viel lieber in echten Unterrichtsräumen mit menschlichen Altersgenossen und Lehrern aufhielten.

Mein Bericht im Jahre 2015 schloss damit, dass das Barnard College sich nicht um bestehende Fernstudium-Angebote kümmern solle, da sie unbeliebt bei Studenten und Dozenten seien und sich mit ihnen keine Einnahmen erzielen ließen. Coursera, das Vorzeigeunternehmen für Fernunterricht, war damals nicht profitabel. Das Unternehmen blieb extrem unrentabel, doch die Pandemie änderte das.

Der Umsatz im Jahre 2020 stieg um 59 Prozent im Vergleich zum Vorjahr. Etwa, weil die Geschäftsführung von Coursera aus Genies bestand? Nein – weil Millionen von Studenten auf der ganzen Welt nicht länger zur Universität oder Hochschule gehen konnten.[247]

Der »Lockdown« bescherte diesem Multi-Millionen-Dollar-Verlierer eine atemberaubende Bewertung sowie den Börsengang.

»Den bei der US-Börsenaufsichtsbehörde (SEC) eingereichten Unterlagen zufolge betrug der Umsatz von Coursera im Jahre 2020 294 Millionen Dollar. Die Zahl seiner Mitarbeiter stieg auf mehr als das Doppelte. Und es expandierte weiter im Ausland. Seine 77 Millionen Lernenden kommen aus 190 Ländern,« berichtete Forbes.com.[248]

Das Unternehmen, das von der Tatsache profitierte, dass Menschen gezwungen waren, zu Hause zu bleiben, und Universitäten schließen mussten, ging im März 2021 an die Börse. Seine letzte vorbörsliche Bewertung lag bei *3,6 Milliarden Dollar.*[249]« Jetzt ist es fast 7 Milliarden Dollar wert,« berichtet *Forbes.*[250]

Woher kommt es, dass der »Fernunterricht« so schnell wächst? Eine bessere Frage: Warum haben so viele Schulen ihre Schüler und Universitäten ihre Studenten nach Hause geschickt, obwohl für Kinder praktisch kein Risiko für schwere Verläufe durch COVID-19 besteht, und junge Erwachsene nur ein geringes Risiko haben? Viele Eltern fragten sich genau das zu Recht und voller Verzweiflung.

Der Grund, warum Schulen und Universitäten das »Fernstudium« vorantrieben, war in vielen Fällen, dass sie dafür bezahlt wurden. Coursera bezahlte seinen 200 »Partnern« an den Universitäten und in der Industrie 281 Millionen Dollar, was nahe an seinen 294 Millionen Dollar Umsatz ist. Gewöhnlich sind es die Kunden, die für die Software bezahlen, jedoch nicht bei diesem Modell.[251] Die Universitäten erstellen Inhalte und sie werden von Coursera pro Student bezahlt, was Hochschulen und Universitäten dazu motiviert, »hybride« Lernprogramme zu schaffen, anstatt die jungen Erwachsenen einfach persönlich in der Schule oder auf dem Campus präsent sein zu lassen, ohne dass zusätzliche Einnahmen aus Lizenzgebühren hereinkommen.

Wenn sie hätten wählen können, hätten die meisten Schüler und Studenten natürlich persönliches Lernen dem Online-Lernen, zu dem sie gezwungen wurden, vorgezogen. Doch man ließ ihnen keine Wahl. Aufgrund solcher Zahlen und der Deals, die zwischen Fernlernplattformen und Universität abgeschlossen wurden, wird uns der Ausdruck »hybrides Lernen« wohl noch in der Zukunft verfolgen, egal, ob diese weiter von der Pandemie bestimmt werden wird oder nicht. Es ist unwahrscheinlich, dass Schulen und Universitäten je dem stark geförderten »hybriden« Modell entkommen werden, sofern es keinen Aufstand vonseiten von Bürgern und Studenten gibt.

So viele Gelder sind für die großen Technologieunternehmen »einfach erreichbare Ziele«, wenn nur Ihr Kind weiter vom Schullabor, Sportplatz und der Theatergruppe, ebenso wie von seinen Freunden und Lehrern ferngehalten und sicher in seinem Zimmer weggesperrt werden kann.

Apple, Microsoft, Alphabet, Amazon, Tesla und Facebook fügten 2021 insgesamt *2,9 Billionen* Dollar zu ihrer kollektivem Börsenwert hinzu. Am Ende des Jahres 2020:

> Stieg der Wert von Apple um 30 Prozent.
>
> Stieg der Wert von Microsoft um 50 Prozent.
>
> Stieg der Wert von Alphabet (Googles Muttergesellschaft) um 65 Prozent.
>
> Stieg der Wert von Amazon um 6 Prozent.
>
> Stieg der Wert von Meta (Facebook) um 20 Prozent.[252]

Dieser schwindelerregende Aufschwung begann erst im ersten Quartal 2022 abzuflauen, als Menschen in vielen amerikanischen Staaten ernsthaft anfingen, zum normalen Leben zurückzukehren, und sich eine Bewegung schließlich gegen die Restriktionen zur Wehr setzte. Maßnahmen, die von Gouverneuren verhängt, von Social-Media-Seiten mit Interessenskonflikten überwacht und von bestochenen Universitäten in Kraft gesetzt worden waren, vernichteten einen Großteil des Wettbewerbs beim Lernen von Mensch zu Mensch und ließen das schöne Klassenzimmer »alter Ordnung« stark verstümmelt zurück.

***Am 7. Juli 2021** postete ich ein Video von Brian, der laut Dr. Ralph Barics Lebenslauf vorlas. Dr. Baric, der an der University of North Carolina forschte, hatte Millionen von Dollar an Gain-of-Function-Forschungsgeldern von den Nationalen Gesundheitsinstituten erhalten. Ich heftete die Zusammenfassung ebenfalls an. Innerhalb von vierundzwanzig Stunden hatte das Video 70.000 Aufrufe.*

Einen Tag später sah ich mir das Video einer Presseerklärung von Staatssenatorin Kim Thatcher aus Oregon an, in der diese eine Untersuchung der Falschdarstellung von Daten vonseiten der CDC forderte.

Als ich die Presseerklärung posten wollte, zeigte mir Twitter an, dass mein Konto gesperrt worden war.

Wir befanden uns jetzt inmitten einer Zeit von großflächiger Zensur und »Stornierungen« durch Big Tech. Präsident Trump war aus

---

* Gain-of-Function (GoF), der »Zugewinn neuer Eigenschaften«, ist ein Bereich der biomedizinischen Forschung, bei dem Wissenschaftler einen Organismus mit neuen Fähigkeiten ausstatten und prüfen, wie sich das auf seine Eigenschaften auswirkt. Die GoF-Forschung ist aufgrund ihres potenziellen Missbrauchs höchst umstritten. (Anm. d. Ü.)

Twitter herausgeworfen worden. Ben Shapiro wies darauf hin, dass CNN Konservative zensiere.[253] *LinkedIn zensierte den Harvard-Epidemiologen/Helden Dr. Martin Kulldorff.*[254] *Und so weiter und so fort.*

Big Tech schloss jeden von Plattformen aus, der Fragen über die mRNA-Impfstoffe stellte. Und Big Tech schloss Konservative schnell aus.

Ich war schon zweimal vorher vorübergehend von Twitter gesperrt worden, weshalb ich annahm, sie würden schließlich nachgeben, und legte mich schlafen.

Am nächsten Morgen sah ich, dass mich Medien im gesamten englischsprachigen Raum mit bizarren Verdrehungen meines Twitter-Feeds angegriffen hatten. Es war besonders interessant, dass Tweets, die ich sofort gelöscht hatte, weil sie schlecht formuliert waren – Tweets, die buchstäblich nicht existieren dürften – Journalisten zur Verfügung gestellt worden waren. Außerdem wurden Tweets, die Zitate aus Webseiten oder offensichtliche Metaphern waren, aus dem Kontext gerissen, um mich wie eine Geistesgestörte klingen zu lassen. Zum Beispiel hatte ich die Metapher auf der Moderna-Website über die »Software des Lebens« in einem Tweet zitiert und mit einer Metapher geantwortet – und trotzdem wurde ich bezichtigt, zu glauben, dass die Impfstoffe tatsächlich »Software« seien.

Ich hatte eine Informationsschrift der Gesundheitsbehörde angeheftet, die die möglichen Auswirkungen des Spikeproteins im Abwasser untersuchet, und ich persiflierte die sich schnell entwickelnde Segregation durch Impfstoffe, indem ich Witze darüber machte, man solle das Abwasser geimpfter und ungeimpfter Menschen voneinander trennen; das wurde so präsentiert, als würde ich die Trennung der Abfälle dieser Gruppen befürworten.

Ich hatte einen Tweet mit dem Bild eines Teddybären gepostet, der darauf ausgerichtet war, Eltern zu locken, ihre Kinder impfen zu lassen; und Reporter behaupteten, ich glaubte, Teddybären sollten geimpft werden.

Diese Medien, von denen mich viele jahrzehntelang beauftragt hatten, für sie zu schreiben, kontaktierten mich nicht, um die Aussagen auf Richtigkeit zu überprüfen, um ein Zitat oder meine Meinung zu bekommen.

The New Republik, die zu dem Zeitpunkt meine Arbeit noch weiterverkaufte, titelte »Der Wahnsinn der Naomi Wolf.«

Ich wurde von der Londoner Sunday Times interviewt, für die ich schon viele Jahre geschrieben hatte. Ich war Kolumnistin gewesen. Die junge Reporterin, die ihren Zettel mit Gesprächsthemen in der Hand hielt, befragte mich zu meinem angeblichen Glauben an »QAnon«.

Es war beeindruckend zu beobachten, wie sich eine schonungslose, digital unterstützte Verleumdungskampagne in Echtzeit entfaltete. Der Journalismus hatte sich geändert. Es war unmöglich, Korrekturen zu bekommen. Redakteure schienen eingeschüchtert und hilflos zu sein.

Es war nicht verwunderlich, dass sich der Journalismus so dramatisch verändert hatte. Tim Schwab, der für das Magazin Columbia Journalism Review schrieb, untersuchte die Bill & Melinda Gates-Stiftung und stellte fest, dass 250 Millionen Dollar an Medien wie der BBC, The Atlantic, NBC, und The Guardian geflossen waren.[255]

Weltweit wurde in Schlagzeilen erklärt, dass ich aufgrund der Verbreitung »medizinischer Fehlinformationen« und »Impfmythen« dauerhaft aus Twitter ausgeschlossen worden sei.

Kurz darauf sperrte Facebook meinen Account mit seinen 134 000 Followern. YouTube sperrte meinen Account mit seinen 44 000 Videoaufrufen. Diese Sperrungen waren herbe Schläge gegen mein auf digitaler Erreichbarkeit basierendes Unternehmen. Einige Investoren meines Unternehmens forderten ihr Geld zurück.

Jetzt wurde ich unsanft in eine ganz neue Lebenslage gezwungen. Ich war ein sicheres Mitglied der einflussreichen »schwatzenden« Klasse in New York und Washington gewesen. Jetzt wurde ich, genau wie die regimekritischen Ärzte, regimekritischen Wissenschaftler und sehr regimekritischen Journalisten meines Einkommens, meines Rufes, meiner Freundesgruppen und meines Status beraubt.

In gewisser Weise musste ich von vorne anfangen.

Ich konnte mich nicht bei meinem Senator beschweren.

Facebook hatte 50 000 Dollar für seine Kampagne gespendet.[256]

Als ich 2021 am Hauptbahnhof in Washington, DC, ankam, stieg ich in ein Taxi, dessen Fahrer eine Maske trug. Nachdem ich von New York City aus eben fünf Stunden im Acela Express verbracht hatte, in einem Zug, der mit allem gefüllt war, was Rang und Namen hatte – hochgestellten Geschäftsleuten und politischen Mitarbeitern, die alle sorgfältig ihre Masken trugen und vor ihren Bildschirmen hingen, statt zu lesen, zu plaudern oder zu telefonieren, sehnte ich mich nach einer menschlichen Verbindung. Ich sagte dem Fahrer, dass es mir egal sei, ob er eine Maske trage – er wies unglücklich darauf hin, dass er sie tragen müsse. Er sprach darüber, dass er und andere Taxifahrer kaum überleben konnten, weil so viele Bundesbedienstete von zu Hause arbeiteten. Normalerweise plauderte ich mit dem Fahrer darüber, was in seinem Heimatland passierte – Äthiopien, in diesem Fall – um so aus zweiter Hand wertvollen Zugang zu Augenzeugenberichten von Ereignissen in anderen Teilen der Welt zu bekommen. Und wenn ich darum gebeten wurde, bot ich meinerseits die Informationen an, die ich hatte. Gewöhnlich wurde ich nach Zugang zu kostengünstigen Universitäten für Kinder gefragt.

Doch jetzt war das nicht möglich. Nach einigen gedämpften Bemühungen gaben wir auf, und jeder konzentrierte sich darauf zu atmen.

Ich weiß also immer noch nicht, was an jenem Tag aus seiner Sicht in Äthiopien passierte. Und mein Fahrer fand nicht heraus, ob ich ihm vielleicht dabei hätte helfen können, ein bezahlbares College für seine Kinder zu finden.

Als ich im Januar 2021 nach New York City zurückfuhr, gab es weniger gelbe Taxis als in meiner Erinnerung. Die Branche, sagte mir ein Taxifahrer, sei durch den «Lockdown« zerstört worden. An ihre Stelle waren Uber und Lyft getreten, die den Fahrern nicht das wertvolle Eigenkapital oder die Chance auf Unabhängigkeit gaben, wie es das Medaillon-System tut. Diese auf Apps basierenden Unternehmen erfassen nicht zufällig sowohl Fahrer als auch Passagiere, indem sie ein Social-Credit-System schaffen, das darauf beruht, wie man einander behandelt.

Ein Ziel der Tech-Eliten ist die Schaffung von »intelligenten Städten«, die fast niemand außer ihnen haben will. In diesen »neu konzipierten« Städten wird jede Ihrer Handlungen in einer digitalen Matrix abgebildet.

Als ich dann wieder nach New York zurückfuhr, waren sämtliche Informationsangestellten aus den U-Bahnen entfernt und die Papierkarten beseitigt worden. Man musste sein Telefon zu Rate ziehen – und Daten generieren und die Geolokalisierung starten – nur um herauszufinden, wo man hingehen sollte.

Jetzt gab es QR-Codes in jedem Restaurant, so dass niemand die gedruckten Speisekarten voller Keime berühren musste. Den Kunden war nicht bewusst, oder es kümmerte sie nicht länger, dass sie jedes Mal, wenn sie diese benutzten, geortet und potenziell mit den anderen am Tisch verbunden werden können, die den Code einlasen.

Ich saß mit einer Freundin im Restaurant. »Könnte ich eine gedruckte Speisekarte bekommen?« fragte ich die Kellnerin. »Warum?« erkundigte sich die Freundin, während sie fröhlich den QR-Code auf ihrem Handy scannte.

»Weil der QR-Code deine Daten scannen und dich orten kann,« entgegnete ich.

»Oh, mein Gott, Naomi, muss denn alles eine Verschwörung sein?« sagte meine Freundin.

Kapitel Dreizehn

»Impfpässe« und das Ende der menschlichen Freiheit

Ende 2021 wurden »Impfpässe« in vielen Staaten und Nationen gewissermaßen zu Pässen für ein menschliches Leben. Sie wurden zusammen mit Impf-»Verpflichtungen« weltweit eingeführt und gaben Technologieunternehmen einen umfassenden historischen Vorteil gegenüber Menschen. Im Wesentlichen wurde sämtliches menschliche Erleben, Gemeinschaft und Freude hinter eine Bezahlschranke gestellt.

Möchten Sie beten? Ihre Familie zu Thanksgiving sehen? Einen Job haben und Ihre Familie ernähren? Ins Theater gehen? In einen Fernzug steigen?

Nicht ohne Ihren Impfnachweis. Und Ihr »Booster« alle fünf bis acht Monate, wahrscheinlich für immer, ist die Erneuerung Ihres Nachweises.

Ihr Körper ist Ihre Kreditkarte. Mit ihm bezahlen Sie. Impfpässe stehen im Mittelpunkt des Übergangs zu einer Welt, in der die Menschen den großen Technologieunternehmen und einigen wenigen Oligarchen ausgeliefert sind.

Im Jahre 2021, als sie zum ersten Mal in den Vereinigten Staaten, Kanada und dem Vereinigten Königreich als »Versuchsballons« lanciert wurden, hatte ich begonnen, öffentlich vor den Auswirkungen von »Impfpässen« zu warnen.

Sie wurden schon früh in Israel eingeführt; Israel unterwarf sich dem »Green Pass.« Und innerhalb von nur vier Monaten hatte der »Green Pass« eine Zweiklassengesellschaft hervorgebracht.[257]

Die Bundesstaaten New York und Kalifornien waren das nächste Ziel und danach Kanada.

Die Nachrichten waren weltweit die gleichen: »Der Impfpass ist der Schlüssel, um die Pandemie zu beenden und das ‚normale Leben' zurückzubekommen.«

Natürlich hätte der Nachweis einer Impfung auf einem Stück Papier bestätigt werden können. Waren digitale »Pässe« wirklich notwendig?

Als Geschäftsführerin eines Technologieunternehmens wusste ich genau, warum eine digitale Version »nötig« war, und dass diese Tatsache nichts Gutes ahnen ließ. Ich tat alles, was in meiner Macht stand, um Menschen zu warnen, dass dies das potenzielle Ende menschlicher Freiheit bedeutete. In einem Video, das viral ging, erklärte ich, dass digitale »Impfpässe« im Gegensatz zu solchen aus Papier endlose »Aktualisierungen« erfordern könnten, um gültig zu bleiben. Woher ich das wusste? Weil ein digitales Produkt automatisch abgeschaltet werden kann.

Impfpässe waren wirklich der letzte Schritt … der letzte Kampf, den wir führen mussten. Denn wenn Impfpässe erst einmal akzeptiert sind, gibt es keinen weiteren Widerstand.

Wenn man sich auf einer Website oder App anmeldet, dann schreibt man seinen Namen und wählt ein Passwort. Und dann gibt es die Allgemeinen Geschäftsbedingungen. Und man stimmt ihnen zu.

Das scheint unerheblich zu sein, doch es ist wichtig, weil es bedeutet, dass man eine Wahl hat. Man kann die Allgemeinen

Geschäftsbedingungen lesen und denken: »Das ist zu tyrannisch; sie werden meine privaten Daten verkaufen. Ich bin nicht bereit, diesen Bedingungen zuzustimmen.«

Und das Passwort und der Nutzername bedeuten, dass Sie entscheiden können, wann Sie sich bei der TD Bank oder bei PayPal einloggen. Sie gehen nicht durch Ihren Alltag und sind bei PayPal eingeloggt. Sie gehen nicht durch Ihren Alltag und sind bei einem Kredit-Score eingeloggt. Sie haben die Kontrolle.

Im Gegensatz dazu wird bei den Impfpässen nichts davon der Fall sein. Jeder muss ständig mitmachen.

Wenn Sie nicht mitmachen, werden Sie möglicherweise nicht in einen Supermarkt gelassen, um Lebensmittel einzukaufen. Sie werden nicht in eine Kneipe gelassen, um Ihre Freunde zu treffen. Sie können nicht ins Restaurant gehen. Sie können nicht mit dem Flugzeug verreisen. Sie können nicht mit dem Bus fahren. Sie können nicht mit dem Zug fahren. Und es ist ja nicht nur, dass Sie gezwungen werden, mitzumachen.

Die Impfpass-Plattform ist der erste Schritt hin zu einem Sozialkreditsystem wie demjenigen in China, durch das eine Milliarde Menschen versklavt wird.

In China kann die KPCh aufgrund der 360-Grad-Überwachung des Sozialkreditsystems jeden Dissidenten innerhalb von fünf Minuten finden. Es bedeutet, dass man eine Steigerung seiner Punktzahl bekommt, wenn man wie ein »guter« Bürger handelt. Und wenn man wie ein »schlechter« Bürger handelt, dann werden einem Möglichkeiten verschlossen. Vielleicht darf Ihr Kind dann nicht aufs College oder eine Privatschule gehen. Vielleicht bekommen Sie den Job nicht. Sie bekommen die Beförderung nicht.

Die Impfpässe, die jetzt im Westen eingeführt wurden, könnten dieselbe Plattform aktivieren. Sobald sie einmal eingeführt seien, so warnte ich, könnte jede andere Funktion in einer halben Stunde Programmierarbeit mit diesen Pässen verbunden werden.

Das bedeutet, dass mit einer Optimierung des Backends der Zugang zu Ihrem Bankkonto ab- und angeschaltet werden könnte, je nachdem, wie die zugrundeliegende KI das bewertet, was Sie in den sozialen Netzwerken gesagt haben. Wenn Sie also zu konservativ oder zu liberal gewesen sind, wenn Sie die Worte »Präsident Trump« »Pro-Choice«* oder »Sierra Club« zu oft benutzen, dann könnte ein maschinelles Lesen das Ihre Bank wissen lassen; und Ihre Bank könnte den Zugang zu Ihrem Konto abschalten oder sich in Ihre Kreditkarte einwählen.

Wie erwähnt, schlugen Microsoft und Salesforce frühere Versionen eines Impfpasses vor.[258] Die Entwicklung eines digitalen Passes, der landesweit erforderlich war, wäre ein unglaublich lukrativer und äußerst wichtiger Vertrag. Die Menschen, die diese Daten hosteten und verwalteten, würden im Wesentlichen die Welt regieren. Sie wären mächtiger als Nationen. Dieser Mechanismus kann auch direkt Widerspruch verwalten. Bei einer Optimierung des Backends können diejenigen, die den Mechanismus steuern, sicher sein, dass Sie Ihnen nie ein »Wiedereingliederung-in-die-Gesellschaft«- oder »Ich-habe-kein-COVID«-Häkchen geben werden. Sie wären dann dem ausgeliefert, was der »Pass« über Ihren Status sagt.

Wenn Sie also regimekritisch sind, dann können Sie immer COVID-positiv sein und haben kaum eine Möglichkeit, dagegen vorzugehen. Und Sie wären für den Rest Ihres Lebens gesellschaftlich gesehen in einer Kategorie zweiter Klasse. Und Ihre Familie ebenso.

Lassen Sie uns ein Szenario entwerfen. Wenn Sie mit den Impfpässen einverstanden sind, dann werden sie den QR-Code einlesen, wenn Sie in eine Kneipe, ins Theater oder in ein Restaurant gehen.

Wo gehen diese Informationen hin? Sie werden an eine zentrale Datenbank geschickt, und die Informationen aller Menschen, die bei Ihnen sind und ebenfalls den Code einlesen, werden auch zu einer zentralen Datenbank gehen. Das bedeutet, dass der »Impfpass«, der in Wirklichkeit ein Sozialkreditsystem ist, weiß, wer dort am Tisch sitzt.

Und wenn Sie online über Widerstand gegenüber dem System sprechen, wenn Sie davon sprechen, dass Sie einen Protest planen oder einen Gastbeitrag schreiben oder Unterstützung mobilisieren wollen, damit ein Abgeordneter ein Gesetz verabschiedet, um dieses System rückgängig zu machen, dann kann die Plattform das wissen. Es gibt eine Funktion, die Karten von Netzwerken von Menschen erstellt.

Während Sie also den QR-Code Ihres Impfpasses scannen, um Zutritt zu einem Café oder Restaurant zu bekommen, oder dies sogar in ihrem eigenen Wohnzimmer tun, werden Sie von der Software geortet. Sie kann auch eine tabellarische Übersicht der Suchen erstellen, die sie durchgeführt haben. Und sie kann auslesen, was auf Ihren sozialen Netzwerken als Gruppe passierte. Und sie können als Gruppe ausgeschlossen werden. Ihre Sozialkreditbewertung kann herabgesetzt werden.

Oder Sie sind einfach überall »rot« statt »grün.« Oder Ihre »Fotos sind nicht mehr aktuell.«

Das kann es Ihnen unmöglich machen, in eine U-Bahn in den USA, in Paris oder London einzusteigen. Es kann es Ihnen unmöglich machen, ein Uber oder ein Lyft zu buchen.

Und das geschieht nicht »vielleicht in zehn Jahren« oder »vielleicht in einer dystopischeren Gesellschaft.«

Es gibt im Moment auch eine weltweite Nachfrage nach staatlich-gesteuerten digitalen Währungen.[259] Bei einer digitalen Währung können, wenn Sie den Eintritt für einen Film bezahlen, den Sie nicht sehen sollten, oder wenn Sie zu einem Theaterstück gehen, zu dem sie nicht gehen sollten – was der Impfpass wissen wird, weil sie ihn überall einscannen müssen, wo sie hingehen – Ihre Einnahmen gestoppt oder Ihre Steuern hochgetrieben werden, oder Ihr Bankkonto wird nicht mehr funktionieren.

Davon gibt es kein Zurück mehr.

Ein Reporter fragte mich: »Was wäre, wenn die Amerikaner sich das nicht zu eigen machen würden?«

Und ich sagte: »Sie sprechen schon von einer Welt, die verschwunden sein wird, wenn es gelingt, dies einzuführen.« Denn wenn wir die Impfpässe nicht ablehnen, wird es keine Wahl geben. So etwas wie eine Weigerung, sich darauf einzulassen, wird es nicht geben. Es wird keinen Kapitalismus geben. Es wird keine Versammlungsfreiheit geben. Es wird keine Privatsphäre geben. Sie werden keinerlei Wahl in Bezug auf das haben, was Sie mit Ihrem Leben anfangen wollen.

Und es wird kein Entkommen geben.

Kurz gesagt, dies war etwas, von dem es keine Rückkehr gab. Wenn es wirklich einen »Berg zum Sterben« gab, dann war er dies.

Doch natürlich blieb meine Warnung so gut wie wirkungslos; die lange geplante Einführung wurde schnell fortgesetzt.

Im April 2021 verwendeten zwei US-Bundesstaaten »Impfpässe«,[260] und die europäische Kommission hatte ein »digitales grünes COVID-Zertifikat vorgeschlagen, um den sicheren, freien Verkehr innerhalb der EU während der COVID-19-Pandemie zu erleichtern.«[261] Im Juli 2021 konnten die Menschen in Frankreich ohne einen Impfpass nicht länger Zug fahren oder im Restaurant sitzen.[262] Ende 2021 waren, wie ich gewarnt hatte, die Bürger Israels bei ihrem vierten Booster angelangt, da sich die Definition von »vollständig geimpft« kontinuierlich weiterentwickelte.[263]

Die republikanische Landesbeauftragte Melissa Blasek lud mich nach New Hampshire ein. Sie warnte mich, dass siebenundvierzig Staaten im Ausnahmezustand seien. Zu meinem Erstaunen war das Regierungsgebäude in Concord geschlossen. Die Abgeordneten trafen sich in dem unsicheren Kongresszentrum.

Ich wurde von der Repräsentantin des Staates Maine, Heidi Sampson, eingeladen und sprach mit einer Gruppe von Abgeordneten über die Gefahren von Impfpässen.

Ich war ebenso überrascht, dass das Regierungsgebäude in Maine geschlossen war. Eine Staatsvertreterin schleuste mich in das leere Gebäude. Ich schaute auf das illustere, verlassene Auditorium mit seinem leeren Balkon, auf dem die Bürger früher die Debatten ihrer Repräsentanten verfolgt und an ihnen teilgenommen hatten.

Wir wurden von einem Mitarbeiter des Gouverneurs aus dem trostlosen Regierungsgebäude verjagt, der mich anschrie: »Sie gehören nicht hierher!«

Ich hätte nie so etwas in meinem Leben erwartet

War das Amerika?

Ich erfuhr, dass das Regierungsgebäude in Oregon ebenfalls geschlossen war.

Ich machte ein Interview mit Baronin Claire Fox, Mitglied des House of Lords im britischen Parlament. Sie selbst konnte nicht glauben, dass man von ihr und ihren Gesetzgeberkollegen erwartete, dass sie auf nicht-sicheren Zoom- und Microsoft-Plattformen beraten sollten.

Ich dachte an Steve Waterhouse, den kanadischen Sicherheitsexperten, der zu Beginn der Pandemie sagte, dass diese ein »Hack« des Westens durch China sei.

Ich startete eine Kampagne namens »Fünf-Freiheiten-Kampagne«, mit dem Ziel, Impfpässe zu verbieten, die Versammlungsfreiheit wiederherzustellen, die Maskenpflicht zu beenden, Schulen zu öffnen und den Ausnahmezustand zu beenden.

Ich war erstaunt, dass über eine so monumentale Geschichte – die Schließung von Regierungsgebäuden im ganzen Land – kaum berichtet wurde.

Kapitel Vierzehn
Ihnen den Stecker ziehen

Vor der Pandemie brauchten Menschen kein Abonnement, um Teil der menschlichen Gemeinschaft und Zivilisation zu sein. Menschen gingen zum Gottesdienst. Es wurden keine Daten erfasst. Ihre Kinder gingen zur Schule. Wenn ein Lehrer der Klasse aus einem Buch vorliest oder eine Gleichung an die Tafel schreibt, werden keine Daten erfasst. Es wurden auch keine Daten generiert, wenn Kinder in der Pause oder in Sportteams zusammen spielten, wenn sie ein Klassenspiel aufführten oder nebeneinander standen, um einen Frosch zu sezieren oder im naturwissenschaftlichen Unterricht eine Lösung in einem Bunsenbrenner zu erhitzen. So haben wir unsere Zeit in »den Zeiten davor« verbracht.

Wenn Menschen selbst entscheiden können, was sie mit ihrem Leben anfangen möchten, dann sind der Datengenerierung Grenzen gesetzt. Es gibt nicht beliebig viele Softwareprogramme oder coole E-Commerce-Webseiten oder digitale Menstruationskalender, die Menschen werden nutzen wollen, wenn sie stattdessen die Möglichkeit haben, mit Freunden zum Bowling zu gehen, auf einer Hochzeit zu tanzen, in einer schönen Kirche oder Synagoge zu Gott zu beten, Hand in Hand mit einem Partner oder einer Partnerin spazieren zu gehen und die Meeresluft einzuatmen, sich einen Film im Kino anzusehen und dabei Popcorn zu essen oder ein Orchesterkonzert zu besuchen.

Das Ziel – einem sämtliche Freude am Leben zu nehmen, all die Macht, Liebe und Spontaneität, die das Leben in einer freien westlichen Demokratie mit sich bringt, und sie hinter eine Bezahlschranke zu stellen – war nicht neu. Tatsächlich ist die Bezahlschranke schon seit langem das Ziel vieler Plattformen in der Tech-Welt. Denn so wichtig es auch ist, dass sie Menschen auf ihre Seite locken, damit sie die Erlebnisse haben, die sie theoretisch wollen oder brauchen, bedeutet eine Bezahlschranke, dass Menschen zahlen müssen, um weiter Zugang zu ebendiesen Erlebnissen zu haben.

Ich erinnere mich, wie erstaunt ich war, als ich mir zum ersten Mal einen Blick auf Google Analytics warf. Wir hatten DailyClout mit dem aufrichtigen Ansinnen, die digitale Privatsphäre unserer Nutzer zu schützen, aufgebaut. Doch als ich mich bei Google Analytics einwählte, sah ich, dass es automatisch Daten von jeder von Google indizierten URL oder Website zurückverfolgen konnte. Obwohl ich also die Namen unserer Nutzer nicht sehen konnte, konnte ich in detaillierten Aufschlüsselungen sehen, was für Hobbys sie hatten, welche Art von Veröffentlichungen sie lasen, ob sie Männer oder Frauen waren, welche Geräte sie verwendeten, um Zugriff auf unsere Inhalte zu erhalten, und mehr noch – all das wurde graphisch in Kreis- oder Balkendiagrammen oder in Schaubildern dargestellt.

Dennoch hofften wir, dass das unersättliche Datensammeln durch Google bei den Konsumenten nur einen äußerst geringen Schaden anrichten würde. Ja, es war aufdringlich und invasiv. Doch mit Ihren »PID« oder »persönlichen Daten zur Identifizierung« (der technische Begriff für Ihre einzigartigen Identifikationsdaten) können Ihr Name, Ihr Aufenthaltsort, ja sogar das, wonach Sie gesucht haben, kombiniert ausgewertet und für jeden Zweck verwendet werden, den der Eigentümer dieser Daten benötigt. Die IP-Adresse war ein wichtiges Feigenblatt, das Ihre Privatsphäre schützte und Ihre Online-Aktivität vor Tastendruck-für-Tastendruck-Überwachung verbarg. Wir gingen davon aus, dass weder Google noch die amerikanische Regierung noch einer der Menschen, die die durch unsere Internetnutzung generierten Daten aufkauften, in der Lage waren, hinter jenen letzten Schleier zu schauen. Ich konnte einen Blick auf das Backend werfen und alle Nutzer auf unserer Website in der Summe sehen, doch ich durfte die Namen auf der Kreditkarten-Zahlungsabwicklungsplattform nicht *gegen* die Aktivität auf unserer Website laufen lassen.

Der andere Schutz, den Sie online haben, sind die »Nutzungsbedingungen« oder die »Allgemeinen Geschäftsbedingungen« – die umständliche, undurchdringliche Rechtssprache, bei der jeder weiterscrollt, und die de facto ein Vertrag zwischen dem Nutzer und der digitalen Plattform ist, in dem die Grenzen der Verwendung der Nutzerdaten durch die Plattform festgelegt werden. Normalerweise wird in den Nutzungsbedingungen verdeutlicht, wie die Website Ihre Daten schützen oder nicht schützen – das heißt, zu Geld machen – wird. Doch die Tatsache, dass der Konsument auf die Ich-stimme-zu-Schaltfläche klicken muss, gibt ihm oder ihr die letzte Kontrolle.

Sowohl das Feigenblatt der IP-Adresse als auch die gesetzliche Anforderung der Nutzungsbedingungen haben der Fähigkeit von Big Tech im Weg gestanden, das zu tun, was die Industrie naturgemäß tun will, nämlich alles zu kontrollieren und sämtliche Daten zu bekommen.

Doch die Pandemie – oder vielmehr der »Lockdown«, das Abstandhalten und die Maskenpflicht ermöglichten es den Technologieunternehmen, schließlich das zu erreichen, was vorher unmöglich gewesen war.

Aus Sicht der Tech-Welt liegt der Geniestreich der COVID-Restriktionen darin, dass sie die Bezahlschranke *sind*. Die Impfung ist, wie Sie Ihre Kreditkarte über den Kartenleser ziehen – mit wiederkehrenden Zahlungen. Und die Welt selbst ist die Plattform.

Das ultimative Ziel von Big Tech war eine Funktion – oder eine Veränderung in der Regierungspolitik – die die Online-Rechte und -Schutzmaßnahmen westlicher Bürger in eine Abwesenheit von Online-Rechten und Online-Schutzmaßnahmen im chinesischen Stil verwandeln würde. Für die Internetunternehmen würde eine solche Veränderung bedeuten, dass jegliche Nutzeraktivität mit tatsächlichen menschlichen Namen und Adressen verbunden würde. Während eine solche Offenlegung in geschlossenen Gesellschaften wie China und dem Iran die Regel ist, ist das in den Vereinigten Staaten und Europa nicht der Fall – fürs Erste.

Aus diesem Grund ist die heutige Allianz zwischen der US-Regierung und Big Tech so unglaublich gefährlich. Auch wenn die Geschäftsziele eines Internets mit weniger Privatsphäre und die politischen Ziele eines weniger freien Westens nicht identisch sind, nähern sich doch in Schlüsselpunkten an und richten sich aufeinander aus.

Und mit einem Schlag rückte der Impfpass die digitale Staatsbürgerschaft in einer freien Gesellschaft – in der die Datenerfassung zwar ausbeuterisch und schäbig sein mag, jedoch relativ begrenzt ist – einen riesigen technologischen Schritt näher an Gesellschaften wie China oder den Iran heran, in denen private Informationen bereitwillig zugänglich gemacht werden, was jeden einem großen und unmittelbaren Risiko aussetzt.

De facto ist die ganze Welt als Folge von COVID zu einer digitalisierten Plattform geworden, die sich im Besitz von nur sechs Körperschaften befindet und beliebig an- und abgeschaltet werden kann.

Und geradeso, wie ein Impfpass Regierungen wesentlich mehr Kontrolle über das Individuum verleiht, indem er das Problem der Handlungsfreiheit von Bürgern in einer freien Gesellschaft löst, löst er für Technologieunternehmen das Problem der Privatsphäre des Nutzers im Internet.

Was die Staatschefs angeht, die gegenwärtig ihre Länder in dem Glauben verraten, sie würden bei diesen technologischen Eliten immer einen Platz am Tisch haben, so irren sie sich gewaltig. Genauso wie die Regimekritiker, die es wagen, diese Situation infrage zu stellen, können auch sie im Handumdrehen abgeschaltet werden. Das maschinelle Lernen kann die sozialen Medien scannen und Kommentatoren, Journalisten, Ärzte und sogar regimekritische Technologen abschalten.

Stromnetze können abgeschaltet werden. Weg.

Lieferketten können abgeschaltet werden. Weg.

Personen können abgeschaltet werden. Am 4. September 2021 teilte der Leiter einer COVID-Teststation in Aspen Candace Owens mit, dass sie keinen COVID-Test machen könne, »weil Sie sind, wer Sie sind.«[264]

Ganze Bevölkerungsgruppen können abgeschaltet werden.

In den Jahren 2021 und 2022 ging durch Impfpässe Freiheit in Europa, Kanada, Australien, Israel und vielen Bundesstaaten in den USA verloren, ohne dass ein einziger Schuss fiel.

Während ich dies schreibe, werden Menschen auf Flohmarkt-Grundstücken in Lynn, Massachusetts, geimpft, in Bussen, die an Sekundarschulen in New Jersey halten, in ambulanten Pop-up-Kliniken mit namenlosen Menschen in Handschuhen und Masken, die Leute kostenlos in New Yorks Grand Central Station impfen und ihnen Metrokarten anbieten. Dasselbe gilt für PCR-Tests. Bei CVS Pharmacy und Walgreens bekommt man keine vollständige Dokumentation darüber, wo Ihr Test hingeschickt wird, oder wichtige Aufzeichnungen darüber, wie Ihr Test durchgeführt wurde. Als ich ein PCR-Testergebnis von einer CVS bekam, war es eine E-Mail mit einem großen grünen Haken.

Wohin gehen diese Aufzeichnungen zu Tests und Impfungen wirklich? Ich fragte den CVS-Techniker, wohin mein Nasenabstrich geschickt würde. Er hatte keine Ahnung. Ich schaute auf die Verpackung, die jetzt meinen Nasenabstrich enthielt, um einen Hinweis zu bekommen. Der Schriftzug war auf Chinesisch.

Wird Ihr tatsächliches Testergebnis oder Ihre tatsächliche Impfbestätigung in den konkreten Pass aufgenommen, der von IBM (Staat New York)[265], Microsoft oder Salesforce erstellt wurde?

Wer weiß?

Haben Sie die Rohdatensätze gesehen? Gibt es ein Gesetz, dass zu einer Eins-zu-Eins-Korrespondenz verpflichtet? Gibt es eine Möglichkeit, nach Fehlern zu suchen? Nein. Diese Datenbestände mit Testergebnissen und Impfstatus werden von Big-Tech-Unternehmen gesammelt, ohne dass es Transparenz oder eine Rechenschaftspflicht gäbe. Sie können Sie beliebig an- oder abschalten oder Sie als von einer Infektionskrankheit »betroffen« markieren.

Sie haben keine Möglichkeit, zu überprüfen, ob Ihr Impfstatus, so wie die App ihn aufzeichnet, korrekt ist. Handelsübliche Tests geben Ihnen keine Möglichkeit, zu überprüfen, ob Sie wirklich »COVID-positiv« sind. (Aus diesem Grund bekommen viele Menschen, die anfangs ein positives Ergebnis hatten, bei einem zweiten Test eines anderen Anbieters ein negatives Ergebnis).[266] Wenn Ihr Impfpass von Grün zu Rot übergeht, haben sie keine Handhabe.

Ihr *Ja* oder *Nein* gehört Ihnen nicht länger. Es kann alles sein, was der Entwickler sagt, dass es ist.

Die »Restriktionen« mussten systematisch verhängt werden, um die isolierte und kulturell verarmte Welt »der neuen Normalität« von dem alten, fröhlichen und befreiten Raum auf der anderen Seite der Bezahlschranke zu trennen – den Raum und die Erfahrungen, die bis Herbst 2020 »die Welt«, »die Kultur« und »die Menschlichkeit« des Westens waren; eine Welt der menschlichen Gemeinschaft, Bewegungsfreiheit und des vollen Zugangs zu sozialen Gütern.

Mit einer Impf-»Empfehlung«, egal, ob nun die konkrete Wissenschaft ihre Verwendung unterstützt, wurden solche lästigen Rücksichten wie Menschenrechte, Versammlungsfreiheit, Patienteneinwilligung und repräsentative Demokratie abgeschafft. Gleichzeitig wurde aus allem, was Menschen auf der Welt tun, Gewinn geschlagen. Und da aus dem Leben Gewinn geschlagen wurde, musste es auch nachverfolgt werden. Und indem es nachverfolgt wurde, wurde es kontrolliert.

Diese Strategien dienten der KPCh genauso, wie sie Big Tech dienten: Ein Westen im »Lockdown«, mit Restriktionen und Maskenpflicht, sowie Akzeptanz für eine Gesellschaft, die aufgrund des Impfstatus diskriminiert, war ein Westen, der seinen historischen Wettbewerbsvorteil gegenüber der KPCh eingebüßt hatte – seinen Individualismus, seine Menschenrechte, sein Gleichheitsprinzip und seine Freiheit.

In der Welt von 2020-2022, und der Welt der Masken und des ewigen Abstandhaltens, mussten die sechs größten Technologieunternehmen einen nicht länger überreden oder locken oder einladen, echte Rathäuser, echte Klassenräume, echte Leichtathletikteams, echte Spaziergänge in einem flippigen Stadtteil, echte Gespräche mit dem Lebensmittelhändler oder der Boutiquenbesitzerin, die Ihren Geschmack kennt und Ihnen Komplimente zu Ihrer neuen Frisur machen kann, oder die vor Freude aufschreit, wenn Sie sagen, dass Ihre Tochter, deren Namen sie kennt, jetzt in der Mittelschule ist, aufzugeben.

Das Wissen um die »Pandemie« und ihre Folgen in Form von Maskenpflicht und Abstandhalten, in der menschliche Räume auf Erlass irgendeines beliebigen Gesundheitsamts geschlossen werden können, hat eine Welt geschaffen, in der eine riesige Hürde überwunden worden ist: Die sechs größten Technologieunternehmen müssen nicht länger mit jenen Räumen, jenen Menschen, mit jenen Gesprächen oder jenem Lächeln konkurrieren, weil alle zerstört worden sind.

Dies ist eine Welt, in der Emojis ein größeres Gewicht haben als ein Lächeln, weil Lächeln rationiert worden ist. Es ist eine Welt, in der es sehr viel weniger traurig ist, zu Hause zu bleiben und sich bei Zoom einzuloggen, als »im realen Leben« (IRL) ins Büro zu gehen. Es ist eine Welt, in der es erdrückend und traurig ist, mit anderen Menschen »IRL« zu sein, und befreiend, online mit anderen Menschen zu sein. Auf all diese neuen Bedingungen sind ganz direkt die wirklich erstaunlichen Umsatzsteigerungen zurückzuführen, derer sich die wichtigsten sechs Technologieunternehmen während der Jahre des Lockdowns, der Masken, der Impfpässe und des Fernunterrichts rühmten; Jahre, die für den Rest von uns so katastrophal waren.

Kapitel Fünfzehn
Diebstahl

Bis zum Sommer 2021 hatten Gesundheitsbehörden äußerst weitreichende Befugnisse erhalten, die Gesellschaft umzugestalten und in einem Maße in kapitalistische Wirtschaftssysteme einzugreifen, wie sie es nie zuvor getan hatten. In den Vereinigten Staaten, in Australien, Neuseeland und Kanada umgingen die mit tyrannischen neuen Zuständigkeiten ausgestatteten Gesundheitsbehörden einfach die Parlamente und den Kongress. Es war die klügste Art und Weise, um einen Umsturz im Zeitlupentempo herbeizuführen, einen, den nur wenige mitbekommen würden, zumal er so verkauft wurde, als sei er im Interesse der Öffentlichkeit.

Am 3. August 2021 kündigte die CDC ihr »Moratorium für Zwangsräumungen« an und setzte Zwangsräumungen für weitere drei Monate aus.[267] Eine Gruppe von Immobilienmaklern aus Alabama brachte die CDC wegen dieser Verlängerung erfolgreich vor den Supreme Court, doch bestimmte Gegenden behielten die Schutzmaßnahmen bei.[268]

Die meisten Mietimmobilien gehörten zumindest vor 2020 Individuen – und nicht Institutionen. Mehr als vierzehn der nahezu zwanzig Millionen Mietimmobilien, die in der Mietimmobilienfinanzierungsumfrage der amerikanischen Statistikbehörde von 2018 erfasst wurden, wurden von einzelnen Investoren gehalten.

Im Hinblick auf die Mieteinheiten besitzen größere Institutionen eher Immobilien mit Hunderten von Wohnungen, dennoch machen einzelne Anleger immer noch einen beachtlichen Anteil des Marktes aus, nämlich über vierzig Prozent.[269]

Institutionen können Monate ohne Mieteinnahmen überstehen. Individuen mit Krediten? Eher nicht.

Private Anleger in farbigen Gemeinschaften gehörten zu denjenigen, die am stärksten unter den Folgen der CDC-Moratorien litten. Wie Matt Murphy, geschäftsführender Direktor des zur Universität New York gehörenden Furman Centers, eines Immobilien-Forschungsinstituts, im Februar 2021 gewarnt hatte, würde das Zwangsräumungsmoratorium der CDC den Vermögensbesitz der mehrheitlich schwarzen Gemeinschaften zerstören: »Das Letzte, was jemand erleben möchte, ist eine Wiederholung der Hypothekenkrise mit ihren überproportionalen Auswirkungen auf schwarze und hispanische Grundbesitzer.«[270]

Doch für viele ist genau das passiert.

Erwartungsgemäß führte all das zu einem massiven Vermögenstransfer von Menschen aus der Mittelschicht und Werktätigen, wie Gastronomen und Eigentümern von Veranstaltungsräumen, an institutionelle Investoren.

Im Jahre 2020 schlossen mehr als 110 000 Gaststätten, weil man sie gezwungen hatte, ihre Geschäftstätigkeit einzustellen.[271] Vielen Restaurant- und Barbesitzern gehören die Gebäude, in denen sie ihr Geschäft betreiben. Angesichts erzwungener Restaurant- und Barschließungen versuchten diese Grundeigentümer, die Steuern und Versicherungen und vielleicht auch noch Hypotheken zahlen mussten, jedoch kein oder kaum noch Einkommen hatten, verzweifelt, ihre Objekte bis zum ersten Quartal 2021 zu verkaufen.

Im Wohnimmobilienbereich konnten Institutionen ihren Einfluss nicht verbergen. *Slate* berichtete, dass institutionelle Anleger im ersten Quartal 2021 mehr als 15 Prozent aller zum Verkauf stehenden

Immobilien in den Vereinigten Staaten aufkauften.[272] Akteure im Bereich der sogenannten »Einfamilien-Mietshäuser«, wie Progress Residential[273] und Invitation Homes, eine Ausgründung von Blackstone, konkurrieren jetzt mit Einzelkäufern um den gleichen begrenzten Wohnungsbestand, indem sie über dem Listenpreis liegende Barangebote abgaben, die Verkäufer nicht ablehnen können.[274] Und nicht nur amerikanische Firmen kaufen amerikanische Häuser. Wie das *Wall Street Journal* im April 2021 titelte: »Der Käufer eines Vorstadthauses könnte eine ausländische Regierung sein.«[275]

Ich verfolge die Entwicklungen auf dem Immobilienmarkt, weil ich eine von Millionen von Kleinvermietern bin, die Geld für eine Mietimmobilie gespart hatten und sich abmühten, die Hypothek zu zahlen, um ein sonst nicht-existentes Alterseinkommen zu haben.

Ich habe beobachtet, wie der Immobilienmarkt in der eingefrorenen South Bronx während der Pandemie zum Erliegen kam.

Ich habe Harlem beobachtet. Ich habe East Harlem beobachtet. Ich habe Chinatown beobachtet. Ich habe beobachtet, was im Hinterland passierte.

Das »Moratorium« mit Hilfe der CDC, das Kleinvermietern verbot, Miete einzuziehen, dauerte länger als sechs Monate.[276] Niemand außer institutionellen Investoren kann es sich leisten, so lange auf Miete zu warten. Wie Matt Murphy trocken anmerkt: »Eigentümer kleiner Immobilien haben im Allgemeinen eine fragilere Finanzlage als größere Eigentümer, die häufig über vielfältigere Bestände an Mieteinheiten verfügen.«[277] Für Wohngebäude sind die Auswirkungen dieser CDC-Verfügungen klar – doch was ist mit den Einzelimmobilien?

Was hatten die verrückten Einschränkungen von Hochzeiten und Veranstaltungen mit Immobilieneigentum zu tun? Sie trieben seltene und schöne historische Gebäude in die Insolvenz, und auf diese Weise kamen sie unter Nennwert auf den Markt. In meiner Gegend im Norden von New York musste das ikonische Restaurant mit Bar, das Taconic Wayside Inn, in Copake Falls schließen. Es war 1856 erbaut worden, Babe Ruth* hatte es als »Wasserstelle« ausgesucht. Der Eigentümer erzählte mir bitter, wie sehr er gekämpft habe, um während des »Lockdowns« angesichts eines Gesundheitsamts, das entschlossen schien, ihn aus dem Geschäft zu drängen, zu überleben. Das Tanzen wurde verboten – aber der Betrieb war ein Juke Joint.** Menschen kamen zum Tanzen hierher. Sie verboten Bestuhlung – er hatte daraufhin versucht, Speisen zum Mitnehmen anzubieten. Er schloss für drei Monate, um zu überleben. Das Taconic Wayside Inn war ein Familienunternehmen – der Vater des Eigentümers hatte die Vision gehabt, er hatte den Platz gekauft, die viktorianischen Holzböden versiegelt und das Linoleum aus den Sechzigern verlegt; sein Sohn hatte eigenhändig die Bar gebaut.

Der Name seiner verstorbenen Frau prangte an der Wand im Außensitzbereich. Das Taconic Wayside Inn war der Mittelpunkt einer kleinen Gemeinschaft gewesen. Der Inhaber zeigte mir die perfekt geschweißten Pfannen, die in einem Gestell in der Küche aufgehängt waren, und auf die Zeit zurückgingen, als sein Vater den Gasthof leitete. Ich bewunderte die solide geschweißten Türriegel und die schweren Stahloberflächen. Sie waren echte Erbstücke – und in Amerika gemacht. Solche Pfannen wurden heutzutage nicht mehr hergestellt.

Jetzt erschienen die Räumlichkeiten gespenstisch. Der Eigentümer würde einen letzten Sommer haben, um seine Freunde und

---

* Babe Ruth: einer der bedeutendsten Baseballspieler der USA. Er spielte von 1914 bis 1935. (Anm. d. Ü.)

** Ein Juke Joint war im ländlichen Südosten der USA eine einfache Kneipe für Afroamerikaner, in der Alkohol, Tanzmusik und Speisen, zum Teil auch Glücksspiel und Prostitution angeboten wurden. Einige Juke Joints bestehen noch heute. (Anm. d. Ü.)

Nachbarn zu bedienen, bevor irgendeine nationale oder globale Kette das Familienunternehmen zu einem reduzierten Preis kaufen und es in ein auf Fokusgruppen ausgerichtetes Berkshires-»Erlebnis« verwandeln würde.

Das historische Windflower Inn in Great Barrington stellte ebenfalls seinen Betrieb ein und ging als Schnäppchen auf den Markt. Die Inhaber, ein hart arbeitendes Paar, das Himmel und Erde in Bewegung gesetzt hatte, um das Geschäft zum Erfolg zu führen, und das jetzt alles aufgeben musste, erzählten mir, dass institutionelle Investoren überall in den Berkshires Frühstückspensionen und alte Hotels aufkauften.

Unser Mechaniker und Freund bei Jim's Auto Body erzählte uns, dass die Leute am Ort Anrufe von nicht identifizierbaren Käufern bekommen hätten, die meinten, sie würden bar für alle Immobilien in der Gegend zahlen, egal welcher Art.

Mein früherer Schulleiter in der South Bronx meinte, dass Eigentümer Anrufe bekämen, dass man ihre Wohneinheiten kaufen würde – und in bar bezahlen.

Welche Städte waren diejenigen mit den drakonischsten »Lockdowns« und Maskenpflichten? San Francisco, Boston, New York, Los Angeles, Chicago: die Städte, in denen Immobilien am begehrtesten sind.

Die schwierigen »COVID«-Bedingungen vertrieben Menschen, Vermieter litten und waren gezwungen zu verkaufen. Wohnungseigentümer mussten zum ermäßigten Preis verkaufen, um in freiere Staaten umzuziehen. So ging all das wunderschöne Inventar in die Kassen von BlackRock und dergleichen institutionelle Investoren.

Als wir 2020 und 2021 in die Stadt zurückgingen, sah ich Gemeinden im Chaos und immer mehr Kleinunternehmen, die geschlossen hatten.

Im September 2021 berichtete die BBC über unzählige Stilllegungen kleinerer Betriebe und High-Street-Geschäfte auch in

Großbritannien.[278] Das Nachrichtenportal merkte an, dass an einem Tag fünfzig Geschäfte auf der High Street geschlossen hätten. Wie Lisa Hooker, die Verantwortliche für Verbrauchermärkte bei dem Wirtschaftsprüfungsunternehmen PricewaterhouseCoopers nüchtern anmerkte: »Nach einer Beschleunigung der Ladenschließungen im letzten Jahr, in Verbindung mit stufenweisen Einschränkungen und Lockdowns in letzter Minute über Weihnachten, die sich bis 2021 erstreckten, hätte man in diesem Jahr eine höhere Zahl von Ladenschließungen erwarten können.« Es gab einen Nettorückgang von mehr als 5.000 Verkaufsstellen.[279]

Ich habe in Großbritannien gelebt und liebe dieses Land. Die Gewohnheit, Geschäfte auf der High Street zu unterstützen, ist ein integraler Bestandteil der Kultur jener Nation. Bis 2020 war es besonders für britische Frauen ein Ritual, durch die Highstreet zu »den Geschäften« schlendern: Mit dem Fleischer zu plaudern, zu Frühlingsbeginn ein kleines Bouquet von Paperwhite-Narzissen beim Blumenhändler zu kaufen, einen Sweater in einem kleinen Laden anzuprobieren, eine Freundin auf eine Tasse Tee und einen Teller Plätzchen in einem Café zu treffen, wenn der Einkauf beendet war. Bei jedem Besuch in jedem kleinen Geschäft in der Hauptstraße wurde auf bequeme und beruhigende Weise Small Talk ausgetauscht: ein Witz, Klatsch, ein Kompliment, ein Lächeln.

High-Street-Beziehungen setzten ein Zeichen für den Tag oder die Woche, und die Interaktionen zwischen Käufern und Ladenbesitzern bildeten den wichtigen Kitt, der Gemeinden landesweit zusammenhielt.

Es waren nicht nur die Geschäfte, die starben, sondern die Gemeinden. Im Jahr 2021 schlossen Kaufhäuser, Mode-Einzelhändler und Restaurants. Läden von Wohltätigkeitsorganisationen und Wettbüros schlossen. Es mag der Eindruck entstehen, dass dies kleine Verluste waren, doch für Rentnerinnen in kleinen britischen Städten waren Läden von Wohltätigkeitsorganisationen Zentren des ehrenamtlichen Engagements und sie boten bezahlbare Kleidung und Haushaltswaren; Wettbüros waren soziale Zentren für Pensionäre. Viele ältere Menschen sahen also täglich oder wöchentlich ihre Freunde in diesen Einrichtungen.

Jetzt waren diese Begegnungsstätten verschwunden.

Die Einnahmen von britischen Frauen, die jetzt im Wesentlichen in ihrem Zuhause eingesperrt waren und nicht mit einer Freundin nach draußen in die Geschäfte auf der High Street gehen und ein Kleid für eine Verabredung oder eine Arbeitsjacke anprobieren, die Meinung ihrer Freundin einholen und dann genüsslich stehenbleiben konnten, um eine neue Lippenstiftfarbe auszuprobieren und den Nachmittag mit einer Tasse Kaffee in einem nahegelegenen Café zu beschließen, wurden transferiert.

Nun gingen diese Einnahmen, die sie gezwungen waren, alleine auszugeben, während sie von ihren Laptops hochschauten und traurig aus dem Fenster sahen, an den Online-Handel.

Kleine Geschäfte schlossen ihre Türen. Ihre Schaufensterfronten waren von Graffiti umrahmt. Freunde, die einen früher auf einen Abstecher ins Café oder einen Ausflug in die kleinen Geschäfte begleitet hätten, wurden zu E-Mail-Stimmen und geisterhaften Zoom-Links.

Doch was war mit den Luxusgebäuden, die auf die Kinder der globalen Oligarchen warteten? In London und in New York, in Paris und San Francisco wurden ihre Türme immer höher.

***Am 9. September 2021** hielt Präsident Biden eine wütende Rede, in der er gegen die Ungeimpften wetterte. »Wir verlieren langsam die Geduld.« In meinem ganzen Leben hatte ich noch nie einen amerikanischen Präsidenten mit seinen Wählern auf so schikanöse und aggressive Weise sprechen hören. Das war nicht die Art, wie Führungspersönlichkeiten mit Bürgern in funktionierenden Demokratien* *sprachen.*[280] *Er kündigte neue Impf-»Verordnungen« an, wie CNN es ausdrückte, die 100 Millionen amerikanische Arbeitnehmer zwingen würden, sich mit einem mRNA-Impfstoff impfen zu lassen, ob sie nun eine Impfung wollten oder nicht.*[281] *Die Medien schienen sich nicht mehr zu bemühen, amerikanische Leser daran zu erinnern, dass eine »Verordnung« – ein Wort, das seit 2020 plötzlich überall präsent war – kein Bestandteil unserer Demokratie war; es war kein Gesetz. Niemand konnte so etwas ohne die Zustimmung des Kongresses anordnen.*

Sofort wurde mein Posteingang mit Nachrichten verzweifelter Arbeitnehmer, der Eltern verzweifelter College-Studenten, und verzweifelter Ehegatten überschwemmt. Was sie schrieben, war herzzerreißend. Befreiungen aus religiösen Gründen wurden regelmäßig verwehrt. Menschen mit schweren Erkrankungen wurden gezwungen, sich der Verordnung zu fügen. Krankenschwestern, die mutig an der COVID-»Front« gedient hatten, und junge Marinesoldaten oder Air Force-Piloten, die lange fleißig trainiert hatten, um ihrem Land zu dienen, standen vor der Entlassung und dem Verlust ihrer Alterssicherung. Die Trauer war überwältigend.

Ich konnte nicht glauben, dass dies Amerika war.

Wenn man im Ausnahmezustand lebt, hat man per definitionem keine funktionierende Demokratie mehr. Mittlerweile sage ich: »Der Staatsstreich hat bereits stattgefunden.« Verblüffend ist, wie wenige Menschen selbst jetzt das Ausmaß erkennen, in dem die USA unter diktatorischen Maßnahmen lebten.

Während die Monate vergingen, gab es immer mehr Beispiele von Brutalität und bizarren Terrors gegenüber unseren Kindern in ame-

rikanischen und westlichen Schulen. Wir erlebten sogar zunehmend die Aufhebung des sozialen Auftrags der Schule als solchem.

Das Versprechen des sozialen Auftrags, so wie er auf die Erziehung im Westen angewendet wird, ist ein Versprechen harter Arbeit und Lernen in der Gegenwart im Gegenzug für bessere Ergebnisse in der Zukunft. Tatsächlich ist dieser soziale Auftrag der große Lehrer der westlichen Leistungsgesellschaft. Es etabliert unser System als das mächtigste Trainingsfeld, das wir haben, um zu lernen, was es bedeutet, westlich zu sein. Es hat den Auftrag, an kommende Generationen die wichtige Lehre weiterzugeben, dass unser westliches Erbe auf Fairness beruht, während es gleichzeitig die inhärente Beziehung zwischen harter Arbeit und gerechter Belohnung betont.

Wir sehen diese Definition als so selbstverständlich an, dass wir nicht begreifen, wie radikal es ist, und wie glücklich wir uns schätzen können. In China oder Russland ist das Leistungsprinzip nicht nur ein fremdes Konzept, sondern für diejenigen an der Macht auch ein bedrohliches. Indem es Förderung aufgrund von Talent unterstützt, stellt es zwangsläufig ein Risiko für ihre Hegemonie dar. Sofern also Ihre Eltern keine Verbindung zur KPCh oder der herrschenden Oligarchie haben, ist es für praktische Zwecke nicht sehr relevant, wie schwer Sie arbeiten und wie viel Sie in pädagogischer Hinsicht erreichen. Ich habe einmal ein Leadership Institute mitbegründet und erinnere mich, dass mir, als wir einer Gruppe von College-Studenten aus Mitteleuropa »ethische Führungskompetenzen« beibrachten, auffiel, wie sinnlos dieses Wissen ihrer Ansicht nach war, so theoretisch wie Regenbögen oder Einhörner. Die jungen Erwachsenen, die wir unterrichteten, sagten uns, dass die Kenntnisse, die wir vermittelten, nutzlos für sie seien, da man in Albanien und anderen früheren sowjetischen Gesellschaften immer noch seinen Lehrer bestechen musste, um ein »Sehr Gut« zu bekommen.

Auch wenn die Gründungsväter die Bildung von Bürgern als wesentlich für die Aufrechterhaltung der Demokratie ansahen (und 1785 und 1787 Bundesverordnungen erließen, um den Staaten der neuen Republik Land zur Finanzierung örtlicher Schulen zuzuweisen), waren amerikanische Schulen bis weit ins 19. Jahrhundert hinein häufig armselige, kalte und repressive Orte, in denen primär auswendig gelernt wurde – und wo diejenigen, die genug Glück gehabt hatten, um überhaupt Bildung zu bekommen, körperliche Strafen und ein Mangel an Zuwendung erwartete.[282] *Dasselbe galt auch für Großbritannien. Wie der britische Dichter John Addington Symonds in einer der zahlreichen Memoiren, die an Bildungsinstitutionen aus jener Zeit erinnern, schrieb, wurden er und seine Klassenkameraden in sadistischer Weise sowohl von älteren Schülern als auch von Administratoren misshandelt.*

Tatsächlich ist die angenehme, emotional sichere, physisch nicht bestrafende und intellektuell anregende Qualität moderner westlicher Grund- und Sekundärschulbildung eine neue Errungenschaft, ein Produkt der unermüdlichen Bemühungen von Reformern wie Horace Mann, dem »Vater der amerikanischen Bildung«, und Maria Montessori, die ein Bildungssystem entwickelte, das das Kind in seiner Gesamtheit erziehen und fördern wollte. Aufgrund dieser und vieler anderer Bildungsreformen wurden amerikanische – und westliche – Schulen zu Orten, in denen der soziale Auftrag im Wesentlichen ein Auftrag grundsätzlicher Fairness, intellektueller Auseinandersetzung und sicherer sozialer Interaktion war: Kurz gesagt, es waren Orte, um westliche Erwachsene aus westlichen Kindern zu machen. Von Kindern wurde erwartet, dass sie erwachsen wurden, mit allem, was das impliziert. Man erwartete, dass sie sich für Gedankenfreiheit und kritisches Hinterfragen einsetzten. Sie erwarteten, dass sie eigene Rechte hatten und dass man ihre körperliche Autonomie respektierte. Sie erwarteten eine im Wesentlichen freie und faire Zukunft. Sie verließen sich auf den Gesellschaftsvertrag des Westens.

Doch zwischen 2020 und 2022 fand auch das ein Ende. Nach März 2020 wurde das Bemühen, diesen Gesellschaftsvertrag zu zerstören, bewusst und systematisch. Das bewährte Modell wurde im Westen im Allgemeinen und in Amerika im Besonderen durch Schulen, Administratoren und Lehrer ersetzt, die bereit waren und oft dazu gezwungen wurden, Kinder zu drangsalieren, zu schikanieren und sogar physisch zu missbrauchen. Die Botschaft des Respekts und der Unterstützung für Eltern und Kinder wurde überall durch Botschaften an Eltern ersetzt, dass sie bei der Erziehung oder der körperlichen Autonomie ihrer Kinder kein Mitspracherecht mehr hatten. Von oben geförderte Machtansprüche schienen absichtlich darauf ausgerichtet zu sein, das Versprechen einer auf Bildung beruhenden Leistungsgesellschaft aufzulösen und Fairness zur Farce zu machen.

Zwangsläufig würde dieser revidierte Gesellschaftsvertrag eher wie jener sein, der an Kinder weitergegeben wurde, die im kommunistischen China oder in Nordkorea aufwuchsen; er unterstrich die Durchsetzung von Schweigen, Konformität und die Unterdrückung rebellischen, unabhängigen Denkens. Er würde Kinder nicht länger westlich in ihren Instinkten und Erwartungen sein lassen, sondern vielmehr zukünftige Erwachsene schaffen, die 2049er-Generation, die immer Angst vor Konsequenzen hätte, wenn sie »aus der Reihe tanzte.« Dies sind Menschen, die sich immer der möglichen Wiedereinführung von Gesichtsbedeckungen bewusst sein werden und die alles tun würden, um zu verhindern, dass sie alleine in der Kälte sitzen mussten. Sie würden so umfassend durch die drohende Isolation von ihren Altersgenossen gebrochen sein, dass sie sich bereitwillig ständiger Misshandlung und Kontrolle unterwerfen würden.

Unterrichtsräume mit Maskenpflicht drehten wirksam die westliche Erziehung in ihrem Kern zurück und reproduzierten die längst verschwundene Welt, in der ängstliche Kinder unter dem Einfluss freudloser

Erwachsener kaum als Individuen gesehen und nie gehört wurden. Im Handumdrehen wurde die Aufmüpfigkeit und Individualität des westlichen Kindes, die über so viele Jahrzehnte, ja Jahrhunderte hinweg, hart erkämpft worden war, überall gehemmt und ihn zu vielen Fällen vollkommen vernichtet.

Eine Lehrerin aus Massachusetts erzählte mir, dass das Programm für »Begabte und Talentierte« in ihrer Schule gekürzt worden sei. Es sei von oben als »rassistisch« angegriffen worden.

Die Lowell High School in San Francisco, wo ich das Gymnasium besucht hatte, war eine selektive öffentliche High School, die Generationen von Kindern (überproportional den Kindern von Einwanderern) eine makellose Ausbildung gegeben hatte.

Auch diese Schulleitung wollte ihre selektiven Zulassungskriterien beenden, weil sie »rassistisch« seien. (Das sorgte für einen lokalen Aufruhr).[283]

Harvard University kündigte an, es werde seine Anforderung auslaufen lassen, dass Bewerber ihre Resultate von Tests wie dem SAT vorlegen müssten.[284] *Man sagte britischen Studenten, dass ihre A-Levels, die so wichtigen Prüfungen, die über ihre Zukunft an der Hochschule entschieden, eingestellt werden könnten.*[285] *Noch 2022 sagte man Schulen in Großbritannien, dass sie vielleicht Fächer wie Musik fallen lassen müssten, wegen … COVID.*[286]

Im gesamten Westen erlebten Teenager und junge Erwachsene, dass die sozialen Aufträge, die sich auf sie bezogen, jetzt auf dramatische Weise zurückgenommen wurden. Welchen Sinn hatte das?

Ich musste einige etwa Zwanzigjährige für einen Einsteigerjob interviewen. Ich fragte sie, wo sie ihrer Vorstellung nach in fünf Jahren sein würden.

Auf diese Frage folgte ein betretenes Schweigen. Einige, junge Männer wie Frauen, waren den Tränen nahe.

Wie konnten sie auf diese Frage eine intelligente Antwort geben? Die Welt, die ihre Versprechungen mit Blick auf die Zukunft gehalten hatte, gab es nicht mehr, gerade jetzt, wo sie selbst am Anfang standen.

Die Lehrer junger Erwachsener berichteten von der gemeinsamen Erfahrung eines schrecklichen Schweigens, mit dem jede Präsenzveranstaltung mit Masken begann, eine Pause, während der die Schüler unbeweglich und mit einem Schmerz, der über reine Trauer hinausging, einfach geradeaus starrten.

Ende 2021 ging ich auf Bitten einiger Mütter am Ort zu einer Sitzung des Schulrats einer örtlichen High School, die nicht weit von unserem Zuhause im Hudson Valley entfernt war. Eine Mutter hatte mich wissen lassen, dass die Schule ihrer Tochter im Teenageralter, die Basketball spielte, gesagt habe, dass sie keinen Sport nach der Schule treiben könne, wenn sie sich nicht mit einem mRNA-Impfstoff impfen ließe. Diese talentierte junge Athletin würde nicht nur von ihren Teamkameradinnen nun getrennt sein, sondern man würde ihr auch eine wichtige Möglichkeit für ein College-Stipendium versperren.

Die Verordnung, die Impfungen erzwang, um Schülern öffentlicher Schulen Zugang zu Aktivitäten nach der Schule zu ermöglichen, erschien einfach grotesk, da der Bundesstaat New York zu jener Zeit keine Impfungen für Teenager »anordnete«, um Sport zu treiben oder etwas anderes zu tun; es schien tatsächlich eine selbstständige Grausamkeit vonseiten örtlicher Schulleitungen zu sein.

Also ging ich zur Schulratssitzung und brachte einen Kameramann mit.

Als wir vor der Sitzung umherliefen, bemerkte ich, dass die Schule sämtliche Schließfächer im Gang entfernt hatte – »wegen COVID.« Was das in der Praxis bedeutete, war, dass die Schüler, deren Körper noch wachsen und sich entwickelten, eine ganze Schließfachladung voller Schulbücher, die mehr als siebzig Pfund wiegen, den ganzen Tag lang im Rucksack mit sich herumtragen mussten. Es war kaum verwunderlich, dass eine Mutter meinte, ihre zwölf Jahre alte Tochter habe wegen des sehr hohen Gewichts einen Bandscheibenvorfall bekommen. Doch mehr noch als den physischen Tribut, den dieses sinnlose Gebot forderte, weil man Kinder gezwungen hatte, zu Lasteseln zu werden, machte es das Herumrennen während der Pausen weniger wahrscheinlich. Auch spontane Fang- oder Basketballspiele gehörten der Vergangenheit an. Die Anordnung bedeutete weniger zwanglose soziale Kontakte – über den nächsten Test-Essay über die Progressive Era nachzugrübeln oder das Gedicht von Robert Frost zu genießen, das man in der letzten Unterrichtsstunde gelesen hatte. Wie die endlosen Aufkleber, die alle zwei Meter eine »räumliche Trennung« forderten, richtete sie den Geist von Kindern auf physischen Kampf und eine sich selbst überwachende Eigenkontrolle aus, statt sie einfach kreativ und frei denken zu lassen.*

Verständlicherweise waren viele der Eltern hier, um darum zu bitten, dass diese unnötige Maßnahme, die einer Bestrafung gleichkam, aufgehoben würde.

Doch sobald die Sitzung begann, war sofort erkennbar, dass die Eltern durch die Art und Weise, wie die Zusammenkunft strukturiert war, zum Schweigen gebracht wurden. Tatsächlich war das, was

* Progressive Era = in den USA Zeitabschnitt zwischen 1890 bis zum Eintritt der Vereinigten Staaten in den Ersten Weltkrieg 1917. (Anm. d.Ü.)

passierte, von Anfang an illegal, denn laut Gesetz müssen Treffen im Staat New York öffentlich angekündigt werden, und diese Schulleitung hatte das nicht getan. Es gab einen Anmeldebogen, »um zu sprechen«, eifersüchtig von einem Schulleiter gehütet, der allerdings nach einigen Minuten abrupt entfernt wurde, und man sagte dem Publikum, dass diejenigen, die sich nicht eingetragen hatten, kein Recht hätten zu sprechen. Es gibt jedoch keine solche Regel im Staat New York. Gesetzlich gesehen hat jeder das Recht, ohne Unterschrift bei öffentlichen Veranstaltungen zu sprechen. Man sagte uns auch, dass wir »Masken tragen« müssten, um an der Veranstaltung teilnehmen zu können. Auch hierfür gab es keine Vorschrift, kein Gesetz. Darüber hinaus waren bewaffnete Polizisten am Eingang zur Aula postiert, was schon an sich furchteinflößend war.

Den Eltern, die zu sprechen versuchten, wurde von der gesamten, Maske tragenden Schulleitung – die dem Publikum in einem mürrischen Halbkreis zugewandt war – gesagt, dass jeder Elternteil dafür nur drei Minuten Zeit zur Verfügung habe. Auch eine solche Vorschrift für öffentliche Veranstaltungen im Staat New York gibt es nicht. Wenn die Eltern es wagten, ihre Masken zurechtzurücken, um atmen zu können, während sie sich abmühten, ihre Sorgen in Bezug auf ihre Kinder zum Ausdruck zu bringen, oder überhaupt Widerspruch gegen den Machtspruch der Schulleitung einzulegen, schrie der Leiter des Schulvorstands in einem Ton, den ich zuvor noch nie gegenüber Eltern oder freien Bürgern in Amerika gehört hatte: »Behalten Sie Ihre Maske auf! Setzen Sie Ihre Maske auf!« Er sagte nicht »bitte«. Dies war ein Befehl. Es war der Tonfall des kleinen Tyrannen in einer geschlossenen Gesellschaft.

Irgendwann forderte ein Erziehungsberechtigter Antworten auf die Frage, was aus den 7,8 Millionen Dollar zur Finanzierung von »COVID-Maßnahmen« geworden sei. Sieben-Komma-acht-Mil-

lionen Dollar, die natürlich unglaublichen Reichtum für jene Drittanbieter bedeuten würden, an die diese Millionen von den Schulleitungen vergeben wurden. Welche Art von Beratungsverträgen oder andere möglicher Bereicherungen vielleicht den Mitgliedern des Schulvorstands, ihren Ehegatten oder ihren erwachsenen Kindern zugefallen wären? Das war eine wichtige Frage.

Doch zu meinem Erstaunen erhoben sich bei dieser Frage sämtliche Mitglieder des Schulvorstands wie eine Person – im Gleichklang, so, als ob sie geübt hätten – und verließen einfach die Aula. Sie marschierten schnurstracks heraus.

Es war ein Machtspiel im KPCh-Stil, ein dramatisches Vernichten des amerikanischen Gesellschaftsvertrags, eine Demonstration für diejenigen, die sie gewählt hatten, dass ihre Rechenschaftspflichten aufgehoben waren und dass die Allmacht nun in ihren Händen lag.

Sechzig Eltern saßen fassungslos da. Weil das Treffen offensichtlich nicht ohne die Schulleitung weitergehen würde, konnten sie nichts tun. Die meisten verließen niedergeschlagen den Saal.

Eine Handvoll von uns wartete weiter. Nach anderthalb Stunden kam die Schulleitung zurück, ohne Vorwarnung an die Eltern, dass die Diskussion wieder aufgenommen würde.

An diesem Punkt war es fast neun Uhr abends unter der Woche. Die Schulleitung nahm die Sitzung wieder auf, so wie sie es von Gesetzes wegen tun musste, doch jetzt mit nur sieben Leuten, die ihr noch zuhörten, und den müden bewaffneten Polizisten, die Wache standen.

Indem sie einfach den Gesellschaftsvertrag ignorierten, der sie als Bürger verantwortlich machte, hatte die Schulleitung es geschafft, fünfzig besorgte Bürger abzuschütteln, die hergekommen waren, um ihre Kinder zu beschützen und Antworten über eine mögliche Korruption im Zusammenhang mit den Millionen von Dollars zu verlangen, die die Schule erhalten hatte.

Indem die Schulleitung die Regeln Amerikas neu schrieb und sie durch diejenigen Chinas ersetzte, hatte sie effektiv dafür gesorgt, dass sie für jenen Missbrauch von Kindern oder die mehr als sieben Millionen Dollar nicht zur Verantwortung gezogen werden würde.

Zum Jahreswechsel 2020/2021 hörte ich aus den verschiedensten Quellen von Missbrauch. Mittlerweile ging die Kinder wieder zur Schule. Doch die Schulen, die sie besuchten, waren komplett umgestaltet und zu Häusern viktorianischen Grauens geworden.

Tiffany Justice von Moms4Liberty erzählte mir, dass sie mit ihrem Sohn, der in der Mittelstufe war, zur Schule gegangen sei. Mit ihrer Unterstützung hatte er seine Maske abgenommen, und sie ging mit ihm zur Schule, um sicherzustellen, dass er nicht gemobbt würde. Sie sagte, dass sein Lehrer ihn sofort ausgrenzte und ihm sagte, er solle abseits von einem Kreis seiner Altersgenossen sitzen. Als Ms. Justice Einwände dagegen erhob, erschien ein Sicherheitsbeamter und stellte sich ihr entgegen. Sie wurde aus der Schule eskortiert und beschuldigt, eine Störung verursacht zu haben. Nicht viel später veröffentlichte die Lokalzeitung einen manipulierten Bericht über sie.

Sie und ihr Mann nahmen schließlich ihren Sohn aus jener Schule. Der junge Mann, der die schreckliche Erfahrung durchlebt hatte, beschrieb mir, wie sein Lehrer dafür sorgte, dass er von seinen Freunden gemobbt wurde. Sein Gesicht war unsagbar traurig und schockiert, während er den Vorfall erneut durchlebte. Die einzige Frage war, wie lange der ihm zugefügte Schaden andauern würde.

Im November 2021 war ich völlig entgeistert, als ich erfuhr, dass unsere örtliche Waldorf-Schule die Kinder Masken tragen und Abstand halten ließ. Diese Behandlung war dem ausdrücklichen Bekenntnis der Waldorfschulen, dass Kinder Freiheit, Bewegungsfreiheit, Ausdrucksmöglichkeiten und freies Spiel brauchen, vollkommen fremd.

In Kanada lautete die Botschaft an Kinder »Keine Maske, keine Stimme.«

Im ganzen Land, in Portland, Oregon, wurden Kindergärtenkinder bei Temperaturen nahe dem Gefrierpunkt gezwungen, draußen auf Eimern zu sitzen, »auf Abstand« zu ihren Freunden.[287]

Es war überall dasselbe, und häufig noch schlimmer. Ein Vater erzählte mir über die sozialen Netzwerke, dass er und seine Frau ihrem Kind die Maske abgenommen hätten, die anderen Eltern ihren Kindern daraufhin jedoch gesagt hätten, sie sollten nicht mit ihm spielen. Viele Eltern schickten mir ähnliche E-Mails. Ein Kind nahm die Maske ab, daraufhin wurden die anderen Kinder angewiesen, nicht mit ihm zu spielen. Das unmaskierte Kind kam weinend nach Hause.

Zum Mittagessen wurde den Kindern in der Schule eines Kindes, dass ich liebte, jetzt lediglich wieder aufgewärmtes Fast Food gegeben, dass nur mit den Händen gegessen werden konnte. Wraps und Pizza. Die Kinder mussten in einem Kreis auf dem Turnhallenboden »auf Abstand sitzen«, damit sie nicht so leicht während der Mahlzeiten miteinander sprechen konnten, während sie dieses verarbeitete, verpackte Fingerfood wie Wilde mit ihren kleinen Pfoten ohne Besteck aßen.

Schön am Tisch mit anderen zu sitzen, Messer, Gabel und Löffel zu benutzen, Fleisch und Gemüse zu schneiden, mit geschlossenem Mund zu kauen und während der Mahlzeit höfliche Unterhaltungen miteinander zu führen, ist natürlich eines der Merkmale einer entwickelten Kultur. In unserem Fall ist dies eine der Hauptaufgaben, die es unseren Kindern ermöglicht, sich in die zivilisierte westliche Gesellschaft einzugliedern. Doch jetzt wurden diese Fertigkeiten, die im Zuge der jahrhundertelangen Entwicklung unserer Kultur im Westen perfektioniert worden waren, aus der Schulerfahrung gelöscht, und, wie so vieles andere, grundlegend kompromittiert.

Als der Junge, den ich liebte, bei uns aß, hatte er praktisch vergessen, wie man sich während der Mahlzeit unterhält. Er wusste nicht, wie man während einer Mahlzeit innehält und anderen zuhört. Und er wusste nicht, wie man zu den Mahlzeiten eine Geschichte erzählt.

Er wusste nicht, wie man seinen Teller wegräumt oder seiner Gastgeberin Hilfe beim Wegräumen der Teller anderer anbietet. Statt der zivilisierten, geordneten Mittagspause, die Generationen westlicher Kinder jeden Klassenhintergrunds und Ursprungslandes gelehrt hatte, miteinander zu reden, ihr Essen höflich zu verzehren, und eine Gemeinschaft zu bilden, wurde Kinder beigebracht, sich selbstständig auf dem Boden zu versorgen, wie Welpen im Zwinger.

Warum? Immer dieselbe Antwort. »Wegen COVID.«

Doch was würde in Kürze passieren, wenn die Fertigkeiten und Gewohnheiten, die unsere westlichen Kinder befähigten, für sich selbst zu sorgen und in der Welt zu florieren, nicht länger vermittelt wurden? Was würde geschehen, wenn, während die linguistischen Fähigkeiten unserer Kinder verkümmerten und ihre Hände weniger geschickt darin wurden, stark vereinfachte räumliche Aufgaben zu bewältigen, den Kindern unserer globalen Gegner beigebracht würde, wie man höflich an einem Tisch sitzt, miteinander ins Gespräch kommt, räumliche Fähigkeiten erlernt und dauerhafte Gemeinschaft bildet?

Wie würde all das für uns im Jahre 2049 aussehen?

Kapitel Sechzehn
Helden

Im Jahr 2021 interviewte ich drei »regimekritische Ärzte«, deren Ansichten, das herkömmliche Narrativ hinsichtlich der Gefährlichkeit des Virus und der Behandlungsmethoden hinterfragten. Sie wurden von Big Tech und der Biden-Administration im Laufe des Jahres mit zunehmender Bösartigkeit angegriffen. Selbst als sich der Himmel verdunkelte, bewies diese unerschrockene Gruppe – Dr. Harvey Risch von der Yale University, Dr. Howard Tenenbaum von Mt. Sinai in Toronto, Kanada, und Dr. Paul Alexander, früher an der McMaster University und beim US-Gesundheitsministerium tätig, zusammen mit Kollegen wie Peter McCullough und Dr. Robert Malone – dass es Helden unter uns gab. Es war mittlerweile völlig klar, dass alle ihre Karriere und ihren Ruf aufs Spiel setzten. Ich sprach zuerst mit Dr. Risch und begann unsere Konversation mit: »Was ist der größte Mythos in Bezug auf diese Pandemie? Und haben Sie irgendwelche Rückschläge erlitten, weil Sie die Wahrheit gesagt haben?«

Dr. Risch: Der größte Mythos in der Pandemie ist, dass die Menschen wegen der Anzahl der auftretenden Fälle ausflippen. Die Leute haben die Idee, dass jeder Fall von COVID schlimm sei und dass wir jeden loswerden müssten, um 100 % sicher zu sein. Das erkennt die Realität nicht an, dass COVID ein Spektrum von Reaktionen auf ein Spektrum von Organismen ist. Und dass wir so gut wie möglich damit umgehen müssen, für so viele Menschen wie möglich.

Wir haben im Laufe des vergangenen Jahres einiges gelernt. Und eines der Dinge, die wir gelernt haben ist, dass die Anzahl der Fälle keine Rolle spielt. Was eine Rolle spielt, ist, was mit den Fällen *passiert*. Sicher, eine Atemwegserkrankung zu haben, kann unangenehm und schwierig sein. Doch solange sie nicht schwerwiegend und lebensbedrohlich ist und einen Krankenhausaufenthalt erfordert, oder zu einem Verlust der körperlichen Leistungsfähigkeit oder Existenzgrundlage führt, ist sie handhabbar, und wir stehen sie durch, genau wie jeder von uns alle möglichen anderen Krankheiten während seines Lebens durchsteht. Das ist einfach ein Teil des Lebens, und wir versuchen damit so gut umzugehen, wie wir können.

All dieses Ausflippen über Fälle und noch mehr Fälle und andere Fälle und neue Fälle und neue Virusstämme und das ganze Zeugs ist ein beklemmender Panikmechanismus, um Menschen dazu zu bringen, ihr Urteilsvermögen und ihre Vernunft zu verlieren, weil sie aufgrund der Verunsicherung und des wahrgenommenen Risikos in Panik geraten. Was zählt, sind die Krankenhauseinweisungen und die Sterblichkeit. Und ich möchte die Menschen einfach auffordern, die Fälle zu ignorieren und sich Gedanken darüber zu machen, wie sie ihr Leben führen möchten, und sich anzuschauen, was geschieht. All diese Daten sind im Umlauf – und was wir sehen, ist eigentlich eine gute Nachricht: Der aktuelle Sars-CoV-2 Stamm hat sich im letzten Jahr weiterentwickelt. Wir haben genau das gesehen, was wir bei Atemwegsviren erwarten, nämlich, dass sie mutieren und leichter übertragbar, infektiöser und weniger schädlich werden. Und deshalb sehen wir, dass mehr Menschen die Krankheit bekommen und weniger Menschen daran sterben.

Wir beginnen sogar in den Vereinigten Staaten an einigen Orten Anzeichen dafür zu sehen, dass es anfängt, zu verschwinden…

Und wenn man sich die Todesfälle ansieht, dann ist die Kurve ziemlich flach. Es gibt nahezu keine Veränderung bei den Todeszahlen, zu denen es durch die Krankheit kommt. Die Antwort lautet also, dass wir genau das tun sollten, was wir jetzt gerade tun – die Menschen, die sich infizieren und gut damit umgehen können, in Ruhe lassen, lasst sie sich infizieren und eine natürliche Immunität entwickeln, die sehr langlebig und sehr stark ist. Und die Menschen behandeln, die eine Behandlung benötigen. Wir haben bereits letztes Jahr gesagt, dass wir all diese Medikamente für ambulante Patienten haben, die sehr gut bei COVID wirken. Lasst die Leute es durchstehen, so gut sie können, wie ganz normale Menschen es durchstehen, ohne Angst, ohne Panik, mit Erfolg, so funktioniert das.

Naomi: Man hat mir gesagt, dass dies bis 2021 Standardwissen im Bereich öffentliche Gesundheit war – schlimme Atemwegserkrankungen fegen durch eine Population hindurch, und im Laufe der Zeit werden sie, wie Sie sagten, leichter übertragbar, aber weniger schwerwiegend im Verlauf sein. Die Menschen gewöhnen sich an sie, sie werden sich weiterentwickeln. Das sind die Mutationen oder die »Varianten«, vor denen wir so viel Angst haben. Es ist im Wesentlichen einfach ein natürlicher Prozess, so wie ich es verstehe, dass ein Virus mit einer menschlichen Bevölkerung koexistiert, und wir müssen da durch und die Menschen schützen, die besonders abwehrgeschwächt oder schon älter oder einem besonderen Risiko ausgesetzt sind, aber wir müssen nicht ausflippen. Umschreibe ich das, was Sie gerade gesagt haben, korrekt?

Dr. Risch: Ja, das stimmt genau. Das ist die richtige Beschreibung.

Naomi: Nun, das ist verblüffend. Und wenn ich es angemessen umschrieben habe, dann sollte das zu vollkommen anderen Botschaften und Strategien führen als denjenigen, die wir gerade sehen. Zum Beispiel betont Dr. Fauci immer wieder die Übertragbarkeit der Delta-Variante, aber er erwähnt nicht, dass sie weniger tödlich sein könnte, und dass wir, wie Sie sagten, nicht die »Fälle« zählen sollten. Er konzentriert sich weiter auf Fälle und auf »Dynamiken«, was ein sehr vager Begriff ist. Die Variantenbildung der Krankheit zu betonen, ist eine merkwürdige und sehr beängstigende Sache, das ist wie ein Horrorfilm. Und Sie sagen, dass … . Nun, es klingt so, als würden Sie sagen, dass er bei dem, was er sagt, wichtige Daten weglässt.

Dr. Risch: Korrekt. Tatsächlich untertreibt er die Varianten. Es hat mindestens vier- bis fünftausend Varianten gegeben, die Leute bislang katalogisiert haben. Im Grunde genommen produziert jedes Individuum, das die Infektion bekommt, Varianten. Wenn Sie eine Billion Viren haben und das Enzym die RNS reproduziert und das Virus dabei einen Fehler macht bei einem von 100.000 Virenpartikeln, dann werden Sie Millionen von Varianten in jeder Person haben, ob sie nun geimpft ist oder nicht.

Naomi: Ich möchte Sie ganz spezifisch fragen, was ist ein Fall? Eine Verwandte von mir hatte gerade einen positiven COVID-Test. Sie musste sich jeden Monat für ihre Arbeit testen lassen. Sie fühlt sich gut. Ihr Sohn ist gerade negativ getestet worden. Sie hat keine Symptome. Ihrer beider Leben ist gerade wegen dieses PCR-Testergebnisses entwurzelt und auf Eis gelegt worden. Ist das ein Fall? Sie zählen das als Fälle. Deswegen flippt Dr. Fauci aus. Doch sie ist im Grunde genommen nicht krank. Was also ist ein »Fall«?

Dr. Risch: Die CDC hat das überprüft: Sie hat eine Antikörperbestimmung bei Menschen vorgenommen – bei Blutspendern und anderen Bevölkerungsgruppen. Und sie stellte fest, dass die Anzahl der Menschen, die schon mit dem Virus infiziert gewesen waren, etwa 5,8-mal höher war als die Zahl derjenigen, die sie durch all das PCR-Testen tatsächlich registriert hatten.

Deshalb ist mein Maßstab für das, was wir in den Staaten Herdenimmunität nennen, die Zahl der registrierten Fälle pro Million. Wenn ein Staat also 100 000 Menschen pro Million hat, die tatsächlich als sogenannte Fälle registriert worden sind, dann multipliziere ich das mit 5,8. 100 000 pro einer Million sind 10 %, und ich multipliziere das mit 5,8. Ich sage also, dass 58 % dieser Bevölkerung COVID gehabt haben. Die Staaten mit den höchsten Zahlen liegen bei 140 000 pro Million, wenn man das mit 5,8 multipliziert bedeutet das, dass jeder es gehabt hat.

Sie können also sehen, dass die meisten Menschen es gehabt haben. Also warum impfen wir dann alle? Denn die meisten Menschen brauchen die Impfung ja überhaupt nicht.

Naomi: Sie sagen also, dass fast 60 % der Bevölkerung in den Vereinigten Staaten wahrscheinlich immun gegen COVID ist? Und trotzdem hindern wir Kinder daran, in die Schule zu gehen, wir drohen mehr Lockdowns an, wir beschäftigen uns mit Impfverpflichtungen für Bundesbeamte, obwohl es, wie Sie es hier beschreiben, so klingt, als hätten wir fast eine Herdenimmunität erreicht?

Dr. Risch: Oh, wir sind über die Herdenimmunität hinaus. Die Herdenimmunität wurde von McKendrick im Jahre 1927 definiert, als er epidemische Modelle abbildete, die Betroffene und Infektionen und Genesene umfassten. Zur Herdenimmunität kommt es, wenn die Epidemie auf dem Höhepunkt ist, wenn die Zahl der

Fälle ansteigt, einen Höchststand erreicht und dann wieder abnimmt. Nachdem der Höhepunkt erreicht ist, das ist die Definition von Herdenimmunität.

Was wir wissen, ist, dass North Dakota, South Dakota, Tennessee und andere Staaten im November oder Dezember letzten Jahres Herdenimmunität erreichten, lange bevor irgendein Impfstoff auf dem Markt war. Bis Impfstoffe eingeführt wurden, waren die Zahlen bereits wieder auf dem Weg nach unten. Die Herdenimmunität sollten jedoch nicht als Beweis dafür dienen, dass die Epidemie verschwunden ist. Die Herdenimmunität ist der Anfang davon, dass die Epidemie verschwindet. Wir brauchen viel mehr Immunität als Herdenimmunität, um sie aus der Bevölkerung zu verdrängen. Doch wenn Sie Herdenimmunität haben, dann wissen Sie, dass dieser Prozess stattfindet.

Was wir sehen, sind diese Dellen, zu denen es in epidemischen Kurven kommt, und dann erreicht man neue Ebenen von Herdenimmunität, und die Zahlen fangen an, wieder runter zu gehen. Das ist in Großbritannien passiert, es ist in den Niederlanden passiert. Und genau das werden wir hier auch im Laufe der nächsten drei oder vier Wochen erleben.

Naomi: Haben Sie Gegenwind bekommen?

Dr. Risch: Ja, das habe ich, durch meinen Kollegen in Yale, der einen Brief geschrieben hat, nachdem ich meine Arbeit veröffentlicht hatte, dass im Mai letzten

Jahres mit der Einnahme von Medikamenten begonnen worden war, die funktionieren. Ich bin nicht einer Meinung mit meinen Kollegen, doch es steht ihnen frei, ihren Standpunkt zu vertreten. Darum geht es bei der Meinungsfreiheit und der Freiheit des wissenschaftlichen Denkens. Und wir brauchen das im öffentlichen Bereich. Es ist genau das, was das akademische Leben wichtig und interessant macht, die Fähigkeit, es zu diskutieren.

Ich begann meine Unterhaltung mit Dr. Tenenbaum, indem ich ihn fragte, welchen Aspekt dieses wichtigen Gesprächs er zuerst ansprechen wolle.

Dr. Tenenbaum: Wir haben also eine Krankheit, die bei frühzeitiger Intervention behandelbar ist. Folglich haben Sie eine behandelbare Krankheit. Tatsächlich ist sie recht leicht zu behandeln. Und dann haben Sie diesen Impfstoff, der nicht sehr gut zu schützen scheint und dennoch mit sehr erheblichen Risiken einhergeht, besonders in der jüngeren Bevölkerung, insbesondere bei jungen Männern. Bei diesen Menschen besteht das Risiko, dass sie eine Herzmuskelentzündung entwickeln. Jedes Mal, wenn jemand von der Pro-Impfungs-Seite darüber spricht, sagt er: »Nun, das ist eine leichte Erkrankung,« was völlig falsch ist. So etwas wie eine leichte Herzmuskelentzündung gibt es nicht. Tatsächlich ist sie eine sehr gefährliche Erkrankung.

Selbst wenn das Individuum nicht sofort an einer schweren oder weniger schweren Form der Krankheit stirbt, dann hat es immer noch, wie Sie wissen, ein wesentlich höheres Risiko, langfristig eine Herzkrankheit zu entwickeln, einschließlich Kardiomyopathie und solcher Dinge. Es ist also extrem wichtig, denke ich, dass wir die Botschaft vermitteln, dass die Impfung oder die Impfstoffe nicht die Antwort zu sein scheinen, auf die wir alle gehofft hatten.

Alles, was ich sagen kann, ist, dass das, was [die CDC] uns sagt, im Wesentlichen 180 Grad von dem entfernt ist, was wir wissen. Es ist vollkommen dem entgegengesetzt, was man logisch schlussfolgern würde. Der Pearson International Airport hat Reihen für geimpfte und ungeimpfte Individuen eingerichtet. Große Schilder. Das erinnert mich an etwas anderes, das in den 1930er und 1940er Jahren passierte, als man in die linke oder die rechte Reihe ging.

Das sind die zwei wichtigen Botschaften, die gehört werden müssen: Dass man dies relativ gut behandeln und früh in den Griff bekommen kann. Und das die Impfstoffe nicht den Schutz geben, von dem wir dachten, dass sie sie geben würden.

Die Impfstoffhersteller und die Gesundheitsbehörden sprechen sich dafür aus, Kinder zu impfen, darum glaube ich, dass diese Botschaften so dringend ist. Kinder haben statistisch ein Nullrisiko, an COVID-19 zu sterben. Sie geben die Krankheit nicht an andere weiter. Und trotzdem wollen unsere Regierungen und die Pharmaunternehmen anfangen, sogar zwei Monate alte Kinder zu impfen, wofür es überhaupt keinen

Grund gibt. Es gibt keinen biologischen oder logischen Grund, warum man so etwas tun sollte. Für mich ist das kriminell. Können Sie sich vorstellen, einem Fünfjährigen ein Medikament zu geben, um eine Angina zu behandeln? Das würde wirklich gut funktionieren. Nie einen Angina-Pectoris-Anfall zu bekommen, doch er braucht es nicht. Die langfristigen Gefahren sind noch nicht bekannt. Ich sage nicht, dass ich weiß, dass es langfristige Gefahren sind, oder welche es sind – aber das ist der Punkt. Wir wissen es nicht.

Dr. Alexander seinerseits bemerkte:

Dr. Tenenbaum sprach darüber, wie ernst das Thema mit den Impfstoffen ist, das ist unser eigentliches Problem im Moment. Aufgrund der Art, wie diese Versuche durchgeführt wurden und der Informationen, die nicht mit der Weltgemeinschaft geteilt worden sind, wissen wir nicht, wie die langfristigen Folgen aussehen werden. Deshalb schaut man, wenn man eine Studie durchführt, wenn man den Sicherheitsteil der Studie durchführt, hin und führt mehrere Jahre lang Nachuntersuchungen durch, so viele Jahre, wie man kann, so dass man bei irgendwelchen seltenen Anzeichen von Schäden sagen kann: »Wir haben diesen Impfstoff zehn Jahre lang geprüft und dies hat sich ergeben. Dies ist sicher genug, um es massenweise für die Bevölkerung zu produzieren«, oder »Dies ist nicht sicher genug.« Doch im Augenblick wissen wir es einfach nicht.

Ich würde also die Auffassung teilen, dass wir jetzt nahezu am Ende sind. Wir haben Herdenimmunität erreicht. Wir haben die frühe Behandlung, also falls Personen sich zum ersten Mal oder erneut infizieren, dann können wir ihnen eine Behandlung anbieten, die verhindern würde, dass sie ins Krankenhaus müssten, oder noch schlimmer, sterben würden.

Und wir sollten Nachrichten durch den öffentlichen Dienst verbreiten lassen, was bedeuten würde, die CDC einzusetzen, um auf Themen wie Vitamin-D-Supplementierung, die Bedeutung eines gesünderen Lebensstils und Fettsucht hinzuweisen, denn Fettsucht hat sich als extrem belasteter Risikofaktor erwiesen. Hinter dem Alter ist sie wahrscheinlich der zweitgrößte Risikofaktor für eine schwere COVID-Erkrankung.

Wir sollten es denjenigen, denen es gut geht, den Gesunden und den Jungen in unserer Gesellschaft ermöglichen, so natürlich wie möglich durchs Leben zu gehen. Sie sollten sich nicht absichtlich anstecken, aber vielleicht als Teil ihres täglichen Lebens. Sie sind sehr gut in der Lage, mit Delta oder einer anderen Variante, die daherkommt, umzugehen. Sie werden Immunität entwickeln, und so bewegen wir uns langsam näher an die Herdenimmunität heran, und wir werden über sie hinauswachsen. Wir stehen diese Pandemie durch und schließen mit ihr ab.

Naomi: Ich bekomme herzzerreißende E-Mails von Eltern, in einem Fall von einer 35 Jahre alten Frau, die jetzt im zweiten Monat schwanger ist. Sie hat geweint, weil sie für eine Bundesbehörde arbeitet und man ihr unterbreitet hat: »Lassen Sie sich impfen oder Sie werden ihren Job verlieren.« Und diese Frau fragte mich, was würden Sie tun? Ich würde gerne Ihre Gedanken dazu wissen.

Dr. Alexander: Das sind zwei getrennte Fragen. Wir geben schwangeren Frauen nichts, was nicht absolut notwendig ist. Und wir geben ihnen bestimmt keine unbekannten Substanzen, die nicht nachweislich notwendig sind. Die bisherigen Erkenntnisse zeigen, dass in der einen von der CDC veröffentlichten Studie schwangere Frauen nicht lange genug weiter untersucht wurden, um zu wissen, was mit denjenigen passiert, die die Impfung zu Beginn oder im ersten Trimester der Schwangerschaft bekommen haben. Wir wissen es also immer noch nicht. Und es ist unverantwortlich, dass die CDC auch nur denkt, dass es sicher sei, sie zu verwenden, wenn die Folgen während der Schwangerschaft vollkommen unbekannt sind. Die Realität ist, dass die FDA am Anfang wusste, und dass die Impfentwickler wussten, dass schwangere Frauen und Frauen im gebärfähigen Alter ausgeschlossen werden sollten, da sie potenziell geschädigt werden könnten. Deshalb wurden sie, wenn Sie sich das Protokoll ansehen, aus diesen [anfänglichen] Studien ausgeschlossen. Und das dann umzukehren und ihnen die Impfung zu verabreichen, ist für mich ein krimineller Schritt.

Naomi: Ich denke immer wieder darüber nach, wie mRNA-Impfungen funktionieren sollen. Ich denke über die Tatsache nach, dass diese Spikeproteine die Blut-Hirn-Schranke überwinden, und dass sie daher auch die Plazentaschranke passieren werden. Werden sie auch in den Fötus hineingehen? Ist das etwa nicht so? Und wenn ja, könnte dann der sich entwickelnde Fötus hinsichtlich der Beeinträchtigung der Gefäßstruktur nicht mit denselben Problemen belastet werden, möglicherweise in Form von Herzproblemen oder Gerinnungsstörungen?

Dr. Alexander: Nun, wir wissen, dass Spikeproteine produziert werden. Einigen Angaben zufolge könnten sie bis zu sechs Monate lang produziert werden. Man findet sie also im Blut. Und wir haben Fälle, in denen die Spikeproteine wahrscheinlich durch die Muttermilch übertragen wurden. Weil Säuglinge an einer Erkrankung sterben, die mit der Impfung von Erwachsenen und jungen Erwachsenen in Verbindung gebracht wird – diese Thrombozytopenie.*

Ich meine, man kann sich keine andere Erklärung vorstellen. Und ja, das Spikeprotein wird an Orten produziert, wo es nicht produziert werden sollte. Und es richtet beträchtlichen Schaden an. Wir haben von jemandem aus Kanada gehört, der einige Daten präsentierte, die auf Tests mit Patienten beruhten, die in seiner Praxis geimpft worden waren. Er testete sie auf den Marker für die Gerinnselbildung.

* Mangel an Thrombozyten (Blutplättchen) im Blut. (Anm. d. Ü.)

Er fand heraus, dass 60 % der Menschen, die gerade geimpft worden waren, höhere Werte dieses Markers hatten, was bedeutete, dass sich bei diesen Menschen Mikrogerinnsel oder Schlimmeres entwickelt hatten; wenn diese Gerinnsel größer sind, fühlen sie sich wirklich krank. Es kann also reichen von »sich nicht ganz so gut fühlen«, weil sich bei Ihnen diese Mikrogerinnsel gebildet haben, bis hin zu wirklich schweren Schäden, wie einem Herzinfarkt oder einem Schlaganfall. 60 % der Patienten, die geimpft worden waren – er hatte sie getestet – bekamen Gerinnsel.

Naomi: Also lassen Sie mich noch eine Sache fragen. Was passiert mit dem Spikeprotein? Wo geht es hin? Wie wird der Körper es wieder los? Wo ist es?

Dr. Alexander: Dr. Roger Hodkinson aus Kanada hat beschrieben, dass er, seit dies anfing, viele Autopsien an Frauen durchgeführt hat, die leider verstorben sind. Er ist Pathologe und schaute sich den Uterus an. Er hat erkannt, dass das Endometrium die höchste Expression des ACE2-Rezeptors hat. Es ist sehr stark an Orten wie der Plazenta, bei Männern in den Hoden ausgeprägt. In diesem Fall der Gebärmutterschleimhaut.

Er sagte, das liege am Zellwachstum des ACE2-Rezeptors, mit dem das Spikeprotein interagiert. Das ist ein Grund zur Sorge und muss untersucht werden, und zwar dringend.

Dr. Risch sagt, wenn das Spikeprotein auf der Zelloberfläche sitzt und in den Blutkreislauf, in dem es Blutplättchen gibt, ragt, und diese Blutplättchen mit

> den Spikeproteinen in Berührung kommen, dann verklumpen sie und fangen an zu gerinnen. Das ist unsere theoretische Annahme. Und einige sehr kluge Leute wie Dr. Hodkinson, Dr. Risch, Dr. Bhakdi und Dr. Malone mutmaßen, dass das jenen Gerinnungsfaktor in Gang setzt. Als Teil der Produktion des Spikeproteins, also der Produktion eines fremden Proteins in der Zelle, erzeugt die Maschinerie des Stoffwechsels einigen »molekularen Abfall«. Sie legt diesen Abfall an der Tür der Zelle ab, auf der Außenseite. Sobald die natürlichen Killerzellen diesen Abfall entdecken, ist klar, was sich in der Zelle abspielt. Sie produziert ein fremdes Protein, dass sie nicht produzieren sollte. Die Killerzellen fangen an, die Zellen anzugreifen und folglich auch das Gewebe um die Zellen herum.
>
> Und damit fängt das Trauma an.

Als ich zum ersten Mal ein Interview mit diesen drei Ärzten und mit Dr. Peter McCullough postete, sperrte YouTube vorübergehend mein Konto. Warum? »Medizinische Falschinformationen.« Als ich das obige Interview zum zweiten Mal postete, sperrte YouTube mein Konto dauerhaft.

Krankenschwestern sagte man, sie würden entlassen werden, wenn sie solche »medizinischen Falschinformationen« verbreiten würden.[288]

Ein Jahr, nachdem YouTube die Interviews zensiert hatte, wurde die Mikrogerinnung, die Dr. Bhakdi und seine Kollegen theoretisch angenommen hatten, und die diese Ärzte ebenfalls vermutet hatten, ebenso wie die Herzmuskelentzündung, vor der sie gewarnt hatten, reichlich und auf tragische Weise bestätigt. Die CDC räumte ein, dass die Anzahl junger Männer, die nach der Impfung an einer Herzmuskelentzündung litten, höher war als der Basiswert.[289]

Ein Jahr, nachdem dieses Interview unterdrückt worden war, waren so viele junge Athleten auf dem Sportplatz zusammengebrochen, dass das Ereignis zu einer grässlichen Social-Media-Meme wurde. Matt Le Tissier, eine Fußballlegende, schlug Alarm wegen der plötzlichen Todesfälle bei ansonsten gesunden jungen Athleten.[290]

Ein Jahr später lag eine Freundin, eine vorher gesunde 43-Jährige, wegen Blutgerinnseln in der Lunge im Krankenhaus, die nach der Impfung aufgetreten waren.

In den Nachrichten las man Schlagzeilen von Teenagern, Jungen wie Mädchen, die nach einer COVID-Impfdosis gestorben waren.[291] *»Teenager stirbt an Blutgerinnseln nach zweiter Spritze.«*[292] *Ein siebzehn Jahre altes Mädchen im Bundesstaat Washington stirbt an einem Herzanfall nach der zweiten mRNA-Impfung.*[293] *Ein dreizehn Jahre alter Junger starb im Schlaf nach der Impfung.*[294] *Ein Teenager in Michigan starb wenige Tage, nachdem er geimpft worden war.*[295] *In Kuala Lumpur brach ein dreizehn Jahre alter Junge zusammen und starb achtzehn Tage, nachdem er seine erste Impfung bekommen hatte.*[296]

Das Model Hailey Baldwin wurde wenigen eines Blutgerinnsels im Gehirn ins Krankenhaus eingeliefert.[297] *Eine sechsundzwanzig Jahre alte Verwandte ging ins Krankenhaus, weil Mikrogerinnsel bei ihr diagnostiziert worden waren.*

Ich flehte eine liebe Freundin an, sich keinen Booster zu holen. Sie schaute weg – ich wusste, dass sie unter sozialem Druck stand. Zwei

Monate später war sie wegen einer schweren Erkrankung der Hauptschlagader in der Notaufnahme. Drei Monate später hatte sie einen Herzinfarkt. Ein Jahr später berichtete das VAERS, (Vaccine Adverse Event Reporting System) von Tausenden Fällen von Unverträglichkeitsreaktionen auf den Impfstoff, von thrombotischen Ereignissen (Blutgerinnung) bis hin zu schweren Störungen des Menstruationszyklus von Frauen – und, da die meisten Meldungen an das VAERS freiwillig sind,[298] konnten wir da überhaupt wissen, wie viele Nebenwirkungen nicht gemeldet wurden?*

Ich hatte mir im April 2021 den Zorn von Twitter zugezogen, weil ich Bedenken hinsichtlich der Impfstoffe und Menstruationsstörungen geäußert hatte. Ich gehörte, basierend auf den Berichten, die Frauen in den sozialen Medien teilten, zu den ersten Kommentatoren, die Alarm schlugen.

Aber am 5. Januar 2022 bestätigte eine von den National Institutes of Health finanzierte Studie, dass COVID-19-Impfstoffe das verursachen, was sie »eine kleine Zunahme der Länge des Menstruationszyklus« nannten. Sie war nicht so »klein«: »Das Team stellte fest, dass bei Frauen, die einen COVID-19-Impfstoff bekamen, eine durchschnittliche Zunahme der Zykluslänge von fast einem Tag pro Dosis erfolgte.«[299] Das sind potenzielle Blutungen für weitere zwölf Tage im Jahr. Wie viele Frauen mit einem geringen Risiko für schwere COVID-Verläufe würden sich für diese Möglichkeit entscheiden, wenn dies offengelegt worden wäre? Und was machte diese Verzerrung des Menstruationszyklus bei durchschnittlich zwanzig Prozent

* Das Vaccine Event Reporting System = dt. Meldesystem für Impfstoffnebenwirkungen, ist ein Meldesystem für Verdachtsfälle unerwünschter Wirkungen von Impfstoffen in den USA. (Anm. d. Ü.)

der Frauen mit deren Fruchtbarkeit? Die Studie hielt sich nicht damit auf, diese Frage zu stellen.

Jetzt, nahezu ein Jahr später, war allgemein bekannt, dass Frauen nach mRNA-Impfungen manchmal unter ernsten Menstruationsstörungen litten. Sowohl der NHS als auch die CDC führten zusätzliche Studien zu hormonellen Fehlregulationen durch. Die BBC, die mich unermüdlich getrollt hatte, titelte jetzt: »Forderungen nach einer Untersuchung von Menstrualstörungen nach COVID-Spritzen.«[300]

Doch viel schlimmer noch als die Scherereien, die die Zensur durch Big Tech in meinem eigenen Leben verursacht hatte, war die Tatsache, dass die etablierten Medien Millionen von Frauen früh über das Risiko von Menstruationsstörungen hätten informieren können, und dies nicht passiert war. Ich wurde dafür diskreditiert und zensiert, dass ich das Thema auch nur angesprochen hatte, und so sind viele Frauen vielleicht als Folge der Korruption der Nachrichtensender und der sozialen Medien verletzt oder in ihrer Fruchtbarkeit oder Gesundheit geschädigt worden.

Wenn YouTube die regimekritischen Ärzte nicht wegen ihrer Hypothesen zensiert hätte, die sich auf Tatsachen stützten, die sich ebenfalls als richtig erwiesen, wie viele Menschen hätten dann weitere Informationen eingeholt? Wie viele Menschen würden tatsächlich gesünder oder einfach am Leben sein?

In diesen Interviews gab es Fragen, die ich keinem der Ärzte stellte: In welcher Welt wird gesunder Menschenverstand und/oder eine gute Nachricht zu gefährlicher Desinformation?

Wer waren die wirklich guten Jungs in diesem Szenario, und – noch zutreffender – die echten Schurken?

Kapitel Siebzehn
Grausamkeit, Kulte, Zwang

Gegen Ende des Jahres 2021 trafen immer mehr Daten ein, die zeigten, dass die Impfstoffe nicht gut funktionierten und dass ihre Wirkung im Laufe der Zeit nachließ. Eine Studie aus Israel gehörte zu den ersten, doch dann bestätigten reihenweise Studien einander.[301] Als einer Studie nach der anderen mit dem Ergebnis erschien, dass die Schutzwirkung der Impfung im Laufe der Zeit nachließ und dass sie nicht verhinderte, dass sich Menschen mit COVID ansteckten, ging ich, naiv wie ich war, weiter davon aus, dass ihre offensichtlichen Mängel deklariert und anerkannt würden. Zu meinem Erstaunen wurde ihre sich verschlechternde Wirksamkeit jedoch stattdessen zu einer günstigen Gelegenheit für eine ausgelassene und ausgedehnte Werbekampagne für »Booster«. Der Begriff »Booster« schien eine so offensichtliche sprachliche Vertuschung von »Es hat beim ersten Mal nicht funktioniert« zu sein, dass ich davon ausging, niemand würde immer wieder das tun wollen, was bei der Einführung gescheitert war. Doch die Marketing-Leute waren Genies. Schon bald gaben wohlhabende Menschen überall mit ihrem »Geboosteten«-Status an.

Und bald prahlte die »Zoom-Klasse« nicht nur mit ihren Injektionen und damit, »vollständig geimpft« zu sein, sondern sie kündigte auch stolz an, dass sie »doppelt geimpft und geboostert« sei.«

Ein Anwalt, mit dem ich geschäftlich zu tun hatte, sagte mir das, und dasselbe taten Menschen, die ich kaum kannte und die ich wegen trivialer Informationen kontaktiert hatte; ebenso wie eine völlig fremde Person, die mich selbstzufrieden am Telefon informierte, dass sie »doppelt geimpft und geboostert« sei.

Angesichts solcher Aussagen schnitt ich innerlich immer eine Grimasse. Ich wollte nichts über die Wahl der Verhütungsmethode oder die Prostatabehandlungen oder die Leistenbruchoperationen der Körper anderer hören. Ich musste niemandes Hausapotheke sehen. Für mich waren das unglaublich persönliche Entscheidungen, und solche Informationen sollten privat sein.

Mittlerweile war es, zumindest für einige von uns, unmöglich die Nebenwirkungen der Impfung weiter zu ignorieren.

Für Millionen von Menschen spielte das jedoch überhaupt keine Rolle. Ein Kult des »Glaubens an die Impfung« hatte sich durchgesetzt. Zusammen mit diesem Glauben hatte sich in den Ländern und US-Bundesstaaten, die Impfdiskriminierung praktizierten und Impfpässe eingeführt hatten, eine Zweiklassengesellschaft herausgebildet.

Und zusammen mit dieser Zweiklassengesellschaft wurde eine kompromisslose Kultur der Grausamkeit eingeführt.

Trotz der demoralisierenden Daten über die Wirksamkeit des Impfstoffs wurde die Maschinerie der Zwangsimpfungen in nahezu hysterischem Ausmaß hochgefahren. Krankenschwestern quittierten den Dienst – und wurden gekündigt – statt sich mit den mRNA-Impfstoffen impfen zu lassen.[302] Feuerwehrleute streikten. Ärzte wurden entlassen. Krankenhäuser gerieten aufgrund des Verlustes an Mitarbeitern, die sich weigerten, sich impfen zu lassen, in einen

Pflegenotstand – was besonders bizarr war, da jetzt feststand, dass die Impfungen weder eine Infektion verhinderten noch die Übertragung stoppten, und dass im Übrigen mehrere zehn Millionen Menschen über eine natürliche Immunität verfügten.

Alles unwichtig. Verbale Angriffe auf die Ungeimpften eskalierten weiter. Viele gingen so weit, dass sie forderten, man solle ihnen ärztliche Versorgung verweigern.[303]

Ich lud einen alten Freund zu mir ein. Als junge, idealistische Aktivisten hatten wir in Washington ein gemeinsames Büro gehabt. Mit einem anderen Freund hatten wir thailändisches Essen geteilt. Und wenn wir wieder in unserem heruntergekommenen Büroraum in der Mansarde waren, brachte mich »Paul« dazu, vor Lachen vom Stuhl zu fallen. Als mich zwanzig Jahre mein Partner verließ, ging »Paul« neben mir durch die Straßen seiner ruhigen Vorstadtsiedlung und hörte mir geduldig zu. Er erzählte mir von seinem Liebesleben, und ich berichtete ihm von meinen eigenen Schwärmereien und meinem Liebeskummer. Wir waren treue Freunde. Er nannte mich »Wolfie«. Wir verstanden einander immer. Jetzt war er ein wichtiger Amtsträger.

»Ich sitze nicht drinnen mit ungeimpften Personen,« sagte er.

Er sagte es voller Selbstzufriedenheit – so, als ob es zu sagen, in gewisser Weise befriedigend sei.

In der Hoffnung, all den Wahnsinn im Allgemeinen und den meiner Freunde und Verwandten im Besonderen vergeben zu können, sagte ich, ich würde draußen mit ihm sitzen.

An dem Tag, an dem wir uns treffen wollten, regnete es. Ich rief ihn an. »Es regnet,« sagte er mit aller Entschiedenheit, so, als sei die Bedeutung ganz offensichtlich.

»Im Ernst?« fragte ich. »Wir können nicht zum Mittagessen ins Restaurant gehen?«

»Ich sitze nicht drinnen mit ungeimpften Menschen,« wiederholte er in Form einer eiskalten Grundsatzerklärung. »Also wird unser Plan nicht funktionieren.«

In den vierzig Jahren unserer Freundschaft war ich nie jenem Zug reiner, unmittelbarer Gemeinheit in seinem Charakter ausgesetzt gewesen. Ich hatte nicht einmal gewusst, dass es ihn gab.

Ich erhielt eine Einladung zu einem protzigen Thinktank/Gesellschaftsclub in Manhattan, den ich jahrelang unterstützt hatte. Zu den Koryphäen, die dort sprachen und Teil der Gemeinschaft waren, gehörten New Yorks Elite sowie internationale Führungskräfte, Diplomaten, Industriemagnaten und Medienmogule. »Nur mit vollständigem Impfschutz,« stand auf der Einladung. Am 30. September erhielt ich eine Einladung zur Vogelbeobachtung mit der Vereinigung ehemaliger Studierender der Universität Princeton – eine Freiluftveranstaltung, natürlich. »Mit vollständigem Impfschutz,« stand darauf.

Also hielt die Welt, die ich nicht länger betreten konnte, ihre »Nur-mit-vollständigem-Impfschutz«-Partys und ihre getrennten Modegalas und ihre gemeinnützig ausgerichteten Diskussionen in klinisch getrennten New Yorker Hotels ab, über teuren Mittagessen, die von Mitarbeitern mit Maske serviert wurden – Mittagessen, mit denen Berühmtheiten der Bürgerrechtsbewegung oder der LGBT-Bürgerrechtsbewegung oder der Bewegung für Migrantenrechte oder der Bewegung, um Mädchen in Afghanistan zu helfen, Zugang zu Schulbildung zu bekommen, gefeiert wurden.

Ich sah mir Reisen auf Travelzoo.com an. Ich stellte fest, dass Länderreisen plötzlich in den Suchergebnissen als nur für »vollständig Geimpfte« verfügbar auftauchten. Singapur kündigte an, dass es »für Geimpfte« wieder geöffnet sei.[304]

Den Ungeimpften stellten man mehr als 100 Dollar pro Woche für Tests in Rechnung. Der Aufschlag auf die Einnahmen ungeimpfter Arbeiternehmer war Teil des Diskurses.[305] Einer Frau wurde eine Niere verweigert, weil sie ungeimpft war.[306]

Als ich im November 2021 nach Oregon fuhr, hatte Gouverneurin Brown die »Maskenpflicht« wieder eingesetzt, und die Zwangsbefugnisse ihrer Administration waren absolut.[307] Seit meinem letzten Besuch waren die Dinge in psychologischer Hinsicht aus den Fugen geraten. Der Lieferwagenfahrer, der mich vom Flughafen ins Hotel brachte, konnte nicht aufhören zu reden. Den ganzen Tag lang mit Maske, während er andere Masken sieht, hin und her fährt, immer dieselbe Route und kein einziges Gesicht – sein Leben war ein Leben ohne Verbindung. Er konnte nicht schweigen.

Am nächsten Tag stieg ich in ein Uber. Wieder konnte der Fahrer nicht still sein. Der Ex seiner Ex hatte Drogenprobleme … sie hatten das Sorgerecht für ihre Kinder verloren. Ich war immer für eine gute Unterhaltung zu haben, doch es war eindeutig, dass beide Fahrer in der gleichen Weise beeinträchtigt worden waren. Sie konnten nicht länger emotionale Hinweise lesen und nicht länger die Rhythmen einer Unterhaltung aufnehmen. Und sie waren ausgehungert nach menschlichem Kontakt.

Mein älterer ständig mit Maske herumlaufender Verwandter konnte sich ebenfalls nicht länger die Rhythmen menschlichen Kontakts einfühlen.

Ich ging in die Gemeindebibliothek. Dort bat man mich, »eine Maske zu tragen«. Als Behinderte bekam ich keinen Sonderstatus. Der nette Bibliothekar verwies mich an den städtischen Rechtsberater. Sie folgten der CDC bei der Maskenpflicht. »Was wäre, wenn die CDC danebenläge?« fragte ich.

»Möglich«, sagte der nette Bibliothekar.

»Hat man ihnen irgendwelche Daten gegeben?«, fragte ich. »Nein«, antwortete er.

Die Räume, in denen Menschen lesen und lernen konnten, waren »Freunden der Bibliothek« zugewiesen, mit anderen Worten, nicht verfügbar. Alle öffentliche Bereiche, in denen Menschen sich normalerweise versammeln konnten, waren geschlossen.

Die Veranda, auf die man sich sicher hätte begeben können, um im Freien zu lesen, war in das Verbot eingeschlossen.

Ich bettelte, dass man mir erlauben solle, irgendwo ohne Maske sitzen zu dürfen, da ich wegen meiner Behinderung keine tragen konnte. Dem netten Bibliothekar tat es so leid. Er konnte nichts tun.

»Und was wäre, wenn Sie mich in eine entfernte Ecke weg von anderen Menschen setzen und meine Maske abnehmen ließen?«

»Die Entscheidung der Stadt ist, dass es inmitten einer Pandemie nicht ›vernünftig‹ ist, jemanden in kollektive Luft ausatmen zu lassen.« Da war sie wieder – die mystische Phrase, »inmitten einer Pandemie.«

Aber es gab so viele Möglichkeiten, dieses Problem zu lösen, die noch nicht ausprobiert worden waren. Sie hätten behinderte Menschen in einem separaten Flügel oder auf einer separaten Etage unterbringen können. Sie hätten Behinderte auf die Veranda setzen können. Sie hätten Menschen selbst entscheiden lassen können, in welchem Flügel sie gerne sitzen würden – diejenigen mit Maske und diejenigen ohne. Doch die Stadt Corvallis hatte ihre Pflicht darin gesehen, private medizinische Entscheidungen für jeden zu treffen, und zwar auf eine Weise, die die Nutzung der Bibliothek für einige praktisch unmöglich machte.

Ich hatte Bücher in Bibliotheken und in Cafés geschrieben. Man kann kein Buch schreiben, während man eine Maske trägt. Man kann kaum einen Essay schreiben.

»Gab es irgendwelche Cafés in der ganzen Stadt, in der ich meine Maske abnehmen und schreiben könne?«

»Nein«, erklärte er traurig. »Sie müssen Sie zwischen zwei Bissen aufsetzen.« Ich dachte an all die Schriftsteller und Komponisten, die in Cafés gearbeitet hatten, und an die Meisterwerke, die wir nie gehabt hätten, wenn Hemingway zwischen ein paar Schlückchen Wein eine Maske hätte tragen müssen. Ich platzte heraus: »Was wird in Corvallis mit der Kunst passieren?«

Er erklärte, dass der Wachmann jeden Tag Menschen erklären müsse, dass sie »ihre Maske aufsetzen« mussten. Und er fügte voller Abneigung gegen die Aufgabe hinzu: »Wir müssen Menschen sagen, dass sie die Maske über ihre Nase ziehen müssen.«

Diese Bibliothek war zu einem scheltenden und aufdringlichen Aufseher geworden. Nette Bibliothekare wie dieser waren von den zauberhaftesten Vermittlern der Gesellschaft zu Hausdrachen und Sachverständigen für die intime Beziehung von Menschen zu ihrem eigenen Atem geworden.

Ich dachte an ein vierjähriges Mädchen, das ich in der Nähe meines Zuhauses im Staat New York in der Bibliothek gesehen hatte. Sie war überglücklich vor Freude, dass sie Bilderbücher aus dem Regal nehmen und sie lesen durfte. Sie war geradezu in einem Freudentaumel. Die arme Mitarbeiterin musste die Mutter ausfindig machen und knallbunte Masken in Kindergröße hervorholen.

Trotz ihrer eigenen, anständigeren Neigungen musste die Bibliothekarin sich auf den Boden neben das protestierende Kind knien, um ihr eine Maske aufzusetzen. Die Mutter musste das Kind beruhigen und es rücksichtslos gefügig machen: Die beiden Erwachsenen flankierten das kleine Mädchen. Das Kind schüttelte mehrmals seinen Kopf und fing an zu weinen.

Jetzt würde das kleine Mädchen Bibliotheken mit Trauma assoziieren statt mit Freude.

»Behinderte können diese Bibliothek wirklich nicht nutzen,« sagte ich zu dem Bibliothekar in Oregon.

»Deshalb haben wir die Option, dass man sich Bücher nach Hause liefern lässt,« bot er an.

»Eine Bibliothek ist mehr als nur Bücher,« sagte ich.

»Das ist wahr,« stimmte er traurig zu.

November 2021: *Mein Mann und ich bemerkten, dass wir zu einem Familien-Thanksgiving nicht eingeladen waren. »Dieses Jahr ist es ein sehr kleines Thanksgiving,« sagten unsere lieben Angehörigen.*

Ich fragte meine Mutter, ob wir nicht eingeladen worden seien, weil wir ungeimpft waren.

»Wahrscheinlich,« sagte sie. »Die Menschen haben Angst. Du kannst ihnen das nicht verübeln.«

Ich erklärte noch einmal, dass Impfungen die Übertragung nicht beeinflussten. »Das könnte stimmen,« sagte sie. »Doch es entspricht nicht dem Glauben anderer Menschen.«

Wir hatten jetzt die Aufklärung hinter uns gelassen und waren in die Welt des »Glaubens« eingetreten.

Im Dezember betrat eine Gemeindevorsteherin meine abgeschirmte Veranda und erklärte ungefragt, dass sie »doppelt geimpft und geboostert« sei. Ich versicherte ihr, dass ich nichts über ihre persönlichen medizinischen Entscheidungen wissen wolle.

Als ich anrief, um Informationen über eine Gemeindeveranstaltung in meiner Region zu bekommen, begann der Nachbar die Unterhaltung damit, dass er »doppelt geimpft und geboostert« sei, so, als sei dies der neue Aruba oder Tesla.

Einige Wochen später lud ich andere Nachbarn zu mir ein.

Eine Nachbarin erzählte mir, dass sie hausgemachtes Brot, Cremesuppe und frisch gebackenen Kuchen zubereiten würde. Wenn ich geimpft sei, sagte sie, könnte ich für dieses köstliche Festessen zu ihr und ihrem Mann auf ihre abgeschirmte Veranda kommen. Wenn ich ungeimpft sei, dann tue es ihr leid – auch wenn sie vielleicht bereit wäre, irgendwann mit mir draußen spazieren zu gehen.

Es bildete sich also eine neue soziale Hierarchie heraus, in der Menschen andere die ebenfalls geimpft waren, in ihr Leben und ihr gut beleuchtetes, festliches Ambiente ließen. Sie schienen es zu genießen, den Ungeimpften zu sagen: »Tut mir leid, vielleicht können Sie draußen mit mir spazieren gehen.«

Menschen genossen es, das Wort »Abstand« zu sagen, wie in »Vielleicht kann ich mit Ihnen draußen spazieren gehen und wir halten dabei Abstand.«

Die CDC veröffentlichte Ratschläge dazu, wie man mit ungeimpften Freunden und Familienmitgliedern spricht.[308] *Ich hörte denselben Text von zwei verschiedenen Verwandten und einer Freundin.*

»Ich bin so enttäuscht von dir«, sagten zwei ehemals unvoreingenommene Freunde unabhängig voneinander zu mir. »Bist du stolz auf deine Rolle in dieser Pandemie?« fragte mich ein dritter.

»Ich kann mich nicht impfen lassen,« erklärte ich ihnen. Es war wie in eine Leere hineinzusprechen.

»Sind Sie Ärztin?«, fragten andere in getrennten Unterhaltungen, weil sie alle aus der gleichen Textvorlage lasen.

Andere Bekannte kamen zwar zu Besuch, aber sie saßen draußen, selbst als die Temperaturen auf 4° Celsius sanken. Sie waren wunderbar, aber wenn sie zustimmten, sich umarmen zu lassen, wurden sie unwillkürlich starr vor Angst.

Ich rief einen lieben Verwandten an und bat, ihn sehen zu dürfen. Er erlaubte Menschen nicht, ihn drinnen zu sehen. »Das ist in Ordnung,« versicherte ich, »ich werde mit dir draußen sitzen.«

»Ich sitze nicht draußen mit Ungeimpften,« sagte er, in jenem neuen, merkwürdig selbstgefälligen und siegessicheren Ton.

Er ist in den Siebzigern.

Ich war den Tränen nahe, weil ich dachte, ich würde ihn in diesem Leben nicht wiedersehen.

Dezember 2021: *Grausamkeit und eine Art neofaschistischer Sadismus waren draußen in der Welt. Sie tobten. Australien lag in Ketten.*[309] *Australien schottete die Ungeimpften ab.*[310]

Am 17. Dezember wurde mir gesagt, dass ich als Ungeimpfte nicht zur Abschlussfeier – in einer berühmten, respektierten Universität – gehen könne, der Abschlussfeier von jemandem, den ich liebe. Wieder weinte ich untröstlich.

Manchmal erkannte ich die Leute, die diese grausamen Dinge sagten, nicht wieder.

Einige waren Buddhisten. Ich hatte sie alle als gutherzige, offene, tolerante und queer-freundliche Menschen kennengelernt.

»Ich sitze nicht drinnen mit ungeimpften Personen.«

»Ich sitze nicht draußen mit ungeimpften Personen.«

Und in dieser Zweiklassengesellschaft mussten sie oben sein. Sie mussten ausschließen und meiden und sich dabei tugendhaft fühlen.

Es schien fast so, als ob die Erlaubnis, die Ungeimpften anzupöbeln und zu diskriminieren, in ein Vakuum fiel, das bereits vorhanden war und wartete, so, als sei es so unangenehm gewesen, alle Menschen so lange gleich zu behandeln. Die aktuelle progressive Gemeinschaft schien praktisch aufzuatmen, dass sie uns Ungeimpfte diskriminieren konnte.

Etwa zur selben Zeit zeigte sich meine gebildete, intelligente Mutter bestürzt, dass ich auf Fox News sprechen würde, bevor ich sie besuchte – obwohl sie wusste, dass ich mich danach isolieren und in Quarantäne gehen würde.

»Mum, du weißt, dass ich dich nicht infizieren kann, wenn ich nicht krank bin,« wandte ich ein.

»Es klingt wie ein Superspreader-Ereignis,« sagte sie mit offensichtlichem Widerwillen.

In noch einer weiteren engstirnigen und bedrohlichen Rede im Dezember 2021 verkündete Präsident Biden: »Für die Ungeimpften stehen wir vor einem Winter mit schwerer Erkrankung und Tod – wenn Sie ungeimpft sind – für sie selbst, ihre Familien und die Krankenhäuser, die sie schon bald überfordern werden.«[311]

Das ist eine dreiste Lüge, da inzwischen eindeutig feststand, dass die Impfung die Übertragung nicht stoppt. Trotzdem erschreckte der Nebensatz jeden, den wir kannten.

Weihnachten 2021: Ich hatte einen Familienkurzurlaub an der Küste von Oregon gebucht. Am Tag von Bidens Rede stornierten zwei Verwandte den einwöchigen Urlaub. Ich bekam meine Anzahlung nicht zurück.

Die sozialen Medien griffen diejenigen an, die Ivermectin nahmen: »Sie sind kein Pferd. Sie sind keine Kuh. Echt jetzt, Sie alle. Hören Sie auf damit,« tweetete unsere Gesundheitsbehörde.[312]

Es schien niemanden zu interessieren, dass sogar die Hersteller sagten, dass nicht garantiert werden könne, dass die Impfung eine Übertragung verhindern würde.[313] *Niemanden interessierte, dass es mittlerweile eine Vielzahl von Studien gab, die Therapien unterstützten.*[314]

Auch YouTube sperrte Inhalte wegen »medizinischer Fehlinformationen« und sperrte jetzt auch Leute, die sich kritisch gegenüber Impfstoffen äußerten.[315]

Grausamkeit wurde genauso ansteckend wie jede Krankheit.

Es war mehr als erschreckend, in Echtzeit zu beobachten, was Panik bewirkt.

Der Schrecken war weit verbreitet und mehr als irrational. Menschen, die ich kannte, entwickelten bizarre, ritualistische Verhaltensweisen. Eine Frau verließ eineinhalb Jahre ihr Haus nicht. Überall um mich herum gerieten Menschen in Panik, wenn jemand sich ohne Maske auf zwei Meter, oder sogar zweieinhalb oder vier Meter, näherte.

Die kollektiven, festgelegten Normen einer liberalen und zivilen menschlichen Gesellschaft wurden vor unseren Augen ausgehöhlt.

Wie viele Beschwerden Menschen auch bezüglich der westlichen Sozialordnung gehabt haben mögen, bis März 2020 ging man davon aus, dass jemand zumindest versuchen sollte, sich in andere einzufühlen, integrativ zu sein und sich einen gegensätzlichen Standpunkt anzuhören.

Doch jetzt waren Grausamkeit und Ausgrenzung überall um uns herum sichtbar. Menschen waren deutlich rauer in ihrer täglichen Kommunikation, insbesondere gegenüber den Ungeimpften.

Jeden Tag wurde gegen Empathie propagiert. Jeden Tag wurden Menschen ausdrücklich angewiesen, jenseits jeder Logik, nicht mit denen zu fühlen, die man beschuldigte, die Pandemie »verursacht« oder »endlos fortgesetzt« zu haben.

In den Vereinigten Staaten wurden Bürger bald gezwungen, sich ihre zweite oder dritte experimentelle Injektion geben zu lassen, da die Spritze erforderlich war, um wieder zur Schule zu gehen oder ihren Job als Grenzen überquerende LKW-Fahrer, Soldaten, Seeleute, Militärpiloten und Krankenhauspersonal zu behalten.[316]

Das Forcieren von Impfinjektionen ging weiter – und dies trotz der Tatsache, dass kurz nach der Impfung Tausende von Zwischenfällen bis hin zu Todesfällen, im VAERS protokolliert wurden.[317] *Abweichende Meinungen zu der tyrannischen Überreaktion wurden größtenteils zensiert. The View, eine behagliche Gruppe eitler und selbstsicherer Ladies, sprach fortwährend über die Gefahren von Joe Rogans Podcast, in dem Fragen über mRNA-Impfstoffe gestellt worden waren.*[318] *Neil Young, der Verfasser des Songs »Rockin' in the Free World,« forderte von dem Musik-Streaming-Dienst Spotify, Rogans »Fehlinformationen« zu zensieren.«*[319] *Die frühere Rebellin Joni Mitchell und andere schlossen sich ihm schnell an.*[320] *Rufe nach einer Zensur der Gegenseite hallten durch das Internet. Regimekritische*

Plattformen wie Parler wurden von ihren Hosting- oder Zahlungsdienstleistern ausgeschlossen, was die digitale Version eines Unternehmensboykotts ist.[321]

In New York wurden Kinder im Alter von zwei Jahren von der lächelnden neuen Gouverneurin des Staates gezwungen, eine Gesichtsbedeckung zu tragen, die ihre Atmung einschränkte.[322] *Die Ungeimpften, als »anders« ausgesondert und fälschlicherweise als infektiös und »unsauber« verspottet, durften Gebäude oder Restaurants in New York, Washington DC, San Francisco und Los Angeles nicht betreten. Jeder wurde angehalten, sie zu hassen und zu verachten, weil man sie irrationaler Weise für die missliche Lage der Nation verantwortlich machte.*[323] *Es war ein Kult, dem sich Menschen anschlossen und dem sie ihren Körper darbrachten; wenn sie sich weigerten, wurden sie geächtet und aus dem sozialen Leben ausgeschlossen; man verwehrte ihnen den beruflichen Aufstieg.*

Es gab vermehrt Berichte über die missbräuchliche Behandlung Ungeimpfter im Krankenhaus und über Medikamente, die dieser Bevölkerungsgruppe vorenthalten wurden. Einem lebenswichtigen Therapeutikum, das aus monoklonalen Antikörpern besteht, entzog die FDA die Zulassung für die Anwendung in Notsituationen.[324] *Die respektierte Mayo-Klinik wurde verklagt, weil sie einem Sterbenden Behandlungsoptionen verweigert hatte, trotz der Bitten seiner verzweifelten Ehefrau.*[325]

Als die Monate verstrichen, wurde offensichtlich, dass die Welt immer sektenähnlicher und engstirniger im Denken wurde, zumindest seitens der Progressiven. Hoch gebildete Freunde und Kollegen, die ihr ganzes Leben lang kritische Denker gewesen waren – Journalisten, Redakteure, Forscher, Ärzte, Philanthropen, Lehrer und Psychologen – fingen an, Gesprächspunkte von MSNBC und CNN zu wiederholen.

Sie weigerten sich hartnäckig, sich andere Quellen anzusehen, einschließlich von durch Fachleute geprüfte Quellen in medizinischen Fachzeitschriften oder sogar CDC-Daten, die diese Gesprächspunkte infrage stellten.

Schon bald wurde deutlich, dass sie, wenn sie Informationen aufnahmen, die dem konsolidierenden Narrativ widersprachen, riskierten, ihren sozialen Status und vielleicht sogar ihren Job zu verlieren; Türen würden zuschlagen, Möglichkeiten eingeschränkt. Eine gebildete Frau sagte mir, sie wolle aus Angst, aus ihrer Bridge-Gruppe ausgeladen zu werden, keine nicht genehmigten Informationen sehen.

Freunde und Kollegen, die ihr ganzes Erwachsenenleben lang skeptisch gegenüber den großen Landwirtschaftsunternehmen gewesen waren – die nur bei Whole Foods einkauften und ihre Kinder nie Zucker oder verarbeitetes Fleisch essen oder eine Spur von rotem Farbstoff No. 2 in Süßigkeiten zu sich nehmen ließen, oder sie überhaupt Süßigkeiten essen ließen, stellten sich jetzt an, um sich eine mRNA-Dosis injizieren zu lassen , für die das »geschätzte Abschlussdatum der Studie« sich bis 2024 hinzog,[326] um dann den Körper ihrer abhängigen minderjährigen Kinder zur Injektion darzubringen. Und dann verkündeten diese Eltern auch noch stolz in den sozialen Medien, dass sie dies getan hatten.

In einigen Fällen wurden sie sogar wütend, als ich ihnen sanft davon abriet, indem ich darauf hinwies, dass die Studien nicht vor 2024 beendet sein würden.

Dies waren meine Leute, mein Stamm, mein ganzes Leben, der progressive, coole Teil der ideologischen Welt – und sie wurden immer unkritischer und immer weniger fähig, zu diskutieren oder zu argumentieren. Freunde und Kollegen, die ihr ganzes Erwachsenenleben lang die Gefahren von Big Pharma gekannt hatten (und, da sie reflektiert und wellnessorientiert waren, nichts anderes als Burt's Bees für die Popos ihrer Babys und Sonnenschutzmittel ohne P-Aminobenzoesäure für sich selbst verwendeten), wollten unbedingt die experimentelle, auf Genetik basierende Therapie bekommen. Und dann versammelten sie sich wie die Steinewerfer in Shirley Jacksons Kurzgeschichte »Die Lotterie«, um auf jeden loszugehe und, jeden zu meiden oder zu bestrafen, der die geringste Frage über die Pharmaindustrie stellte. Ihre gesamte Wissensgrundlage über jene Industrie schien sich auf magische Weise in Luft aufgelöst zu haben.

Es war, als würden sich diese Gemeinschaften im Griff einer kollektiven Halluzination befinden, wie der Hexenwahn im 16. und 17. Jahrhundert. Einsichten und ganze Glaubenssysteme wurden über Nacht aufgegeben. Intelligente, informierte Menschen sahen plötzlich Dinge, die nicht da waren, und waren unfähig, Dinge zu sehen, die sie direkt vor Augen hatten.

Feministische Gesundheitsaktivistinnen, die die katastrophalen Folgen, unter denen Frauen durch die Experimente der Pharma- und der medizinischen Industrie zu leiden hatten, kannten, stellten sich ebenfalls an, um eine Injektion zu bekommen. Es spielte keine Rolle, dass Frauen glaubwürdig berichteten, dass die Impfung verheerende und schmerzliche Auswirkungen auf ihren Menstruationszyklus hatte. Diese ehemals verlässlichen Hüter der Gesundheitsrechte von Frauen und gut informierter Skepsis schwiegen, selbst als Stimmen wie Dr. Paul Alexander warnten, dass sich das Spikeprotein aus den mRNA-Impfstoffen in den Eierstöcken (und Hoden) ansammeln könnte,[327] und als geimpfte Frauen von Menstruationen mit starkem Blutverlust berichteten, und in einer norwegischen Studie von stärkeren Blutungen im zweistelligen Prozentbereich berichtet wurde.[328] Und als Mütter berichteten, dass ihre geimpften zwölfjährigen Töchter plötzlich ihre Periode bekamen und zwei Perioden pro Monat ertragen mussten? Schwiegen die Feministinnen.

Nahezu keine der Koryphäen des feministischen Gesundheitsaktivismus, die jahrzehntelang Fürsprecherinnen der Gesundheit und des Körpers von Frauen gewesen waren, wagte es jetzt, über den Tellerrand zu schauen. Die zwei oder drei von uns, die dies taten, wurden sofort verschmäht, verleumdet, bedroht und zum Schweigen gebracht.

*Menschen, die seit Jahrzehnten Sturm gelaufen waren wegen Essstörungen oder den einschneidenden Sozialstandards, die zur Beinrasur geführt hatten, verloren kein Wort über eine unerprobte Injektion, die den großen Pharmaunternehmen Milliarden bescheren würde. Das Kollektiv »Unser Körper, unser Leben«? Nichts über Impfrisiken und Frauengesundheit als Fachkategorie. NARAL?**

Betretenes Schweigen.

Am 7. Januar 2022 hörten wir feministische Juristinnen wie die Richterinnen Sonia Sotomayor und Elena Kagan über Präsident Bidens Impfverpflichtung diskutieren, und es war so, als ob sie noch nie von den Rechtsansprüchen für Roe vs. Wade: »Recht auf den Schutz der Privatsphäre«[329] gehört hätten. Als es um Impfverpflichtungen ging, verschwand Richterin Kagans philosophische Sichtweise, dass Bürger ein Recht auf eine physische Privatsphäre in der medizinischen Entscheidungsfindung hätten, die sie während ihrer gesamten beruflichen

* NARAL Pro-Choice America ist ein politische Vereinigung in den USA, deren Hauptziel ein freierer Zugang zu Abtreibungseingriffen und die Aufwertung der Entscheidungskompetenzen von schwangeren Frauen und Mädchen sind. (Anm. d. Ü.)

Laufbahn gehabt hatte, zusammen mit ihrer teuren Ausbildung und all ihrem Wissen über die Verfassung. »My body, my choice«; »Es ist eine Entscheidung zwischen einer Frau und ihrem Arzt«, alles weg.

Ein Teil von Richterin Sotomayors logischem Verstand scheint bei dem Wort »Impfstoffe« einfach ausgesetzt zu haben. Lebenslange Aktivisten für Gerechtigkeit und Inklusion, für die Verfassung, Menschenrechte und Rechtsstaatlichkeit; Freunde und Kollegen von mir, die LGBT-Aktivisten sind; Verfassungsrechtler, die an allen wichtigen Universitäten lehren und die juristischen Fachzeitschriften leiten; diejenigen, die sich dagegen aussprechen, jemandem aufgrund seines Geschlechts von einem Beruf oder Zugang auszuschließen; fast alle von ihnen, zumindest auf der progressiven Seite des Spektrums, schwiegen, als in wenigen Monaten eine umfassende, systematische, grausame und allmächtige »Diskriminierungsgesellschaft« in Orten wie New York errichtet wurde. Staaten wie Kalifornien führten Systeme ein, die eine Art Apartheit auf der Grundlage körperlicher Eigenschaften ist. Und trotzdem hatten diese ehemaligen Kämpfer für Menschenrechte und Gleichheit vor dem Gesetz die Errichtung des gewaltigen Gebäude der Diskriminierung gebilligt und daran mitgewirkt.

Und selbst jetzt feierten diese elitären Fürsprecher für Gerechtigkeit ihre eigene Tugend und die geteilte Annahme von ihrer moralischen Überlegenheit, ohne dass sie zu bemerken schienen, dass sie – in weniger als einem Jahr – genau zu dem geworden waren, von dem sie ihr ganzes Erwachsenenleben lang erklärt hatten, dass sie es am meisten hassten.

Die Impfung und das Virus waren nur die unmittelbaren Ursachen. Was eigentlich erreicht worden war, war die Unterwerfung der Körper der Amerikaner, ehemals stolze und unabhängige Menschen, unter eine intime, dauerhafte und möglicherweise schädliche Einmischung, die sie nicht gewählt hatten. Die früher gutherzigen Amerikaner waren so umgepolt worden, dass sie eine Kultur der Grausamkeit akzeptierten. Amerika, dessen Gleichbehandlung aller ein Licht für die Welt gewesen war, war jetzt, zumindest in mehreren Städten und Bundesstaaten, eine ausgewachsene »Diskriminierungsgesellschaft«, wie jedes andere ignorante und unaufgeklärte Kaff.

Das Virus und die Impfung waren nur der Anlass.

Was man wirklich erreicht hatte, war, Amerika zu brechen.

Kapitel Achtzehn
Pandemie ohne Ende

Ende 2021 wurde immer noch gesagt, wir befänden uns »inmitten einer Pandemie«. Mit dieser Phrase wurden all die abnormalen, posthumanen Bedingungen der »neuen Normalität« gerechtfertigt. Doch wie es bei »Verschwörungstheorie« und »Desinformation« der Fall war, wurde sie zu einer Phrase ohne bestimmte Bedeutung.

Während der Pandemie hatte Zeit aufgehört, linear zu sein. Es war jetzt immer die pandemische Zeit. Der Begriff »inmitten einer Pandemie« verschob sich immer wieder, so dass er keine faktische chronologische Bedeutung mehr hatte. Es war immer das ewige Jetzt, die Pandemie war immer überall um uns herum, ohne dass wir auf objektive Bewertungsmaßstäbe zurückgreifen konnten.

Wenn Menschen darauf bestanden, dass Unsinn wie Sinn behandelt werden solle, hieß es immer, »Wir befinden uns inmitten einer Pandemie.«

Ich hielt mich immer noch in Corvallis im Bundesstaat Oregon auf. Und Menschen waren dabei, den Verstand zu verlieren.

Ich ging zu einer Physiotherapeutin. Sie zeigte mir das leere Tanzstudio, das sie in ihrem bescheidenen Wohnzimmer eingerichtet hatte. Sie war eine kleine Frau, eine fürsorgliche Heilerin, die sich für »Body Positivity« einsetzte: für den Gedanken, dass Menschen aller Formen und Größen gesund sein und ihren Körper genießen sollten. Bis zur Pandemie hatte sie in diesem Wohnzimmer Tanz-Sessions abgehalten. Jetzt durfte sie wegen eines Regierungserlasses nicht mehr als acht Leute gleichzeitig bei sich haben – und alle mussten Maske tragen. Natürlich waren die Tanzkurse zu Zoom migriert.

Doch persönlichen Unterricht, bei dem Frauen verschiedener Formen und Größen unabhängig von ihrem Gewicht, ihren Fähigkeiten und ihrem Maß an Behinderung ihre Schönheit feiern und gemeinsamen Tanz genießen und später zusammen einen Kaffee trinken gehen und sich unterhalten konnten, was ihren Stress, ihren Kortisonspiegel und Blutdruck reduzieren würde – diese Möglichkeit, die so anders war als sich von einer Couch zu schleppen, um mit Geistern auf der Leinwand herumzuspringen – gab es nicht mehr.

In Oregon waren, wie auch an anderen Orten, »während der Pandemie« die Fettleibigkeitsraten stark angestiegen.[330] Und natürlich war Fettleibigkeit einer der primären Indikatoren für das Risiko, an COVID zu sterben. Trotzdem war die Schließung der Tanzfläche dieser Heilerin angeblich eine Maßnahme zum Schutz der öffentlichen Gesundheit. Ich sah dieselben Auswirkungen auf die öffentliche Gesundheit, als ich in mein Hotel zurückging. Dort wurde gerade eine Weight-Watchers-Klasse abgehalten – halb leer natürlich, und alle trugen Masken. Die Maske machte es schwer, die Klasse überhaupt zu besuchen, ja auch nur still dazusitzen.

Wie für so viele andere, trugen die Verpflichtungen für diese Frauen keineswegs zur öffentlichen Gesundheit bei, sondern stellten eine gesundheitliche Gefährdung dar.

Trotzdem durften die Masken nicht entfernt werden, denn »wir befanden uns inmitten einer Pandemie.«

Würde diese Pandemie je für beendet erklärt werden?

Ich erfuhr von Leslie Manookian vom Health Freedom Defense Fund, dass die Definition von »Pandemie« geändert worden war. Sie war ursprünglich als Krankheit und Tod definiert worden, die sich über ein großes geographisches Gebiet erstreckten. Das war nicht länger der Fall. Manookian erklärte, dass nur die WHO – maßgeblich finanziert von der Bill & Melinda Gates-Stiftung – jetzt die Macht hatte, den Beginn einer Pandemie zu erklären. Oder das Ende einer Pandemie. Als zweitgrößer Beitragszahler der WHO hatte die Bill & Melinda Gates-Stiftung ab September 2021 780 Millionen Dollar in diese Organisation investiert.[331]

Fast zwei Jahre nach den «beiden Wochen, um die Kurve abzuflachen«, befanden wir uns für sehr viele immer noch »inmitten einer Pandemie.« Auch wenn sich der Fokus der Berichterstattung der alten Medien von der »hochinfektiösen Delta-Variante« auf die »viel leichter zu vermittelnde Omikron-Variante« verlegt hatte, waren Millionen so gründlich traumatisiert, dass sie nie in der Lage sein würden, die einzigen Kennzahlen, die je wahre Bedeutung hatten, nämlich Krankenhauseinweisungen und Todesfälle, zu begreifen oder ihnen Glauben zu schenken. Einige schworen, und nicht etwa scherzhaft, dass sie ihre Masken nie aufgeben würden.

In der Mathematik ist eine »Asymptote« eine Linie, die sich einer Kurve zwar annähert, sie aber nie berührt. Sie kommt immer näher, aber sie verbindet sich nie. »Inmitten einer Pandemie« könnte eine begriffliche Asymptote sein.

Ich bezweifle nicht, dass wir »inmitten einer Pandemie« gewesen waren – im Frühling 2020 war das sicherlich zutreffend. Doch eineinhalb Jahre später, als die Behauptungen regimekritischer Forscher und Ärzte zunehmend von der Realität bestätigt wurden, war klar, dass die Pandemie endemisch sein würde.

Wie die meisten anderen wusste auch ich nicht, was das Wort bedeutete, als ich es zum ersten Mal hörte. Doch ich begriff schnell, dass es ein Konzept war, von dem unsere Zukunft abhing.

Es bedeutet, dass die Pandemie vorbei ist – so vorbei, wie sie überhaupt vorbei sein kann – wenn eine weisere und aufgeklärtere Menschheit mit der Tatsache eines Atemwegsvirus koexistiert.

Doch wie der »Krieg gegen den Terror« könnte die »Mitte der Pandemie« theoretisch nie enden, zumindest nicht ganz. Der Krieg gegen den Terror definierte effektiv »das Schlachtfeld« so um, dass es sich überall befand – in Ihrem Flughafen, Ihren Schulen, Ihrem Zuhause. Er erzeugte eine Flut von »Kriegszustands«-Regeln, die von den Nicht-Gewählten, die von den Leitern von Bundesämtern bis hin zu Beamten der amerikanischen Verkehrssicherheitsbehörde (TSA) reichten, geltend gemacht wurden. Und nach jedem objektiven Maßstab sind sie eine Katastrophe gewesen. Doch diese Regeln bestehen weiterhin und auf ihrem Höhepunkt (und sogar noch danach) erwirtschafteten sie unzählige Milliarden an Profiten für diejenigen, die in der Lage waren, sie zu nutzen.[332] Der Ausbruch der Krankheit 2021-21 war ein Unglück in der menschlichen Geschichte – aber nicht für alle. Und jene kleine, privilegierte Gruppe im Zentrum der Macht hat großes Interesse daran zu gewährleisten, dass auch sie uns für alle Zeiten zumindest in einem halben Kriegszustand hält – und so die für sie lästigen Regeln freier und friedlicher westlicher Nationen sicher in der Schwebe hält.

Zwei Jahre später war vieles von dem, was Amerika gewesen war, tot. Mittlerweile war die Vernichtung des kulturellen Reichtums des Westens weitgehend abgeschlossen. Mittlerweile wurde allgemein akzeptiert, dass Menschen das Verhalten und den Körper anderer vollständig kontrollieren konnten.

Das bedeutete das Ende der westlichen Tradition des souveränen Individuums mit freiem Willen, das für sich selbst Entscheidungen trifft, aber auch versteht, dass sein Wille anderen nicht aufgezwungen werden kann, die ihm nicht unmittelbar schaden. Es bewegte sich direkt in Richtung der kollektivistischen Annahme, der zufolge die Körper Dritter rechtmäßig überwacht werden.

In der Nähe unseres Wohnortes befand sich Olana, ein majestätisches Haus aus dem 19. Jahrhundert, das einem der großen Maler des amerikanischen Panoramas aus der Hudson River School, Frederic Edwin Church, gehört hatte. Es war immer noch geschlossen. Teile des Nationalen Schreins der Göttlichen Barmherzigkeit in Stockbridge, Massachussets, waren »bis zum Ende der COVID-Protokolle« geschlossen. Der Park in Millerton, in dem Generationen amerikanischer Kinder vor Ort Schwimmen gelernt und Sommerferienlager erlebt hatten, war geschlossen. Der Getränkestand im State Park von Rudd Pond auf Route 22 war geschlossen. Die Clermont State Historic Site, Sitz der prominenten Livingston-Familie im frühen Amerika, war geschlossen. Es gibt kurze Beschreibungen von Menschen und Veranstaltungen draußen in den Gärten, doch sie sind lückenhaft und erzählen die Geschichte nur unvollständig. Schulkinder im Staat New York durften das Heim von Robert Livingston, der beim Entwurf der Unabhängigkeitserklärung geholfen hatte, nicht länger betreten.

Der Grund für all diese Schließungen? Der Treiber dieser Auslöschung unserer Geschichte als Amerikaner, einer Auslöschung, die sowohl Big Tech als auch der KPCh gut zu passen kommt, einer Auslöschung, die dem Weltwirtschaftsforum mit seiner Feindseligkeit gegenüber Nationalismus und nationalen Identitäten in die Karten spielt?

Immer noch: »COVID-19.«

Ich nahm an einer Zoom-Konferenz mit lieben älteren Menschen teil. Sie waren so gebrechlich. So viel Farbe war aus ihren Gesichtern gewichen, dass sie nahezu weiß waren. Sie hatten tiefe Höhlen unter den Augen. Ohne Enkel, ohne Thanksgiving, ohne Chanukkah, ohne Weihnachten, ohne Abendgesellschaften, ohne Festessen, ohne Taufen, ohne Umarmung war ihre Geselligkeit auf ein Zoom-Protokoll beschränkt – ein Meeting, eine Agenda. Sie waren so schrecklich alleine.

Kapitel Neunzehn

Bösartigkeit jenseits aller menschlichen Vorstellungskraft

Ich war zu der Überzeugung gelangt, dass hier mehr im Gange war als nur menschliche Eitelkeit, menschliches Verschulden oder auch das konventionelle Böse. Hier fand eine Infektion der Seele statt, die von vielen zwischen 2020 und 2022 erlitten wurde. Da war die rasante Abwendung von den am meisten geschätzten Nachkriegsidealen des klassischen Liberalismus – Idealen der modernen Zivilisation; die plötzliche Abkehr von den nachaufklärerischen Normen kritischen Denkens; die Verwässerung des elterlichen Beschützerinstinkts über den Körper und die Zukunft ihrer minderjährigen Kinder; die Akzeptanz einer Welt, in der sich Menschen nicht zum Beten versammeln konnten. Wir standen vor Strukturen, die sich plötzlich manifestierten, und ihren Antreibern, die diese dämonische Welt in weniger als zwei Jahren aufbauten und allen anderen aufzwangen; die Staatschefs und die Vorsitzenden der Gesundheitsbehörde, die Leiter der Schulbehörde und die Lehrer; die Gewerkschaftsspitzen, die Staats- und Regierungschefs und die Funktionsträger im Rathaus; bis hin zu den Männern und Frauen, die aufgrund von sozialem Druck Verwandte zu Thanksgiving ausluden, wegen des medizinischen Status, der niemanden etwas angeht und niemandem weh tut.

Dieses massive Gebäude des Bösen war zu komplex und tatsächlich zu elegant, um es nur menschlicher Abscheulichkeit und Erfindungsgabe zuzuschreiben. Es wies auf eine spirituelle Dimension des Bösen hin.

Dieses Böse war wie ein gigantisches kulturelles Raumschiff, das auf der Erde landete, mit einer Technologie, die sich entfaltete und eine globale Dystopie, die auf Grausamkeit und kognitive Dissonanz beruhte, auf den egalitären nachaufklärerischen Westen losließ.

Wie waren ansonsten nette Menschen dazu gekommen, so viel Böses zu tun?

Wie hatten sie erlauben können, dass die Atmung kleiner Kinder unterdrückt wurde, wie hatten sie Freunde und Kollegen dazu verdammen können, wie Ausgestoßene auf der Straße zu essen? Wie war es im »aufgeklärten« New York möglich, dass die Polizei eine Frau mit einem verängstigten neunjährigen Kind festnahm, weil sie versucht hatte, das Naturkundemuseum ohne »Papiere« zu besuchen?[333]

Wir steckten diejenigen, die einer »ansteckenden Krankheit« ausgesetzt waren, gewaltsam in Quarantäne, ohne Anklage oder Gerichtsverfahren, und warfen Menschen aus ihren Jobs, gebrandmarkt als Bedrohung für Gesundheit und Anstand. All das passierte – je, es passiert immer noch, sogar, während dies geschrieben wird – in Amerika, einem Land, in dem seit dem Bürgerrechtsgesetz von 1964 das Prinzip der Gleichheit, das zwischenmenschliche Beziehungen regelte, Gesetz war, und wo Gesetze gegen den Missbrauch und die körperliche Bestrafung von Kindern in öffentlichen Schulen in praktisch jedem Staat auf der Liste stehen.

Einige Kommentatoren – ich eingeschlossen – haben die Jahre 2020–2022 im Westen und in Australien mit den frühen Jahren der NS-Führung verglichen. Es ist leicht, dies als billigen und überdrehten Vergleich abzutun, so wie es Beschwörungen des Nationalsozialismus gewöhnlich sind, und ihn als übertrieben von der

Hand zu weisen. Und tatsächlich würde niemand mit dem kleinsten bisschen Anstand das Böse, das durch die Pandemie verursacht wurde, mit den unaussprechlichen Schrecken der nationalsozialistischen Todeslager vergleichen.

Doch es kann ein Vergleich zu den Jahren gezogen werden, die lange vor diesen Schrecken lagen, als in Deutschland der psychologische Grund für das gelegt wurde, was folgen sollte. An diesem Punkt wurden viele grausame neue Normen und Maßnahmen in Kraft gesetzt, die häufig kulturell überwacht wurden. Es war eine Kultur beiläufiger, eskalierender Grausamkeit, eine Kultur wachsender Degradierung der »als anders Betrachteten«, eine immer starrere Zweiklassengesellschaft, wodurch allmählich eine ehemals moderne Zivilgesellschaft in eine verwandelt wurde , die fähig war, bis dahin unverstellbare Gräueltaten zu begehen. Ein Übel, das von Ärzten, Ärztekammern, Journalisten, berühmten Komponisten und Filmproduzenten, Universitäten, Lehrern, Ladenbesitzern und Nachbarn geduldet und sogar befürwortet wurde.

*Das i*st es, was wir erkennen müssen.

Es war tatsächlich nur eine kleiner Schritt von der Schaffung einer Zweiklassengesellschaft zur Akzeptanz von Rassenhygiene, zur Identifizierung von »lebensunwertem Leben« und dazu, von »Hygiene« und öffentlicher Sicherheit zu sprechen, um die ersten nationalsozialistischen Euthanasieprogramme ins Leben zu rufen.

Eine beruhigende Sprache sowie medizinische Autorität und Bürokratisierung verschleierten die wahre Natur dessen, was ein sichtbares, abscheuliches, sich täglich weiter verbreitendes Übel war.

Zu einem frühen Zeitpunkt in der Pandemie fragte ich einen namhaften Aktivisten für medizinische Freiheit, wie er es schaffe, in seiner Mission stark zu bleiben, während sein Name beschmutzt wurde und er sich mit Angriffen auf seine Karriere und mit sozialer Ächtung auseinandersetzen musste. Er antwortete mit Epheser 6:12: »Denn wir haben nicht gegen Menschen aus Fleisch und Blut zu kämpfen, sondern gegen Mächte und Gewalten, gegen die Weltherrscher dieser Finsternis, gegen die bösen Geister in den himmlischen Bereichen.«

In den Monaten dazwischen dachte ich viel darüber nach. Es ergab immer mehr Sinn für mich.

Nachdem ich viele Jahre lang gedacht hatte, mein spirituelles Leben sei nicht so wichtig, fing ich wieder an zu beten. Früher hätte ich gemeint, das sei etwas sehr Persönliches, fast schon Peinliches, und deshalb nichts, worüber ich in der Öffentlichkeit sprechen sollte. Doch nun erzählte ich bei einer Zusammenkunft mit der Health-Freedom-Gemeinschaft im Wald der Gruppe, dass ich jetzt bereit sei, öffentlich über Gott zu sprechen. Warum? Weil ich das, was über uns hereingebrochen war, aus jedem Blickwinkel betrachtet hatte. Dabei hatte ich meine Kritikfähigkeit eingesetzt, in der ich geschult war, doch ich hatte festgestellt, dass diese Konstruktion so durchdacht und so grausam war, mit einer nahezu übermenschlichen, blühenden barocken Fantasie, die aus dem Wesen der Grausamkeit selbst besteht, dass ich mir nicht vorstellen konnte, dass sie von normalen Menschen bewerkstelligt worden war, die auf der stümperhaften menschlichen Ebene in dem stupiden politischen Raum arbeiteten.

Das Böse um uns herum zeigte sein ganzes Ausmaß in seinem beeindruckenden Grad an Dunkelheit und Unmenschlichkeit; in den politischen Maßnahmen mit dem Ziel, Kindern den Spaß zu verderben und ihre Atmung, ihr Sprechen und Lachen einzuschränken; die Verbindungen zwischen Familien und Großfamilien zu kappen; Kirchen, Synagogen und Moscheen auszurotten. Von den höchsten Ebenen, der Plattform des Präsidenten aus, wurden die Menschen aufgefordert, ihre Nachbarn, Angehörigen und Freunde auszuschließen, zurückzuweisen,zu ächten und zu hassen: In der Präsenz dieses ungezügelten, elementaren Bösen fühlte ich eine Dunkelheit jenseits von allem Menschlichen. Ich glaube nicht, dass Menschen clever oder mächtig genug sind, um sich diesen Horror ganz alleine auszudenken.

Also sagte ich der Gruppe im Wald, dass dieses beeindruckende Böse, das uns in all seiner furchtbaren Erhabenheit umgab, mich buchstäblich und auf unmittelbare Weise wieder an die Präsenz, die Möglichkeit und die Notwendigkeit einer ausgleichenden Kraft glauben ließe – diejenige Gottes.

Für mich als klassische liberale Schriftstellerin der Nachkriegszeit war das ein riesiger Sprung – und vor allem, es laut zu sagen.

Bodenständige postmoderne Intellektuelle sollten nicht über spirituelle Dinge sprechen oder daran glauben, schon gar nicht in der Öffentlichkeit. Wir sollten zurückhaltend darin sein, uns auf Gott zu beziehen, und definitiv nicht über das Böse oder die Kräfte der Dunkelheit sprechen. Als Jüdin komme ich aus einer Tradition, in der die Hölle (oder »Gehinom«) nicht die Miltonsche Hölle der späteren westlichen Vorstellung ist, sondern ein ruhigerer, vorläufiger spiritueller Ort. »Der Satan« existiert zwar in unserer Literatur (zum Beispiel bei Hiob), doch er ist kein Rockstar wie der Miltonsche Satan, sondern vielmehr eine Gestalt, die bescheidener als »der Ankläger« bekannt ist.

Wir Juden haben jedoch eine Geschichte und eine Literatur, die vom spirituellen Kampf zwischen den Kräften Gottes und negativen Kräften erzählen, die unsere Seelen erniedrigen, entweihen und verführen wollen. Wir haben dieses Drama schon einmal erlebt, und zwar vor nicht allzu langer Zeit.

Andere Traditionen haben natürlich ebenfalls ihre Wege, um den spirituellen Kampf, der unter Menschen und ihren menschlichen Anführer hier auf der Erde stattfindet, zu erörtern und zu verstehen.

Wenn Sie die Geistesgeschichte kennen, wissen Sie natürlich, dass es für Intellektuelle nicht immer befremdlich war, in der Öffentlichkeit über Gott oder sogar über Gottes Gegner zu sprechen und sich in der Öffentlichkeit Sorgen um das Schicksal der menschlichen Seele zu machen. Geist und Seele stehen in Wirklichkeit nicht im Widerspruch zueinander, auch der Körper steht zu beiden nicht im Widerspruch. Tatsächlich ist dieses Akzeptieren unseres dreiteiligen, integrierten Wesens Teil unseres westlichen Erbes. Dies ist eine Wahrheit, die erst kürzlich verschleiert und vergessen wurde, eine Erinnerung an unsere Integrität als Menschen, die erst seit etwa siebzig Jahren Angriffen ausgesetzt ist.

Der Gegenstand dieser spirituellen Schlacht?

Es schien nichts Geringeres zu sein als die menschliche Seele.

Eine Seite ringt um die menschliche Seele, indem sie den Körper ins Visier nimmt, der sie beherbergt, einen Körper, der als Gottes Ebenbild geschaffen wurde: der Tempel Gottes.

Kapitel Zwanzig

Die neuen Autoritären vs. das Individuum

Zu Beginn des Jahres 2022 kam abrupt der Wendepunkt.
Im Januar gab es massive Proteste gegen die Maskenpflicht[334] in den Niederlanden, der Schweiz, Frankreich, Spanien und Italien. Und im Vereinigten Königreich hob Boris Johnson COVID-Beschränkungen auf.[335]

Bis Januar oder Mitte Februar 20200 hatten sich auch viele andere Nationen und die Vereinigten Staaten den Rückzug aus der schlimmsten Tyrannei angetreten. Sie zogen sich »im Gleichschritt« zurück. Mir kam keine andere Zeit in der Geschichte in den Sinn, in der die Bevölkerungen zahlreicher Länder gleichzeitig systematischen aggressiven Handlungen ausgesetzt waren, die dann alle gleichzeitig zurückgenommen wurden.

Dänemark »lockerte die COVID-Beschränkungen« im Januar.[336] Italien lockerte seine im Februar.[337] Israel, das Land, von dem die »Beschränkungen« ausgegangen waren, ließ seinen »Green Pass« im Februar fallen.[338]

Die Vermutung lag nahe, dass der Rückzug im Zusammenhang mit der Entscheidung eines US-Gerichts stand, dass der Pharmakonzern Pfizer nicht, wie er verzweifelt versucht hatte, imstande sein würde, seine internen Dokumente 75 Jahre lang unter Verschluss zu halten. Sie mussten jetzt offengelegt werden, und zwar jeweils Tausende gleichzeitig.[339]

Der CEO von Moderna seinerseits verkaufte seine Aktien[340] und schloss seinen Twitter-Account.[341]

Tagtäglich trafen neue Nachrichten ein. Nicht nur funktionierte der Impfstoff nicht gegen neue Varianten – wie der Geschäftsführer von Pfizer, Albert Bourla, erstaunlicherweise der Wirtschaftspresse mitteilte, sondern er bot auch »wenig Schutz«[342] – jetzt meldeten einige Länder höhere COVID-19-Raten unter den Geimpften.[343]

Die früheren Cheerleader von »Lockdowns«, Masken und mRNA-Impfungen, hinterließen jetzt Spuren in Form von Papier und sprachen mit ihren Anwälten. Viele mir bekannte Menschen, die erst Monate zuvor in ihrem Status als Geimpfte geschwelgt hatten, wurden still und trübsinnig. Dr. Walensky erzählte einer sympathischen Interviewerin an ihrer Alma Mater, dass Menschen um Handlungsempfehlungen vonseiten der CDC gebeten hätten, so, als fragten sie sie, ob sie Pommes bei Shake Shack essen sollten.[344] Von den von ihr verhängten Zwangsmaßnahmen, die zum Bankrott Tausender kleiner Grundstückseigentümer geführt hatten, war nun nicht länger die Rede.

Jene Handvoll von Regierungen, von Schweden bis Florida, die sich dem Sturm brutalen Spotts und grausamer Beschimpfungen gestellt hatten, wurden rehabilitiert.

Mir bereitete das keine Freude. Es fielen immer noch Menschen tot um. Es kamen immer noch Menschen zu Schaden. Schlaganfälle, Minischlaganfälle, Herzkrankheit, Muskelschmerzen, kognitive Beeinträchtigungen, hohes Cholesterin, Migräne, neurologische Probleme. So viele Menschen waren krank.

Doch diese traurige und entsetzliche Geschichte war noch lange nicht vorbei. Einige Verantwortliche waren so süchtig danach, die Bürger zu kontrollieren, dass sie sich bedenkenlos und selbstherrlich weiter den Daten widersetzten. Frankreich verabschiedete einen Impfpass.[345] In Washington, DC, wurde immer noch ein Impfnachweis verlangt, wenn man ein Restaurant oder ein Fitnessstudio betreten wollte. [346]

Als im Januar 2022 ein Urteil des Obersten Gerichtshofs der USA erging, das Präsident Bidens Impfverpflichtung für alle mit Ausnahme des Militärs und der Beschäftigten im Gesundheitswesen aufhob,[347] und ein Bundesgericht die Verpflichtung für nichtig erklärte, dass Bundesbedienstete sich impfen lassen sollten,[348] legte Bidens Justizministerium sofort Einspruch ein, und die Administration setzte den privaten Sektor ein, um Impfungen zu erzwingen.[349]

Doch was am Erschreckendsten war und überhaupt nichts Gutes für die Zukunft verhieß, waren die Vorfälle in Ottawa, Kanada. Premierminister Justin Trudeaus reagierte auf drei Wochen friedlicher, ja sogar fröhlicher, Demonstrationen von LKW-Fahrern, die den missbräuchlichen und unsinnigen Vorgaben, die ihre Existenz bedrohten, ein Ende setzen sollten, mit dem selten angewandten Notstandsgesetz, das es den Behörden ermöglichte, die Protestierenden nicht nur zu verhaften und zu entfernen – was mit unnötiger Gewalt geschah – sondern ihr Finanzvermögen durch die Kooperation mit Banken, Investmentfirmen, Kreditgenossenschaften, Kreditunternehmen, Versicherungsgesellschaften und Fundraising-Plattformen zu lokalisieren und zu beschlagnahmen.[350] Es blieb meiner alten Bekannten, der Vizepremierministerin und Finanzministerin Chrystia Freeland überlassen, diesen unverhohlenen Angriff auf die Demokratie in beeindruckend Orwellschen Begriffen anzukündigen. »Team Kanada hat in den vergangenen zwei Jahren zusammengestanden,« sagte sie. »Wir haben einander vertraut. Wir haben uns aneinander angelehnt. Doch heute sehen wir uns mit einer Bedrohung unserer demokratischen Institutionen und unserer Wirtschaft, ebenso mit einer Bedrohung des Friedens, der Ordnung und guten Staatsführung in Kanada konfrontiert. Dies kann und wird nicht andauern.«[351]

Hier war für diejenigen, die ihn immer noch suchten, der Beweis, dass in weniger als zwei Wochen der Westen mit seiner lästigen Freiheit und Demokratie erledigt war.

Doch selbst darin lag ein Funken Hoffnung. So sehr die kanadischen LKW-Fahrer auch niedergeknüppelt worden waren, so dienten sie doch als Inspiration für ähnliche basisdemokratische Aktionen auf der ganzen Welt. In Israel, Belgien, den Niederlanden, Frankreich, Italien und den Vereinigten Staaten wurden Flaggen gehisst, auf denen die Worte »Freiheit«, »Liberté« »La Libertá« standen.

Und auch wenn man den LKW-Fahrern nicht überall Anerkennung zollte, stellten nach Alberta, Saskatchewan und Prince Edward Island zufälligerweise auch die Provinzen Québec, Ontario und Manitoba das COVID-19-Passsystem ein.[352]

Mehr als alles andere haben die LKW-Fahrer angesichts der überwältigenden Macht der globalistisch ausgerichteten Eliten und der Gewissheit, dass sie ihren brutalen Abwehrkampf fortsetzen werden, das bekräftigt, was am wichtigsten ist: die Macht des Individuums, sich dem Beugen zu verweigern.

Vor kurzem nahm ich an einer Zusammenkunft für die Befürworter medizinischer Freiheit in einem kleinen Gemeindezentrum im Hudson River Valley teil. Während der Pandemiejahre hatte ich diese Gruppe von Aktivisten, die sich konsequent durch die Tiefen des »Lockdowns«, jener bösen Zeit in der Geschichte, die immer noch nicht hinter uns liegt, weiter getroffen hatte, schätzen gelernt. Mich ihren entspannten Abendessen mit köstlichen Salaten und kernigen, hausgemachten Broten anzuschließen, zu denen alle beigetragen hatten, half mir mich zu erinnern, was es bedeutete, Teil einer gesunden menschlichen Gemeinschaft zu sein. Und es bewahrte mich davor, verrückt zu werden.

Bei diesem Treffen tobten jetzt wieder ganz normal Kinder herum; sie redeten, lachten und atmeten frei, statt in Masken zu ersticken wie kleine Zombies, oder von verängstigten Erwachsenen ermahnt zu werden, andere Menschenkinder nicht zu berühren. Hunde wurden gestreichelt. Nachbarn sprachen in normaler Entfernung miteinander, ohne Ängste oder Phobien. Bands spielten beliebte Folksongs oder coole kleine Indierock-Stücke, die sie selbst geschrieben hatten, und niemand, sei er anmutig oder ungeschickt, hatte Angst davor zu tanzen. Menschen saßen Schulter an Schulter in herzlicher Atmosphäre und unterhielten sich bei einem Glas Wein oder hausgemachtem Apfelwein.

Es war einfach ein Fest – etwas so Einfaches – ein Fest im Wald.

Kinder tanzten und spielten mit Gongs.

Ein Gitarrist stand auf und spielte eine Ballade. Ein Vater bot ein lustiges Lied dar.

Eine schöne Jugendliche mit schwarzen Haaren suchte Noten auf einem Klavier aus.

Kinder kuschelten sich an ihre Eltern; Menschen fingen an zu tanzen und zu flirten. Ältere Leute unterhielten sich leise in Ecken am

Kamin. Ich fühlte das zutiefst beruhigende Gefühl, in einem großen Raum voller Menschen zu sein, die kein Problem mit mir hatten, keine Bedrohung für mich darstellten und Essen und Gemeinschaftsgeist mit mir teilen wollten. Dies war ein tiefer Frieden, der so alt war wir der unserer ersten Vorfahren, die Kameradschaft mit anderen Frühmenschen um ein Feuer herum fanden, während ihre Kinder sicher waren und die Räuber sich weit weg hinter den Schatten befanden. Niemand war allein.

Draußen schritt die Nacht voran, verfinsterte sich und ließ das satte Grün der Bäume verschwinden. Die Finsternis draußen war grenzenlos.

Sie wuchs und wuchs.

Alles, was man in dem zarten Licht drinnen hören konnte, waren die dünnen Klänge menschlicher Stimmen, ein Klang, der auf halbem Wege zwischen verängstigt und hoffnungsvoll lag.

Es war der Klang menschlicher Stimmen, die zusammenkommen, trotz der Dunkelheit.

Menschliche Stimmen erhoben sich und vereinten sich – beim Singen.

Fazit

Widerstand

Anfang März 2022 interviewte ich Edward Dowd, einen ehemaligen Portfolio-Manager bei Blackrock, der die Welt vor dem gewarnt hat, was er »Pfizers Datenbetrug« nannte. Er war Anfang 2022 auf der Bildfläche erschienen und ermahnte seine Kollegen in der Investorengemeinschaft, dass auf Pfizer zu wetten, eine Wette gegen die Freiheit für immer sei. Er warnte, dass die graphische Darstellung der CDC-Daten zeige, dass Baby-Boomer in gleichem Ausmaß nach der Impfung starben, wie es Todesfälle im »Vietnam-Krieg« gab. Er ging davon aus, dass Betrugsermittlungen die Aktien von Pfizer abstürzen lassen und Moderna in den Bankrott treiben würden.[353]

Ich fragte ihn, wo er seinen persönlichen Mut hernähme.

Er entgegnete sinngemäß: »Ich werde weitermachen, bis wir entweder unsere Freiheit zurückgewinnen oder ich in einem Gulag sein werde.«

Ich verstand. Dies ist wirklich eine Zeit in der Geschichte, in der angesichts der Krise Helden und Heldinnen geschmiedet wurden. Und so ist es auch eine Zeit der Feigheit, wenn diejenigen, die sich wider besseres Wissen für Komplizenschaft entscheiden, ihre Seele in derselben Hitze verkümmern lassen.

Als sich herausstellte, dass es bei dieser Krise nie um »das Virus« ging, sondern um einen weltweiten Versuch, unsere freie Welt zu vernichten und all unsere Freiheiten zu unterdrücken, hatte ich schon eineinhalb Jahre lang Direktnachrichten von Menschen bekommen, die ich gesellschaftlich oder beruflich kannte, Menschen aus den Bereichen Journalismus, Politik, Medizin und Naturwissenschaft, die sinngemäß so etwas sagten wie: »Naomi, ich respektiere dich wirklich und bin vollkommen mit dem einverstanden, was du sagst. Doch natürlich kann ich das nicht öffentlich sagen, weil [tragen Sie den unsinnigen, feigen Grund hier ein, wie zum Beispiel ‚mein Chef wütend auf mich werden wird'].«

Anfangs wunderte ich mich über diese Botschaften. Was wollen diese Leute? Warum glauben sie, dass ich ihre Entschuldigungen brauche?

Also fragte ich andere, mutigere Menschen, worum es hier ging. Sie lachten und sagten: »Sie möchten, dass du sagst, dass es in Ordnung ist.«

Doch es ist *nicht* in Ordnung.

In den Direktnachrichten beharrt man darauf, dass ich »mutig« sei. Doch ich bin nicht »mutig«; sie sind einfach Feiglinge.

Ich bin mehr als verärgert über diejenigen, die im Schatten bleiben und sich damit einverstanden erklären, dass andere Risiken eingehen. Es ordnet diejenigen, die Risiken für das Wohlergehen anderer treffen, als irgendwie von Natur aus besser geeignet für diesen schwierigen Job ein. Das ist eine Form, ohne Reue und Bedauern persönliche Verantwortung abzuladen. Aber es ist kein Raum mehr da, um nach Ausflüchten zu suchen; es ist kein Raum mehr da, um in der Mitte herumzulungern.

Im Augenblick gibt es keine Mitte.

In den letzten beiden Jahren habe ich gesehen, wie die mutigsten Männer und Frauen unserer Zeit gezwungen wurden, sich in den Kampf zu stürzen.

Ich beobachtete, wie Dr. Paul Alexander sich mitten in einen friedlichen LKW-Fahrer-Protest in Kanada stürzte, der von den kanadischen Behörden ins Visier genommen wurde, und aufmüpfige – friedliche – Berichte von der Front zurückschickte.

Ich beobachtete, wie Dr. Martin Kulldorff, Dr. Sunetra Gupta und Jeffrey Tucker zusammen mit Dr. Jay Bhattacharya im Angesicht ständiger turbulenter Rückschläge in Institutionen und Medien schon früh die Wahrheit über »Lockdowns« sagten.

Dr. Harvey Risch traute sich zu sagen, dass wir Herdenimmunität erreicht hätten, zu einer Zeit, als Menschen professional dafür geächtet wurden, dies zu tun. Die Reporter, die Mut bewiesen haben, kann ich an zwei Händen abzählen. Vor dem Hintergrund rechtlicher Kontrolle durch die Regierung fuhr Steven K. Bannon fort, Berichte über Angriffe auf die Freiheit zu erstellen. Natalie Winters und das *National Pulse*-Team berichteten über staatliches Fehlverhalten in Bezug auf COVID, als der Präsident gegen Vermittler von »Desinformation« furchterregend mit dem Säbel rasselte.

Währenddessen machten Nicht-Reporter den Job von »Fahnenflüchtigen« oder den Kopf einziehenden Reportern. Dr. Henry Ealy und die beiden Staatssenatoren Oregons, Dennis Linthicum und Kim Thatcher, brachten die oben erwähnte gigantische Geschichte von Gesetzesübertretungen der CDC rund um Regierungsdaten an die Öffentlichkeit.

Ich beobachtete, wie Jenin Younes vom Nationalverband der Gerichtsreporter sich öffentlich gegen rechtswidrige »Lockdowns« aussprach, obwohl sie wusste, dass sie sich mit beruflichem Widerstand würde auseinandersetzen müssen. Leslie Manookian vom Health Freedom Defense Fund verklagte schon früh Gouverneure und Regierungen, die Zwangsmaßnahmen verhängten, und sie gewann. Lori Roman von der ACRU antwortete auf jede einzelne E-Mail, die ich ihr von verzweifelten Eltern weiterleitete, die versuchten, eine gerade erwachsene Tochter oder einen gerade erwachsenen Sohn, bei dem es sich oft um einen Soldaten handelte, eine schwangere Regierungsmitarbeiterin oder Studentin vor einer Zwangsimpfung mit einem RNA-Impfstoff zu schützen.

Ich sah, wie Stephanie Locricchio und Aimee Villella von Children's Health Defense Tausende von Müttern und Vätern mobilisierten, ihren missbräuchlichen Gouverneuren und den grausamen Schulen, die Kinder zwangen, Masken zu tragen und sich impfen zu lassen, gegenüberzutreten. Ich sah, wie diese Eltern ihren Körper zwischen Mittelschüler und die auf den Schulhöfen geparkten Transporter stellten, in denen Minderjährige gegen die Wünsche ihrer Eltern mit einem experimentellen Produkt geimpft werden sollten, bei dem die schweren Schäden, die es verursachen konnte, sorgfältig vertuscht worden waren.

Doch natürlich lautete die eigentliche Frage nicht: »Was bringt solche Eltern dazu, ihren Körper zwischen den Transporter und die Kinder zu stellen? Vielmehr lautete sie: »Wo zum Teufel sind all die anderen Eltern?«

Solche Helden und Heldinnen und andere weniger bekannte friedliche Krieger, die untrennbar mit Freiheiten verbunden sind, wären lieber fast überall woanders gewesen, bei der Arbeit oder im Kreise ihrer Familie, frei von der Notwendigkeit, sich gegen Rüpel zur Wehr setzen oder sich Sicherheitsleuten entgegenstellen zu müssen. Doch im Gegensatz zu den meisten anderen verstanden sie, dass sie aufgerufen waren, sich diesem Moment gewachsen zu zeigen.

Die Sache ist, wir sind alle dazu aufgerufen. Denn dies ist eine Zeit, in der wir alle zumindest ein wenig mutig sein müssen.

Es ist aber auch so, dass ich niemand Heldenhaften kenne, dem der aktuelle Kampf gefällt. Doch was die Heldenhaften von den übrigen trennt, ist das Wissen – in einem Moment, in dem seit 1941 das offensichtlich Gute und Böse nie so eindeutig gewesen sind – dass sie nicht mit sich leben könnten, wenn sie einfach weggingen.

Man hört Helden immer sagen: »Ich hatte keine Wahl« oder »Ich habe nur meinen Job gemacht.« Die Helden und Heldinnen haben recht. Sie machen nur ihren Job. Sie machen ihren Job *als Menschen* mit Verantwortung gegenüber anderen. Dr. Patrick Phillips – der kanadische Notarzt, der sich früh gegen die Schäden von »Lockdowns« ausgesprochen hatte, als viele seiner Ärztekollegen schwiegen – sagte sinngemäß: »Ich erkannte, dass viele meiner Kollegen den Mund hielten, weil sie Angst um ihre Karriere hatten. Doch ich erkannte auch, dass ich, wenn ich meine Stimme nicht erhob, bald keine Karriere mehr haben würde, die es wert wäre, gerettet zu werden.«

Dr. Jay Bhattacharya sagte sinngemäß: »Wenn ich meine Stimme nicht erhöbe, worum ging es dann bei meiner Karriere im Gesundheitswesen?« Dr. Peter McCullough sagte, während er für alle kämpfte und sich mit der Löschung der beruflichen Qualifikationen hinter seinem Namen konfrontiert sah, etwas Ähnliches wie: »Sie können mich dafür verhaften, dass ich das gesagt habe. Geben Sie nur einfach diese mRNA-Impfstoffe nicht Ihrem Kind.«

Diese mutigen Menschen haben mich mutiger gemacht, als ich selbst es gewesen wäre.

Ich war eines Tages in New York und stellte fest, dass ich es nicht länger ertragen konnte. Mein Hotel, das Hotel Walker in Tribeca, hatte ein Café und ein Restaurant, und in der Lobby waren Hinweisschilder aufgestellt, dass diese Räumlichkeiten »nur für Geimpfte« zugänglich seien.

Also setzte ich am dritten Tag meines Aufenthalts höflich das Personal in der Blue Bottle-Kaffeebar davon in Kenntnis, dass ich nicht geimpft sei und jetzt meinen kleinen Kaffee und meinen über Nacht eingeweichten Hafer mit in die Cafeteria nehmen und dort friedlich sitzen würde, aber dass ich nicht bereit wäre, die New Yorker Richtlinie für Cafés einzuhalten, die mich diskriminierte. Das Personal informierte mich energisch – sie machten nur ihre Arbeit – dass mein Handeln gegen »Maßnahmen« der Stadt New York verstoße. Ich sagte, dass ich das verstünde, aber mich dennoch dafür entscheiden würde, ihnen nicht nachzukommen. Sie warnten mich, dass sie den Manager rufen würden. Ich äußerte mein Verständnis. Dann setzte ich mich an die illegale Imbiss-Theke, schrieb eine SMS an meinen Anwalt, dass er sich bereithalten solle, postete öffentlich an Gouverneurin Kathy Hochul und Bürgermeister Eric Adams, das ich gerade absichtlich die diskriminierende NYC-Maßnahme verletzen würde, die Ungeimpfte daran hinderte, in Cafés und Restaurants zu sitzen, und dass ich genau in diesem Moment an der Imbiss-Theke des Walker Hotels säße, für den Fall, dass sie mich verhaften wollten.

Dann wartete ich eine Stunde mit klopfendem Herzen darauf, dass jemand mich verhaftete.

Wissen Sie, was passierte?

Nichts.

Später an diesem Tag war ich in der Grand Central Station. Nahezu der gesamte Gastronomiebereich in der unteren Ebene war für Geimpfte reserviert, und es gab nirgendwo einen Platz, wo sich ein ungeimpfter New Yorker hinsetzen, geschweige denn zu Mittag essen, konnte.

Am Eingang des eingeschränkten Sitzbereichs stand ein kräftig gebauter Türsteher mit Maske, der die digitalen Impfausweise von Menschen zusammen mit ihren Ausweisen forderte – was meiner Erfahrung nach beispiellos war.

Ich erklärte, dass ich eintreten wolle, dass ich ungeimpft sei und keinen »Schlüssel-zu-New-York-Pass« habe.

Sofort erschienen zwei Polizisten. Sie wiesen freundlich auf den anderen Sitzbereich hin (dort drüben, weit weg), der den Ungeimpften vorbehalten war. Ich erklärte, dass die Stärke von New York und übrigens ganz Amerika ihre Diversität und Gleichbehandlung aller seien, und dass wenn Menschen sich geweigert hätten, sich anderen Formen der Diskriminierung und zwangsweisen, separaten Unterkünften zu unterwerfen, die diskriminierenden Vorschriften früher zu Ende gegangen wären. Zum zweiten Mal an diesem Tag erklärte ich, dass ich die Absicht hätte, sie friedlich nicht zu erfüllen.

Ein dritter Polizeibeamter tauchte auf, der ihr Vorgesetzter war. Er erklärte, dass man mir eine Vorladung wegen Hausfriedensbruch geben würde.

Der Polizist mit dem Notizbuch, in dem sich das Vorladungsformular befand, nahm sich so viel Zeit, wie er nur konnte, um es auszustellen. Niemand wollte mich verhaften oder mir auch nur eine Vorladung zukommen lassen.

Schließlich umringten mich die drei Polizisten und führten mich entschlossen in die obere Ebene. Ich hatte ziemlich viel Angst, aber ich sagte mir, dass ich nicht nachgeben dürfe. Auf der oberen Ebene wartete ich darauf, dass man mich verhaften würde. Ich wappnete mich für die Handschellen. Wieder einmal hatte ich Herzrasen. Ich bin schon vorher einmal in New York verhaftet worden, und es ist beängstigend und unangenehm.

Doch als ich fragte, ob ich jetzt weggehen und meinen Zug nehmen könne – hielt mich niemand auf.

Die Erkenntnis? Als ich mich weigerte, die rechtswidrigen »Maßnahmen« einzuhalten, die die Seele dieser einst großartigen Stadt kaputtgemacht hatten, passierte nichts.

Die Täter, Gouverneurin Kathy Hochul und Bürgermeister Eric Adams, die diesen beängstigend klingenden »Erlass« im Stile von »Geliebter Führer« auf den Weg gebracht hatten und wie kleine Tyrannen freie Menschen zwangen, gegen ihren Willen zu handeln, waren wie der große und mächtige Oz lediglich Aufschneider. Da war nichts.

Doch es bedurfte dieser schrecklichen, beängstigenden Momente, in denen ich mich gegen die erschreckend klingenden »Maßnahmen« wehrte, um zumindest mir selbst zu beweisen, dass sie sinnlos waren.

Die Helden und Heldinnen, die ich kannte, hatten mir an jenem Tag den Mut gegeben, etwas zu beweisen, von dem ich glaubte, es sei wichtig genug, um ein persönliches Risiko einzugehen und zu demonstrieren. Ich hätte nicht gewusst, was Mut ist, ohne ihren größeren Mut erfahren zu haben.

Wer sind diejenigen, die jetzt aufstehen und angesichts der um sich greifenden Tyrannei Risiken eingehen?

Mit überwältigender Mehrheit ist es nicht die »Zoom-Klasse«, trotz aller Zurschaustellung ihrer Tugenden in Bezug auf soziale Gerechtigkeit.

Es ist die arbeitende Bevölkerung. Es sind LKW-Fahrer, Mütter, Feuerwehrleute und Polizisten. Als ich auf einer Kundgebung sprach, die sich gegen den Impfzwang für Ersthelfer in New York richtete, da bestand das Publikum hauptsächlich aus Erwerbstätigen. Die Menschen, die in New York für jeden anderen Zweck auf die Straße gehen – mein wohlhabender, liberaler »Stamm« – hielten sich aus diesem raus.

Es waren die Ersthelfer, die für die Sicherheit meiner Kollegen und Bekannten ihren Körper Gefahren aussetzten. Doch als es so weit war, als es darum ging, die Körper von Ersthelfern vor Nötigung und Schaden zu schützen, versagte die »Zoom-Klasse« völlig darin, sich mit eigenem Mut zu revanchieren. Um es gelinde auszudrücken, in dieser Zeit der Prüfung sind wir nicht alle gleichermaßen mutig gewesen.

Für die Dauer der Pandemie lag mir ein alter Freund – ein reicher, gebildeter Mann, der im Pasteur-Institut arbeitete – ständig auf den sozialen Medien in den Ohren und griff mich wegen meiner Warnungen über Schäden durch mRNA-Impfstoffe an.

Seitdem Berichte auftauchten, die die Richtigkeit der Daten von Pfizers Impfexperimenten in Frage stellten,[354] hörte sein Trolling schlagartig auf.

Dann schickte er mir auf Facebook Neuigkeiten über seinen zugegebenermaßen sehr hübschen Golden Retriever.

Im Vorfeld des Ersten Weltkriegs verteilten Frauen weiße Federn an gesunde junge Männer, die sich nicht für den Krieg verpflichtet hatten, was eine Metapher für ihre Feigheit war.

Verteilte man heutzutage weiße Federn, dann würde man sie denjenigen geben, die jetzt versuchen, von dem Thema abzulenken, dass es immer mehr Beweise für den Schaden gibt, den ihre »Seite« den Körpern von Kindern zufügt hat, um stattdessen über den Charme ihrer Golden Retriever zu sprechen.

Ich hoffe und vertraue darauf, dass alle Menschen ihr punktuelles Schweigen überdenken – wir alle haben es – und in diesem Moment auf sich selbst schauen, bevor es zu spät ist.

In diesem Moment, wo die Freiheit als solche auf dem Spiel steht und die Alternative ewige Knechtschaft ist, ist die Entscheidung, ob man den Mund aufmacht, eine, die alles verändern kann. Willkürherrschaften fallen nur, wenn es massiven Widerstand gibt. In dieser Hinsicht ist die Geschichte eindeutig. Wenn es nur wenige sind, nun, dann werden sie ausgegrenzt, zum Schweigen gebracht, beschmutzt, oder, wenn das Ganze weit genug geht, ins Gefängnis geworfen. Worauf es ankommt, ist, dass genügend Menschen gleichzeitig aufstehen und Widerstand leisten.

Eines meiner Lieblingszitate, das von der verstorbenen Dichterin Audre Lorde stammt, ist folgendes: »Mein Schweigen hat mich nicht geschützt. Ihr Schweigen wird Sie nicht beschützen.«

Das gilt heute mehr denn je.

Dies ist wirklich ein gefährlicher Moment.

Doch es könnte auch ein Moment tiefen Segens sein.

Gefahr gibt jedem von uns, wenn wir ihr begegnen, eine von Gott gegebene Möglichkeit, unserer Art zu dienen. Dabei werden wir unermesslich mehr, als wir es vorher waren.

Vielleicht werden wir im Zuge dessen, dass wir uns zwingen, mutig zu handeln, tatsächlich mutig.

Eines Tages werden all unsere Kinder und Enkelkinder jeden von uns direkt fragen: »Warum hast du mir nicht beigestanden? Warum hast du mir nicht geholfen?« »Ich konnte nicht atmen.« Oder, Gott bewahre: »Jetzt habe ich gesundheitliche Probleme.«

Oder sie werden sagen: »Danke, dass du für mich gesprochen hast, als ich zu klein war, um es selbst zu tun.«

»Papa, Mama, Oma, Opa, werden sie fragen: »Was habt ihr getan?«

Also möchte ich Ihnen diese Frage mit auf den Weg geben:

Was haben Sie *getan*?«

Anmerkungen

_ 1 Chrystia Freeland, »Remarks by the Deputy Prime Minister and Minister of Finance regarding the Emergencies Act,« 14. Februar 2022, https://deputypm.canda/ca/en/news/speeches/2022/02/14/remarks-deputy-prime-minister-and-minister-finance-regarding-emergencies. [Bemerkungen des Vize-Premierministers und des Finanzministers hinsichtlich des Notstandgesetzes]

_ 2 Rich Calder, »Canadian police arrest over 100 people in trucker protests,« *The New York Post*, 19. Februar 2022, https://nypost.com/2022/02/19/canadian-police-arrest-over-100-people-in-trucker-protests/. [Kanadische Polizei verhaftet mehr als 100 Menschen bei LKW-Fahrer-Protesten]

_ 3 »Chrystia Freeland,« Word Economic Forum, https://www.weforum.org/people/chrystia-freeland. [»Chrystia Freeland«]

_ 4 »We Are a Nonprofit Fighting Poverty, Disease and Inequity Around the World,« Bill & Melinda Gates Foundation, https://www.gatesfoundation.org; »Who Stands Between YOU and the Next Pandemic?« EcoHealth Alliance, https://www.ecohealthalliance.org; »Using the Power of Epidemiology to Fight the Spread of COVID-19,« Council of State and Territorial Epidemiologists, https://www.cste.org. [»Wir sind eine gemeinnützige Organisation, die Armut, Krankheit und Ungleichheit weltweit bekämpft.«] [»Wer steht zwischen IHNEN und der nächsten Pandemie?«] [»Die Macht der Epidemiologie nutzen, um die Ausbreitung von COVID-19 zu bekämpfen?«]

_5 Klaus Schwab, »Time for a Great Reset,« ProjectSyndicate.org, 3. Juni 2020, https://www.project-syndicate.org/commentary/great-reset-capitalism-covid19-crisis-by-klaus-schwab-2020-06?barrier=accesspaylog. [»Zeit für einen ›Great Reset‹«]

_6 Hans van Leeuen, »When Will Things Get Back to Normal? Never, Says Davos Founder,« *Financial Review*, 22. Juli 2020, https://www.afr.com/world/europe/when-will-things-get-back-to-normal-never-says-davos-founder-20200714-p55br2. [»Wann wird alles wieder normal sein? Nie, sagt Davos-Begründer.«]

_7 »WEF Founder: We Must Prepare for an Angrier World.« 14. Juli 2020, YouTube, CNBC International TV, https://www.youtube.com/watch?v=LJTnkzl3K64. [»Wir müssen uns auf eine wütendere Welt vorbereiten.«]

_ 8 Ebda.

_ 9 World Economic Forum, »Davos Agenda: What Can We Expect of 2022? Highlights and Key Takeaways,« The European Sting, 24. Januar 2022, https://europeansting.com/2022/01/24/davos-agenda-what-can-we-expect-of-2022-highlights-and-key-takeaways/. [Davos-Agenda: Was können wir von 2022 erwarten? Highlights und wichtige Erkenntnisse]

_ 10 Karen Matthews, »Disrespectful of Thousands to Attend Secret Orthodox Wedding in Brooklyn,« NBCNewYork.com, 22. November 2020, https://www.nbcnewyork.com/news/coronavirus/cuomo-disrespectful-of-thousands-to-attend-secret-orthodox-wedding-in-brookly2739905/. [»Respektlos von Tausenden, geheime orthodoxe Hochzeitsfeier in Brooklyn zu besuchen«]

_ 11 Amy Howe, »Divided Court Allows Indoor Worship Services to Resume in California,« SCOTUS Blog, 6. Februar 2021, https://www.scoutusblog.com/2021/02/divided-court-allows-indoor-worship-services-to-resume-in-california/. [Geteiltes Gericht erlaubt Wiederaufnahme von drinnen stattfindenden Gottesdiensten in Brooklyn]

_ 12 The Martha's Vineyard Hebrew Center, »The Martha's Vineyard Hebrew Center is Now Zoom Only … Out of an abundance of caution, and after consultation with health professionals, the Trustees of the Hebrew Center have decided to close the sanctuary for the immediate future without further notice. Commencing Friday 12/24 all Hebrew Center events will be exclusively via Zoom. In addition, the school also remains closed and all classes will continue on Zoom. The Omicron variant has added a new level of uncertainty in the pandemic. The health and safety of our congregation and community continue to be our primary concern and responsibility. We regret this seeming step back, but we have come far since the start of the pandemic and hopefully will be moving forward again in the future. Hoping all a happy, healthy and safe secular new year. Robert W. Herman DMD, President, MVHC Board of Trustees«; »*The building is closed for services and events. The office will be staffed and remotely and also on site, one person at a time with full precautions,*« https://www.mvhc.us. [Das Hebrew Center auf Martha's Vineyard in Massachusetts funktioniert jetzt »ausschließlich über Zoom. Aus Vorsicht heraus, und nach Beratung mit Gesundheitsexperten haben die Treuhänder des Hebrew Center beschlossen, den Tempel für die nächste Zeit ohne weitere Ankündigung zu schließen. Ab Freitag, den 24. 12. Werden alle Hebrew Centres ausschließlich über Zoom laufen. Darüber hinaus bleibt die Schule ebenfalls geschlossen und sämtlicher Unterricht wird über Zoom stattfinden. Die Omikron-Variante hat ein neues Maß an Unsicherheit in der Pandemie hinzugefügt. Die Gesundheit und Sicherheit unserer Gläubigen und Gemeinde bleiben unsere Hauptsorge und Verantwortung. Wir bedauern diesen vermeintlichen Rückschritt, doch wir sind seit Beginn der Pandemie weit gekommen und werden hoffentlich in der Zukunft wieder vorankommen. Wir hoffen, dass alle ein glückliches, gesundes und sicheres säkulares neues Jahr haben. Robert W. Herman DMD, Vorsitzender des MVHC-Treuhänderrats«: »Das Gebäude ist für Gottesdienste und Veranstaltungen geschlossen. *Das Büro wird über Telearbeitsplätze und persönlich besetzt sein, eine Person nach der anderen mit allen erforderlichen Vorsichtsmaßnahmen.]*

_ 13 John Malcolm, »Are Parents Being Tagged as Domestic Terrorists by the FBI? Justice Department Needs to Show Its Cards,« 18. November 2021, The Heritage Foundation, https://www.heritage.org/crime-and-justice/are-parents-being-tagged-domestic-terrorists-the-fbi-justice. [»Werden Eltern vom FBI als »einheimische Terroristen« gekennzeichnet?]

_ 14 AIER Staff, »Lockdown Did Not Control the Coronavirus: The Evidence,«19. Dezember 2020, https://www.aier.org/article/lockdowns-do-not-control-the-coronavirus-the-evidence/. [»Lockdown hielt das Coronavirus nicht in Schach: die Beweise.«]

_ 15 David Adam, »Special Report: The Simulations Driving the World's Response to COVID-19,« 20. April 2020, Nature.com, https://www.nature.com/articles/d41586-020-01003-6. [Sonderbericht: die Simulierungen, die die Reaktion der Welt auf COVID-19 hervorriefen.]

_ 16 Tiana Herring, Prison Policy Initiative, »The Research is Clear: Solitary Confinement Causes Long-Lasting Harm,« 8. Dezember 2020, https://www.prisonpolicy.org/blog/2020/12/08/solitary_symposium/. [Die Forschungsergebnisse sind eindeutig: Einzelhaft verursacht langfristige Schäden.«]

_ 17 Ebda.

_ 18 Ebda.

_ 19 »Specifically, it has been demonstrated that situations of severe solitary or group confinement … are associated with an increase of psychotic symptoms, paranoia and hallucination experiences in healthy populations, who were especially selected and trained to survive in extreme conditions (Cochrane and Freeman, 1989; Gunderson and Nelson, 1963; Strange and Klein, 1973). Similarly, some parents isolated … also develop a psychotic syndrome including visual hallucinations and paranoid delusion, unrelated to their neurological condition (Granberg-Axèll et al., 2001).« Louise Morales-Brown, »What Does it Mean to be Touch Starved?« 19. Januar 2021, Medical News Today, https://www.medicalnewstoday.com/articles/touch-starved#what-it-means. [»Gleichermaßen entwickeln einige Eltern … auch ein psychotisches Syndrom mit visuellen Halluzinationen und paranoide Wahnvorstellungen, die nichts mit ihrem neurologischen Zustand zu tun haben.«] … [»Was bedeutet es, »ausgehungert nach Berührung zu sein?«]

_ 20 Jacques Launay, »Choir Singing Improves Health, Happiness – and is the Perfect Icebreaker.« The Conversation, University of Oxford Research, https://www.ox.ac.ok/research/choir-singing-iproves-health-happiness ---and-perfect-icebreaker. [»Chorgesang verbessert die Gesundheit und macht uns glücklicher – und ist der perfekte Eisbrecher.«]

_ 21 Harvard Kennedy School, »Collaboration in a Fractured World: Klaus Schwab MC/MPA Speaks at Harvard Kennedy School,« 2. Oktober 2017, https://www.hks.harvard.edu/more/alumni/alumni-stories/collaboration-fractured-world-klaus-schwab-mcmpa-speaks-harvard-kennedy. [Zusammenarbeit in einer zerrissenen Welt: Klaus Schwab MC/MPA spricht in der Harvard Kennedy School.]

_ 22 Jessica Dickler, »Krispy Kreme doubles its free doughnut incentive for vaccinations,« CNBC, 30. August 2021, https://www.cnbc.com/2021/08/30/krispy-kreme-doubles-its-free-doughnut-incentive-for-vaccinations.html. [»Krispy Kreme verdoppelt seinen Impfanreiz in Form von kostenlosen Doughnuts.«]

_ 23 »McDonald's offers COVID-19 vaccines, free food at select Bay Area locations,« *ABC7 News*, 21. Juni 2021, https://abc7news.com/mcdonalds-free-food-covid-19-vaccine-covid-vaccinations-stuff/10816998/. [»Mc Donald's bietet COVID-19-Impfungen und kostenloses Essen in ausgewählten Örtlichkeiten in der Bay Area an.«]

_ 24 »The Great Barrington Declaration,« 4. Oktober 2020, https://gbdelcaration.org/. [Die Great-Barrington-Erklärung]

_ 25 The Editorial Board, »Lockdowns Didn't Stop Covid,« *The Wall Street Journal*, 9. Mai 2021, https://www.wsj.com/articles/lockdowns-didnt-stop-covid-11620596906. [Lockdowns haben Covid nicht gestoppt.]

_ 26 Hanke, Steve H., Jonas Herby and Lars Jonung. 2022. »A Literature Review and Meta-Analysis of the Effects of Lockdowns on COVID-19 Mortality.« Studies in Applied Economics No. 200, https://sites.krieger.jhu.edu/iae/files/2022/01/A-Literature-Review-and-Meta-Analysis-of-the-Effects-of-Lockdowns-on-COVID-19-Mortality.pdf. [Ein Literaturüberblick und Metanalyse der Auswirkungen von Lockdowns auf die COVID-Sterbezahlen]

_ 27 Sahil Kapur, »Democrats turn against mask mandates as Covid landscape and voter attitudes shift,« *NBC News*, 1. März 2022, https://www.nbcnews.com/politics/politics-news/democrats-turn-mask-mandates-covid-landscape-voter-attitudes-shift-rcna18043. [Demokraten wenden sich gegen Maskenpflicht, als sich die Covid-Landschaft und die Einstellungen von Wählern verändern.]

_ 28 »Federal Judge Tells FDA it Must Make Public 55,000 Pages a Month of Pfizer Vaccine Data,« *FDA News*, 10. Januar 2022, https://www.fdanews.com/articles/206113-federal-judge-tells-fda-it-must-make-public-55000-pages-a-month-of-pfizer-vaccine-data. [»Bundesrichter sagt FDA, es müsse 55.000 Seiten Pifzer-Impfdaten pro Monat publik machen.«]

_ 29 Heloise Wood, »Naomi Wolf and Sandi Toksvig To Headline Women of the World Festival«, The Bookseller, 29. November 2019, https://www.thebookseller.com/news/naomi-wolf-andsandi-toskvig-headline-10th-women-world-festival-2020-1122451.

_ 30 Von König Johann Ohneland zu Runnymede in England am 15. Juni 1215 besiegelte Vereinbarung mit dem revoltierenden englischen Adel. Wichtigste Quelle des engl. Verfassungsrechts.

_ 31 Lisa Schnirring, »Italy Expand Covid-19 Lockdown to Whole Country,« Center for Infectious Diseases Research and Policy, 9. März 2020. https://www.cidrap.umn.edu/news-perspective/2020/03/italy expands-COVID-19-lockdown-whole-country.

_ 32 »About Health Disparity,« The Institute for Family Health, https://institute.org/bronx-health-reach/about/about-health-disparity/.

_ 33 Michael Paulson, »Broadway, Symbol of New York Resilience, Shuts Down Amid Virus Threat,« The New York Times, 12. März 2020, https://www.nytimes.com/2020/03/12/theater/coronavirus-broadway-shutdown.html.

_ 34 Governor Cuomo Announces New York Ending Covid-19 State Disaster Emergency on June 24,« 23. Juni 2021, https://www.governor.ny.gov/news/governor-cuomo-announces-new-york-ending-covid-19-state-disaster-emergency-june-24. [Gouverneur Cuomo kündigt das Ende des Covid-19-Katastrophennotstands im Staate New York am 24. Juni an.]

_ 35 New York State, »Governor Cuomo Signs the New York State On Pause Executive Order,«, 20. März 2020, https://www.governor.ny.gov/news/governor-cuomo-announces-new-york-ending-covid-19-state-disaster-emergency-june-24. [Gouverneur Cuomo unterzeichnet die Durchführungsverordnung für den »Pausenzustand« im Staate New York.]

_ 36 Israel Ministry of Foreign Affairs, »Victims of Mahane Yehuda Bombing,«, https://mfa.gov.il/mfa/mfa-archive/1998/pages/victims%20of%20mahane%20yehuda%20bombing.aspx. [Opfer des Bombenanschlags auf den Mahane-Yehuda-Markt]

_ 37 Staff and Agencies, »Jerusalem Suicide Bomber Kills Six,« *The Guardian*, 12. April 2002, https://www.theguardian.com/world/2002apr12/israel4. [Der Selbstmordattentäter von Jerusalem tötet sechs Menschen]

_ 38 New York State, »Governor Cuomo Announces New York Ending COVID-19 State Disaster Emergency on June 24, 23. Juni 2021, https://www.governor.ny.gov/new/governor-cuomo-signs-new-york-state-pause-executive-order. [Gouverneur Cuomo kündigt das Ende des Covid-19-Katastrophennotstands im Staate New York am 24. Juni an.

_ 39 New York State, »Governor Cuomo Signs the New York State »On Pause« Executive Order,« 20. März 2020, https://www.governor.ny.gov/news/governor-cuomo-signs-new-york-state-pause-executive-order. [Gouverneur Cuomo unterzeichnet die »Pausenmodus«-Durchführungsverordnung für den Staat New York.]

_ 40 New York State Assembly, 11-16 PUBLIC HEARING ON ADAPTATION AND RECOVERY OF LIBRARIES THROUGHOUT THE COVID-19 PANDEMIC, 16. November 2021, https://nystateassembly.granicus.com/MediaPlayer.php?view_id=9&clip_id=6437. [ÖFFENTLICHE ANHÖRUNG ZUR ANPASSUNG UND WIEDERBELEBUNG VON BIBLIOTHEKEN WÄHREND DER COVID-19-PANDEMIE]

_ 41 Staff and Agencies, »New York Arts Institutions Closed Because of Coronavirus«, *The New York Times*, 12. März 2020, https://www.nytimes.com/2020/03/12/arts/ny-events-cancellations-coronavirus.html?action=click&module=RelatedLinks&pgtype=Article. [New Yorker Kunsteinrichtungen wegen des Coronavirus geschlossen]

_ 42 Sam Levin, »Revealed: Amazon Told Workers Paid Sick Leave Law Doesn't Cover Warehouses«, *The Guardian*, 7. Mai 2020, https://www.theguardian.com/technology/2020/may/07/amazon-warehouse-workers-coronavirus-time-off-california. [Amazon sagte Arbeitern, die Lohnfortzahlung im Krankheitsfall gelte nicht für Warenlager.]

_ 43 Luis de Leon, »How the COVID-19 pandemic has impacted bookstores«, *KVUE ABC*, 3. Dezember 2020, https://www.kvue.com/article/new/health/coronavirus/adusting-to-the-pandemic-how-bookstores-continue-to-stay-open/269-d4060f39-810f-487b-9155-8cec6ec72ed5. [Wie sich die COVID-19-Pandemie auf Buchläden ausgewirkt hat]

_ 44 Kelly Tyko, »Are liquor stores open during coronavirus? New York says liquor stores are 'essential', can stay open, USA Today, 20. März 2020, https://www.usatoday.com/story/money/2020/03/20/coronavirus-new-york-liquor-stores-essential/2887048001/. [Sind Spirituosenläden während des Coronavirus geöffnet? New York sagt, Spirituosenläden seien ‚lebensnotwendig' und könnten geöffnet bleiben.]

_ 45 Dan Levin, »Is Marijuana an 'Essential' like Milk or Bread? Some States Say Yes«, *The New York Times*, 10. April 2020, https://nytimes.com/article-coronavirus-weed-marijuana.html. [»Ist Marihuana ›lebensnotwendig‹ wie Milch oder Brot? Einige Staaten sagen Ja.]

_ 46 Regierung des Vereinigten Königreichs, »Staying at home and away from others (social distancing)«, Kabinettsbüro, 23. März 2020, https://www.gov.uk/government/publications/full-guidance-on-staying-at-home-and -away-from-others. [»Zu Hause und weg von anderen bleiben (social distancing)«] *[und auch in Deutschland – A. d. Ü.]

_ 47 California Department of Parks and Recreation, »State Parks COVID-19 Resource Centre«, https://www.parks.ca.gov/?page_id=30350. [COVID-19 Ressourcenzentrum der State Parks]

_ 48 »COVID-19 State of Emergency«, https://www.mass.gov/info-details/covid-19-state-of-emergency. [COVID-19-Ausnahmezustand]

_ 49 Coronavirus Act 2020«, 25. März 2020, https://bills.parliament.uk/bills/2731. [Coronavirus-Gesetz 2020]

_ 50 »The CARES Act«, 27. März 2020, https://www.congress.gov/bill/116th-congress/house-bill/748. [Das CARES-Gesetz]

_ 51 »The HEROES Act,« 15. Mai 2020, https://www.congress.gov/bill/116th-congress/hourse-bill/6800/text?r=48. [Das HEROES-Gesetz]

_ 52 »The American Rescue Plan«, 11. März 2021, https://www.congress.gov/bill/116th-congress/house-bill/6800/text?r=48. [Der amerikanische Rettungsplan]

_ 53 Nathaniel Weixel, »Treasury threatens to claw back COVID-19 funds because of Arizona school anti-mask rules«, *The Hill*, 14. Januar 2022, https://the hill.com/policy healthcare/589785-treasury-threatens-to-claw-back-covid-funds-because-of-arizona-school-anti. [Das Finanzministerium droht, COVID-19-Gelder wegen Anti-Masken-Regeln in den Schulen von Arizona zurückzufordern.]

_ 54 Jay Cameron, Interview mit Dr. Naomi Wolf, DailyClout, 8. März 2022, https://dailyclout.io/jay-cameron-explains-canadas-emergency-act/.

2020 geschlossenes Freihandelsabkommen zwischen den zehn ASEAN-Mitgliedsstaaten und fünf weiteren Staaten in der Asien-Pazifik-Region und die größte Freihandelszone der Welt, (A. d. Ü.)

Sieg der USA im Mexikanisch-Amerikanischen Krieg. (A.d.Ü.)

_ 55 Grace Ashford, »Noncitizens' Right to Vote Becomes Law in New York City«, *The New York Times*, 9. Januar 2022, https://www.nytimes.com/2022/01/09/nyregion/noncitizens-nyc-voting-rights.html. [Stimmrecht von Nicht-Bürgern tritt in New York in Kraft]

_ 56 Kight, Stef W., und Jonathan Swan, »Scoop: Biden officials fear 'mass migration event' if COVID policies end«, *Axios*, 17. März 2022, https://www.axios.com/biden-border-mexico-migrants-title-42-a91b6441-463f-ab1f-2435284a9566.html. [Exklusivmeldung: Vertreter von Bidens Regierung befürchten Massenmigration, wenn COVID-19-Maßnahmen enden.]

_ 57 Gregorio Billikopf Encina, »Milgram's Experiment on Obedience to Authority«, University of California at Berkeley, 15. November 2004, https://nature.berkeley.edu/ucce50/ag-labor/7article/article35.htm. [Milgrams Experiment zum Gehorsam gegenüber Autoritäten]

_ 58 a.a.O.

_ 59 Mark Lowen, »Greek Debt Crisis: What Was the Point of the Referendum?«, BBC News, 11. Juli 2015, https://www.bbc.com/news/world-europe-33492387/. [Griechische Schuldenkrise: Worum ging es bei dem Referendum?]

_ 60 Ian Johnston, Nathalie Savaricas, Leo Cendrowicz, »Greece referendum: Greeks say 'No' to austerity and plunge Europe into crisis,« *The Independent*, 6. Juli 2015, https://www.independent.co.uk/news/world/europe/greece-referendum-results-live-greeks-say-no-to-austerity-and-plunge-the-eu-into-crisis-10366617.html. [Griechisches Referendum: Die Griechen sagen ‚Nein' zur Sparpolitik und stürzen Europa in die Krise.]

_ 61 Daniela Vincenti und Santis Michalopoulos, »Monti: Ignoring the Greek referendum was a violation of democracy,« 23. Oktober 2015, Euractiv.com, https://www.euractiv.com/section/eurofinance/news/monti-ignoring-the-greek-referendum-was-a-violation-of-democracy/. [Monti: Das griechische Referendum zu ignorieren, war eine Verletzung der Demokratie.]
internationale NGO mit dem Ziel, liberale Demokratien weltweit zu fördern, A.d.Ü.

_ 62 Larry Getlen, »China's Secret Plan to Topple the US as the World's Superpower«, *The New York Post*, 8. Februar 2015, https://nypost.com/2015/02/08/chinas-secret-plan-to-topple-the-us-as-the-worlds-superpower/. [Chinas geheimer Plan, die USA als Weltmacht zu stürzen]

_ 63 US-China Economic And Security Review Commission, »Hearing: China's Propaganda and Influence Operations, Its Intelligence Activities That Target The United States, and the Resulting Impacts on US National Security«, 30. April 2009, https://www.uscc.gov/hearings/hearing-chinas-propaganda-and-influence-operations-its-intelligence-activities-target; Transcript:https://www.uscc.gov/files/000249

_ 64 Sarah Cook, Senior Research Analyst for East Asia, Freedom House, Aussage vor dem »US-China Economic and Security Review Commission Hearing on China's Information Controls, Global Media Influence, and Cyber Warfare Strategy«: Chinese Government Influence on the US Media Landscape«, 4. Mai 2017, https://www.uscc.gov/sites/default/files/Sarah%20Cook%20May%204th %20217%20USCC%testimony.pdf.

_ 65 Freedom House, »Chinese Communist Party's Media Influence Expands Worldwide«, 14. Januar 2020, https://freedomhouse.org/article/chinese-communist-partys-media-influence-expands-worldwide.

_ 66 Internationale Journalisten-Föderation, »The China Story: Reshaping the World's Media«, Juni 2020, https://www.ifj.org/fileadmin/user_upload/IFJ_ChinaReport_2020.pdf. [Die *China Story*: die Medien der Welt umgestalten]

_ 67 Rick Hess, »Microsoft Education Exec. On Ed. Tech During Coronavirus«, *EdWeek*, 30. April 2020, https://www.edweek.org/education/opinion-microsoft-education-exec-on-ed-tech-during-coronavirus/2020/04.

_ 68 Felisher, Or, Gabriel Gianordoli, Yuliya Parshina-Kottas, Karthik Patanjali und Bedel Saget, »This 3-D Simulation Shows Why Social Distancing is So Important«, *The New York Times*, 14. April 2020, https://www.nytimes.com/interactive/2020/04/14/science/coronavirus-transmission-cough-6-feet-ar-ul.html. [Diese 3-D-Simulation zeigt, warum »Social Distancing« so wichtig ist.]

_ 69 Gorman, James, Michael Levenson und Tara Parker-Pope, »What we Know About Your Chances of Catching the Virus Outdoors«, *The New York Times*, 15. Mai 2020, https://www.nytimes.com/2020/05/15/us/coronavirus-what-to-do-outside.html. [Was wir über die Möglichkeit wissen, sich das Virus draußen einzufangen.]

_ 70 Thomas Mann, *The Magic Mountain*, Vintage Books (New York, 1996): 222-23. [Thomas Mann, Der Zauberberg]

_ 71 Staff and Agencies, »Historical Guide to Yellow Fever«, *PBS: American Experience*, https://www.pbs.org/wgbh/americanexperience/features/fever-historical-guide-yellow-fever/. [Historischer Leitfaden für das Gelbfieber]

_ 72 Elizabeth Fenn, »The Great Smallpox Epidemic«, *History Today*, 8. August 2003, https://www.historytoday.com/archive/great-smallpox-epidemic. [Die große Pockenepidemie]

_ 73 Charles E. Rosenberg, The Cholera Years: The United States in 1832, 1849, and 1866 (Chicago: The University of Chicago Press, 1987). 4. [Die Cholerajahre: Die Vereinigten Staaten in den Jahren 1832, 1849 und 1866]]

_ 74 NIH US National Library of Medicine, »Visual Culture and Public Health Posters: Tuberculosis«, https://www.nlm.nih.gov/exhibition/visualculture/tuberculosis.html. [Visuelle Kultur und Aufklärungsplakate: Tuberkulose]

_ 75 Marta K. D. Cobb, »Public Health in Jane Eyre and the Victorian Era,« *The Victorian Web*, Mai 1994, https://victorianweb.org/authors/bronte/cbronte/jane1.html. [Öffentliche Gesundheit bei Jane Eyre und im Viktorianischen Zeitalter]

_ 76 Amerikanische Psychologische Gesellschaft, »Resilience in a Time of War: Tips for Parents and Teachers of Elementary School Children«, 2011, https://www.apa.org/topics/resilience/kids-war. [Belastbarkeit in Zeiten des Krieges: Tipps für Eltern und Lehrer von Grundschulkindern]

_ 77 Benjamin Rush, Observations upon the Origin of the Malignant Bilious, or Yellow Fever in Philadelphia, and upon the Means of Preventing it: addressed to the Citizens of Philadelphia (Philadelphia: Budd and Bartram, 1979), 12, https://nrs.lib.harvard.edu/urn-3:hms.count: 1115395?n=12. [Beobachtungen zum Ursprung des bösartigen Gallen- oder Gelbfiebers und zu den Mitteln, um sie zu verhindern: an die Bürger Philadelphias gerichtet]

_ 78 Library of Congress, »First Bank of the Unitesd States, 120 South Third Street, Philadelphia, Philadelphia County, PA,« https://www.loc.gov/item/pa0850/.

_ 79 Reynolds-Finley Historical Library, The University of Alabama at Birmingham, »The Life of Florence Nightingale,« https://library.uab.edu/locations/reynolds/collections/florence-nightingale/life. [Das Leben Florence Nightingales]

_ 80 Felice Batlan, »Law and the Fabric of Everyday: The Settlement Houses, Sociological Jurisprudence, and the Gendering of Urban Legal Culture,« *Southern California Interdisciplinary Law Journal*, Band 15 (2006), 264, https://gould.usc.edu/why/students/orgs/ils/assets/docs/15-2%20Batlan.pdf. [Das Gesetz und die Dinge des Alltags: die Settlement Houses, soziologische Rechtsprechung und das Gendering der städtischen Rechtskultur], Southern California Interdisciplinary Law Journal, Band 15 (2006), 264, https://gould.usc.edu/why/students/orgs/ilj/asset/docs/15-2%20Batlan.pdf.

_ 81 Laura Bliss, »How the Battle for Sunlight Shaped New York City,« *Bloomberg CityLab*, 18. Dezember 2016, https://www.bloomberg.com/news/articles/2016-12-18/new-york-city-zoning-and-the-fight-for-sunlight. [Wie der Kampf um Sonnenlicht New York City geprägt hat.]

_ 82 Janice M. Leone, »Bethlehem House, Nashville,« Tennessee Encyclopedia, 8. Oktober 2017, https://tennesseeencyclopedia.net/entries/bethlehem-house/.

_ 83 Wade, Louise C. »'The Heritage from Chicago's Early Settlement Houses.« Journal of the Illinois State Historical Society (1908-1984), 60, Nr. 4 (1967): 411-41. http:/www.jstor.org/stable/40190170. [Das Erbe von Chicagos frühesten Settlement Houses]

_ 84 Rony Caryn Rabin, »Alcohol-Related Deaths Spiked During the Pandemic, a Study Shows,« *The New York Times*, 22. März 2022, https://www.nytimes.com/2022/03/22/health/alcohol-deaths-covid.html. [Eine zeigt Studie, alkoholbedingte Todesfälle stiegen während der Pandemie an.]

_ 85 Angela Buckley, »Oscar Wilde Comes to Reading Gaol – 120 years on,« BerkshireLive.Com, 22. November 2017, https://www.getreading.co.uk/news/berkshire-history/oscar-wilde-comes-reading-gaol-10472787. [Oscar Wilde kommt ins Gefängnis in Reading – 120 Jahre später]

_ 86 The Iona and Peter Opie Archive, British Academy Research Project, Digital Humanities Institute, https://www.opiearchive.org.

_ 87 Jordan Novet, Zoom Provides Disappointing Revenue Forecast for First Quarter and Full Year, CNBC.com, 28. Februar 2022, https://www.cnbc.com/2022/02/28/zoom-zm-earnings-q4-2022. [Zoom gibt enttäuschende Umsatzprognose für das erste Quartal und das Gesamtjahr.]

_ 88 Megan Gearhardt,»Coronavirus and Zoom Have Marked a Generation,« NBCnews.com, 7. Juni 2020, https://www.nbcnews.com/think/opinion/coronavirus-zoom-have-marked-generation-let-s-call-them-zoomers-ncna1226241. [Das Coronavirus und Zoom haben eine ganze Generation geprägt.]

_ 89 Tara Parker-Pope, »What's the Risk of Catching Coronavirus from a Surface? Touching Contaminated Objects and then Infecting Ourselves with the Germs is Not Typically How the Virus Spreads. But it Can Happen.« *The New York Times*, 28. Mai 2020, https://www.nytimes.com/2020/05/28/well/live/whats-the-risk-of-catching-coronavirus-from-a-surface.html. [Wie groß ist das Risiko, sich an einer Oberfläche mit dem Coronavirus anzustecken? Kontaminierte Gegenstände zu berühren und sich mit den Erregern zu infizieren, ist nicht der typische Verbreitungsweg des Virus. Doch es kann passieren.]

_ 90 »COVID-19 mistakes and myths«, UC Davids Health, 5. August 2021, https://health.ucdavis.edu/coronavirus/covid-19-information-coronavirus-mistakes. [COVID-19-Fehler und Mythen]

_ 91 Ozer, Nicole und Jay Stanley, »Diners Beware: That Meal May Cost You Your Privacy and Security,« *ACLU*, 27. Juli 2021, https://www.aclu.org/news/privacy-technology/diners-beware-that-meal-may-cost-you-your-privacy-and-security/. [Imbisse, nehmen Sie sich in Acht: Diese Mahlzeit kann Sie Ihre Privatheit und Ihre Sicherheit kosten.]

_ 92 Jordan Crook, »HelloFresh Cooks Up $50 Million Series D from Insight Venture Partners,« TechCrunch, 18. Juni 2014, https://techcrunch.com/2014/06/18/hellofresh-cooks-up-50-million-series-d-from-insight-venture-partners/?guccounter=1&guce_referrer=aHR0HM6Ly93d3cuZ29vZ2xlLmNvbS8&guce_referrer [HelloFresh bekommt $50 Millionen Serie-D-Finanzierung von Insight Venture Partners.]

_ 93 Burt Helm. »The World's Most Ruthless Food Startup: The Inside Story of How HelloFresh Clawed Its Way to the Top,« *Inc.*, 27. Juni 2018, https://www.inc.com/magazine/201808/burt-helm/hellofresh.html. [Das skrupelloseste Start-Up der Welt: Wie HelloFresh sich seinen Weg zur Spitze erkämpfte.]

_ 94 »Annual Report 2018.« *HelloFresh SE*, 2019, https://ir.hellofreshgroup.com/download/companies/hellofresh/Annual%20Reports/DE000A161408-JA-2018-EQ-E-00.pdf., »Annual Report 2019.« *HelloFresh SE*, 2020, https://ir.hellofreshgroup.com/download/companies/hellofresh/Annual%20Reports/DE000A161408-JA-2020-EQ-E-00.pdf., »Annual Report 2020.« HelloFresh SE 2021, https://ir.hellofreshgroup.com/download/companies/hellofresh/

Annual%20Reports/DE000A161408-JA-2020-EQ-E-00.pdf., »Annual Report 2021.« *HelloFresh SE*, 2022, https://ir.hellofreshgroup.com/download/companies/hellofresh/Annual%20 Reports/DE000A161408-JA-2021-PN-EQ-E-00.pdf.

_ 95 Oxford COVID-19 Government Response Tracker, https://covidtracker.bsg.ox.ac.uk/.

_ 96 Harris, Rich und Lauren Leatherby, »States That Imposed Few Restrictions Now Have the Worst Outbreaks«, *The New York Times*, 18. November 2020, https://www.nytimes.com/interactive/2020/11/18/us/covid-state-restrictions.html. [Staaten, die nur wenige Einschränkungen verfügt haben, haben jetzt die schlimmsten Ausbrüche.]

_ 97 AIER Staff, »Lockdowns Do not Control the Coronavirus: The Evidence«, 19. Dezember 2020, https://www.aier.org/article/lockdowns-do-not-control-the-coronavirus-the-evidence/. [Lockdowns bekämpfen das Coronavirus nicht: der Beweis]

_ 98 Len Blavatnik – »Industrialist«, http://lenblavatnik.com/industrialist/technology-ventures/. Zugriff am 23. März 2022. [Len Blavatnik - Großindustrieller]

_ 99 Ebda.

_ 100 Zhihu Inc. – »Corporate Profile,« https://ir.zhihu.com/Company-Profile. Letzter Zugriff am 23. März 2022.

_ 101 Access Technology Ventures, AccessTechnologyVentures.com. Zugriff am 23. März 2022.

_ 102 Blavatnik School of Government. Research – Research Programmes – »Pathways for Prosperity,« https://www.bsg.ox.ac.uk/research-programmes/pathways-prosperity. [Forschung – Forschungsprogramme – Wege zum Wohlstand]

_ 103 Alan Feuer und Andrea Salcedo, »New York City Deploys 45 Mobile Morgues as Virus Strains Funeral Home, The New York Times, 2. April 2020, https://www.nytimes.com/2020/04/02/nyregion/coronavirus-new-york-bodies.html. [Die Stadt New York stellt 45 mobile Leichenhallen auf, da das Virus Bestattungsunternehmen belastet.]

_ 104 Ebda.

_ 105 The Hart Island Project, »The History«, https://www.hartisland.net/history. [Das Hart Island-Projekt: Die Geschichte]

_ 106 The Hart Island Project, https://www.hartisland.net/history.

_ 107 »Coronavirus: New Yorks ramps up mass burials amid outbreaks«, *BBC*, 10. April 2020, https://www.bbc.com/news/world-us-canada-52241221 [Corona Virus: New York stockt inmitten von Ausbrüchen Massenbegräbnisse auf.]

_ 108 J. D. Simkins, »Hospital Ship Comfort Departs NYC, Having Treated Fewer than 200 Patients«, NavyTimes.com, 30. April 2020. [Das Krankenhausschiff »Comfort« legt von NYC ab, nachdem es weniger als 200 Patienten behandelt hat.]

_ 109 Caroline Linton, »Field Hospital That Treated Coronavirus Patients in Central Park to Close«, CBSnews.com, 2. Mai 2020, https://www.cbsnews.com/news/field-hospital-that-treated-coronavirus-patients-in-central-park-to-close/. [Das Feldkrankenhaus, in dem Coronavirus-Patienten im Central Park behandelt wurden, wird geschlossen.]

_ 110 Brian M. Rosenthal, »This Hospital Cost $52 Million. It Treated 79 Virus Patients«, The New York Times, 21. Juli 2020, https://www.nytimes.com/2020/07/21/nyregion/coronavirus-hospital-usta-queens.html.

_ 111 Michelle Andrews, »Is Cuomo Directive to Blame for Nursing Home Deaths, As US Official Claims?«, KHN.org News, 24. August 2020, https://khn.org/news/is-cuomo-directive-to-blame-for-nursing-home-covid-deaths-as-us-official-claims/. [Ist die Cuomo-Richtlinie für Todesfälle in Pflegeheimen verantwortlich, wie ein US-Beamter behauptet?]

_ 112 Caroline Linton, »Field Hospital That Treated Coronavirus Patients in Central Park to Close«, CBSnews.com, 2. Mai 2020, https://www.cbsnews.com/new/field-hospital-that-treated-coronavirus-patients-in-central-park-to-close/. [Das Feldkrankenhaus, das Coronavirus-Patienten im Central Park behandelt hat, wird geschlossen.]

_ 113 »Coronavirus Hospital in Central Park Shutting Down on Monday«, newyork.cbslocal.com, 2. Mai 2020, httsp://newyork.cbslocal.com/2020/05/02/coronavirus-field-hospital-in-central-park-shutting-down-on-Monday. [Das Coronavirus-Krankenhaus im Central Park schließt am Montag.]

_ 114 »Coronavirus Hospital in Central Park Shutting Down on Monday«, newyork.cbslocal.com, 2. Mai 2020, httsp://newyork.cbslocal.com/2020/05/02/coronavirus-field-hospital-in-central-park-shutting-down-on-Monday. [Das Coronavirus-Krankenhaus im Central Park schließt am Montag.]

_ 115 »COVID-19 Deaths per 100K«, *US News & World Report*, 20. März 2022, https://www.usnews.com/news/best-states/coronavirus-data/covid-death-rate?active[]=12&chart_type=map, Zugriff am 23. März 2022. [COVID-19-Todesfälle pro 100.000]

_ 116 »Amtrak Requires facial Coverings as Added Measure of Protection«, 7. Mai 2020, https://media.amtrak.com/2020/05/amtrak-requires-facial-coverings-as-added-measure-of-protection/. [Amtrak verlangt Gesichtsbedeckung als zusätzliche Schutzmaßnahme.]

_ 117 Jacqueline Maley, »The political art of not wasting a crisis or getting wasted by it,« *Sydney Morning Herald*, 17. Mai 2020, https://www.smh.com.au/politics/federal/the-political-art-of-not-wasting-a-crisis-or-getting-wasted-by-it-20200515-p54.tej.html. [Die politische Kunst, eine Krise nicht zu verschwenden oder in ihr zu versinken]

_ 118 Nathan J. Robinson, »Bill Clinton's Act of Terrorism,« Jacobin, 12. Oktober 2016, https://www.jacobinmag.com/2016/10/bill-clinton-al-shifa-sudan-bombing-knartoum/.

_ 119 Ebda.

_ 121 Ebda.

_ 122 Scott Peterson, »Sudanese factory destroyed by US now a shrine,« *The Christian Science Monitor*, 7. August 2012, https://www.csmonitor.com/World/Africa/2012/0807/Sudanese-factory-destroyed-by-US-now-a-shrine. [Von den USA zerstörte sudanesische Fabrik ist jetzt ein Schrein.]

_ 123 Andrew Jacobs, »Now the US Has Lots of Ventilators, But Too Few Specialists to Operate Them,« The New York Times, 22. November 2020, https://www.nytimes.com/2020/11/22/health/Covid-ventilators-stockpile.html. [Jetzt haben die USA viele Beatmungsgeräte, aber zu wenig Spezialisten, um sie zu bedienen.]

_ 124 Linda Zeldovich, »Some Signs of Recovery from Severe COVID-19 Lung Damage,« The New York Times, 18. Oktober 2020, https://www.nytimes.com/2020/10/18/health/Covid-lung-damage-recovery.html. [Einige Anzeichen für Erholung von schwerem Lungenschaden durch COVID-19]

_ 125 Pidd, Helen und Peter Walker,»'Don't kill granny' message for Preston youth aims to slow spread of Covid-19,« The Guardian, 8. August 2020, https://www.theguardian.com/world/2020/aug/07/preston-added-to-areas-with-bans-on-households-mixing-due-to-covid-19,» *The Guardian*, 8. August 2020, https://www.theguardian.com/world/2020/aug07/preston-added-to-areas-with-bans-on-households-mixing-due-to-covid-19. [Die »Töte-die-Oma-nicht'-Botschaft für die Jugend von Preston zielt darauf ab, die Verbreitung von Covid-19 zu verlangsamen.]

_ 126 The Rt Hon Priti Patel MP and Home Office, »Rule of six comes into effect to tackle coronavirus,« 14. September 2020, https://www.gov.uk/government/news/rule-of-six-comes-into-effect-to-tackle-coronavirus. [Die Sechser-Regel tritt in Kraft, um das Coronavirus zu bekämpfen.]

_ 127 Boris Johnson, UK Parliament, »Covid-19 Winter Plan,« 23. November 2020, https://hansard.parliament.uk/commons/2020-11-23/debates/81549EE3-DAFC-43CB-B8E6-C4F-2C32393C8/Covid-19WinterPlan. [Covid-19 Winterplan]

_ 128 Anissa Gardizy, »Watch: COVID-19 commercials,« The Boston Globe, 7. Mai 2020, https://www.bostonglobe.com/2020/05/07/business/watch-covid-19-commercials/, [Vorsicht: COVID-19-Werbespots]

_ 129 Chris Smyth und Rosemary Bennett, »'Don't Kill Granny with Coronavirus,' warns Matt Hancock,« 8. September 2020, *The Times*, https://www.thetimes.co.uk/article/affluent-youth-are-catching-coronavirus-most-says-matt-hancock-qvbxw2nk. [»'Bringen Sie die Oma nicht mit dem Coronavirus um,' warnt Matt Hancock.]

_ 130 Ramesh Thakur, »Who Killed Granny? Shameless Emotional Manipulation has Shaped Too Much of Global COVID Policy, Disastrously,« *The Times of India*, 12. Februar 2001, https://timesofindia.indiatimes.com/blogs/toi-edit-page/who-killed-granny-shameless-emotional-manipulation-has shaped-too-much-of-global-covid-policy-disastrously/. [»Wer hat Oma umgebracht? Hemmungslose emotionale Manipulation hat in katastrophaler Weise einen Großteil der globalen COVID-Strategie geprägt.«]

_ 131 Laura Dodsworth, A State of Fear: How the UK Government Weaponized Fear During the COVID-19 Pandemic (London: Pinter & Martin), 2021. [Wie die britische Regierung während der COVID-19-Pandemie Angst als Waffe eingesetzt hat.]

_ 132 Thompson CN., Baumgartner J., Richardo C., et al., COVID-19 Outbreak – New York City, February 29 –June 1, 2020. MMWR Morb Mortal Wkly Rep 2020; 69: 1725-1729. DOI: http://dx.doi.org/10.15585/mmwr.mm694a2. [COVID-19-Ausbruch – New York City 29. Februar bis 1. Juni 2020.]

_ 133 Staff and agencies, »Coronavirus in the US: Latest Map and Case Count,« *The New York Times*, https://www.nytimes.com/interactive/2021/us/covid-cases.html, Zugriff am 22. März 2022. [Das Coronavirus in den USA: die neueste Karte und die Anzahl der Fälle]

_ 134 »Our World in Data,« https://ourworldindata.org/explorers/coronavirus-data-explorer. [Unsere Welt in Daten]

_ 135 Johns Hopkins University and Medicine Coronavirus Resource Center, https://coronavirus.jhu.edu.

_ 136 Apoorva Mandavilli, »Your Coronavirus Test Is Positive. Maybe It Shouldn't Be.,« *The New York Times*, 29. August 2021, https://www.nytimes.com/2020/08/29/health/coronavirus-testing.html. [Ihr Coronavirus-Test ist positiv. Vielleicht sollte er das nicht sein.]

_ 137 Henry Ealy, Michael McEvoy, Daniel Chong, John Nowicki, Monica Sava, Sandeep Gupta, David White, James Jordan, Daniel Simon, Paul Anderson, »COVID-19 Data Collection, Comorbidity & Federal Law: A Historical Retrospective« Science, Public Health Policy, and the Law, Volume 2:4-22, 12. Oktober 2020, (https://www.researchgate.net/publication/344753727_COVID-19_Data_Collection_Comorbidity_Federal_Law_A_Historical_Retrospective). [COVID-19-Datensammlung, Begleiterkrankungen & Bundesgesetz: Ein historischer Rückblick].

_ 138 Oregon Senators Kim Thatcher and Dennis Linthicum File Grand Jury Petition Alleging CDC, FDA Violated Federal Law by Inflating COVID Death Data,« 19. September 2021, https://or.chirldrenshealthdefense.org/news/oregon-senators-kim-thatcher-and-dennis-linthicum-file-grand-jury-petition-alleging-cdc-fda-violated-federal-law-by-inflating-covid-death-data/. [Die Oregoner Senatoren Kim Thatcher und Dennis Linthicum stellen Antrag vor der Grand Jury, in dem sie anführen, dass CDC und FDA gegen das Bundesgesetz verstießen, indem sie die Daten der COVID-Toten aufblähten.]

_ 139 https://dockets.justia.com/docket/oregon/ordce/3:2022cv00356/165733, Ealy et al v. Redfield et al, JUSTIA Dockets Filings, 4. März 2022.

_ 140 Oregon Senators Kim Thatcher and Dennis Linthicum File Grand Jury Petition Alleging CDC, FDA Violated Federal Law by Inflating COVID Death Data,« 19. September 2021, https://or.chirldrenshealthdefense.org/news/oregon-senators-kim-thatcher-and-dennis-linthicum-file-grand-jury-petition-alleging-cdc-fda-violated-federal-law-by-inflating-covid-death-data/.[Die Oregoner Senatoren Kim Thatcher und Dennis Linthicum stellen einen Antrag vor der Grand Jury, in dem sie anführen, dass CDC und FDA gegen das Bundesgesetz verstoßen haben, indem sie die Daten der COVID-Toten aufblähen.]

_ 141 Henry Ealy, Michael McEvoy, Daniel Chong, John Nowicki, Monica Sava, Sandeep Gupta, David White, James Jordan, Daniel Simon, Paul Anderson, »COVID-19 Data Collection, Comorbidity & Federal Law: A Historical Retrospective« Science, Public Health Policy, and the Law, Volume 2:4-22, 12. Oktober 2020, (https://www.researchgate.net/publication/344753727_COVID-19_Data_Collection_Comorbidity_Federal_Law_A_Historical_Retrospective). [COVID-19-Datensammlung, Begleiterkrankungen & Bundesgesetz: Ein historischer Rückblick].

_ 142 Reuters, »CDC reports fewer COVID-19 pediatric deaths after data correction.« *Reuters*, 18. März 2022, https://www.reuters.com/business/healthcare-pharmaceuticals/cdc-reports-fewer-covid-19-pediatric-deaths-after-data-correction-2022-03-18/. [CDC berichtet weniger Todesfälle bei Kleinkindern durch COVID-19 nach Datenkorrektur.]

_ 143 Melody Schreiber, »CDC coding error led to overcount of 72,000 Covid deaths,« *The Guardian*, 24. März 2022, https://www.theguardian.com/world/2022/mar/24/cdc-coding-error-overcount-covid-deaths. [CDC-Kodierungsfehler führte dazu, dass 72.000 Covid-Tote zuviel gezählt wurden.]

_ 144 Ebda.

_ 145 Johns Hopkins Coronavirus Resource Center: https://coronavirus.jhu.edu/map.html; COVID19Tracking.com, Worldometers.info, https://www.worldometers.info/coronavirus/; *The New York Times*, Track Coronavirus Cases in Places Important to You, https://www.nytimes.com/interactive/2021/us/covid-cases-deaths-tracker.html; »COVID-19: Track Coronavirus Cases«: Statistics: https://www.ons.gov.uk/peoplepopulationand community/healthandsocialcare/conditionsanddiseases/articles/coronaviruscovid19/latestinsights.

_ 146 The COVID Tracking Project, https://covidtracking.com.

_ 147 Brad Schmidt, «November Officially Oregon's Deadliest Month of Coronavirus Pandemic as State Reports 20 More Fatalities, 1,189 Cases,« *The Oregonian*, 25. November 2020, https://www.oregonlive.com/coronavirus/2020/11/november-officially-oregons-deadliest-month-of-coronavirus-pandemic-as-state-reports-20-more-fatalities-1189-cases.html. [November offiziell Oregons tödlichster Monat der Coronavirus-Pandemie, da der Staat 20 weitere Todesfälle meldet, 1.189 Fälle]

_ 149 Dirk VanderHart, »Freeze, Oregon: Gov. Brown Restricts Businesses Again as COVID-19 Cases Surge,« OPB, 13. November 2020, https://www.opg.org/article/2020/11/13/oregon-governor-kate-brown-covid-19-restrictions/. [Gouverneurin Brown schränkt Unternehmen wieder ein, jetzt, wo die COVID-19 Fälle stark ansteigen.]

_ 150 United States Census Bureau, »Oregon Population 4.2 Million in 2020, Up 10.6% From 2010,« 25. August 2021, https://www.census.gov/library/state-by-state/oregon-population-change-between-census-decade.html. [Bevölkerung von Oregon im Jahr 4,2 Millionen, ein Zuwachs von 10,6% seit 2010]

_ 151 Oregon coronavirus cases and deaths,» USA Facts, https://usafacts.org/visualisations/coronavirus-covid-19-spread-map/state/oregon. [Coronavirus-Fälle und -Todesfälle in Oregon]

_ 152 »What Are the Odds of Dying in a Car Crash?« 15. Juli 2021, ERInjuryAttorneys.com, https://erinjuryattorneys.com/odds-of-dying-in-a-car-crash/. [Wie groß ist das Risiko, bei einem Autounfall zu sterben?]

_ 153 Benton County, Oregon, »Benton County COVID-19 (Coronavirus) Information«, aktualisiert am 21. März 2022, https://www.co.benton.or.us/covid19.

_ 154 Oregon Health Authority, »2020 Benton County resident deaths,« https://visual-data.dhsoha.state.or.us/t/OHA/views/CountyDash/CountyDash_cause?%3Adisplay_count=n&%3Aembed=y&%3AisGuestRedirectFromVizportal=y&%3Aorigin=viz_share_link&%3AshowAppBanner=false&%3AshowVizHome=n, Zugriff am 27. März 2022.

_ 155 Oregon Health Authority, »2020 resident deaths,« https://visual-data.dhsoha.state.or.us/t/OHA/views/CountyDash/CountyDash_cause?%3Adisplay_count=n&%3Aembed=y&%3AisGuestRedirectFromVizportal=y&%3Aorigin=viz_share_link&%3AshowAppBanner=false&%3AshowVizHome=n, Zugriff am 27. März 2022.

_ 156 Bill & Melinda Gates Foundation – About – Commited grants – »The Atlantic,« https://www.gatesfoundation.org/about/commited-grants/2019/04/inv000891. [Die Bill & Melinda Gates-Stiftung über zugesagte Kredite – »The Atlantic«]

_ 157 Sydney Ember, »Laurene Powell Jobs's Organisation to Take Major Stake in The Atlantic,« The New York Times, 28. Juli 2017, https://www.nytimes.com/2017/07/28/business/media/atlantic-media-emerson-collective-majority-stake.html. [Laurene Powell Jobs Organisation wird eine umfängliche Beteiligung an The Atlantic bekommen.]

_ 158 Emerson Collective – »Priorities« https://www.emersoncollective.com/

_ 159 Gillian B. White, »Emerson Collective Acquires Majority Stake in The Atlantic,« 28. Juli 2017, https://www.theatlantic.com/business/archive/2017/07/emerson-collective-atlantic-coalition/535215/ [Emerson-Kollektiv erwirbt Mehrheitsbeteiligung an The Atlantic.]

_ 160 Joan Michelson, »Steve Ballmer Combats Government Misinformation with USA Facts – COVID-19, Race, Jobs, Environment,« *Forbes*, 24. Juni 2020, https://www.forbes.com/sites/joanmichelson2/2020/06/24/steve-ballmer-combats-government-misinformation--with-usa-facts----covid-19-race-jobs-environment/?sh=3e8034f875f1. [Steve Ballmer bekämpft Fehlinformationen der Regierung mit US-Fakten – Covid 19, Rasse, Jobs, Umwelt.]

_ 161 »COVID-19 Dashbord by the Center for Systems Science and Engineering (CSSE) at Johns Hopkins University,« *Johns Hopkins University of Medicine Coronavirus Resource Center*, https://coronavirus.jihu.edu/map.html.

_ 162 »The Event 201 scenario« https://www.centerforhealthsecurity.org/event201/scenario.html.

_ 163 »Event 201,« https://www.centerforhealthsecurity.org/event201/.

_ 164 World Economic Forum – About – »Leadership and Governance,« https://www.weforum.org/about/leadership-and-governance. [Weltwirtschaftsforum – über – Führung und Steuerung]

_ 165 Sam Shead, »Microsoft, Salesforce and Oracle Back Plan to Develop a Digital COVID Vaccination Passport,« CNBC.com, 14. Januar 2021, https://www.cnbc.com/2021/01/14/microsoft-salesforce-and-oracle-working-on-covid-vaccination-passport.html. [Microsoft, Salesforce und Oracle unterstützen Plan, einen digitalin COVID-Impfpass zu entwickeln.]

_ 166 Project Baseline – COVID-19 FAQs – »What is Verily?« https://www.projectbaseline.com/covid-support/. [Projekt Baseline – COVID-19 FAQ – »Was ist Verily?«]

_ 167 Project Baseline – COVID-19 Testing FAQs – »How is Rite Aid involved?« https://www.project-baseline.com/studies/covid-19/. [Projekt Baseline – COVID-19 Test-FAQ – »Inwiefern ist Rite Aid beteiligt?«]

_ 168 Project Baseline – COVID-19 Testing FAQs – »Why am I being asked to sign an authorization form?« https://www.project-baseline.com/studies/covid-19/. [Projekt Baseline – COVID-19 Test-FAQ – »Warum werde ich gebeten, ein Vollmachtsformular zu unterschreiben?«]

_ 169 »Alphabet Inc. Form 10-K for Fiscal Year Ended December 31, 2019.« EDGAR. Securities and Exchange Commission, 2020, https://www.sec.gov/Archives/edgar/data/1652044/00016520440000008/goog10-k2019.htm. [Formular 10-K der Alphabet Inc. für das Steuerjahr endete am 31 Dezember 2019.]

_ 170 Alphabet Inc. Form 10-K for Fiscal Year Ended December 31, 2019.« EDGAR. Securities and Exchange Commission, 2020, https://www.sec.gov/Archives/edgar/data/1652044/00016520440000008/goog10-k2019.htm. [Formular 10-K der Alphabet Inc. für das Steuerjahr endete am 31 Dezember 2019.]

_ 171 Apoorva Mandavilli, »The Coronavirus is Mutating. What Does That Mean for Us?« *The New York Times*, 20. Dezember 2020, https://www.nytimes.com/2020/12/20/health/coronavirus-britain-variant.html. [»Das Coronavirus mutiert. Was bedeutet das für uns?]

_ 172 BBC News, »Coronavirus: »Double Mutant« COVID Variant Found in India,« 5. März 2021, https://www.bbc.com/news/world-asia-india-565070988. [Coronavirus: »Doppelmutanten-«COVID-Variante in Indien gefunden]

_ 173 Christopher Hobson, *The Rise of Democracy: Revolution, War and Transformations in International Politics Since 1776* (Edinburgh: Edinburgh University Press, 2015), 75. [Der Aufstieg der Demokratie: Revolution, Krieg und Veränderungen in der internationalen Politik seit 1776]

_ 174 Vereinte Nationen, Allgemeine Erklärung der Menschenrechte, 10. Dezember 1948, https://www.un.org/de/about/us/universal-declaration-of-human-rights.

_ 175 Andreas Fulda, »In China, there's no freedom of movement, even between country and city,« City Monitor, 10. Januar 2017, https://www.citymetric.com/politics/china-theres-no-freedom-movement-even-between-country-and-city-2697. [In China gibt es keine Bewegungsfreiheit, nicht einmal zwischen Land und Stadt]

_ 176 In-hua Kim, »Ask a North Korean: How restricted is movement in North Korea?,« NK News, 24. Juli 2020, https://www.nknews.org/2020/07/ask-a-north-korean-how-restricted-is-movement-in-north-korea/. [Fragen Sie einen Nordkoreaner: Wie eingeschränkt ist die Bewegung in Nordkorea?]

_ 177 British Library, »Anti-Jewish decrees,« https://www.bl.uk/learning/histcitizen/voices/info/decrees/decrees.html. [Antijüdische Dekrete]

_ 178 Holocaust Encyclopedia, »German Jews During the Holocaust,« https://encyclopedia.suhmm.org/content/en/article/german-jews-during-the-holocaust. [Deutsche Juden während des Holocausts]

_ 179 *Webster's New International Dictionary of the English Language*, 1913, s. v. »quarantine,« Zugriff am 27. März 2022, https://www.websters1913.com/words/Quarantine. [»Quarantäne«]

_ 180 Leviticus 13:45.

_ 181 »What Does the Bible Say About Quarantine?« P. J. Grisar, *The Forward*, 9. März 2020, https.//forward.com/culture441195/what-does-the-bible-say-about quarantine/. [Was sagt die Bibel über Quarantäne?]

_ 182 Conti, A. A., » Quarantine Through History,« *International Encyclopedia of Public Health* (2008): 454-462. [Quarantäne durch Geschichte]

_ 183 Richard Aspin, »The Trouble with Madeira,« *History Today*, 14. Juli 2021, https://www.historytoday.com/miscellanies/trouble-madeira. [Das Problem mit Madeira]

_ 184 Caroline Fraser, *Prairie Fires: The American Dreams of Laura Ingalls Wilder* (New York: Picador, 2017), 49. [Präriefeuer: Die amerikanischen Träume der Laura Ingalls Wilder.]

_ 185 Robert E. Wright, Financial Exclusion: How Competition Can Fix a Broken System (Great Barrington: The American Institute for Economic Research, 2019), 103. [Finanzielle Ausgrenzung: Wie Wettbewerb ein kaputtes System reparieren kann.]

_ 186 Jaclyn Lopez Witmer, »Holiday Stress: How to Cope During the Coronavirus Pandemic,« W Therapy, 16. November 2020, https://withtherapy.com/therapist-insights/holiday-stress-how-to-cope-during-the-coronavirus-pandemic. [Urlaubsstress: Wie man mit der Coronavirus-Pandemie zurechtkommt.]

_ 187 Tara Parker-Pope, »How Do I Make Thanksgiving Grocery Shopping Safer?,« *The New York Times*, 19. November 2020, https://www.nytimes.com/2020/11/19/well/live/thanksgiving-grocery-shopping-supermarket-safety.html. [Wie mache ich den Lebensmitteleinkauf zu Thanksgiving sicherer?]

_ 188 Shanna Ali, »When Holiday and Pandemic Stress Collide,« *Psychology Today*, 19. November 2020, https://www.psychologytoday.com >modern-mentality. [Wenn Urlaubsstress und Pandemiestress zusammenprallen]

_ 189 Vicky Hallett, »Everything's different this year – why not holiday stress?,« National Geographic, 24. November 2020, https://www.nationalgeographic.com/family/article/everything-is-different-this-year-so-why-not-holiday-stress-coronavirus. [Alle ist anders dieses Jahr – also warum nicht auch der Urlaubsstress?]

_ 190 The Brownstone Intitute, »Lockdowns Fail: They Do Not Control the Virus,« 15. Juli 2021, https://brownstone.org/articles/lockdowns-fail-they-do-not-control-the-virus/. [Lockdowns haben keinen Erfolg – sie halten das Virus nicht in Schach.]

_ 191 Vinay Prasad, At a Time When the US Needed COVID-19 Dialogue Between Scientists, Francis Collins Moved to Shut it Down,« *STAT*, 23. Dezember 2021, https://www.statnews.com/2021/12/23/at-a-time-when-the-u-s-needed-covid-19-dialogue-between-scientists-francis-collins-moved-to-shut-it-down/. [Zu einer Zeit, als die USA einen COVID-19-Dialog brauchten, veranlasste Francis Collins, ihn abzustellen.]

_ 192 Burki, T., 2020. *Herd immunity for COVID-19*. Verfügbar auf: <https://doi.org/10.1016/S2213-2600(20)30555-5> [Herdenimmunität für COVID-19.]

_ 193 Ebda.

_ 194 Vinay Prasad, »At a Time When the US Needed COVID-19 Dialogue Between Scientists, Francis Collins Moved to Shut it Down,« *STAT*, 23. Dezember 2021, https://www.statnews.com/2021/12/23/at-a-time-when-the-u-s-needed-covid-19-dialogue-between-scientists-francis-collins-moved-to-shut-it-down/.

_ 195 Toby Young, »Why Can't We Talk About the Great Barrington Declaration?,« *The Spectator*, 17. Oktober, 2020, https://www.spectator.co.uk/article/why-cant-we-talk-about-the-great-barrington-declaration. [Warum können wir nicht über die Great-Barrington-Erklärung reden?]

_ 196 Gorman, James, Michael Levenson und Taa Parker Pope, »What We Know About Your Chances of Catching the Virus Outdoors,« *The New York Times*, 15. Mai 2020, https://www.nytimes.com/2020/05/15/us/coronavirus-what-to-do-outside.html. [Was wir über Ihre Chancen wissen, sich im Freien mit dem Virus anzustecken.]

_ 197 Ville Vuorinen, Mia Aarnio, Mikko Alava, Ville Alopaeus, Nina Atanasova, Mikko Auvinen, Nallannan Balasubramanian, Hadi Bordbar, Panu Erästö, Rafael Grande, Nick Hayward, Antti Hellsten, Simo Hostikka, Jyrki Hokkanen, Ossi Kaario, Aku Karvinen, Ilkka Kivistö, Marko Korhonen, Risto Kosonen, Janne Kuusela, Sami Lestinen, Erkki Laurila, Heikki J. Nieminen, Petteri Peltonen, Juho Pokki, Antti Puisto, Peter Råback, Henri Salmenjoki, Tarja Sironen, Monika Österberg, »Modelling areosol transport and virus exposure with numerical simulations in relation to SARS-CoV-2 transmission by inhalation indoors,« *Safety Science*, Band 130, 2020, 104866, ISSN 0925-7535, https://doi.org/10.1016/j.ssci.2020.104866. (https://www.sciencedirect.com/science/article/pii/S0925753520302630). [»Den Areosol-Transport und die Exposition gegenüber dem Virus mit numerischen Simulationen in Relation zur SARS-CoV-2-Übertragung durch Inhalation in geschlossenen Räumen modellieren.«]

_ 198 COVID-19 Response Reporting – COVID-19 Interactive Dashboard – »COVID-19 Deaths,« https://www.mass.gov/info-details/covid-19-response-reporting#covid-19-interactive-data-dashboard- [COVID-19-Reaktions-Berichterstattung – COVID-19 Interaktives Dashboard – »COVID-19-Todesfälle«]

_ 199 Kenneth Chang, »How Coronavirus Infected Some, but Not All, in a Restaurant,« *The New York Times*, 20. April 2020, https://www.nytimes.com/2020/04/20/health/airflow-coronavirus-restaurants.html. [Wie das Coronavirus einige, aber nicht alle in einem Restaurant ansteckte.]

_ 200 Lu J., Gu J., Li K., Xu C., Su W., Lai Z., et al. »COVID-19 Outbreak Associated with Air Conditioning in Restaurant, Guangzhou, China, 2020.« Emerging Infectious Diseases 2020, 26 (7): 1628-31, https://doi.org/10.3201/eid2607.200764. [COVID-19-Ausbruch mit Klimaanlage in Restaurant in Guangzhou, China, in Verbindung gebracht.]

_ 201 Kenneth Chang, »How Coronavirus Infected Some, but Not All, in a Restaurant,« *The New York Times*, 20. April 2020, https://www.nytimes.com/2020/04/20/health/airflow-coronavirus-restaurants.html. [Wie das Coronavirus einige, aber nicht alle in einem Restaurant ansteckte.]

_ 202 G. P. Guy, Jr. F. C. Lee, G. Sunshine, et al. »Association of State-Issued Mask Mandates and Allowing On-Premises Restaurant Dining with County-Level COVIC-19 Case and Death Growth Rates – United States, March 1-December 31, 2020.« *Morbidity and Mortality Weekly Report*, 12. März 2021, 70(10): 350-54, https://dx.doi.org/10.15585/mmwr.mm7010e3. [Verbindung von staatlich erteilten Maskenverfügungen und Restaurantbesuchen an Ort und Stelle mit Wachstumsraten bei COVID-19-Fällen und Todesfällen – Vereinigte Staaten, 1. März bis 31. Dezember 2020]

_ 203 Roni Carin Rabin, »The Virus Spread Where Restaurants Reopened or Mask Mandates Were Absent,« *The New York Times*, 5. März 2021, https://www.nytimes.com/2021/03/05/health/coronavirus-restaurant-dining-masks.html. [Virusausbreitung, wo Restaurants wieder eröffneten oder Maskenverfügungen fehlten.]

_ 204 Zachary J. Madewell, PhD; Yang Yang, PhD; Ira M. Longini Jr, PhD; et al., M. Elizabeth Halloran, MD, DSc; Natalie E. Dean, PhD, »Household Transmission of SARS-CoV-2 A Systematic Review and Meta-analysis,« *Journal of the American Medical Association*, 14. Dezember 2020, JAMA Netw Open. 2020; 3(12): e2031756, doi:10.1001/jamanetworkopen.2020.31756, https://jamanetwork.com/journals/jamanetworkopen/fullarticle/2774102 [Übertragung von SARS-CoV-2 im Haushalt. Eine systematische Überprüfung und Meta-Analyse]

_ 205 Rob Hackford, »New York State: Restaurants, Bars Accounted for 1.43% of COVID-19 Cases Over the Last 3 Months,« WGRZ.com, 11. Dezember 2020, https://www.wgrz.com/article/news/health/coronavirus/new-york-state-restaurants-bars-accounted-for-143-of-covid-19-cases-over-last-3-months/71-02e600f3-ae63-4f87-90e8-f80b6f6bd304. [Bundesstaat New York: Restaurants und Bars waren für 1,43% der COVID-19-Fälle in den letzten drei Monaten verantwortlich.]

_ 206 Dr. Naomi Wolf, Opinion: »Dr. Naomi Wolf and Academic Whistleblower Dr. Simon Goddek Discuss the One-Day Peer Review for COVID Test Research Paper and the Academic Persecution Faced by Scientists,« Daily Clout, 12. Januar 2021, https://dailyclout.io/opinion-dr-naomi-wolf-and-academic-whistleblower-dr-simon-goddek-discuss-the-one-day-peer-review-for-covid-test-research-paper-and-the-academic-persecution-faced-by-scientist/. [Dr. Naomi Wolf und der akademische Whistleblower Dr. Simon Goddek diskutieren den Ein-Tages-Peer-Review für das COVID-Test-Forschungspapier und die akademische Verfolgung, der sich Wissenschaftler ausgesetzt sehen.]

_ 207 Dr. Vatsal Thakkar, https://vatsalthakkar.com.

_ 208 Naomi Wolf, Kevin McKernan und Bobby Malhotra, Science Whistle-blowers Kevin McKernan & Bobby Malhotra Explain Why Covid PCR Tests Are ›Garbage‹«, The Platform.ie, 1. April 2021, https://theplatform.ie/whistle-blowers-kevin-mckernan-bobby-malhotra-explain-why-covid-pcr-tests-are-garbage/. [Wissenschafts-Whistleblower Kevin McKernan und Bobby Malhotra erklären, warum Covid-PCR-Tests ›Müll‹ sind«.]

_ 209 Corman-Drosten Review Report, »Eurosurveillance Response,« zuletzt aktualisiert am 28.12.2021, https://cormandrostenreview.com/eurosurveillance-response/. [Corman-Drosten Prüfbericht, »Erwiderung von Eurosurveillance«]

_ 210 Professor Jay Bhattacharya, »Prof. Jay Bhattacharya, Signatory of Gt. Barrington Declaration: Why 'Lockdown' Will Kill Millions,« YouTube/Daily Clout, 10. Februar 2021, https://www.youtube.com/watch?v=YZKncweeOvY&t=123s. [Prof. Jay Bhattacharya, Unterzeichner der Great-Barrington-Erklärung: Warum der ‚Lockdown' Millionen umbringen wird.]

_ 211 Dr. Patrick Phillips, »Dr. Naomi Wolf and Courageous ER Physician Dr. Patrick Phillips on 'Lockdown' Public Health Policies,« YouTube/Daily Clout, 12. Januar 2021, https://www.youtube.com/watch?v=hoeAo00KdLI&t=266s. [Dr. Naomi Wolf und der mutige Notaufnahme-Arzt Dr. Patrick Phillips über öffentliche »Lockdown«-Gesundheitsmaßnahmen, YouTube/Daily Clout, 12. Januar 2021, https://www.you-tube.com/watch?v=hoeAo00KdLI&t-=266s.

_ 212 »Gouverneur Announces Wedding Receptions and Catered Events Now Resume Statewide,« 15. März 2021, https://www.governor.ny.gov/NEWS/GOVERNOR-CUOMO-ANNOUNCES-WEDDING-RECEPTIONS-AND-CATERED-EVENTS-CAN-NOW-RESUME-STATE-WIDE. [Gouverneur kündigt an, dass Hochzeitsempfänge und Veranstaltungen mit Catering jetzt wieder aufgenommen werden können.]

_ 213 Bill & Melinda Gates Foundation, »CNN,« https://www.gatesfoundation.org/about/committed-grants?q=CNN#committed_grants [Bill & Melinda-Gates-Stiftung, »CNN«]

_ 214 Chris Pandolfo, »Exclusive: The Federal Government Paid Hundreds of Media Companies to Advertise the COVID-19 Vaccines While Those Same Outlets Provided Positive Coverage of the Vaccines,« The Blaze.com March 3 2022, https://www.theblaze.com/news/review-the-federal-government-paid-media-companies-to-advertise-for-the-vaccines. [»Exklusiv: Die US-Bundesregierung bezahlte Hunderte von Medienkampagnen, um für die COVID-19-Impfstoffe zu werben, während dieselben Medien eine positive Berichterstattung über die Impfstoffe verfolgten.«]

_ 215 Ebd.

_ 216 John Frank, »Colorado is Paying Social Media Influencers to Tout COVID-19 Vaccines«, AXIOS.com, July 23, 2021, https://www.axios.com/local/denver/2021/07/23/colorado-paying-social-media-influencers-covid-vaccine. [»Colorado bezahlt Social Media-Influencer dafür, Werbung für COVID-19-Impfstoffe zu machen.«]

_ 217 Staff and agencies, »Pfizer, Unions, Others Donated $ 61.8 Million for Biden's Inaugural,« US News & World Report, 21. April 2021, https://www.usnews.com/news.com/news/top-news/articles/2021-04-21/pfizer-unions-others-donated-618-million-for-bidens-inaugural. [»Pfizer, Gewerkschaften und andere spendeten $ 61,8 Millionen Dollar für Bidens Amtseinführung.«]

_ 218 Ahmed Sule, »The ›COVID-industrial complex‹ – a web of Big Pharma, Big Tech, and politicians – are profiting off the pandemic at the expense of the public,« *Business Insider*, 28. März 2021, https://www.businessinsider.com/case-against-covid-industrial-complex-pandemic-pharma-politicians-tech-profiting-2021-3. [»Der ‚COVID-Industriekomplex' – ein Netzwerk aus Pharmariesen, großen Technologieunternehmen und Politikern – profitiert von der Pandemie auf Kosten der Öffentlichkeit.«]

_ 219 Staff and agencies, »YouTube blocks all anti-vaccine content,« *Reuters*, 29. September 2021, https://www.reuters.com/technology/youtube-blocks-all-anti-vaccine-content-2021-09-29/. [»YouTube blockiert sämtliche Anti-Impfstoff-Inhalte.«]

_ 220 Moderna – mRNA Technology – Our mRNA Platform – »mRNA Platform: Enabling Drug Discovery & Development,« https://www.modernatx.com/mrna-technology/mrna-platform-enabling-drug-discovery-development. [Moderna – mRNA-Technologie – unsere mRNA-Plattform – »mRNA-Plattform: die Wirkstoffentdeckung und -entwicklung ermöglichen.«]

_ 221 Scioli Montoto Sebastián, Muraca Giuliana, and Ruiz María Esperanza, »Solid Lipid Nanoparticles for Drug Delivery: Pharmocological and Biopharmaceutical Aspects,« *Frontiers in Molecular Biosciences 7* (2020), https://www.frontiersin.org/article/10.3389/fmolb.2020. [»Feste Lipid-Nanopartikel für die Arzneimittelabgabe: pharmakologische und biopharmakologische Aspekte«]

_ 222 Stephen Buranyi, »The MRNA Vaccine Revolution is Just Beginning,« 6. März 2021, Wired, https://www.wired.com/article/mrna-vaccine-revolution-katalin-kariko. [»Die mRNA-Impfrevolution fängt gerade erst an.«]

_ 223 »Open letter from Doctors and Scientists to the European Medicines Agency regarding COVID-19 vaccine safety concerns,« WhatDoTheyKnow.com, 17. März 2021, https://www.whatdo-theyknow.com/en/request/open_letter_from_doctors_and_sci?unfold=1. [»Offener Brief von Ärzten und Wissenschaftlern an die Europäische Arzneimittel-Agentur zu Sicherheitsbedenken in Bezug auf die COVID-19-Impfung.«]

_ 224 Mark Walker and Jack Healy, »A Motorcycle Rallye in a Pandemic? 'We Kind of Knew What Was Going to Happen'« The New York Times, 7. November 2020, https://www.nytimes.com/2020/11/06/us/sturgis-coronavirus-cases.html. [»Eine Motorradrallye in einer Pandemie? ‚Wir wussten irgendwie, was passieren würde.'«]

_ 225 Paul E. Alexander, »The Dangers of Masks,« *American Institute for Economic Research*, 9. April 2021, https://www.aier.org/article/the-dangers-of-masks/. [»Die Gefahr von Masken«]

_ 226 34 CFR 300.114, https://www.govregs.com/regulations/title34_chapterIII_part300_subpartB_subjgrp40_section300.114FR 300.114 - LRE requirements. (govregs.com).

_ 227 Chris Frith, »Role of Facial Expressions in Social Interactions,« Phil. Trans. R. Soc. B364(2009): 3453-58 http://doi.org/10.1098/rstb.2009.0142. [»Die Rolle des Gesichtsausdrucks bei sozialen Interaktionen«]

_ 228 Natalie Glover,»Children born during pandemic have lower IQs, US study finds,« *The Guardian*, 12. August 2021, https://www.theguardian.com/world/2021/aug/12/children-born-during-pandemic-have-lower-iqs-us-study-finds. [»Während der Pandemie geborene Kinder haben niedrigere IQs, stellt US-Studie fest.«]

_ 229 Sean C. L. Deoni, Jennifer Beauchemin, Alexandra Volpe, Viren D'Sa and the Resonance Consortium, »The COVID-19 Pandemic and Child Cognitive Development: Initial Findings in a Longitudinal Observational Study of Child Health,« 11. August 2021, *medRxiv* 2021.08.10.21261846 (preprint), https://doi.org/10.1101.2021.08.10.21261846. [»Die COVID-19-Pandemie und die kognitive Entwicklung des Kindes: Erste Ergebnisse in einer longitudinalen Beobachtungsstudie zur Kindergesundheit«]

_ 230 Rae Hodge, »Zoom privacy risks: The video chat app could be sharing more information than you think,« *CNET News*, 14. Januar 2022, https://www.cnet.com/news/privacy/zoom-privacy-risks-the-video-chat-app-could-be-sharing-more-information-than-you-think/. [»Zoom-Datenschutzrisiken: Die Video-Chat-App könnte mehr Informationen teilen, als Sie glauben.«]

_ 231 Steven Waterhouse Interview by Dr. Naomi Wolf, 10. Januar 2021, https://www.youtube.com/watch?v=hEmbgpvik0k. [Interview mit Steven Waterhouse von Dr. Naomi Wolf, 10. Januar 2021]

_ 232 Eric Spitznagel, »How a business conference turned into the world's most exclusive party,« *New York Post*, 29. Januar 2022, https://nypost.com/2022/01/29/how-the-world-economic-forum-became-the-most-exclusive-party-ever/. [»Wie ein Wirtschaftskongress zur exklusivsten Partei der Welt wurde.«]

_ 233 Klaus Schwab, »Strengthening Collaboration in a Fractured World,« 2017 Malcolm H. Wiener Lecture on International Political Economy, Harvard Kennedy School, 2017, https://iop.harvard.edu/forum/strengthening-collaboration-fractured-world-featuring-special-guest-yo-yo-ma. [»Die Zusammenarbeit in einer zerrissenen Welt stärken«]

_ 234 Young Global Leaders, »Jacinta Adern,« https:/www.younggloballeaders.org/community?utf8=Åq=Jacinda&.

_ 235 »Annual Report.« *Amazon.com, Inc.*, (2013->2021), https://ir.aboutamazon.com/sec-filings/default.aspx. [Geschäftsbericht]

_ 236 Matthwe Johnston, »Biggest Companies in the World by Market Cap,« *Investopedia*, 4. März 2022, https://www.investopadia.com/biggest-companies-in-the-world-by-market-cap-5212784. [»Die größten Unternehmen in der Welt nach ihrer Marktkapitalisierung«]

_ 237 Samantha Subin, »Etsy Jumps After Earnings Show Continued Sales Growth, Even After Pandemic-Era Mask Boom,« CNBC.com, 4. November 2021, https://www.cnbc.com/2021/11/04/etsy-stock-up-on-q3-2021-earnings-beat.html. [»Etsy macht einen Sprung, nachdem die Gewinne selbst nach dem Maskenboom der Pandemiezeit ein starkes Umsatzwachstum zeigen.«]

_ 238 »Annual Report.« *Etsy, Inc.*, (2013->2020), https://investors.etsy.com/financials/sec-filings/default.aspx. [»Geschäftsbericht« Etsy, Inc. 2013->2020]

_ 239 Thomas Alsop, »Nintendo's Net Sales from Fiscal 2008 to 2021,« *Statista*, 8. Februar 2022, https://www.statista.com/statistics/216622/net-sales-of-nintendo-since-2008/. [Nintendos Nettoumsätze vom Geschäftsjahr 2008 bis 2021]

_ 240 »Annual Report 2010.« *Nintendo Co. Ltd.*, 2010, https://www.nintendo.co.jp/ir/pdf2010/annual1003e.pdf; »Annual Report 2011.« *Nintendo Co. Ltd.*, 2010, https://www.nintendo.co.jp/ir/pdf2011/annual1003e.pdf; »Annual Report 2012.« *Nintendo Co. Ltd.*, 2010, https://www.nintendo.co.jp/ir/pdf2012/annual1003e.pdf; »Annual Report 2013.« *Nintendo Co. Ltd.*, 2010, https://www.nintendo.co.jp/ir/pdf2013/annual1003e.pdf; »Annual Report 2014.« *Nintendo Co. Ltd.*, 2010, https://www.nintendo.co.jp/ir/pdf2014/annual1003e.pdf; »Annual Report 2015.« *Nintendo Co. Ltd.*, 2010, https://www.nintendo.co.jp/ir/pdf2015/annual1003e.pdf; »Annual Report 2016.« *Nintendo Co. Ltd.*, 2010, https://www.nintendo.co.jp/ir/pdf2016/annual1003e.pdf; »Annual Report 2017.« *Nintendo Co. Ltd.*, 2010, https://www.nintendo.co.jp/ir/pdf2017/annual1003e.pdf; »Annual Report 2018.« *Nintendo Co. Ltd.*, 2010, https://www.nintendo.co.jp/ir/pdf2018/annual1003e.pdf; »Annual Report 2019.« *Nintendo Co. Ltd.*, 2010, https://www.nintendo.co.jp/ir/pdf2019/annual1003e.pdf; »Annual Report 2020.« *Nintendo Co. Ltd.*, 2010, https://www.nintendo.co.jp/ir/pdf2020/annual1003e.pdf;
»Annual Report 2021.« *Nintendo Co. Ltd.*, 2010, https://www.nintendo.co.jp/ir/pdf2021/annual1003e.pdf; [Geschäftsberichte 2013-2021]

_ 241 »Quarterly Report.« *Apple Inc.*, (2019->2022), https://investor.apple.com/sec-filings/default.aspx; »Annual Report.« *Apple Inc.*, (2019->2021), https://investor.apple.com/sec-filings/default.aspx »Quartalsbericht« Apple Inc. 2019-2022, Geschäftsbericht Apple Inc. 2019-2021]

_ 242 Nicholas Vega, »Microsoft's market cap grew more than $ 800 billion in 2021 – here's how it compares to the most valuable companies in the world,« CNBC.com, 27. Dezember 2021, https://www.cnbc.com/2021/12/27/how-much-the-biggest-companies-grew-in-2021.html#: []

_ 243 »Microsoft Education Webinar Series,« Microsoft, https://info.microsoft.com/AU-WWEDU-CATALOG-FY19-06Jun-03-MicrosoftEducationWebinarSeries-SR-DEM2463_CatalogDisplay-Page.html. []

_ 244 »Annual Filings.« *Microsoft Corporation*, (2013->2021), https://investor.apple.com/sec-filings/default.aspx []

_ 245 Project Baseline – COVID-19 Testing FAQs – »Why am I asked to create an account?« https://www.projectbaseline.com/studies/covid-19/. [»Warum werde ich gebeten, ein Konto zu erstellen?«]

_ 246 »Google, Inc. Form 10-K for Fiscal Year Ended December 31, 2013.« *EDGAR*. Securities and Exchange Commission, 2014, https://www.sec.gov/Archives/edgar/data/1288776/000128877614000020/goog2013123110-k.htm;
»Google, Inc. Form 10-K for Fiscal Year Ended December 31, 2014.« *EDGAR*. Securities and Exchange Commission, 2015, https://www.sec.gov/Archives/edgar/data/1288776/000128877614000020/goog2014123110-k.htm;
»Google, Inc. Form 10-K for Fiscal Year Ended December 31, 2015.« *EDGAR*. Securities and Exchange Commission, 2016, https://www.sec.gov/Archives/edgar/data/1288776/000165204416000012/goog10-k2015.htm; Alphabet, Inc. Form 10-K for Fiscal Year Ended December 31, 2016.« *EDGAR*. Securities and Exchange Commission, 2017, https://www.sec.gov/Archives/edgar/data/1652044/000165204417000008/goog10-kq4216.htm; Alphabet, Inc. Form 10-K for Fiscal Year Ended December 31, 2017.« *EDGAR*. Securities and Exchange Commission, 2018, https: www.sec.gov/Archives/edgar/data/1652044/000165204419000004/goog10-kq42018.htm; ; Alphabet, Inc. Form 10-K for Fiscal Year Ended December 31, 2018.« *EDGAR*. Securities and Exchange Commission, 2019, https://www.sec.gov/Archives/edgar/data/1652044/00016520441900000004/goog10-kq42018.htm; Alphabet, Inc. Form 10-K for Fiscal Year Ended December 31, 2019.« *EDGAR*. Securities and Exchange Commission, 2020, https://www.sec.gov/Archives/edgar/data/1652044/00016520442000008/goog10-k2019.htm; ; Alphabet, Inc. Form 10-K for Fiscal Year Ended December 31, 2021.« *EDGAR*. Securities and Exchange Commission, 2022, https://www.sec.gov/Archives/edgar/data/0001652044/000165204422000019/goog-20211231.htm. [Formblatt 10-K für das Haushaltsjahr endete am 31. Dezember 2015ff.]

_ 247 Tony Wan, »Coursera's Filing Shows Growing Revenue and Loss During a Pandemic,« EdSurge.com, 5. März 2021, https://www.edsurge.com/news/2021-03-05-coursera-s-ipo-filing-shows-growing-revenue-and-loss-during-a-pandemic. [»Courseras Steuererklärung zeigt Umsatzwachstum und Verlust während einer Pandemie.«]

_ 248 Susan Adams, »Online Education Provider Coursera Is Worth $ 7 Billion After Going Public,« 1. April 2021, *Forbes.com*, https://www.forbes.com/sites/susanadams/2021/04/01/online-education-provider-coursera-is-worth-7-billion-after-going-public/?sh=32ff50dd15ec. [»Online-Bildungsanbieter Coursera ist nach dem Börsengang $ 7 Milliarden wert.«]

_ 249 Riley de Leon, »Coursera closes up 36%, topping $ 5.9 billion market cap in Wall Street debut,« *CNBC*, 31. März 2021, https://www.cnbc.com/2021/03/31/coursera-ipo-cour-begins-trading-on-the-nyse.html. [»Coursera schließt bei 36% ab und übersteigt 5,9 Milliarden Börsenwert bei seinem Debut in der Wall Street.«]

_ 250 Susan Adams, »Online Education Provider Coursera Is Worth $ 7 Billion After Going Public,« 1. April 2021, Forbes.com, https://www.forbes.com/sites/susanadams/2021/04/01/online-eduation-provider-coursera-is-worth-7-billion-after-going-public/?sh=32ff50dd15ec. [»Online-Bildungsanbieter Coursera ist nach dem Börsengang $ 7 Milliarden wert.«]

_ 251 Dhawal Shah, »Analyzing Coursera's IPO Filing, $ 293.5 million revenue. $ 281 million paid to partners, 12k Degree Students, »The Report« by ClassCentral.com, 9. März 2021, https://www.classcentral.com/report/coursera-s1-analysis/. [»Die Analyse von Courseras Börseneinführung: $ 293,5 Millionen Umsatz. $ 281 Millionen an Partner gezahlt, 12k Vollzeitstudierende«]

_ 252 Nicholas Vega, »Microsoft's Market Cap Grew More than $800 Billion in 2021 – Here's How It Compares to the Most Valuable Companies in the World,« 27. Dezember 2021, https://www.cnbc.com/2021/12/27/how-much-the-biggest-companies-grew-in-2021.html. [»Microsofts Börsenwert wuchs 2021 um mehr als $ 800 Milliarden – der Vergleich mit den wertvollsten Unternehmen auf der Welt sieht so aus.«]

_ 253 »Ben Shapiro SLAMS MSM's Denial of Deplatforming Conservatives,« YouTube/Glenn Beck, 18. Februar 2021, https://www.youtube.com/watch?v=2H8-6E9SBLc. [»Ben Shapiro, SLAMS MSM's Leugnung, dass Konservative von Plattformen ausgeschlossen werden.«]

_ 254 Martin Kulldorff, Twitter, 4. Oktober 2021, https://twitter.com/martinkulldorff/status/1445190760635289604.

_ 255 Tim Schwab, »Journalism's Gates keepers,« Columbia Journalism Review, 21. August 2020, https://www.cjr.org/criticism/gates-foundation-journalism-funding.php. [»Gates' Journalismus-Türhüter«]

_ 256 Dorn, Sara and Mary Kay Linge, »Schumer got $50K in donations from Facebook – and his daughter got a job,« *New York Post*, 17. November 2018, https://nypost.com/2018/11/17/schumer-got-50k-in-donations-and-a-job-for-his-daughter-from-facebook/. [»Schumer erhielt $ 50.000 an Spenden von Facebook – und seine Tocher bekam einen Job.«]

_ 257 Isabel Kershner, »As Israel Reopens, 'Whoever Does Not Get Vaccinated Will Be Left Behind',« *The New York Times*, 18. Februar 2021, https://www.nytimes.com/2021/02/18/world/middleeast-israel-covid-vaccine-reopen.html. [»Während Israel wieder öffnet: ‚Wer immer sich nicht impfen lässt, wird abgehängt werden'«.]

* Pro-Choice (engl. Für »Wahlmöglichkeit«) ist der Name einer US-amerikanischen sozialen Bewegung, die sich für die reproduktiven Selbstbestimmungsrechte der Frau einsetzt.

_ 258 Sam Shead, »Microsoft, Salesforce and Oracle Back Plan to Develop a Digital COVID Vaccination Passport,« CNBC.com, 14. Januar 2021, https://www.cnbc.com/2021/01/14/microsoft-salesforce-and-oracle-working-on-covid-vaccination-passport.html. [»Microsoft, Salesforce and Oracle unterstützen Plan zur Entwicklung eines digitalen COVID-Impfpasses.«]

_ 259 Atlantic Council – »Central Bank Digital Currency Tracker,« https://www.atlanticcouncil.org/cbdctracker/. [»Digitaler Währungstracker der Zentralbank«]

_ 260 New York State, »Governor Cuomo Announces Launch of Excelsior Pass to Help Fast-Track Reopening of Businesses and Entertainment Venues Statewide,« 26. März 2021, https://www.governor.ny.gov/news/governor-cuomo-announces-launch-excelsior-pass-help-fast-track-reopening-busineses-and., State of California, »Digital COVID-19 Vaccine Record,« https://myvaccinere-cord.cdph.ca.gov/ [»Gouverneur Cuomo kündigt die Einführung des Excelsior-Passes an, um die Wiedereröffnung von Unternehmen und Unterhaltungsangeboten landesweit zu beschleunigen.«]

_ 261 European Union, »Coronavirus: Commission proposes a Digital Green Certificate,« 17. März 2021, https://ec.europa/comission/presscorner/detail/en/ip_21_1181. [»Coronavirus: Die EU-Kommission schlägt ein digitales COVID-Zertifikat vor.«]

_ 262 Allison Fox, »France to Require Proof of Vaccination for Restaurants, Cafés, Trains, and more Public Places,« *Travel + Leisure*, 18. Januar 2022, https://www.travelandleisure.com/travel-news/france-vaccine-requirements-for-restaurants. [»Frankreich fordert Impfnachweis für Restaurants, Cafés, Züge und weitere öffentliche Orte.«]

_ 263 Patrick Kingsley, »In Israel, people over 60 and medical workers will receive fourth vaccines doses.,« The New Times, 21. Dezember 2021, https://www.nytimes.com/2021/12/22/world/middleeast/vaccine-booster-israel-covid.html. [»In Israel werden Menschen über 60 und medizinische Mitarbeiter vierte Impfdosen erhalten.«]

_ 264 Brendan Cole, »Candace Owens Says She Was Refused COVID Test Because of Her Anti-Vaccination Stance,« *Newsweek*, 2. September 2021, https://www.newsweek.com/candace-owens-colorado-vaccination-covid-refused-test-aspen-1625289. [»Candace Owens sagt, ihr wurde wegen ihrer ablehnenden Haltung gegenüber der Impfung ein COVID-Test verweigert.«]

_ 265 Mark Wilson, »Designing for uncertainty: How IBM created a vaccine passport,« *FastCompany*, 13. April 2021, https://www.fastcompany.com/90624276/designing-for-uncertainty-how-ibm-created-a-vaccine-passport. [»Für Unsicherheit designen: Wie IBM einen Impfpass erstellte.«]

_ 266 Linda Geddes, »Covid tests: how can people be positive on lateral flow and negative on PCRs?« The Guardian, 16. Februar 2022, https://www.theguardian.com/world/2022/feb/16/covid-tests-how-can-people-be-positive-on-lateral-flow-and-negative-on-pcrs. [»Wie können Menschen positiv in Bezug auf Lateral-Flow-Tests und so negativ in Bezug auf PCR-Tests sein?«]

_ 267 Rappeport, Alan, Michael D. Shear und Glenn Thrush, »The Biden administration issues a new eviction moratorium as the virus surges,« *The New York Times*, 3. August 2021 [»Die Biden-Administration verhängt ein neues Moratorium für Zwangsräumungen.«]

_ 268 NOLO, »The US Supreme Court Has Ended the CDC's Eviction Ban,« 26. August 2021, https://www.nolo.com/legal-updates/the-u-s-supreme-court-has-ended-the-cdc-s-eviction-ban.html. [»Der oberste Gerichtshof der USA hat das Zwangsräumungsverbot der CDC gekippt.«]

_ 269 Drew Desilver, »As national eviction ban expires, a look at who rents and who owns in the US,« Pew Research Center, 2. August 2021, https://www.pewresearch.org/fact-tank/2021/08/02/as-national-eviction-ban-expires-a-look-at-who-rents-and-who-owns-in-the-u-s/. [»Jetzt, wo das Verbot von Zwangsräumungen ausläuft, ein Blick darauf, wer in den USA zur Miete wohnt und wer Eigentum besitzt.«]

_ 270 Greg David, »NYC's Small Landlords of Color Among Those Battling for Survival Amid Rent Moratorium,« TheCity.nyc, 7. Februar 2021, https://www.thecity.nyc/2021/2/7/22271280/nyc-small-landlords-tenants-rent-moratorium-black-hispanic. [»New Yorks farbige Kleinvermieter unter denen, die inmitten des Miet-Moratoriums ums Überleben kämpfen.«]

_ 271 Rachel King, »More Than 110,000 Eating and Drinking Establishments Closed in 2020,« Forbes.com, 26. Januar 2021, https://fortune.com/2021/01/26/restaurants-bars-closed-2020-jobs-lost-how-many-have-closed-us-covid-pandemic-stimulus-unemployment./ [»Mehr als 110.000 Gaststätten und Bars 2020 geschlossen«]

_ 272 Elena Botella, »Investment Firms Aren't Buying all the Houses. But They Are Buying the Most Important Ones.« 19. Juni 2021, Slate.com https://slate.com/business/2021/06/blackrock-invitation-houses-investment-firms-real-estate.html. [»Investmentfirmen kaufen nicht alle Häuser. Aber sie kaufen die wichtigsten.«]

_ 273 Gibbs, Margot, Peter Whoriskey and Spencer Woodman, »This Block Used To Be For First-Time Homebuyers. Then Global Investors Bought In,« *The Washington Post*, 15. Dezember 2021, https://www.washingtonpost.com/business/interactive/2021/investors-rental-foreclosure/. [»Dieser Häuserblock war früher für Erstkäufer. Dann kauften sich globale Investoren ein.«]

_ 274 Aly J. Yale, »Why Investors Are Scooping Up So Much Real Estate – and How Regular Homebuyers Can Compete,« Nasdaq, 3. Februar 2022, https://wwww.nasdaq.com/articles/why-investors-are-scooping-up-so-much-real-estate-and-how-regular-homebuyers-can-compete. [»Warum Investoren so viele Immobilien sammeln – und wie normale Hauskäufer mit ihnen konkurrieren können.«]

_ 275 Konrad Putzier, »That Suburban Home Buyer Could Be a Foreign Government,« *The Wall Street Journal*, 13. April 2021, https://www.wsj.com/articles/that-suburban-home-buyer-could-be-a-foreign-government-11618306380. [»Der Käufer eines Vorstadthauses könnte eine ausländische Regierung sein.«]

_ 276 Anna Bahney, »CDC extends eviction moratorium until June 30,« *CNN*, 29. März 2021, https://www.cnn.com/2021/03/29/success/cdc-eviction-order-extended/index.html. [CDC verlängert das Moratorium auf Zwangsräumungen bis zum 30. Juni.]

_ 277 Greg David, »NYC's Small Landlords of Color Among Those Battling for Survival Amid Rent Moratorium,« TheCity.nyc, 7. Februar 2021, https://www.thecity.nyc/2021/2/7/22271280/nyc-small-landlords-tenants-rent-moratorium-black-hispanic. [New Yorks farbige Kleinvermieter unter denen, die inmitten des Miet-Moratoriums ums Überleben kämpfen]

_ 278 Emma Simpson, »Almost 50 Shops a Day Disappear from High Streets,« 5. September 2021, BBC.com, https://www.bbc.com/news/business-58422461. [»Nahezu 50 Läden verschwinden pro Tag aus den High Streets.«]

_ 279 Jasper Jolly, »More than 8,700 chain stores have closed in 2021, analysis shows,« *The Guardian*, 5. September 2021, https://www.theguardian.com/business/2021/sep/05/more-than-8700-chain-stores-close-in-2021-analysis-shows. [»Mehr als 8700 Filialen wurden 2021 geschlossen, zeigt eine Analyse.«]

_ 280 »Biden to the Unvaccinated: Our Patience is Wearing Thin,« CNN.com, https://www.cnn.com/videos/politics/2021/09/09/biden-message-unvaccinated-americans-patience-sot-lead-vpx.cnn. [»Biden zu den Ungeimpften: Wir verlieren langsam die Geduld.«]

_ 281 Kevin Liptak and Kaitlan Collins, »Biden Announces New Vaccine Mandates That Could Cover 100 Million Americans,« cnn.com, 9. September 2021, https://www.cnn.com/2021/09/09/politics/joe-biden-covid-speech/index.html. [»Biden kündigt neue Impfpflicht an, die 100 Millionen Amerikaner betreffen könnten.«]

_ 282 Center on Education Policy, »History and Evolution of Public Education in the US,« 2020, https://files.eric.ed.gov/fulltext/ED606970.pdf. [»Geschichte und Entwicklung der staatlichen Bildungswesens in den USA«]

_ 283 Ida Mojadad, »School Board Aims to Change Lowell's Culture, End Selective Admissions,« The San Francisco Examiner, 3. Februar 2021. https://www.sfexaminer.com/news/school-board-aims-to-take-on-lowells-culture-of-racism-end-selective-admissions/. [»Die Schulleitung verfolgt das Ziel, Lowells Kultur zu verändern, selektive Aufnahmeprüfungen zu beenden.«]

_ 284 Natalie Wexler, »Harvard Dropped its SAT Requirement, But Don't Expect More Diversity,« Forbes.com, 29. Dezember 2021, https://www.forbes.com/sites/nataliewexler/2021/12/29/harvard-has-dropped-its-sat-requirement-but-dont-expect-more-diversity/?sh=6d1d3778c26b. [»Harvard hat seine SAT-Anforderungen fallengelassen, aber erwarten Sie nicht mehr Diversität.«]

_ 285 Billy Camden, »GCSE and A-level 2021 exams cancelled,« *FE Week*, 4. Januar 2021, https://feweek.co.uk/gcse-and-a-level-2021-exams-cancelled/. [GSCE- und A-Level-Prüfungen abgeschafft]

_ 286 Sally Weale, »Schools in England May Suspend Certain Subjects to Cope with COVID,« *The Guardian*, 4. Januar 2022, https://www.theguardian.com/education/2022/jan04/schools-in-england-may-suspend-certain-subjects-to-cope-with-covid. [»Schulen in England könnten bestimmte Fächer aussetzen, um COVID zu bewältigen.«]

_ 287 Paul Joseph Watson, »Video Shows Kindergarten Students Forced to Sit Outside on Buckets in Freezing Weather,« Yournews.com, 9. Dezember 2021, https://yournews.com/2021/12/09/2263998/video-shows-kindergarten-students-forced-to-sit-outside-on-buckets/. [»Video zeigt Kindergartenkinder, die gezwungen werden, bei eisigem Wetter draußen auf Eimern zu sitzen.«]

_ 288 Carol Davis, »Spreading COVID-19 Misinformation Could Cost Nurses Their Job,« *HealthLeaders Media*, 23. November 2021, https://wwww.healthleadersmedia.com/nursing/spreading/covid-19-misinformation-could-cost-nurses-their-job. [»Die Verbreitung von Falschinformationen über COVID-19 könnte Krankenschwestern ihren Job kosten.«]

_ 289 Centers for Disease Control and Prevention, »Clinical Considerations: Myocarditis and Pericarditis after Receipt of mRNA COVID-19 Vaccines Among Adolescents and Young Adults,« Seite zuletzt am 9. November 2021 überprüft, https://www.cdc.gov/vaccines/covid-19/clinical-considerations/myocarditis.html. [»Klinische Überlegungen: Herzmuskel- und Herzbeutelentzündung nach Erhalt von mRNA-COVID-19-Impfstoffen bei Heranwachsenden und jungen Erwachsenen«]

_ 290 Justus R Hope MD, »Matt Le Tissier sounds the alarm on sudden soccer deaths,« *The Deseret Review*, 7. Februar 2022, https://www.thedesertreview.com/opinion/columnists/matt-le-tissier-sounds-the-alarm-on-sudden-soccer-deaths/article_9595fc68-883-a11ec-bec7-ed577bc660.html. [»Matt Le Tissier schlägt Alarm wegen plötzlicher Todesfälle unter Fußballern.«]

_ 291 John Woolfolk, »Teen boy dies a few days after receiving second COVID vaccine,« *The Mercury News*, 25. Juni 2021, https://www.mercurynews.com/2021/06/25/teen-boy-dies-a-few-days-after-receiving-second-covid-vaccine-shot/. [»Jugendlicher stirbt nur weniger Tage, nachdem er die zweite COVID-Impfung bekommen hat.«]

_ 292 »Teen Dies from Blood Clots After Second Jab,« Bangkok Post, 6. November 2021, https://www.bangkokpost.com/thailand/general/2210515/teen-dies-from-blood-clots-after-second-jab. [»Teenager stirbt an Blutgerinnsel nach zweiter Spritze.«]

_ 293 John Ley, »Seventeen-year-old-Washington female dies from Heart Attack weeks after Receiving Second Pfizer Vaccination,« Clark County Today, 15. November 2021, https://www.clarkcountytoday.com/news/seventeen-year-old-washington-female-dies-from-heart-attack-weeks-after-receiving-second-pfizer-vaccination/. [»Siebzehn Jahre altes Mädchen aus Washington stirbt an Herzanfall, nachdem es die zweite Pfizer-Impfung erhalten hat.«]

_ 294 Dave Bondy, »Teen Dies in His Sleep After Receiving Pfizer COVID Vaccine; CDC Investigating,« WEYI Staff, 3. Juli 2021, https://wset.com/news/nation-world/teen-dies-in-sleep-after-receiving-pfizer-covid-vaccine-cdc-investigating-michigan-saginaw-jacob-clynick-second-dose-vaers/ [»Teenager stirbt im Schlaf nach Erhalt der Pfizer-COVID-Impfung, die CDC untersucht.«]

_ 295 Addy Bink, »Teen Dies Days After Getting COVID-19-Vaccine, Officials Investigating,« ABC4.com, 6. Juli 2921, https://www.abc4.com/coronavirus/teens-death-days-after-getting-covid-19-vaccine-under-investigation. [»Teenager stirbt Tage nach Erhalt der COVID-19-Impfung, die Behörden untersuchen.«]

_ 296 Kalbana Perimbanayagam, »MOH probing case of teen who died 18 days after first vaccine dose,« New Straits Times, 21. Februar 2022, https://www.nst.com/my/news/nation/2022/02/773362/moh-probing-case-teen-who-died-18-days-after-first-vaccine-dose. [»MOH untersucht Fall eines Teenagers, der 18 Tage nach der ersten Impfdosis starb.«]

_ 297 Eileen Reslen, »Justin Bieber Speaks Out on Hailey Baldwin's »Really Scary« Medical Emergency, PageSix.com, 17. März 2022, https://pagesix.com/2022/03/17/justin-bieber-calls-hailey-baldwins-blood-clot-scary// [»Justin Bieber sagt seine Meinung zu Hailey Baldwins »wirklich beängstigendem« medizinischen Notfall.«]

_ 298 VAERS – VAERS Data – »Disclaimer,« https://vaers.hhs.gov/data.html. [»VAERS –Daten von VAERS– »Haftungsausschluss«]

_ 299 A. Edelman, E.R. Boniface, E. Benhar, L. Han, K.A. Matteson, C. Favaro, J.T. Pearson, B.G. Darney, »Association Between Menstrual Cycle Length and Coronavirus Disease 2019 (COVID-19) Vaccination: A US Cohort, Obstet Gynecol, 5. Januar 2022, doi: 10.1097/AOG.0000000000004695, online vor dem Druck, PMID: 34991109. [»Verbindung zwischen der Länge des Menstruationszyklus und der Coronavirus-Krankheit (COVID-19)-Impfung: Eine US-Kohortenstudie«]

_ 300 BBC News, »Call for Investigation of Menstrual Changes After COVID Jabs,« 16. September 2021, https://www.bbc.com/news/health-58573593. [»Forderungen nach einer Untersuchung von Menstrualstörungen nach COVID-Spritzen«]

_ 301 Carl Zimmer, »Israeli Data Suggest Possible Waning of Effectiveness of Pfizer Vaccine,« *The New York Times*, 23. Juli 2021, https://www.nytimes.com/2021/07/23/science/covid-vaccine-israel-pfizer.html. [»Israelische Daten deuten auf ein Nachlassen der Wirksamkeit des Pfizer-Impfstoffs hin.«]

_ 302 Marlene Lenthang, »Hundreds of hospital staffers fired or suspended for refusing COVID-19 vaccine mandate,« *ABC News*, 30. September 2021, https://abcnews.go.com/US/hundreds-hospital-staffers-fired-suspended-refusing-covid-19/story?id=80303408. [»Hunderte von Krankenhausmitarbeitern wegen ihrer Weigerung, sich zwangsweise eine COVID-19-Impfung geben zu lassen, entlassen oder suspendiert.«]

_ 303 Ed Yong, »It's a Terrible Idea to Deny Medical Care to Unvaccinated People,« *The Atlantic*, 20. Januar 2022, https://www.theatlantic.com/health/archive/2022/01/unvaccinated-medical-care-hospitals-omicron/621299/. [»Es ist eine schreckliche Idee, Ungeimpften medizinische Versorgung zu verweigern.«]

_ 304 Newsdesk, »Singapore to open to Vaccinated US and Canadian Travelers,« *Travel Agent Central*, 12. Oktober 2022, https://www.travelagentcentral.com/destinations/singapore-open-vaccinated-us-and-canadian-travelers. [»Singapur wird für geimpfte kanadische und US-Reisende wieder öffnen.«]

_ 305 Bruce Jaspen, »Coming Soon For The Unvaccinated: A $50 Monthly Paycheck Deduction From Your Employer,« *Forbes*, 8. August 2021, https://www.forbes.com/sites/brucejapsen/2021/08/08/coming-soon-for-the-unvaccinated-a-50-monthly-paycheck-deduction-from-your-employer/?sh=63336fb8147ae. [»Demnächst für die Ungeimpften: 550 Dollar Abzug vom monatlichen Gehaltscheck durch Ihren Arbeitgeber«]

_ 306 Nieberg, Patty, Thomas Peipert and Colleen Slevin, »Colorado Woman Who Won't Get Vaccinated Denied Transplant,« US News & World Report, 8. Oktober 2021, https://www.usnews.com/news/health-news/articles/2021-10-07/colorado-woman-who-wont-get-vaccinated-denied-transplant. [»Frau aus Colorado, die sich nicht impfen lässt, wird Transplantation verweigert.«]

_ 307 State of Oregon, »Governor Brown reinstates statewide masking mandate,« 11. August 2021, https://covidblog.oregon.gov/governor-brown-reinstates-statewide-masking-mandate/. [»Gouverneurin Brown setzt landesweite Maskenpflicht wieder ein.«]

_ 308 Centers for Disease Control and Prevention, »How to talk about COVID-19 vaccines with friends and family,« 27. April 2021, https://www.cdc.gov/coronavirus/2019/ncov/vaccines/talk-about-vaccines.html. [»Wie man über COVID-19-Impfungen mit Freunden und Familienmitgliedern spricht.«]

_ 309 Agencies and staff, »Howard Springs: Australia police arrest quarantine escapees,« *BBC News*, 1. Dezember 2021, https://www.bbc.com/news/world-australia-59486285. [»Howard Springs: Die australische Polizei verhaftet Quarantäneflüchtlinge.«]

_ 310 Agencies and staff, »Covid: Austria introduces lockdown for unvaccinated,« BBC News, 15. November 2021, https://www.bbc.com/news/world-australia-59486285. [»Covid: Österreich führt Lockdown für Ungeimpfte ein.«]

_ 311 Allie Malloy and Maegan Vasquez, »Biden Warns of Winter of »Severe Illness and Death« for Unvaccinated Due to Omicron,« CNN.com, 16. Dezember 2021, https://www.cnn.com/2021/12/16/politics/joe-biden-warning-winter/index.html. [»Biden warnt vor einem Winter mit »schwerer Erkrankung und Tod« für Ungeimpfte wegen Omikron.«]

_ 312 US FDA, Twitter post, 21. August 2021, 7:57 AM, https://twitter.com/us_fda/status/1429050070243192839?lang=en. [Twitter-Post vom 21. August 2021]

_ 313 Joseph Choi, »Pfizer chairman: We're not sure if someone can transmit virus after vaccination,« *The Hill*, 3. Dezember 2021, https://thehill.com/news-by-subject/healthcare/528619-pfizer-chair-ma-were-not-sure-if-someone-can transmit-virus-after. [»Pfizer-Vorsitzender: Wir sind nicht sicher, ob jemand das Virus nach der Impfung übertragen kann.«]

_ 314 Zimmer, Carl, Katherine J. Wu, Jonathan Corum and Matthew Kristoffersen, »Coronavirus Drug and Treatment Tracker,« *The New York Times*, 20. März 2022, https://www.nytimes.com/interactive/2020/science/coronavirus-drugs-treatments.html. [»Coronavirus-Medikamente und -Behandlungstracker«]

_ 315 »YouTube blocks all anti-vaccine content,« *Reuters*, 29. September 2021, https://www.reuters.com/technology/youtube-blocks-all-anti-vaccine-content-2021-09-29/ [»YouTube blockiert sämtliche Impfgegner-Inhalte.«]

_ 316 Jim Gamarone, »Service Members Must be Vaccinated or Face Consequences, DOD Official Says,« Defense.gov, 21. Dezember 2021, http://www.defense.gov/News/News-Stories/Article/Article/2881481/service-members-must-be-vaccinated-or-face-consequences-dod-official-says/. [»Militärangehörige müssen geimpft sein oder die Konsequenzen tragen.«]

_ 317 Vaccine Adverse Event Reporting System, https://vaers.hhs.gov. [Meldesystem für Zwischenfälle nach Impfungen]

_ 318 The View, »Joe Rogan Responds to Spotify Controversy,« The View, 31. Januar 2022, YouTube-Video, 6:26, https://www.youtube.com/watch?v=BUwh6q6-Og8. [The View, »Joe Rogan reagiert auf Spotify-Kontroverse.«]

_ 319 Anne Steele, »Spotify Takes Down Neil Young's Music After His Joe Rogan Ultimatum,« *The Wall Street Journal*, 6. Januar 2022, https://www.wsj.com/articles/neil-youngs-music-is-being-taken-down-by-spotify-after-ultimatum-over-joe-rogan-11643230104. [»Spotify entfernt die Musik von Neil Young nach seinem Ultimatum an Joe Rogan.«]

_ 320 Ben Sisario, »Joni Mitchell Plans to Follow Neil Young Off Spotify, Citing 'Lies,' The New York Times, 28. Januar 2022, https://www.nytimes.com/2022/01/28/arts/music/joni-mitchell-neil-young-spotify.html. [»Joni Mitchell Pläne, Neil Young abseits von Spotify zu folgen, indem sie ‚Lügen' anführt.«]

_ 321Robert Hart, »Parler Sues Amazon Again in Wake of Deplatforming,« Forbes.com, 3. März 2021, https://www.forbes.com/sites/roberthart/2021/03/03/parler-sues-amazon-again-in-wake-of-deplatforming/?sh=58e2c725166d. [»Parler verklagt Amazon erneut dafür, dass es aus der Plattform geworfen wurde.«]

_ 322 State of New York, »Vaccination and Mask Requirements for Child Care Programs,« 6. Dezember 2021, https://www.1.nyc.gov/assets/doh/downloads/pdf/covid/providers/covid-19-vaccination-mask-requirements-child-care.pdf. [»Impf- und Maskenpflicht für Kinderbetreuungsprogramme«]

_ 323 Charles M. Blow, »I am Furious at the Unvaccinated,« *The New York Times*, 8. Dezember 2021, https://www.nytimes.com/2021/12/08/opinion/unvaccinated-people-anti-vaxxers.html. [»Ich bin wütend auf die Ungeimpften.«]

_ 324 https://www.fda.gov/news-events/press-announcements/coronavirus-covid-19-update-fda-revokes-emergency-use-authorization-monoclonal-antibody-bamlanivimab

_ 325 Katherine Lewin, »Lawsuit to allow Ivermectin to be administered to Jacksonville man moves to 1st District Court,« *Florida Times-Union*, 14. Januar 2022, https://www.jacksonville.com/story/news/2022/01/14/mayo-clinic-lawsuit-to-allow-ivermectin-as-a-treatment-moves-out-of-duval/9120594002/. [»Gerichtsverfahren, um zu erlauben, dass Ivermectin einem Mann aus Jacksonville verabreicht wird, wird im Landgericht weiterverhandelt.«]

_ 326 National Library of Medicine (US). (2020, April -). Study to Describe the Safety, Tolerability, Immunogenicity, and Efficacy of RNA Vaccine Candidates Against COVID-19 in Healthy Individuals. Identifier NCT04368728. https://clinicaltrials.gov/ct2/show/NCT04368728?term=NC-T04368728&draw=2&rank=1 [Studie, um die Sicherheit, Verträglichkeit, Immunogenität und Effizienz von RNS-Impfkandidaten gegen COVID-19 bei gesunden Individuen zu beschreiben.]

_ 327 John Ley, »Pfizer COVID-19 vaccine delivers less long-term protection from hospitalization after four months,« Clark County Today, 21. September 2021, https://www.clarkcountytoday.com/news/pfizer-covid-19-vaccine-delivers-less-long-term-protection-from-hospitalization-after-four-months/. [»COVID-19 Impfstoff von Pfizer bietet nach vier Monaten weniger langfristigen Schutz vor Krankenhauseinweisung.«]

_ 328 Norwegian Institute of Public Health, »Menstrual changes following COVID-19 vaccination,« 21. Dezember 2021, https://www.fhi.no/en/news/2022/menstrual-changes-following-covid-19-vaccination/?fbclid=IwAR1cpKbtZV_HSkcQAk7AVCLePH_jBWqzssJl6fWIj-VOX-IF6F-nMwKwg6XTA. [»Menstrualstörungen nach COVID-19-Impfung«]

_ 329 »Roe v. Wade (1973).« Legal Information Institute. Cornell Law School. https://www.law.cornell.edu/wex/roe_v_wade_%281973%29. [Institut für Rechtsauskünfte. Cornell Law School]

_ 330 Kaia Hubbard, »The Pandemic Has Worsened the US Obesity Epidemic,« US News and World Report, 15. September 2021, The Pandemic Has Worsened America's Obesity Epidemic, Report Finds / Best States / US News. [»Die Pandemie hat die Fettsucht-Epidemie in den USA verschlimmert.«]

_ 331 Annalisa Merelli, »The WHO Has a Worrisome Reliance on the Bill & Melinda Gates Foundation,« 16. Dezember 2021, *Quartz*, https://qz.com/2102889/the-who-is-too-dependent-on-gates-foundation-donations/. [»Die beängstigende Abhängigkeit der WHO von der Bill & Melinda Gates-Stiftung«]

_ 332 Farah Stockman, »The War on Terror Was Corrupt from the Start,« The New York Times, 13. September 2021, https://www.nytimes.com/2021/09/13/opinion/afghanistan-war-economy.html. [»Der Krieg gegen den Terror war von Anfang an korrupt.«]

_ 333 Snejana Farberov, »Girl, 9, and five adults arrested at NYC museum for refusing to show COVID vaccine cards,« Daily Mail, 21. Januar 2022, https://www.dailymail.co.uk/news/article-10427451/Girl-9-five-adults-arrested-NYC-museum-refusing-COVID-vaccine-cards.html. [»Neunjähriges Mädchen und fünf Erwachsene in New Yorker Museum verhaftet, weil sie sich geweigert hatten, COVID-Impfausweise zu zeigen.«]

_ 334 »Anti-vaccine protesters rally in France, Germany, Austria, Italy,« *Aljazeera*, 9. Januar 2022, https://aljazeera.com/news/2022/1/9/more-than-100000-rally-in-france-against-covid-vaccine-rules. [»Impfgegner protestieren in Frankreich, Deutschland, Österreich und Italien.«]

_ 335 »UK PM Johnson drops COVID-19 restrictions,« Reuters, 19. Januar 2022, https://www.reuters.com/world/uk/uk-pm-johnson-drops-covid-19-restrictions-2022-01-19/. [»Britischer Premierminister Johnson hebt COVID-19-Beschränkungen auf.«]

_ 336 Reuters, »Denmark Eases Coronavirus Restrictions, As Cases Hit New Record,« reuters.com, 17. Januar 2022, https://www.reuters.com/world/europe/denmark-eases-coronavirus-restrictions-cases-hit-new-record-2022-01-17/. [Reuters, »Dänemark lockert Coronavirus-einschränkungen, während Fälle neue Höchststände erreichen.«]

_ 337 Reuters, »Italy to Ease COVID Restrictions, Draghi Says,« Reuters.com, 2. Februar 2022, https://www.reuters.com/world/europe/italy-set-ease-covid-restrictions-draghi-says-2022-02-02/. [»Italien wird COVID-Beschränkungen lockern, sagt Draghi.«]

_ 338 Al Jazeera, »Israel PM Announces End of Vaccine 'Green Pass,' 17. Februar 2022, Al-Jazeera.com, https://www.medpagetoday.com/special-reports/exclusives/97544. [»Premierminister von Israel kündigt Ende des ‚grünen Impfpasses' an.«]

_ 339 Amanda D'Ambrosia, »FDA Begins Releasing COVID Vax Documents,« Medpage Today, 7. März 2022, https://www.medpagetoday.com/special-reports/exclusives/97544. [...]

_ 340 Spencer Kimball, »Moderna CEO Stéphane Bancel has sold more than $400 million of company stock during the pandemic,« *CNBC*, 17. März 2022, https://www.cnbc.com/2022/03/17/moderna-ceo-stephane-bancel-has-sold-more-than-400-million-of-company-stock-during-the-pandemic.html. [»Stéphane Bancel, CEO von Moderna, hat während der Pandemie Unternehmensaktien von mehr als 400 Millionen Dollar verkauft.«]

_ 341 Stephanie Dube Dwilson, »Moderna CEO Stéphane Bancel Deletes Twitter Account,« Heavy, 13. Februar 2022, https://heavy.com/news/moderna-ceo-deltes-twitter-account-stephane-bancel/. [»Stéphane Bancel, CEO von Moderna, löscht seinen Twitter-Account.«]

_ 342 Reuters Fact Check, »Fact Check-Pfizer CEO's comments on limited COVID-19 vaccine protection refer to the Omicron variant,« *Reuters*, 13. Januar 2022, https://www.reuters.com/article/factcheck-bourla-omicronprotection/fact-check-pfizer-ceos-comments-on-limited-covid-19-vaccine-protection-refer-to-the-omicron-variant-idUSL1N2TT29Z. [»Faktencheck: Kommentare von Pfizer-CEO über begrenzten COVID-19 Impfschutz beziehen sich auf die Omikron-Variante.«]

_ 343 Daniel Funke, »Fact check: Unvaccinated more likely to get omicron than fully vaccinated, boosted,« *USA Today*, 28. Januar 2022, https://www.usatoday.com/story/news/factcheck/2022/01/28/fact-check-omikron-variant-isnt-more-likely-infect-vaccinated/9191880002/. [»Faktencheck: Ungeimpfte haben ein höheres Risiko, Omikron zu bekommen als vollständig Geimpfte oder Geboosterte.«]

_ 344 Washington University School of Medicine, »CDC director Rochelle Walensky visits #WashUMed,« Washington University School of Medicine, 3. März 2022, YouTube Video, 56:00, https://www.youtube.com/watch?v=I_hYgIpxM4A. [»CDC-Direktorin Rochelle Walensky besucht # WashUMed.«]

_ 345 »French parliament approves more restrictive vaccine pass,« *France 24*, 16. Januar 2022, https://www.france24.com/en/europe/20220116-french-parliament-approves-more-restrictive-vaccine-pass. [»Französisches Parlament billigt restriktiveren Impfpass.«]

_ 346 Kayla Benjamin, »DC's Vaccine Mandate is Over – but Many Restaurants, Gyms, and Entertainment Venues Still Require Vax Proof,« *Washingtonian*, 16. Februar 2022, https://www.washingtonian.com/2022/02/16/dc-vaccine-mandate-owner-which-indoor-venues-still-require-vax-proof/. [»Impfpflicht in Washington ist aufgehoben – doch viele Restaurants, Fitnessstudios und Veranstaltungsorte verlangen immer noch Impfnachweise.«]

_ 347 Nina Totenberg, »Supreme Court blocks Biden's vaccine-or-test mandate for large private companies,« *NPR*, 13. Januar 2022, https://www.npr.org/2022/01/13/1072165393/supreme-court-blocks-bidens-vaccine-or-test-mandate-for-large-private-companies. [»Oberster Gerichtshof blockiert Bidens Impf- oder Testpflicht für private Großunternehmen.«]

_ 348 Nick Niedzwiadek, »Biden administration makes case to save vaccination mandate for federal employees,« *Politico*, 8. März 2022, https://www.politico.com/news/2022/03/08/biden-administration-vaccination-mandate-federal-employees-00015181. [»Biden-Administration liefert Argumente, um die Impfpflicht für Bundesbedienstete zu retten.«]

_ 349 The White House Briefing Room, »Statement by President Joe Biden on the US Supreme Court Decision on Vaccine Requirements,« 13. Januar 2022, https://www.whitehouse.gov/briefing-room-statements-releases/2022/01/13/statement-by-president-joe-biden-on-the-u-s-supreme-courts-decision-on-vaccine-requirements/. [»Statement von Präsident Biden zur Entscheidung des Obersten Gerichtshofs der USA zu Impfvorschriften.]

_ 350 Austen, Ian and Dan Bilefsky, »Trudeau Declares Rare Public Emergency to Quell Protests,« *The New York Times*, 24. Februar 2022, https://www.nytimes.com/2022/02/14/world/Americas/just-trudeau-emergencies-act-canada.html. [»Trudeau erklärt seltenen öffentlichen Notstand, um gegen Proteste vorzugehen.«]

_ 351 Freeland, »Remarks by the Deputy Prime Minister and Minister of Finance regarding the Emergencies Act,« 14. Februar 2022, https://deputypm.canada.ca/en/news/speeches/2022/02/14/remarks-deputy-prime-minister-and-minister-finance-regarding-emergencies. [»Bemerkungen des Vizepremierministers und Finanzministers zum Notstandsgesetz«]

_ 352 Sophia Harris, »Several provinces are dropping vaccine passports, but some businesses aren't on board, *CBC*, 17. Februar 2022, https://www.cbc.ca/news/business/provincial-vaccine-mandate-business-1.6354502. [»Mehrere Provinzen verzichten auf Impfpässe, doch einige Unternehmen unterstützen diese Maßnahme nicht.«]

_ 353 Edward Dowd, Interview by Dr. Naomi Wolf, *DailyClout*, 7. März 2022, https://dailyclout.io/edward-dowd-explains-bombshell-fraud-charge-re-pfizer-hiding-deaths-data/. [Interview von Dr. Naomi Wolf]

_ 354 Thacker PD. Covid-19: Researcher blows the whistle on data integrity issues in Pfizer's vaccine trial. BMJ. 2021 Nov 2;375:n2635.doi: 10.1136/bmj.n2635. PMID: 34728500. https://www.bmj.com/content/375/bmj.n2635 [»Covid-19: Forscher prangert Datenintegritätsprobleme bei Pfizers Impfexperimenten an.«]